알짜 일본어 VOCA

4th EDITION

제갈 영 · 오자키 다쓰지 공저

다락원

알짜일본어 VOCA 4th EDITION

지은이 제갈영, 오자키 다쓰지
펴낸이 정규도
펴낸곳 (주)다락원

개정1판 1쇄 발행 2002년 3월 15일
개정2판 1쇄 발행 2008년 7월 21일
개정3판 1쇄 발행 2020년 1월 20일
개정3판 3쇄 발행 2023년 6월 14일

책임편집 송화록
디자인 하태호, 김희정

다락원 경기도 파주시 문발로 211
내용문의: (02)736-2031 내선 460~465
구입문의: (02)736-2031 내선 250~252
Fax: (02)732-2037
출판등록 1977년 9월 16일 제 406-2008-000007호

ISBN 978-89-277-1204-6 13730

http://www.darakwon.co.kr

- 다락원 홈페이지에 접속하면 상세한 출판 정보와 함께 동영상 강좌, MP3 자료 등 다양
  한 어학 정보를 얻을 수 있습니다.
- 다락원 홈페이지에서 「(4th EDITION) 알짜 일본어 VOCA」를 검색하거나 표지, 앞날개
  의 QR코드를 스캔하면 MP3 파일을 이용하실 수 있습니다.

머리말

"

27년 전으로 기억됩니다. 이렇다 할 일본어 문법 학습서가 없었을 때 한국인이 가장 이해하기 쉬운 문법책을 내고자 『일본어 속성 암기공식』을 썼습니다.

그로부터 2년 후 1994년 국내에는 영어 어휘집은 많았으나 일본어 어휘집을 찾아보기 힘들 때, 일본어 학습자의 편에 서서 국내 처음으로 『알짜 일본어 Vocabulary』를 다락원과 힘을 합쳐 펴낸 기억이 지금도 벅찬 희열과 책임감으로 그대로 남아 있습니다.

지금처럼 현지 여행과 일본 유학이 쉽지 않았던 시절이라 일본어 학습자들이 살아 있는 일본어 어휘에 목이 말라 있었던 것을 현장 강의를 하면서 많이 느끼고 있었고, 그것이 출판의 계기가 되었던 것도 기억합니다.

그 뒤를 이어 서점가에 유사한 많은 어휘집들이 출판되었으나, 『알짜 일본어 Vocabulary』가 일본어 학습을 선도해 나가는 리더가 된 것은 학습자들이 살아 있는 어휘를 익힐 수 있어야 한다는 일념 때문이었습니다.

이런 기억들이 이제 글로벌화와 4차 산업 혁명, 5G·6G와 같은 시대에 살아남을 수 있는 어휘집을 학습자들은 요구하고 있습니다.

다시 한 번 초심으로 돌아가 변화된 시대의 흐름과 어휘의 참신함을 더해 명실상부한 일본어 어휘집으로서의 면모를 갖춘 세 번째 개정판인 『(4th EDITION) 알짜 일본어 VOCA』를 선보이려고 합니다. 좀 더 치밀한 관련 단어로의 접근, 시대에 맞는 단어 추가, 단어를 이해하는데 필수적인 살아 있는 예문의 보완, MP3 CD를 MP3 무료 다운 서비스로 교체하는 등 학습의 편리성과 효율성을 한층 더 높였습니다

살아 숨 쉬는 어휘들의 집합과 오랜 기간 강의 현장에서 쌓은 체험과 네이티브의 감각으로 빚어진 오자키 다쓰지 선생님의 원고 개정 작업, 다락원 편집부의 학습자의 편의를 강조한 싫증나지 않은 디자인과 편집을 묶어서 일본어 어휘집의 베스트셀러 명성을 면면히 이어가고자 다짐해 봅니다.

아무쪼록 학습자들의 진솔한 평가와 세 번째 개정판 『(4th EDITION) 알짜 일본어 VOCA』를 통한 개개인의 능력 향상을 기대하면서 개정판이 나오기까지 애써 주신 (주)다락원 정규도 사장님과 일본어 편집부의 모든 분들께 감사를 드립니다..

필자

"

이 책 의 구 성

이 책은 기본 회화 표현, 동사, い형용사, な형용사, 접속사, 부사, 복합어, 명사 등 총 8개 분야로 구성되어 있다.

PART 1   **기본 회화 표현**

가장 기본적이고, 많이 사용하는 일상회화 74개 표현을 만남, 헤어짐, 생활, 첫만남, 축하, 감사, 사과, 부탁, 거절, 응답, 의문사 등 11개 분야로 나누어 정리하였다.

PART 2   **동사**

총 864개 단어를 80개 분야로 분류하였다.

PART 3   **い형용사**

총 167개 단어를 13개 분야로 분류하였다.

PART 4   **な형용사**

총 156개 단어를 12개 분야로 분류하였다.

PART 5   **접속사**

총 55개 단어를 5개 분야로 분류하였다.

PART 6   **부사**

총 263개 단어를 20개 분야로 분류하였다.

PART 7   **복합어**

총 234개 단어를 28개 분야로 분류하였다.

PART 8   **명사**

총 1740개 단어를 41개 분야로 분류하였다.

① —— 단어를 각 품사별로 가장 기본이 되는 단어에서 일본어 각종 시험에 출제빈도가 높은 단어들까지 선별하여 정리하였다. 단순한 단어 나열이 아니라 학습 능률을 배가시킬 수 있도록 주제별로 관련 있는 단어들을 묶어서 나누었기 때문에 학습자들이 쉽고 재미있게 공부할 수 있다.

② —— 현재 일본 사회에서 일상적으로 가장 많이 쓰고 있는 단어, 약 3,550여 어휘를 집약해 놓음으로써 적은 단어를 가지고도 효율적으로 일본어를 구사할 수 있도록 하였다.

③ —— 단어는 사전에 있는 다양한 뜻의 나열보다는 가장 대표적이고 가장 많이 쓰이는 뜻을 나타냈고, 각 뜻마다 어울리는 예문을 넣었으며, 한국어로 표현하기 어려운 뜻은 예문을 통해서 자연스럽게 알 수 있도록 하였다.

④ —— 예문은 학습자가 실생활에 바로 사용할 수 있는 명확하고 생생하며 현장감 넘치는 문장으로 구성하였다. 해석은 각 단어들의 의미를 그대로 직역하지 않고 상황과 목적에 어울리는 자연스러운 해석이 되도록 하였다.

⑤ —— 각 예문 옆에 예문에서 사용된 주요 문법이나 단어를 정리하여, 학습자가 사전 없이도 공부할 수 있도록 하였다.

⑥ —— MP3 파일에는 모든 단어의 우리말 뜻과 예문을 원어민의 정확한 발음으로 실어, 교재와 함께 유용하게 활용할 수 있도록 하였다.

⑦ —— MP3 파일은 다락원 홈페이지(www.darakwon.co.kr)에 접속하여 『(4th EDITOIN) 알짜 일본어 VOCA』를 검색하면 자료실에서 MP3 파일을 듣거나 다운로드 받을 수 있다. (간단한 회원 가입 절차가 필요하다) 또한 스마트폰으로 QR 코드를 스캔하면 다락원 홈페이지의 본책 페이지로 바로 이동해서 회원 가입이나 로그인 절차 없이 바로 MP3 파일을 듣거나 다운로드 받을 수 있다.

일러두기	
1자·타 : 1류동사(5단동사) 자동사, 타동사 2자·타 : 2류동사(상하1단동사) 자동사, 타동사 3자·타 : 3류동사(변격동사) 자동사, 타동사	관 표제어와 관련 있는 어휘 파 표제어에서 파생된 어휘 동 표제어와 발음이 같은 어휘

머리말   003

이 책의 구성과 특징   004

PART 1 ▶ 기본 회화 표현

01	◎1-01	만남	014
02	◎1-02	헤어짐	014
03	◎1-03	생활	014
04	◎1-04	첫만남	014
05	◎1-05	축하	014
06	◎1-06	감사	015
07	◎1-07	사과	015
08	◎1-08	부탁	015
09	◎1-09	거절	015
10	◎1-10	응답	016
11	◎1-11	의문사	016

PART 2 ▶ 동사

01	◎2-01	일상생활과 관련된 단어	018
02	◎2-02	자연현상 및 날씨와 관련된 단어	021
03	◎2-03	기본동작(보고, 듣고, 말하는 등)과 관련된 단어 1	024
04	◎2-04	기본동작(울고, 웃는 등)과 관련된 단어 2	027
05	◎2-05	생각, 사고, 느낌과 관련된 단어	030
06	◎2-06	입(말하다)와 관련된 단어	033
07	◎2-07	손동작과 관련된 단어 1	036
08	◎2-08	손동작과 관련된 단어 2	040
09	◎2-09	손동작과 관련된 단어 3	043
10	◎2-10	몸동작과 관련된 단어	046
11	◎2-11	감정 표현과 관련된 단어 1	048
12	◎2-12	감정 표현과 관련된 단어 2	050
13	◎2-13	감정 표현과 관련된 단어 3	053
14	◎2-14	마음의 상태와 관련된 단어	055
15	◎2-15	마음가짐과 관련된 단어	057

16	◎2-16	존재, 삶과 관련된 단어	060
17	◎2-17	동식물과 관련된 단어	063
18	◎2-18	착용과 관련된 단어	066
19	◎2-19	요리와 관련된 단어 1	069
20	◎2-20	요리와 관련된 단어 2	072
21	◎2-21	학습과 관련된 단어	075
22	◎2-22	보고, 묻고, 대답하기와 관련된 단어	078
23	◎2-23	전달, 표현과 관련된 단어	081
24	◎2-24	출입, 외출과 관련된 단어	083
25	◎2-25	상하 이동과 관련된 단어	086
26	◎2-26	이동과 관련된 단어	089
27	◎2-27	다양한 움직임과 관련된 단어 1	092
28	◎2-28	다양한 움직임과 관련된 단어 2	094
29	◎2-29	쇼핑과 관련된 단어	097
30	◎2-30	파티와 관련된 단어	100
31	◎2-31	주고 받는 동작과 관련된 단어	102
32	◎2-32	약속과 관련된 단어	105
33	◎2-33	교통과 관련된 단어	108
34	◎2-34	싸움과 관련된 단어	110
35	◎2-35	사건, 사고와 관련된 단어	113
36	◎2-36	막고, 도망치고, 잡는 것과 관련된 단어	116
37	◎2-37	일, 임무와 관련된 단어	119
38	◎2-38	임하는 자세, 경험과 관련된 단어	121
39	◎2-39	인간 관계와 관련된 단어	124
40	◎2-40	금전 관계와 관련된 단어	127
41	◎2-41	분실, 습득과 관련된 단어	130
42	◎2-42	정리정돈과 관련된 단어	132
43	◎2-43	시작, 종료와 관련된 단어	134
44	◎2-44	부탁, 도움, 거절과 관련된 단어	136
45	◎2-45	계산과 관련된 단어	138
46	◎2-46	운반, 첨가와 관련된 단어	141
47	◎2-47	부피나 양의 증감과 관련된 단어	144
48	◎2-48	상태 변화와 관련된 단어 1	147
49	◎2-49	상태 변화와 관련된 단어 2	150

50	◎2-50	상태 변화와 관련된 단어 3	153
51	◎2-51	다양한 상황 표현과 관련된 단어	156
52	◎2-52	기준, 범위, 한도와 관련된 단어 1	159
53	◎2-53	기준, 범위, 한도와 관련된 단어 2	162
54	◎2-54	설치, 변경, 적중 등과 관련된 단어	165
55	◎2-55	동반, 탈락과 관련된 단어	168
56	◎2-56	건조, 습기와 관련된 단어	171
57	◎2-57	목표, 방향, 연결과 관련된 단어	173
58	◎2-58	능력, 가치 비교, 구분 등과 관련된 단어	176
59	◎2-59	겸양, 존경 표현과 관련된 단어	178
60	◎2-60	명사 + する 1	181
61	◎2-61	명사 + する 2	183
62	◎2-62	명사 + する 3	185
63	◎2-63	명사 + する 4	187
64	◎2-64	명사 + する 5	189
65	◎2-65	명사 + する 6	191
66	◎2-66	명사 + する 7	193
67	◎2-67	명사 + する 8	195
68	◎2-68	명사 + する 9	197
69	◎2-69	의태어 + する 1	199
70	◎2-70	의태어 + する 2	201
71	◎2-71	의태어 + する 3	203
72	◎2-72	맛·냄새·소리·느낌 + がする	205
73	◎2-73	명사 + をしている(をした)	208
74	◎2-74	とる 관련 어구	211
75	◎2-75	ひく 관련 어구	214
76	◎2-76	だす 관련 어구	217
77	◎2-77	たつ 관련 어구	220
78	◎2-78	つける 관련 어구	222
79	◎2-79	なる 관련 어구	224
80	◎2-80	気 관련 어구	226

PART 3 ▶ い형용사

01	◎3-01	크기, 길이와 관련된 단어	230
02	◎3-02	무게, 모양과 관련된 단어	233
03	◎3-03	미각과 관련된 단어	236
04	◎3-04	시각과 관련된 단어	239
05	◎3-05	청각·후각·촉각과 관련된 단어	242
06	◎3-06	성격과 관련된 단어	246
07	◎3-07	정도, 상태와 관련된 단어 1	249
08	◎3-08	정도, 상태와 관련된 단어 2	252
09	◎3-09	감정 표현과 관련된 단어 1	255
10	◎3-10	감정 표현과 관련된 단어 2	258
11	◎3-11	평가와 관련된 단어 1	261
12	◎3-12	평가와 관련된 단어 2	264
13	◎3-13	평가와 관련된 단어 3	267

PART 4 ▶ な형용사

01	◎4-01	정도, 상태와 관련된 단어 1	270
02	◎4-02	정도, 상태와 관련된 단어 2	273
03	◎4-03	정도, 상태와 관련된 단어 3	276
04	◎4-04	인식 및 진행 상황과 관련된 단어	278
05	◎4-05	감각과 관련된 단어	280
06	◎4-06	감정 표현과 관련된 단어 1	284
07	◎4-07	감정 표현과 관련된 단어 2	287
08	◎4-08	평가와 관련된 단어 1	290
09	◎4-09	평가와 관련된 단어 2	293
10	◎4-10	평가와 관련된 단어 3	296
11	◎4-11	성격과 관련된 단어 1	299
12	◎4-12	성격과 관련된 단어 2	302

PART 5 ▶ 접속사

01	◎5-01	순접을 나타내는 단어	306

02	◎5-02	역접을 나타내는 단어	309
03	◎5-03	열거, 첨가를 나타내는 단어	312
04	◎5-04	설명을 나타내는 단어	315
05	◎5-05	화제 전환을 나타내는 단어	317

PART 6 ▶ 부사

01	◎6-01	시간적 시점을 나타내는 단어 1	320
02	◎6-02	시간적 시점을 나타내는 단어 2	323
03	◎6-03	빈도를 나타내는 단어	325
04	◎6-04	시간의 경과, 결과를 나타내는 단어	328
05	◎6-05	상태를 나타내는 단어	331
06	◎6-06	정도를 나타내는 단어 1	334
07	◎6-07	정도를 나타내는 단어 2	337
08	◎6-08	정도를 나타내는 단어 3	340
09	◎6-09	정도를 나타내는 단어 4	343
10	◎6-10	감정, 기분을 나타내는 단어 1	346
11	◎6-11	감정, 기분을 나타내는 단어 2	349
12	◎6-12	강조를 나타내는 단어	352
13	◎6-13	일정한 서술어와 호응하는 단어 1	354
14	◎6-14	일정한 서술어와 호응하는 단어 2	356
15	◎6-15	사람의 동작이나 모습을 나타내는 단어 1	359
16	◎6-16	사람의 동작이나 모습을 나타내는 단어 2	362
17	◎6-17	사람의 동작이나 모습을 나타내는 단어 3	365
18	◎6-18	사물의 모양을 나타내는 단어 1	368
19	◎6-19	사물의 모양을 나타내는 단어 2	371
20	◎6-20	사물의 모양을 나타내는 단어 3	374

PART 7 ▶ 복합어

01	◎7-01	동사의 ます형 + 始める = ～하기 시작하다	378
02	◎7-02	동사의 ます형 + 出す 1 = ～하기 시작하다	380
03	◎7-03	동사의 ます형 + 出す 2 = 밖으로 ～하다	382
04	◎7-04	동사의 ます형 + 続ける = 계속해서 ～하다	384

05	◎7-05	동사의 ます형 + 上げる 1 = 다 ～하다, ～해 내다	386
06	◎7-06	동사의 ます형 + 上げる 2 = 위로 ～하다	388
07	◎7-07	동사의 ます형 + 切る 1 = 끝까지 ～하다	390
08	◎7-08	동사의 ます형 + 切る 2 = 완전히 ～하다, 다 ～하다	392
09	◎7-09	동사의 ます형 + 合う = 서로 ～하다	394
10	◎7-10	동사의 ます형 + かえる = 바꿔 ～하다, 갈아 ～하다	396
11	◎7-11	동사의 ます형 + 直す = 고쳐서 ～하다, 다시 ～하다	398
12	◎7-12	동사의 ます형 + 回る = 여기저기 ～하다	400
13	◎7-13	동사의 ます형 + 込む 1 = 안으로 ～하다	402
14	◎7-14	동사의 ます형 + 込む 2 = 깊숙이 ～하다	404
15	◎7-15	동사의 ます형 + 過ぎる 1 = 너무 ～하다	406
16	◎7-16	형용사 어간 + 過ぎる 2 = 너무 ～하다	408
17	◎7-17	引く의 ます형 + 동사 = 당겨서(끌어서) ～하다	410
18	◎7-18	取る의 ます형 + 단어 = 집어서 ～하다	412
19	◎7-19	かける의 ます형 + 단어 / 단어 + かける	414
20	◎7-20	うつ의 ます형 + 단어 / 단어 + うつ	416
21	◎7-21	동사의 ます형 + やすい = ～하기 쉽다, ～하기 좋다	418
22	◎7-22	동사의 ます형 + にくい = ～하기 어렵다	420
23	◎7-23	동사의 ます형 + 方 = ～하는 방법, ～하는 법	422
24	◎7-24	동사의 ます형 + 物 = ～하는 물건, ～하는 것	425
25	◎7-25	口 + 단어 / 단어 + 口	427
26	◎7-26	手 + 단어 / 단어 + 手	429
27	◎7-27	真 / 真っ / 真ん + 단어	432
28	◎7-28	生 + 단어	435

PART 8 ▶ 명사

01	◎8-01	숫자와 관련된 단어	438
02	◎8-02	시간과 관련된 단어	439
03	◎8-03	가족과 관련된 단어	440
04	◎8-04	학교와 관련된 단어	441
05	◎8-05	쇼핑과 관련된 단어	442
06	◎8-06	술과 관련된 단어	444
07	◎8-07	결혼과 관련된 단어	445

08	◎8-08	호텔, 선물과 관련된 단어	446
09	◎8-09	화재, 지진과 관련된 단어	447
10	◎8-10	요리와 관련된 단어	448
11	◎8-11	피부와 관련된 단어	450
12	◎8-12	겉모습과 관련된 단어	451
13	◎8-13	성격과 관련된 단어	452
14	◎8-14	날씨와 관련된 단어	453
15	◎8-15	전화와 관련된 단어	455
16	◎8-16	사고, 범죄와 관련된 단어	456
17	◎8-17	교통, 수송, 여행과 관련된 단어	458
18	◎8-18	건물, 시설과 관련된 단어	460
19	◎8-19	자연과 관련된 단어	462
20	◎8-20	동물과 관련된 단어	463
21	◎8-21	바다 생물과 관련된 단어	464
22	◎8-22	조류와 관련된 단어	465
23	◎8-23	꽃, 나무와 관련된 단어	466
24	◎8-24	야채, 과일과 관련된 단어	467
25	◎8-25	가전제품과 관련된 단어	468
26	◎8-26	컴퓨터와 관련된 단어	469
27	◎8-27	취미와 관련된 단어	471
28	◎8-28	직업과 관련된 단어	472
29	◎8-29	음악과 관련된 단어	473
30	◎8-30	미술, 무용, 다도와 관련된 단어	474
31	◎8-31	행사와 관련된 단어	475
32	◎8-32	문구, 도구와 관련된 단어	476
33	◎8-33	회사와 관련된 단어	477
34	◎8-34	병원과 관련된 단어	478
35	◎8-35	일본 요리와 관련된 단어	480
36	◎8-36	스포츠와 관련된 단어	481
37	◎8-37	인체와 관련된 단어	482
38	◎8-38	자주 쓰이는 カタカナ	483
39	◎8-39	자주 쓰이는 일본적인 표현	485
40	◎8-40	경제와 관련된 단어	486
41	◎8-41	정치와 관련된 단어	488

기본 회화 표현

일본어에서 가장 기본적이고, 많이 사용하는
일상회화 74개 표현을 만남, 헤어짐, 생활,
첫만남, 축하, 감사, 사과, 부탁, 거절, 응답,
의문사 등 11개 분야로 나누어 정리하였다.

PART
●●

MP3 전체 듣기

01
만남
◎1-01

おはよう。 안녕. (아침 인사)

おはようございます。 안녕하세요. (아침 인사)

こんにちは。 안녕하세요. (낮 인사)

こんばんは。 안녕하세요. (밤 인사)

お元気ですか。 잘 지내십니까?

いい天気ですね。 날씨가 좋군요.

お久しぶりです。 오래간만입니다.

02
헤어짐
◎1-02

さようなら。 안녕히 가세요.

じゃ、また後で。 그럼 나중에 또 만나요.

では、また。 그럼 또 만나요.

また明日。 내일 봐요.

お先に失礼します。 먼저 실례하겠습니다.

お気をつけて。 조심해서 가세요.

03
생활
◎1-03

おやすみ。 잘 자.

おやすみなさい。 안녕히 주무세요.

いってきます。 다녀오겠습니다.

いっていらっしゃい。 다녀오세요.

ただいま。 다녀왔습니다.

おかえりなさい。 다녀오셨어요?

04
첫만남
◎1-04

はじめまして。 처음 뵙겠습니다.

どうぞよろしくお願いします。 아무쪼록 잘 부탁합니다.

こちらこそよろしくお願いします。 저야말로 잘 부탁합니다

05
축하
◎1-05

おめでとうございます。 축하합니다.

よかったですね。 다행이네요.

06
감사
◎1-06

どうも。	고마워.
サンキュー。	고마워.
ありがとう。	고마워.
ありがとうございます。	감사합니다.
いろいろお世話になりました。	여러모로 신세를 졌습니다.
ご親切にどうも。	친절에 감사드립니다.
どういたしまして。	천만에요.

07
사과
◎1-07

ごめん。	미안.
ごめんなさい。	미안합니다.
すみません。	미안합니다.
この間は、すみませんでした。	요전에는 미안했습니다.
申し訳ありません。	죄송합니다.
お手数をおかけしました。	폐를 끼쳤습니다.
かまいません。	괜찮습니다.
気にしないでください。	신경 쓰지 마세요.

08
부탁
◎1-08

ちょっといいですか。	잠시 시간 있습니까?
ちょっとよろしいですか。	잠시 시간을 내 주시겠습니까?
ちょっとお願いがあるんですが。	부탁이 좀 있습니다만.
電話してもいいですか。	전화해도 괜찮습니까?
もうちょっとゆっくり話してください。	좀 더 천천히 말해 주세요.

09
거절
◎1-09

いいです。	괜찮습니다.
大丈夫です。	괜찮습니다.
結構です。	충분합니다.
考えてみます。	생각해 보겠습니다.
それはちょっと。	그건 좀.

10 응답
◎1-10

ええ。	예.
はい。	네.
いいえ。	아니오.
そうです。	그렇습니다.
そうですか。	그렇습니까?
違います。	아닙니다.
だめです。	안 됩니다.
いいです。	좋습니다.
よろしいです。	괜찮습니다.
もちろんです。	물론입니다.
分かりました。	알겠습니다.

11 의문사
◎1-11

これは何ですか。	이것은 무엇입니까?
これは、誰のですか。	이건 누구 겁니까?
その人は誰ですか。	그 사람은 누구입니까?
ここはどこですか。	여기는 어디입니까?
どこに住んでいますか。	어디에 살고 있습니까?
お国はどちらですか。	고향은 어디입니까?
おいくつですか。	몇 살입니까?
ソウルまでどれくらいかかりますか。	서울까지 어느 정도 걸립니까?
この本はいくらですか。	이 책은 얼마입니까?
りんごはいくつほしいですか。	사과는 몇 개 필요합니까?
プレゼントはどんなものがいいでしょうか。	선물은 어떤 것이 좋을까요?
この中でどれがいいですか。	이 중에서 어느 것이 마음에 듭니까?
彼は韓国にいつ帰りますか。	그는 한국에 언제 돌아갑니까?
どのようにすればいいですか。	어떻게 하면 좋을까요?

동사

총 864개 단어를 80개 분야로 분류하였다.
기본 단어 외에, する 관련 단어, 자주 쓰이는
동사 관련 어구를 실었다.

PART

MP3 전체 듣기

동사

D 01 일상생활과 관련된 단어

MP3 듣기

☐ **寝る** ▶[2자] 자다, 눕다

▶ 私は夜11時ごろ寝ます。 나는 밤 11시경에 잡니다.

夜 밤
~ごろ ~무렵, ~경

☐ **寝かす** ▶[1타] (잠을) 재우다, 누이다

▶ 彼女はいつも子どもを寝かしてから原稿を書きます。
그녀는 언제나 아이를 재우고 나서 원고를 씁니다.

いつも 언제나, 항상, 늘
~てから ~(하)고 나서
原稿 원고

☐ **眠る** ▶[1자] 잠들다

▶ 夕べはうるさくて少ししか眠れなかった。
어젯밤은 시끄러워서 조금밖에 잘 수 없었다.

夕べ 어젯밤
うるさい 시끄럽다
~しか~ない ~밖에 ~없다

☐ **覚める** ▶[2자] 깨다

▶ 目が覚めると外はもう明るくなっていた。
잠에서 깨니 밖은 벌써 밝아 있었다.

目が覚める 잠이 깨다
~と ~하자, ~하니까
外 밖, 바깥
明るい 밝다

☐ **起きる** ▶[2자] 일어나다

▶ 朝何時に起きますか。
아침 몇 시에 일어납니까?

朝 아침
何時 몇 시

□ **起こす** ▸[1타] ① (잠을) 깨우다 ② (쓰러진 것을) 일으키다

▸ **明日の朝は５時に起こしてください。**
내일 아침에는 5시에 깨워 주세요.

▸ **目の前で転んだ子どもを起こした。**
눈 앞에서 넘어진 아이를 일으켰다.

明日 내일
～てください ～해 주세요
目の前 눈 앞
転ぶ 쓰러지다, 넘어지다

□ **畳む** ▸[1타] ① (이불 따위를) 개다, (우산을) 접다 ② 걷어치우다

▸ **起きてからすぐに布団を畳みます。**
일어나자마자 바로 이불을 갭니다.

▸ **店を畳みました。** 가게를 정리했습니다.
파 **折りたたみの傘** 접는 우산

～てからすぐに
～하자마자 바로
布団を畳む 이불을 개다
店を畳む 가게를 그만두다

□ **洗う** ▸[1타] 씻다, (머리를) 감다, 빨다

▸ **食後に食器を洗います。**
식사 후에 설거지를 합니다.

▸ **冷たい水で顔を洗います。**
찬물로 세수를 합니다.

▸ **髪を洗ってから体を洗います。**
머리를 감은 후 몸을 씻습니다.
관 **～から足を洗う** ～에서 손을 씻다 (부정·불순한 일에서 발을 빼다)

食後 식후, 식사 후
食器を洗う 식기를 씻다

冷たい 차갑다
顔を洗う 세수하다

髪を洗う 머리를 감다
体 몸

□ **剃る** ▸[1타] 깎다, 면도하다

▸ **彼は毎日ひげを剃ります。**
그는 매일 수염을 깎습니다.

毎日 매일
ひげを剃る 면도하다

□ **磨く** ^{みが} ▶[1타] 닦다

▶ ^{しょく ご}食後に歯を磨きます。 ^{は みが}
식사 후에 이를 닦습니다.

歯を磨く 이를 닦다

▶ ^{いえ}家で靴を磨きます。 ^{くつ みが}
집에서 구두를 닦습니다.

家 집
靴を磨く 구두를 닦다

파 歯磨き ^{は みが} 치약
관 歯ブラシ ^は 칫솔

□ **拭く** ^ふ ▶[1타] 닦다

▶ テーブルの上を拭いてください。 ^{うえ ふ}
테이블 위를 닦아 주세요.

テーブル 테이블
上 위

□ **休む** ^{やす} ▶[1자] ① 쉬다, 결석하다 ② 취침하다

▶ ゆっくり休んだ方がいいですよ。 ^{やす ほう}
푹 쉬는 것이 좋습니다.

ゆっくり 충분히, 푹
~た(だ)方がいい
~하는 편(것)이 좋다

▶ おやすみなさい。
안녕히 주무세요.

お＋동사의 ます형＋なさい
존경 표현

파 休み ^{やす} 휴일, 휴가, 결석
夏休み ^{なつやす} 여름방학 (휴가)
冬休み ^{ふゆやす} 겨울방학 (휴가)

동사 D02 자연현상 및 날씨와 관련된 단어

MP3 듣기

□ **明ける** ▶[2자] ① (날이) 밝다 ② (해가) 바뀌다

▶ 夜が明けました。
날이 밝았습니다.

夜(=よる) 밤
夜が明ける 날이 새다

▶ 明けましておめでとうございます。
새해 복 많이 받으십시오.

おめでとうございます
축하합니다

□ **暮れる** ▶[2자] 저물다, 지새우다

▶ 今日は朝早くから日が暮れるまでずっと歩き続けた。
오늘은 아침 일찍부터 해가 질 때까지 계속 걸었다.

朝早く 아침 일찍
～から～まで ～에서 ～까지
ずっと 계속, 쭉
歩き続ける 계속 걷다

□ **沈む** ▶[1자] ① 가라앉다 ② (해·달이) 지다

▶ 船は嵐に遭って海に沈んでしまいました。
배는 폭풍을 만나 바다에 가라앉아 버렸습니다.

▶ 太陽は西の空に沈んでいきました。
태양은 서쪽 하늘로 기울어져 갔습니다.

船 배
嵐に遭う 폭풍우를 만나다
～て(で)しまう ～해 버리다
太陽 태양
西の空 서쪽 하늘

□ **吹く** ▶[1자] (바람이) 불다
　　　　　▶[1타] ① (입으로) 불다, (악기 등을) 불다 ② 허풍을 떨다

▶ 外は強い風が吹いています。
밖에는 강한 바람이 불고 있습니다.

強い 강하다, 세다
～ている ～(하)고 있다 (상태)

▶ 彼女はフルートを吹いています。
그녀는 플루트를 불고 있습니다.

フルート 플루트
～ている ～(하)고 있다 (진행)
よく 자주

▶ 彼はよくほらを吹くので信用できません。
그는 자주 허풍을 떨기 때문에 믿을 수 없습니다.

ほらを吹く 허풍을 떨다
信用できる 신용할 수 있다

기본 회화 표현 · 동사 · い형용사 · な형용사 · 접속사 · 부사 · 복합어 · 명사

□ **降る** ▶[1자] (비·눈·서리 등이) 내리다, 오다

▶ 外では雪が降っています。
밖에는 눈이 내리고 있습니다.

雪が降る 눈이 내리다

□ **止む** ▶[1자] 그치다, 멎다

▶ 雨が降ったり止んだりしています。
비가 오락가락하고 있습니다.

~た(だ)り~た(だ)りする
~(하)거나 ~(하)거나 하다

□ **凍る** ▶[1자] 얼다

▶ 今朝は池の表面が凍っていました。
오늘 아침에는 연못의 표면이 얼어 있었습니다.

今朝 오늘 아침
池 연못
表面 표면

□ **溶ける** ▶[2자] 녹다

▶ 暑くてチョコレートが溶けてしまいました。
더워서 초콜릿이 녹아 버렸습니다.

暑い 덥다
チョコレート 초콜릿

□ **光る** ▶[1자] 빛나다, 반짝이다

▶ あの青白く光っている星はシリウスです。
저 푸르스름하게 빛나는 별은 시리우스입니다.

青白い 푸르스름하다
星 별
シリウス 시리우스

□ **輝く** ▶[1자] 빛나다

▶ 宝石箱を開けるとダイヤモンドが輝いていた。
보석함을 열자 다이아몬드가 빛나고 있었다.

▶ 彼女の瞳は喜びに輝いた。
그녀의 눈동자는 기쁨으로 빛났다.

宝石箱を開ける
보석함을 열다
ダイヤモンド 다이아몬드
瞳 눈동자
喜びに 기쁨으로

□ **晴**(は)**れる** ▶[2자] ① 맑게 개다 ② 마음이 밝아지다

▶ **空**(そら)**が晴**(は)**れたら布団**(ふとん)**を干**(ほ)**してください。**
하늘이 개면 이불(과 요)을 말려 주십시오.

▶ **試験**(しけん)**のことを思**(おも)**うと心**(こころ)**が晴**(は)**れません。**
시험을 생각하면 마음이 개운하지 않습니다.

空 하늘
~たら ~(하)면
布団を干す 이불을 말리다
試験 시험
~のこと ~에 관한 모든 것
思う 생각하다
心が晴れる 마음이 개운하다

□ **曇**(くも)**る** ▶[1자] (날씨가) 흐려지다, 희미해지다

▶ **空**(そら)**が曇**(くも)**ってきたら布団**(ふとん)**を取**(と)**り込**(こ)**んでください。**
하늘이 흐려지면 이불(과 요)을 거두어 주십시오.

~てくる ~해지다
取り込む 거두어 들이다

□ **漏**(も)**れる** ▶[2자] ① (물·빛이) 새다 ② (비밀이) 새다

▶ **しめた蛇口**(じゃぐち)**から水**(みず)**が漏**(も)**れています。**
잠근 수도꼭지에서 물이 새고 있습니다.

▶ **試験問題**(しけんもんだい)**が漏**(も)**れてしまいました。**
시험 문제가 누출되어 버렸습니다.

짝 **水漏**(みずも)**れ** 누수
ガス漏(も)**れ** 가스 누출

しめる 잠그다, 닫다
蛇口 수도꼭지
水が漏れる 물이 새다
問題 문제

□ **鳴**(な)**る** ▶[2자] 울리다

▶ **夜中**(よなか)**にサイレンが鳴**(な)**り、消防車**(しょうぼうしゃ)**の音**(おと)**が聞**(き)**こえてきました。**
한밤중에 사이렌이 울리고 소방차 소리가 들려왔습니다.

夜中 밤중, 한밤중
サイレン 사이렌
消防車 소방차
音が聞こえる 소리가 들리다

 **03** 기본 동작(보고, 듣고, 말하는 등)과
관련된 단어 1

MP3 듣기

☐ **見る** ▶[2타] ① 보다 ② (꿈을) 꾸다

▶ **一日に何時間テレビを見ますか。**
하루에 몇 시간 TV를 봅니까?

▶ **またこわい夢を見ました。**
또 무서운 꿈을 꾸었습니다.

一日 하루
何時間 몇 시간
テレビ 텔레비전
また 또, 다시
こわい 무섭다
夢を見る 꿈을 꾸다

☐ **聞く** ▶[1타] ① 듣다 ② 묻다

▶ **私の趣味は音楽を聞くことです。**
제 취미는 음악을 듣는 것입니다.

趣味 취미
音楽 음악

▶ **駅までの道をおまわりさんに聞きました。**
역까지 가는 길을 순경에게 물었습니다.

駅までの道 역까지 가는 길
おまわりさん 순경

☐ **言う** ▶[1자] 말하다

▶ **これは日本語で何と言いますか。**
이것은 일본어로 뭐라고 합니까?

日本語 일본어
何 무엇
〜と言う 〜라고 하다

☐ **食べる** ▶[2타] 먹다

▶ **一日三回ご飯を食べます。**
하루에 세 번 밥을 먹습니다.

一日三回 하루 세 번
ご飯 밥, 식사

□ **飲^のむ** ▶[1타] ① 마시다 ② 약을 먹다

▶ あの人^{ひと}は毎日^{まいにち}のようにお酒^{さけ}を飲^のみます。
그 사람은 매일같이 술을 마십니다.

▶ この薬^{くすり}は夜^{よる}寝^ねる前^{まえ}に飲^のんでください。
이 약은 밤에 자기 전에 복용하십시오.

毎日 매일
～のように ～와 같이
お酒を飲む 술을 마시다
薬を飲む 약을 먹다
～前に ～전에

□ **噛^かむ** ▶[1타] ① 씹다 ② 물다

▶ 授業中^{じゅぎょうちゅう}にガムを噛^かまないでください。
수업 중에 껌을 씹지 말아 주세요.

▶ 犬^{いぬ}に足^{あし}を噛^かまれました。
개에게 발을 물렸습니다.

授業 수업
～中(ちゅう) ～하는 중
ガムを噛む 껌을 씹다
～ないでください
～(하)지 말아 주세요
犬 개
足 다리, 발

□ **吸^すう** ▶[1타] ① 들이마시다, (담배를) 피우다 ② 흡수하다

▶ 外^{そと}へ出^でて新鮮^{しんせん}な空気^{くうき}を吸^すいました。
밖에 나가서 신선한 공기를 들이마셨습니다.

▶ ここではたばこを吸^すわないでください。
여기서는 담배를 피우지 말아 주세요.

▶ このスポンジは水^{みず}をよく吸^すいます。
이 스폰지는 물을 잘 흡수합니다.

出る 나가다
新鮮だ 신선하다
空気 공기
たばこを吸う 담배를 피우다

スポンジ 스폰지
よく 잘

□ **読^よむ** ▶[1타] 읽다

▶ 毎朝^{まいあさ}新聞^{しんぶん}を読^よんでいます。
매일 아침 신문을 읽고 있습니다.

毎朝 매일 아침
新聞 신문

□ **書^かく** ▸[1타] ① 쓰다 ② 그리다 (＝描^かく, 描^{えが}く)

▶ 名前^{な まえ}と住所^{じゅうしょ}と電話番号^{でん わ ばんごう}を書^かいてください。
이름과 주소와 전화번호를 써 주세요.

▶ 何^{なん}の絵^えを描^かいているんですか。
무슨 그림을 그리고 있습니까?

名前 이름, 성함
〜と 〜와(과)
住所 주소
電話番号 전화번호
何の 무슨
絵を描く 그림을 그리다

□ **する** ▸[3자·타] ① (행위·동작·모양을) 하다 ② (맛·냄새 등이) 나다

▶ 私^{わたし}は毎日^{まいにち}7時間^{しち じ かん}勉強^{べんきょう}します。
저는 매일 7시간 공부합니다.

▶ これは変^{へん}な味^{あじ}がします。
이것은 이상한 맛이 납니다.

勉強する 공부하다

変だ 이상하다
味がする 맛이 나다

동사 D04 기본 동작(울고, 웃는 등)과 관련된 단어 2

MP3 듣기

☐ **泣く** ▶[1자] 울다

▶ 赤ちゃんが泣いています。
아기가 울고 있습니다.

赤ちゃん 아기

☐ **笑う** ▶[1자] 웃다, 비웃다

▶ 彼女はいつもにこにこ笑っています。
그녀는 늘 생글생글 웃고 있습니다.

いつも 언제나, 항상, 늘
にこにこ 생글생글

▶ 失敗してみんなに笑われました。
실패해서 모두에게 웃음거리가 되었습니다.

失敗する 실패하다
みんな 모두

☐ **歩く** ▶[1자] 걷다, 걸어가다

▶ 私はいつも駅まで歩いて行きます。
저는 언제나 역까지 걸어갑니다.

歩いて行く 걸어가다

파 歩き 걷기, 걸음

▶ 家から学校まで歩きで5分です。
집에서 학교까지 걸어서 5분입니다.

学校 학교

☐ **走る** ▶[1자] ① 달리다, 뛰다 ② (좋지 않은 방향으로) 쏠리다

▶ この自動車は電気で走ります。
이 자동차는 전기로 달립니다.

自動車 자동차
電気 전기

▶ 感情に走ってはいけません。
감정에 치우쳐서는 안 됩니다.

感情に走る 감정에 치우치다
～てはいけない
～해서는 안 된다

파 走り書き 급하게 휘갈겨 씀, 또는 그렇게 쓴 것

□ **はねる** ▸[2자] ① 뛰다, 뛰어오르다 ② 튀다, 튀기다

　　　　　　▸[2타] 받아서 나가떨어지게 하다

▸ 魚が水面で跳ねたところを写真に収めた。
물고기가 수면에서 뛰어오른 순간을 사진에 담았다.

▸ 揚げ物をしていたら油が跳ねた。
튀김을 만들고 있었을 때 기름이 튀었다.

▸ さっき車が犬をはねるのを見た。
아까 차가 개를 들이받는 것을 보았다.

魚 물고기, 생선
水面 수면
ところ (안성맞춤인) 때, 순간
写真 사진
収める (속이나 안에) 담다
揚げ物をする 튀김을 만들다
油 기름
さっき 아까, 조금 전
車 차, 자동차
犬 개

□ **飛ぶ** ▸[1자] ① 날다 ② 건너뛰다, 빠지다

▸ 鳥が空を飛んでいます。
새가 하늘을 날고 있습니다.

鳥 새

▸ この本は2ページ飛んでいます。
이 책은 2페이지가 빠져 있습니다.

ページ 페이지

□ **泳ぐ** ▸[1자] 헤엄치다

▸ 彼は韓国から日本まで泳いで渡りました。
그는 한국에서 일본까지 헤엄쳐서 건넜습니다.

▸ 大きな水槽の中をたくさんの魚が泳いでいます。
큰 수조 안을 많은 물고기가 헤엄치고 있습니다.

韓国 한국
日本 일본
渡る 건너다, 건너가다
大きな 큰, 커다란
水槽 수조
たくさんの 많은

□ **投げる** ▸[2타] 던지다

▸ ピッチャーがボールを投げました。
투수가 공을 던졌습니다.

ピッチャー 투수
ボール 볼, 공

□ **蹴る** ▶[1타] (발로) 차다

▶ その選手の蹴ったボールがゴールを決めました。
그 선수가 찬 공이 골인이 되었습니다.

選手 선수
ゴール 골, 골인, 경기의 결승점
決める 정하다, 결정하다

□ **打つ** ▶[1타] ① 치다, 때리다 ② 부딪치다 ③ 찌르다, 놓다 ④ (흥금을) 찌르다, 울리다
⑤ (바둑을) 두다

▶ 彼はバットでボールを力いっぱい打ちました。
그는 배트로 공을 힘껏 쳤습니다.

▶ 彼は会社でワープロを打っています。
그는 회사에서 워드 프로세서를 치고 있습니다.

▶ 彼は転んだとき机の縁に頭を打って気絶しました。
그는 넘어졌을 때 책상 모서리에 머리를 부딪혀서 기절했습니다.

▶ 鍼を打ったら、腰の痛みが少し和らぎました。
침을 맞았더니 허리의 통증이 조금 누그러졌습니다.

▶ 私は彼女の話に心を打たれました。
저는 그녀의 이야기에 감동받았습니다.

▶ 昨日は父と碁を打ちました。
어제는 아버지와 바둑을 두었습니다.

バット 배트, 방망이
力いっぱい 힘껏
会社 회사
ワープロ 워드 프로세서
転ぶ 넘어지다, 구르다
机の縁 책상 모서리
頭 머리
気絶する 기절하다
鍼を打つ 침을 맞다
腰 허리
痛み 아픔, 통증
少し 조금, 약간
和らぐ 누그러지다, 완화되다
話 이야기
心を打つ 마음을 찌르다, 감동하다
昨日 어제
碁を打つ 바둑을 두다

 **동사** **05** 생각, 사고, 느낌과 관련된 단어

MP3 듣기

☐ **思う** ▶[1타] 생각하다 ▶ 감정적·주관적인 뜻, 또는 의지를 나타냄

▶ 彼は結果を不満に思っています。
그는 결과를 불만스럽게 생각하고 있습니다.

▶ これから一生懸命勉強しようと思っています。
이제부터 열심히 공부하려고 합니다.

結果 결과
不満に 불만스럽게
これから 이제부터, 앞으로
一生懸命 열심히
~(よ)うと思っている
~(하)려고 하다 (계획)

☐ **考える** ▶[2타] 생각하다 ▶ 지적·객관적인 뜻

▶ 将来について考えてみましたか。
장래에 대해서 생각해 보았습니까?

▶ 人は考える動物である。
사람은 생각하는 동물이다.

파 考え方 사고방식

将来 장래, 미래
~について ~에 관하여
~てみる ~해 보다
人 사람, 인간
動物 동물

☐ **悩む** ▶[1자] 고민하다

▶ 彼は進路のことで悩んでいます。
그는 진로 문제로 고민하고 있습니다.

進路 진로
~のことで ~의 문제로

☐ **疑う** ▶[1타] 의심하다, (의심을) 품다

▶ 彼は私の言うことを疑っています。
그는 내가 하는 말을 의심하고 있습니다.

▶ 彼が合格したという話に私は耳を疑った。
그가 합격했다는 소식에 나는 귀를 의심했다.

合格する 합격하다
~という ~라는
話 이야기, 소문
耳を疑う 귀를 의심하다

□ **落ち着く** ▶[1자] ① 진정되다, 가라앉다 ② 정착하다

▶ 泣くだけ泣いて、彼女は多少落ち着いたようだった。
울 만큼 울어서 그녀는 다소 마음이 가라앉은 듯했다.

▶ 引っ越して落ち着いたら連絡します。
이사 가서 정리가 되면 연락 드리겠습니다.

▶ 彼らの先祖は流浪の末にこの地に落ち着いた。
그들의 조상은 유랑 끝에 이 땅에 정착했다.

~だけ ~만큼
多少 다소
~ようだ ~인 듯하다
引っ越す 이사하다
連絡する 연락하다
彼ら 그들
先祖 선조, 조상
流浪の末 유랑 끝
地 땅

□ **確かめる** ▶[2타] 확인하다

▶ 自分の目で確かめることが大切です。
자기 눈으로 확인하는 것이 중요합니다.

自分 자기 자신, 스스로
目 눈
大切だ 중요하다

□ **信じる** ▶[2타] 믿다

▶ あの人は私の言うことを全然信じてくれません。
그 사람은 내가 하는 말을 전혀 믿어주지 않습니다.

全然~ない
전혀 ~(하)지 않다
~てくれる
(주로 남이 나에게) ~해 주다

□ **痛む** ▶[1자] 아프다, 통증을 느끼다 ▶ p.48 참조

▶ 頭がずきずき痛みます。
머리가 욱신욱신 아픕니다.
派 痛み止め 진통제
동 傷む 상하다

▶ 台風で傷んだ屋根を修理しました。
태풍으로 망가진 지붕을 수리했습니다.

▶ この果物は傷みやすいから早く食べましょう。
이 과일은 상하기 쉬우니 빨리 먹읍시다.
동 悼む 슬퍼하다, 애도하다

ずきずき 욱신욱신

台風 태풍
屋根を修理する
지붕을 수리하다
果物 과일
~やすい ~하기 쉽다
~から ~때문에
早く 빨리

□ **感^{かん}じる** ▶[2자] 느끼다

► 風^{かぜ}が吹^ふくと肌^{はだ}で感^{かん}じる寒^{さむ}さはもっと厳^{きび}しくなります。
바람이 불면 피부로 느끼는 추위는 더욱 심해집니다.

파 感^{かん}じがする 느낌이 들다

風が吹く 바람이 불다
肌 피부
寒さ 추위
もっと 더욱
厳しい 심하다

□ **染^しみる** ▶[2자] ① 아리다, 시리다 ② 배다, 스며들다

► 煙^{けむり}が目^めにしみます。
연기가 눈에 아립니다.

煙 연기

► 冷^{つめ}たい水^{みず}が歯^はにしみます。
찬물에 이가 시립니다.

► 汗^{あせ}がしみたシャツを脱^ぬぎました。
땀이 밴 셔츠를 벗었습니다.

冷たい 차다
歯にしみる 이가 시리다
汗がしみる 땀이 배다
シャツ 셔츠
脱ぐ 벗다

D06 동사 입(말하다)와 관련된 단어

MP3 듣기

☐ **話す** ▶[1타] 이야기하다, 말하다

▶ 今何を話していたんですか。
지금 무슨 얘기를 하고 있었습니까?

▶ 私は日本語と英語が話せます。
저는 일본어와 영어를 할 수 있습니다.

日本語 일본어
英語 영어

☐ **しゃべる** ▶[1자] 말하다 ▶ 내용보다 말하는 행위 중심

▶ このことは誰にもしゃべらないでください。
이 일은 아무에게도 말하지 마십시오.

파 おしゃべり 회화, 수다, 수다쟁이

誰にも 누구에게도
〜ないでください
〜(하)지 말아 주세요

☐ **語る** ▶[1타] 말하다, 이야기하다 ▶ 전할 내용 중심

▶ 事件の一部始終を語って聞かせた。
사건의 자초지종을 말해 주었다.

事件 사건
一部始終 자초지종
聞かせる 들려주다

☐ **物語る** ▶[1타] 말하다, 이야기하다

▶ 彼の目が本心を物語っていた。
그의 눈이 본심을 말하고 있었다.

파 物語 이야기, 설화

本心 본심

述べる ▶[2타] 말하다, 진술하다, 기술하다

▶ 会議では自分の意見をきちんと述べてください。
회의에서는 자신의 의견을 확실히 말해 주십시오.

▶ 著者が本書で述べていることは、私たちとは違う
古代人の世界観である。
저자가 이 책에서 쓴 것은 우리와는 다른 고대인의 세계관이다.

会議 회의
意見を述べる 의견을 말하다
きちんと 확실히, 분명히
著者 저자
本書 본서, 이 책
違う 다르다, 틀리다
古代人 고대인
世界観 세계관

つぶやく ▶[1자] 중얼거리다

▶ 彼は一人で何かつぶやいていました。
그는 혼자서 뭔가 중얼거리고 있었습니다.

一人で 혼자서
何か 뭔가

ささやく ▶[1자・타] 속삭이다

▶ 彼女は彼に何かをささやいています。
그녀는 그에게 뭔가를 속삭이고 있습니다.

▶ 風が耳もとでささやいています。
바람이 귓전에서 속삭이고 있습니다.

耳もと 귓전

どもる ▶[1자] 말을 더듬다

▶ 彼は緊張してどもりながら話していました。
그는 긴장해서 말을 더듬거리며 이야기하고 있었습니다.

緊張する 긴장하다
〜ながら 〜하면서

呼ぶ ▶[1타] 부르다

▶ タクシーを呼んでください。
택시를 불러 주세요.

▶ 彼女は私をたっちゃんと愛称で呼びます。
그녀는 나를 닷쨩이라고 애칭으로 부릅니다.

▶ ベートーベンは楽聖と呼ばれています。
베토벤은 악성이라고 불리고 있습니다.

タクシーを呼ぶ
택시를 부르다

愛称 애칭

ベートーベン 베토벤(인명)
楽聖 악성
〜と呼ばれる 〜라고 불리다

□ **叫ぶ** ▶[1자] 외치다, 소리를 지르다

▶ 遠くで男の人が叫んでいます。
멀리서 한 남자가 소리를 지르고 있습니다.

遠く 먼 곳
男の人 남자, 남성

□ **黙る** ▶[1자] 말을 하지 않다, 가만히 있다

▶ 私は黙って彼女の話に耳を傾けた。
나는 가만히 그녀의 이야기에 귀를 기울였다.

耳を傾ける 귀를 기울이다

동사 07 손동작과 관련된 단어 1

MP3 듣기

☐ **使う** ▶ [1타] 사용하다, 쓰다

▶ このボールペン、使ってもいいですか。
이 볼펜 사용해도 됩니까?
🔁 使い方 사용법

ボールペン 볼펜
～てもいいですか
～해도 좋습니까?(됩니까?)

☐ **掛ける** ▶ [2타] ① 걸다 ② (전화를) 걸다 ③ (열쇠를) 잠그다 ④ (폐를) 끼치다
⑤ (안경을) 쓰다 ▶ p.139 참조

▶ 洋服かけに服を掛けます。
옷걸이에 옷을 겁니다.

洋服かけ 옷걸이
服を掛ける 옷을 걸다

▶ 先生に電話を掛けてください。
선생님께 전화를 걸어 주세요.

先生 선생님
電話をかける 전화를 걸다

▶ 家を出るとき玄関の鍵を掛けましたか。
집을 나올 때 현관 열쇠를 잠궜습니까?

家を出る 집을 나가(오)다
玄関 현관
鍵をかける 열쇠를 잠그다
他人 타인, 남

▶ 他人に迷惑を掛けてはいけません。
남에게 폐를 끼쳐서는 안 됩니다.

迷惑をかける 폐를 끼치다
～てはいけない
～해서는 안 된다

▶ 彼は眼鏡を掛けています。
그는 안경을 쓰고 있습니다.

眼鏡をかける 안경을 쓰다

□ **掛かる** ▶[1자] ① 걸리다, 매달리다 ② (말·유혹 등을) 걸어 오다
　　　　　　　③ (열쇠·단추 등이) 채워지다

▶ 壁に絵が掛かっています。
벽에 그림이 걸려 있습니다.

壁 벽
絵 그림

▶ 彼から電話が掛かってきました。
그에게서 전화가 걸려 왔습니다.

〜てくる 〜해 오다

▶ この部屋は鍵が掛かっています。
이 방은 자물쇠가 채워져 있습니다.

部屋 방

□ **つける** ▶[2타] ① 붙이다 ② (불·전등 따위를) 켜다 ▶ 기타 관용 표현들이 있음

▶ 傷口に薬を付けました。
상처에 약을 발랐습니다.

傷口 상처
薬を付ける 약을 바르다

▶ 男の人がタバコに火を点けています。
남자가 담배에 불을 붙이고 있습니다.

タバコ 담배
火を点ける 불을 붙이다

▶ 電気を点けてください。
전기를 켜 주십시오.

電気を点ける
전기를 켜다, 불을 켜다

▶ 私は毎日日記を付けています。
저는 매일 일기를 쓰고 있습니다.

日記を付ける 일기를 쓰다

▶ 車に気を付けてください。
차 조심하십시오.

車 차, 자동차
気を付ける 주의하다, 조심하다

□ **つく** ▶[1자] ① 붙다 ② (전기·기계 등이) 켜지다, 작동하다

▶ 服にガムが付いてしまった。
옷에 껌이 붙어 버렸다.

ガムが付く 껌이 붙다
〜てしまう
〜해 버리다, 〜하고 말다

▶ 部屋に入ると自動で電気が点いた。
방에 들어가자 자동으로 불이 켜졌다.

部屋に入る 방에 들어가다
自動で 자동으로
電気が点く 불이 켜지다

□ **消す** ▶[1타] ① 지우다 ② 끄다

▶ 先生が黒板の字を消しています。
선생님이 칠판에 쓴 글씨를 지우고 있습니다.

黒板 칠판
字を消す 글씨를 지우다

▶ テレビを消してください。
텔레비전을 꺼 주세요.

テレビを消す
텔레비전을 끄다

□ **開ける** ▶[2타] 열다, (눈을) 뜨다 ▶ p.151 空ける 참조

▶ ドアを開けてください。
문을 열어 주세요.

ドアを開ける 문을 열다

▶ 箱を開けると中に本が入っていた。
상자를 열자 안에 책이 들어 있었다.

箱 상자
中 안, 속
入る 들어가다

□ **開く** ▶[2자] 열리다, (눈을) 뜨다

▶ 家に帰って部屋を見たら、窓が開いていました。
집에 돌아가서 방을 보니 창문이 열려 있었습니다.

家に帰る 집에 돌아가다
窓が開く 창문이 열리다

□ **閉める** ▶[2타] ① 닫다 ② 가게문을 닫다

▶ 寒いですから窓を閉めてください。
추우니까 창문을 닫아 주세요.

寒い 춥다
～ですから ～이니까
窓を閉める 창문을 닫다
土曜日 토요일
店を閉める 가게를 닫다

▶ 土曜日には5時に店を閉めます。
토요일에는 5시에 가게문을 닫습니다.

□ **閉まる** ▶[2자] 닫히다

▶ 日本の銀行は3時に閉まります。
일본의 은행은 3시에 문이 닫힙니다.

銀行 은행

□ **取る** ▶[1타] ① 취하다 ② 따다 ③ 구독하다 ④ 빼다

▶ ちょっとそこの塩を取ってください。
거기 소금 좀 주세요.

ちょっと 좀, 잠시
塩を取る 소금을 집다

▶ 彼は去年、学位を取りました。
그는 작년에 학위를 땄습니다.

去年 작년
学位を取る
학위를 취득하다(따다)
新聞を取る 신문을 구독하다

▶ 私は日本の新聞を取っています。
저는 일본 신문을 구독하고 있습니다.

▶ サウナに行って疲れを取りましょう。
사우나에 가서 피로를 풉시다.

サウナ 사우나
疲れを取る 피로를 풀다

□ **持つ** ▶[1타] ① 가지다 ② 들다

▶ お金を持っていますか。
돈을 가지고 있습니까?

お金 돈

▶ ちょっとかばんを持ってください。
가방을 좀 들어 주세요.

かばん 가방

동사 08 손동작과 관련된 단어 2

MP3 듣기

☐ **押す** ▶[1타] ① 밀다 ② 누르다, (도장 등을) 찍다

▶ 彼は後ろから人に押されて転びました。
그는 뒤에서 다른 사람에게 밀려 넘어졌습니다.

後ろ 뒤
転ぶ 넘어지다, 구르다

▶ このボタンを押してください。
이 버튼을 눌러 주세요.

ボタンを押す 버튼을 누르다

☐ **引く** ▶[1타] ① 당기다 ② 끌다 ③ 빼다 ▶ p.138 참조

▶ このドアは引いて開けます。
이 문은 당겨서 엽니다.

ドアを引く 문을 당기다

▶ レッカー車が故障した車を引いて行きました。
견인차가 고장 난 차를 끌고 갔습니다.

レッカー車 견인차
故障する 고장 나다

▶ これは税金を引いた金額です。
이것은 세금을 뺀 금액입니다.

税金 세금
金額 금액

☐ **引っ張る** ▶[1타] ① 잡아당기다, 잡아끌다 ▶ 引く보다 강한 느낌
② 억지로 끌고 가다, 연행하다

▶ 彼はひもを力強く引っ張りました。
그는 끈을 힘껏 잡아당겼습니다.

ひも 끈
力強く 힘껏

▶ 泥棒は警察に引っ張って行かれました。
도둑은 경찰에 끌려 갔습니다.

泥棒 도둑
警察 경찰

□ **押^おさえる** ▶[2타] ① 누르다 ② (핵심을) 파악하다

▶ 紙^{かみ}が風^{かぜ}で飛^とばないように手^てで押^おさえた。
종이가 바람에 날아가지 않도록 손으로 눌렀다.

▶ 彼女^{かのじょ}の説明^{せつめい}はポイントをよく押^おさえていた。
그녀의 설명은 요점을 잘 짚고 있었다.

紙 종이
風 바람
～ないように ～(하)지 않도록
説明 설명
ポイント 포인트, 요점
よく 잘

□ **撫^なでる** ▶[2타] 쓰다듬다, 어루만지다

▶ おばあさんは子^こどもの頭^{あたま}を撫^なでました。
할머니는 아이의 머리를 쓰다듬었습니다.

おばあさん 할머니
頭を撫でる 머리를 쓰다듬다

□ **振^ふる** ▶[1타] ① 흔들다 ② 차이다 ▶ふられる의 형태로

▶ 遠^{とお}くから彼^{かれ}が手^てを振^ふっていました。
멀리에서 그가 손을 흔들고 있었습니다.

▶ 彼^{かれ}は彼女^{かのじょ}にふられてしまいました。
그는 여자 친구에게 차이고 말았습니다.

遠く 먼 곳
手を振る 손을 흔들다

彼女 여자 친구
～てしまう ～(하)고 말다

□ **掴^{つか}む** ▶[1타] ① 움켜쥐다, 붙잡다 ② 손에 넣다 ③ 파악하다 ▶掴^{つか}む로도 사용

▶ 彼^{かれ}は出^でて行^いこうとする彼女^{かのじょ}の腕^{うで}を掴^{つか}んだ。
그는 나가려는 그녀의 팔을 붙잡았다.

▶ 彼^{かれ}は掴^{つか}んだチャンスを決^{けっ}して逃^のがさない。
그는 손에 넣은 기회를 결코 놓치지 않는다.

▶ 事件^{じけん}の手^てがかりがなかなか掴^{つか}めない。
사건의 실마리가 좀처럼 잡히지 않는다.

～(よ)うとする ～(하)려 하다
腕 팔
チャンスを掴む 찬스를 잡다
決して～ない
결코 ～(하)지 않다
逃がす 놓치다
事件 사건
手がかり 실마리
なかなか～ない
좀처럼 ～(하)지 않다

□ **握る** ▶[1타] ① 쥐다, 잡다 ② 장악하다

▶ 母は私の手をしっかりと握った。
어머니는 내 손을 꼭 잡았다.

▶ その政治家は絶大な権力を握った。
그 정치가는 지대한 권력을 잡았다.

田 おにぎり 주먹밥

にぎりずし 생선 초밥

母 어머니
しっかり(と) 꽉, 꼭, 단단히

政治家 정치가
絶大だ 지대하다
権力を握る 권력을 잡다

□ **結ぶ** ▶[1타] ① 매다 ② 관계를 맺다 ③ 잇다

▶ かわいいリボンを結んだ女の子がいます。
귀여운 리본을 맨 여자 아이가 있습니다.

▶ 社長は著者と契約を結びました。
사장님은 저자와 계약을 맺었습니다.

▶ この道路は東京と大阪を結んでいる。
이 도로는 도쿄와 오사카를 연결하고 있다.

かわいい 귀엽다
リボンを結ぶ 리본을 매다
女の子 여자 아이
社長 사장(님)
著者 저자
契約を結ぶ 계약을 맺다
道路 도로
東京 도쿄(지명)
大阪 오사카(지명)

□ **縛る** ▶[1타] ① 묶다 ② 속박하다

▶ 荷物をひもでしっかり縛りました。
짐을 끈으로 단단히 묶었습니다.

▶ 私は時間に縛られるのは嫌いです。
나는 시간에 얽매이기는 싫습니다.

荷物 짐
時間に縛られる
시간에 얽매이다
嫌いだ 싫다, 싫어하다

동사 09 손동작과 관련된 단어 3

MP3 듣기

☐ **触る** ▶[1자] ① (가볍게) 닿다 ② 손대다 ③ 기분을 상하게 하다 (=障る)

▶ このスタンドはスイッチに軽く触るだけで電気が点きます。
이 스탠드는 스위치에 가볍게 손을 대기만 하면 불이 켜집니다.

スタンド 스탠드
スイッチ 스위치
軽い 가볍다
〜だけで 〜만으로
機械 기계

▶ 機械に触らないでください。
기계에 손대지 마세요.

▶ 外で人の話す声が気に触ります。
밖에서 사람들이 이야기하는 소리가 마음에 거슬립니다.

声 (목)소리
気に触る(=障る)
마음에 거슬리다

☐ **叩く** ▶[1타] ① 때리다, 두드리다 ② 비난하다

▶ 誰かがドアを叩いています。
누군가가 문을 두드리고 있습니다.

誰か 누군가
ドア 도어, 문

▶ 政治の腐敗がマスコミで叩かれています。
정치 부패를 매스컴이 비난하고 있습니다.

政治 정치
腐敗 부패
マスコミ 매스컴

☐ **追い払う** ▶[1타] 내쫓다

▶ 食卓に飛んで来たはえを追い払いました。
식탁에 날아온 파리를 쫓아냈습니다.

食卓 식탁
はえ 파리

☐ **貼る** ▶[1타] (얇은 것을) 붙이다

▶ 壁にポスターが貼ってあります。
벽에 포스터가 붙여져 있습니다.

ポスターを貼る
포스터를 붙이다
〜てある 〜(하)고 있다 (상태)

□ **塗る** ▶[1타] 칠하다, 바르다

▶ 壁にペンキを塗ったらどうですか。
벽에 페인트를 칠하는 게 어때요?

ペンキ 페인트
〜たら 〜(하)면

▶ 虫に刺されたところに薬を塗りました。
벌레에게 물린 곳에 약을 발랐습니다.

虫に刺される 벌레에 물리다
薬を塗る 약을 바르다

□ **縫う** ▶[1타] 꿰매다

▶ 彼女はミシンで洋服を縫っていた。
그녀는 재봉틀로 양복을 꿰매고 있었다.

ミシン 재봉틀
洋服 양복, (서양풍) 옷

□ **めくる** ▶[1타] 걷어올리다, 넘기다

▶ 次のページをめくってください。
다음 페이지를 넘겨 주세요.

次 다음
ページをめくる
페이지를 넘기다

□ **出す** ▶[1타] ① 내다, 꺼내다 ② 제출하다

▶ 勇気を出して彼女に声をかけてみました。
용기를 내서 그녀에게 말을 걸어 보았습니다.

勇気 용기
声をかける 말을 걸다
学生たち 학생들
夏休み 여름방학
宿題を出す 숙제를 내다

▶ 先生は学生たちに夏休みの宿題を出しました。
선생님은 학생들에게 여름방학 숙제를 냈습니다.

□ **作る** ▶[1타] 만들다

▶ 妻がおいしい料理を作ってくれました。
아내가 맛있는 요리를 만들어 주었습니다.

▦ 作り方 만드는 법

妻 아내
おいしい 맛있다
料理 요리
〜てくれる
(주로 남이 나에게) 〜해 주다

□ **置く** ▶[1태] ① (일정한 곳에) 두다, 놓다 ② (간격을) 두다

▶ 彼はいつも辞書を机の上に置いています。
그는 사전을 항상 책상 위에 놓아 둡니다.

▶ あの人とは距離を置くようにしています。
그 사람과는 거리를 두려고 하고 있습니다.

辞書 사전
机の上 책상 위
あの 그, 저
〜とは 〜와는
距離 거리
〜ようにする 〜하려고 하다

동사 10 몸동작과 관련된 단어

MP3 듣기

☐ **立つ** ▶[1자] 서다, 일어서다

▶ 一日中立って仕事をしました。
하루 종일 서서 일했습니다.

파 腹が立つ 화가 나다

동 発つ 떠나다

一日中 하루 종일
〜中(じゅう) 〜동안, 〜내내
仕事 일, 업무

▶ 彼は明日東京へ発ちます。
그는 내일 도쿄로 떠납니다.

明日 내일

동 経つ 지나다

▶ あれからもう5年も経ちました。
그로부터 벌써 5년이나 지났습니다.

あれから 그로부터, 그 후
もう 벌써, 이미
〜も 〜이나

☐ **立ち上がる** ▶[1자] 일어서다

▶ 急に立ち上がったらめまいがしました。
갑자기 일어섰더니 현기증이 났습니다.

急に 갑자기
〜たら 〜더니
めまいがする 현기증이 나다

☐ **座る** ▶[1자] 앉다

▶ どうぞ、お座りください。
자, 앉으세요.

どうぞ 자, 어서
お+동사의 ます형+くださ
い 존경 표현

☐ **しゃがむ** ▶[1자] 웅크리다, 쭈그리다, 쭈그려 앉다

▶ おばあさんたちがしゃがんで話をしています。
할머니들이 쭈그려 앉아 이야기를 하고 있습니다.

おばあさんたち 할머니들
話をする 이야기를 하다

伏せる ▶[2타] ① 엎드리다, 숙이다 ② 엎어 놓다 ③ 숨기다

▶ 爆音が聞こえたので彼は身を伏せた。
폭발음이 들려서 그는 몸을 엎드렸다.

▶ 洗ったコップはあみに伏せて置いてください。
씻은 컵은 쇠선반에 엎어 놓아 주세요.

▶ このことはみんなには伏せておいてください。
이 일은 다른 사람들에게는 숨겨 주세요.

爆音 폭발음
聞こえる 들리다
〜ので 〜때문에
身を伏せる 몸을 엎드리다
コップ 컵
あみ 망, 쇠선반
みんな 모두

横になる ▶[1자] 드러눕다

▶ 疲れたので、横になって休みました。
피곤했기 때문에 누워서 쉬었습니다.

疲れる 피곤해지다, 지치다

曲げる ▶[2타] 굽히다

▶ 体を曲げたとき腰に痛みが走った。
몸을 굽혔을 때 허리에 통증이 일어났다.

体 몸
腰 허리
痛みが走る 통증이 일어나다

組む ▶[1타] ① (팔짱을) 끼다 ② 짜다, 구성하다

▶ 新郎新婦が腕を組んで入場した。
신랑, 신부가 팔짱을 끼고 입장했다.

▶ 彼とチームを組んで仕事をしました。
그와 팀을 이루어 같이 일했습니다.

新郎新婦 신랑과 신부
腕を組む 팔짱을 끼다
入場する 입장하다
チームを組む 팀을 이루다

踏む ▶[1타] 밟다

▶ 満員電車で誰かに足を踏まれました。
만원 전철에서 누군가에게 발을 밟혔습니다.

파 踏み切り 철도 건널목

満員電車 만원 전철
足を踏む 발을 밟다

11 감정 표현과 관련된 단어 1

동사

MP3 듣기

☐ **喜ぶ** ▶[1타] 기뻐하다

▶ 優勝して、みんな喜んでいます。
우승해서 모두 기뻐하고 있습니다.

　파 喜んで 기꺼이, 기쁘게

優勝する 우승하다

▶ 喜んで出席いたします。
기꺼이 참석하겠습니다.

出席 출석, 참석
いたす する의 겸양어

☐ **悲しむ** ▶[1타] 슬퍼하다

▶ 彼女は母親をなくして悲しんでいます。
그녀는 어머니를 잃고 슬퍼하고 있습니다.

▶ モラルが低下していることは悲しむべき事実です。
도덕이 저하되고 있는 것은 슬퍼해야 할 사실입니다.

なくす 잃다, 여의다
モラル 도덕, 윤리
低下する 저하되다
〜べき 〜해야 할(될)
事実 사실

☐ **悼む** ▶[1타] 슬퍼하다, 애도하다 ▶ p.31 참조

▶ 彼の死を悼んで告別式にはたくさんの人が集まりました。
그의 죽음을 애도해서 고별식에는 많은 사람이 모였습니다.

死を悼む 죽음을 애도하다
告別式 고별식
たくさんの 많은
集まる 모이다

☐ **楽しむ** ▶[1타] 즐기다

▶ 彼は週末にはゴルフを楽しんでいます。
그는 주말에는 골프를 즐기고 있습니다.

　파 楽しみにする 기대하다

週末 주말
ゴルフ 골프

▶ 明日のパーティーを楽しみにしています。
내일 파티를 기대하고 있습니다.

パーティー 파티

□ **好^{この}む** ▶[1자] 좋아하다, 선호하다

▶ 若者^{わかもの}たちの好^{この}む話^{はなし}を書^かいてください。
젊은이들이 좋아하는 이야기를 써 주십시오.

若者たち 젊은이들

□ **嫌^{きら}う** ▶[1타] 싫어하다, 꺼리다

▶ 彼女^{かのじょ}は彼^{かれ}のことをひどく嫌^{きら}っています。
그녀는 그를 몹시 싫어합니다.

ひどく 몹시, 매우

□ **憎^{にく}む** ▶[1타] 미워하다, 싫어하다

▶ あまり人^{ひと}を憎^{にく}まない方^{ほう}がいいですよ。
너무 남을 미워하지 않는 게 좋아요.

あまり~ない方がいい
너무 ~(하)지 않는 편이 좋다

□ **恐^{おそ}れる** ▶[2자] 두려워하다, 겁내다

▶ 私^{わたし}は最悪^{さいあく}の事態^{じたい}を恐^{おそ}れていました。
나는 최악의 사태를 두려워하고 있었습니다.

最悪の事態 최악의 사태

□ **惜^おしむ** ▶[1타] ① 소중히 여기다, 아끼다 ② 아쉬워하다

▶ 兄^{あに}は寝^ねる時間^{じかん}も惜^おしんで勉強^{べんきょう}しています。
형(오빠)은 자는 시간도 아껴서 공부하고 있습니다.

▶ 私^{わたし}たちは互^{たが}いに思^{おも}い出話^{でばなし}をしながら別^{わか}れを惜^おしんだ。
우리는 서로 추억을 이야기하면서 이별을 아쉬워했다.

兄 형, 오빠
勉強する 공부하다
(お)互いに 서로, 다 함께
思い出話 추억담
別れ 이별

□ **恨^{うら}む** ▶[1타] 원망하다

▶ 人^{ひと}を恨^{うら}むのはよくありません。
남을 원망하는 것은 좋지 않습니다.

よい(=いい) 좋다

동사 12 감정 표현과 관련된 단어 2

MP3 듣기

□ **驚く** ▶ [1자] 놀라다

▶ 彼があまり歌が上手なので驚きました。
그가 너무 노래를 잘해서 놀랐습니다.

> あまり 너무, 지나치게
> 歌が上手だ 노래를 잘하다

□ **驚かす** ▶ [1타] 놀라게 하다

▶ 彼はいきなり怒り出して人を驚かした。
그는 갑자기 화를 내서 사람들을 놀라게 했다.

> いきなり 갑자기
> 怒り出す 화를 내다

▶ 変なことを言って人を驚かさないでください。
이상한 소리를 해서 사람을 놀라게 하지 마세요.

> 変だ 이상하다

□ **びっくりする** ▶ [3자] 깜짝 놀라다

▶ 本の間からラブレターが出てきて彼女はびっくりした。
책 사이에서 연애편지가 나와서 그녀는 깜짝 놀랐다.

> 間 사이
> ラブレター 러브레터, 연애편지
> 出てくる 나오다

□ **ときめく** ▶ [1자] 가슴이 두근거리다, 설레다

▶ 彼のことを思うと胸がときめきます。
그를 생각하면 가슴이 두근거립니다.

> ~と ~(하)면
> 胸 가슴

▶ 彼女は合格した喜びに胸がときめいています。
그녀는 합격한 기쁨에 가슴이 설레고 있습니다.

> 合格する 합격하다
> 喜び 기쁨

관 **どきどきする** 두근두근하다

▶ 彼は合格発表の前に胸がどきどきしています。
그는 합격 발표 전에 가슴이 두근거리고 있습니다.

> 発表 발표
> 喜び 기쁨

☐ **かわいがる** ▶[1타] 귀여워하다

▶ 祖母は私たちをとてもかわいがってくれました。
할머니는 우리를 아주 귀여워해 주셨습니다.

祖母 조모, 할머니
とても 매우, 아주

☐ **飽きる** ▶[2자] 물리다, 싫증이 나다

▶ このゲームをするのはもう飽きてしまいました。
이 게임을 하는 것은 이제 싫증이 났습니다.

▶ この本は何度読んでも飽きません。
이 책은 몇 번 읽어도 싫증이 나지 않습니다.

ゲームをする 게임을 하다
もう 이제
～てしまう ～해 버리다
何度～て(で)も 몇 번 ～해도

☐ **あきれる** ▶[2자] 어이가 없다, 기가 막히다

▶ 日本の公用語をフランス語にしようという彼の
発言にはあきれてしまいました。
일본의 공용어를 프랑스어로 하자는 그의 발언에는 어이가 없었습니다.

▶ 彼の態度にはあきれてものも言えません。
그의 태도에는 기가 막혀서 말도 못하겠습니다.

▶ 兄はあきれるほど頭のいい人です。
형(오빠)은 기막히게 머리 좋은 사람입니다.

公用語 공용어
フランス語 프랑스어
～にする ～로 하다
～(よ)う ～하자
発言 발언
態度 태도
ものを言う 말하다

あきれるほど 기막히게
頭がいい 머리가 좋다

☐ **怒る** ▶[1자] ① 화내다 ② 꾸짖다

▶ 彼女は何でもないことによく怒ります。
그녀는 아무것도 아닌 일에 화를 잘 냅니다.

▶ 窓ガラスを割って父に怒られました。
유리창을 깨뜨려서 아버지께 꾸지람을 들었습니다.

何でもない 아무것도 아니다

窓ガラス 유리창
割る 깨다, 깨뜨리다
父 아버지

□ **叱る** ▶[1타] 꾸짖다

▶ カンニングをして先生にひどく叱られました。
커닝을 해서 선생님께 심한 꾸지람을 들었습니다.

カンニングをする
커닝을 하다
ひどい 심하다

□ **褒める** ▶[2타] 칭찬하다

▶ 先生は彼の絵をほめました。
선생님은 그의 그림을 칭찬했습니다.

絵 그림

동사 D13 감정 표현과 관련된 단어 3

MP3 듣기

☐ **いじめる** ▶[2타] 괴롭히다

▶ 弱い者をいじめてはいけません。
(자기보다) 약한 사람을 괴롭혀서는 안 됩니다.

弱い者 약자
~て(で)はいけない
~(해)서는 안 된다

☐ **甘える** ▶[2자] ① 응석을 부리다 ② (호의·친절을) 스스럼없이 받아들이다

▶ 妹が鼻声を出して父に甘えています。
여동생이 콧소리를 내며 아버지에게 응석을 부리고 있습니다.

妹 여동생
鼻声を出す 콧소리를 내다

▶ お言葉に甘えてそういたします。
(그 친절한) 말씀에 따라 그렇게 하겠습니다.

お言葉 말씀
そう 그렇게

☐ **甘やかす** ▶[1타] 응석을 받아 주다, 오냐오냐하다

▶ 彼は一人っ子だから、甘やかされて育ちました。
그는 외아들이어서 응석받이로 자랐습니다.

一人っ子 외아들, 독자
育つ 자라다

▶ 彼は子どもを甘やかしすぎます。
그는 아이한테 너무 오냐오냐합니다.

~すぎる 너무 ~하다

☐ **責める** ▶[2타] (잘못 등을) 비난하다

▶ 彼らは私の不注意を責めました。
그들은 나의 부주의를 비난했습니다.

彼ら 그들
不注意 부주의

☐ **文句を言う** ▶[1타] 불평하다

▶ あの人はいつも文句ばかり言っています。
저 사람은 언제나 불평만 하고 있습니다.

~ばかり ~만

□ **からかう** ▶[1타] 조롱하다, 놀리다

▶ 発音が悪いからといって彼をからかわないでくだ
さい。
발음이 나쁘다고 해서 그를 놀리지 말아 주십시오.

発音が悪い 발음이 나쁘다
〜からといって 〜라고 해서

□ **ふざける** ▶[2자] 희롱하다, 장난치다

▶ 彼はふざけてコーヒーに塩を入れました。
그는 장난으로 커피에 소금을 넣었습니다.

コーヒー 커피
塩を入れる 소금을 넣다

▶ 彼はふざけたことを言って人を笑わせました。
그는 장난 같은 말을 해서 사람들을 웃겼습니다.

笑わせる 웃기다

□ **狂う** ▶[1타] ① 미치다 ② (예상·계획 등이) 어긋나다

▶ その収入で外車を買うなんて気でも狂ったんですか。
그 수입으로 외제차를 사다니 미쳤습니까?

収入 수입
外車 외제차
〜なんて 〜하다니
気が狂う 미치다
〜のため 〜때문에
計画 계획

▶ 雨のため計画が狂ってしまいました。
비 때문에 계획이 틀어졌습니다.

□ **睨む** ▶[1타] ① 노려보다 ② 짐작하다

▶ 彼は険しい表情で相手をにらみましだ。
그는 험악한 표정으로 상대방을 노려보았습니다.

険しい 험악하다, 험상궂다
表情 표정
相手 상대, 상대방
宝 보물
隠す 숨기다, 감추다
〜と 〜(라)고

▶ 宝はここに隠されていると私はにらんでいます。
보물은 여기에 숨겨져 있다고 나는 짐작하고 있습니다.

□ **微笑む** ▶[1자] 미소 짓다

▶ 姉は私を見ると優しく微笑みました。
언니(누나)는 나를 보자 다정하게 미소 지었습니다.

姉 언니, 누나
〜と 〜(하)자
優しい 다정하다, 상냥하다

동사

D14 마음의 상태와 관련된 단어

MP3 듣기

□ **悩ます** ▶[1타] ① 괴롭히다 ② 시달리다 ▶ 수동형으로

▶ 都会人はいろいろな公害に悩まされています。
도시인은 여러 가지 공해에 시달리고 있습니다.

都会人 도시인
いろいろだ 여러 가지이다
公害 공해

□ **苦しむ** ▶[1자] ① 고생하다 ② 힘이 들다

▶ 彼女は長い間病気で苦しんでいます。
그녀는 오랫동안 병으로 고생하고 있습니다.

長い間 오랫동안
病気 병

▶ 彼の行動は理解に苦しみます。
그의 행동은 이해하기 힘듭니다.

行動 행동
理解 이해

□ **迷う** ▶[1자] ① 헤매다 ② 망설이다

▶ 私は外国の町で道に迷いました。
나는 외국의 시가지에서 길을 잃었습니다.

外国 외국
町 시가(지), 시내
道に迷う
길을 헤매다, 길을 잃다
注文する 주문하다
～ようか ～할지, ～할까

▶ 彼女は何を注文しようか迷いました。
그녀는 무엇을 주문할지 망설였습니다.

□ **戸惑う** ▶[1자] 어리둥절하다, 당황하다

▶ 急に先生に質問されて、戸惑いました。
갑자기 선생님께 질문을 받고 당황했습니다.

急に 갑자기
質問する 질문하다

□ **慌てる** ▶[2자] 당황하다, 침착성을 잃다

▶ 慌てていて携帯電話を持って出るのを忘れました。
당황해서 휴대전화를 가지고 나오는 것을 잊어버렸습니다.

携帯電話 휴대전화, 휴대폰
忘れる 잊다, 잊어버리다

□ **うろたえる** ▶[2자] 당황하다, 갈팡질팡하다

▶ 彼は秘密を相手に知られていたことを知り、非常にうろたえました。
그는 비밀이 상대방에게 알려져 있던 것을 알고 매우 당황했습니다.

秘密 비밀
相手 상대, 상대방
知られる 알려지다
非常に 매우, 대단히

□ **うろつく** ▶[1자] 쏘다니다, 방황하다, 서성거리다

▶ 変な人が家の前をうろついていました。
이상한 사람이 집 앞을 서성거리고 있었습니다.

変だ 이상하다
家の前 집 앞

□ **焦る** ▶[1자] 안달하다, 초조해하다

▶ 試験の日にバスが遅れてくるので焦ってしまった。
시험날에 버스가 늦게 와서 초조했다.

試験の日 시험날
バス 버스
遅れる 늦다, 늦어지다

□ **困る** ▶[1자] 곤란하다, 난처하다

▶ 土壇場になって約束をキャンセルするとは困った人です。
막판에 약속을 취소하다니 골치 아픈 사람입니다.

土壇場になる 막판에 오다
約束 약속
キャンセルする 취소하다
～とは ～하다니

□ **ためらう** ▶[1자] 주저하다, 망설이다

▶ 彼女は少しためらったあと部屋を出て行きました。
그녀는 잠시 망설인 후 방을 나갔습니다.

▶ いつまでもためらっていては何もできません。
언제까지나 망설이고 있다가는 아무것도 할 수 없습니다.

少し 조금, 잠시
～たあと ～한 후
いつまでも 언제까지나
何も 아무것도, 조금도
できる 할 수 있다

동사 **D15** 마음가짐과 관련된 단어

MP3 듣기

☐ **頼る** ▶[1자] 의지하다

▶ 何でも人に頼らないで自分ですることが大切です。
무슨 일이든 다른 사람에게 의지하지 않고 스스로 하는 것이 중요합니다.

~ないで
~(하)지 말고, ~(하)지 않고
自分で 스스로
大切だ 중요하다

☐ **望む** ▶[1타] ① 바라다 ② 원하다

▶ 親は誰でも子どもの幸せを望んでいます。
부모는 누구나 자식의 행복을 바라고 있습니다.

▶ 彼は日本へ行くことを望んでいます。
그는 일본에 가기를 원하고 있습니다.

親 부모
子ども 자식, 아이
幸せ 행복, 행운

☐ **願う** ▶[1타] 원하다, 바라다

▶ 私は彼の無事を願っています。
나는 그가 무사하기를 빌고 있습니다.

無事 무사, 아무 일 없음

☐ **求める** ▶[2타] ① 찾다, 바라다 ② 요구하다

▶ 彼は最高の味を求めて全国の料理店を食べ歩いています。
그는 최고의 맛을 찾아서 전국의 음식점을 돌아다니고 있습니다.

▶ 彼女は通りすがりの人に助けを求めました。
그녀는 지나가는 사람에게 구조해 달라고 요청했습니다.

最高 최고
味 맛
全国 전국
料理店 요리점
食べ歩く
여기저기 돌아다니며 먹다
通りすがり
우연히 지나가는 것
助け 도움, 구조

기본 회화 표현 · 동사 · い형용사 · な형용사 · 접속사 · 부사 · 복합어 · 명사

□ **祈る** ▶[1타] 기도하다, 기원하다

▶ 私は自分の仕事がうまくいくように祈りました。
나는 내 일이 잘 되도록 기도했습니다.

うまくいく 일이 잘 되다
〜ように 〜(하)도록

□ **あきらめる** ▶[2타] 단념하다, 포기하다

▶ 私は日本への留学をあきらめました。
나는 일본 유학을 단념했습니다.

留学 유학

▶ 私は大学受験のことがどうしてもあきらめられません。
나는 대학 입시를 아무래도 포기할 수 없습니다.

大学受験 대학 입시
〜のこと(を)〜에 대하여
どうしても 아무래도

□ **慰める** ▶[2타] 위로하다, 달래다

▶ 試験に落ちて悲しむ私を友だちが慰めてくれました。
시험에 떨어져서 슬퍼하는 나를 친구가 위로해 주었습니다.

試験に落ちる
시험에 떨어지다
悲しむ 슬퍼하다

□ **謝る** ▶[1타] 사과하다 ▶p.140 誤る 참조

▶ これは謝って済む問題ではありません。
이것은 사과해서 끝날 문제가 아닙니다.

済む 끝나다, 해결되다
問題 문제

□ **許す** ▶[1타] ① 허락하다 ② 용서하다

▶ 両親は私が海外旅行に行くことを許してくれました。
부모님은 내가 해외여행 가는 것을 허락해 주셨습니다.

両親 양친, 부모님
海外旅行 해외여행

▶ 部長は私の失敗を許してくれました。
부장님은 나의 실패를 용서해 주셨습니다.

部長 부장(님)
失敗 실패

□ **抱く** ▶[1타] (마음에) 품다

▶ 彼女は彼に対して憎しみを抱いていた。

그녀는 그에 대해 증오심을 품고 있었다.

〜に対して 〜에 대해서
憎しみ 증오심

동사 **16** 존재, 삶과 관련된 단어

MP3 듣기

☐ **ある** ▶[1자] 있다 ▶ 주로 사물·식물에 쓴다

▶ 近くに郵便局はありますか。

근처에 우체국은 있습니까?

近く 근처, 부근
郵便局 우체국

☐ **いる** ▶[2자] 있다 ▶ 주로 사람·동물에 쓴다

▶ 兄は部屋にいます。

형(오빠)은 방에 있습니다.

▶ 箱の中に猫がいます。

상자 안에 고양이가 있습니다.

箱の中 상자 안
猫 고양이

☐ **生む** ▶[1타] 낳다

▶ 母は私が３歳のとき弟を生みました。

어머니는 내가 세 살 때 남동생을 낳으셨습니다.

〜歳 〜살, 〜세
弟 남동생

☐ **生まれる** ▶[2자] 태어나다

▶ 先生は貧しい家に生まれました。

선생님은 가난한 집에서 태어났습니다.

貧しい 가난하다
家 집, 집안

☐ **生きる** ▶[2자] ① 살다 ② 생동하다 ▶ 생명, 인생 중심

▶ 魚がまだ生きていますよ。

물고기가 아직 살아 있어요.

▶ この作品はキャラクターが生きています。

이 작품은 등장인물이 살아 있습니다.

魚 생선, 물고기
まだ 아직
作品 작품
キャラクター
캐릭터, 등장인물

□ **住む** ▶[1자] 살다 ▶ 주거 중심

► 私はアパートに住んでいます。
저는 아파트에 살고 있습니다.

► 水にすむ動物にはどんなものがありますか。
물에 서식하는 동물에는 어떤 것이 있습니까?

アパート 아파트
水にすむ動物
물에 서식하는 동물
もの 것, 물건
〜にはどんなもの(なに)が
ありますか
〜에는 어떤 것(무엇)이 있습니까?

□ **住まう** ▶[1자] 거주하다

► どちらにお住まいですか。
어디 사세요?
᠍파 住まい 사는 집, 생활, 거주
お住まい 댁(거처)

お＋동사의 ます형＋です
존경 표현

□ **暮らす** ▶[1자] 살다 ▶ 생활 중심

► 彼女は一人で暮らしています。
그녀는 혼자서 살고 있습니다.

一人で 혼자서

► 妹は結婚して幸せに暮らしています。
여동생은 결혼해서 행복하게 살고 있습니다.
᠍파 一人ぐらし 독신 생활

結婚する 결혼하다
幸せに 행복하게

□ **育つ** ▶[1자] 자라다

► 私は日本で生まれて韓国で育ちました。
저는 일본에서 태어나고 한국에서 자랐습니다.

韓国 한국

□ **育てる** ▶[2타] 키우다, 기르다

► 彼女は３人の子どもを立派に育てました。
그녀는 세 명의 아이를 훌륭히 키웠습니다.

立派だ 훌륭하다

□ **死ぬ** ▶[1자] 죽다

▶ 水槽の魚が死んでいます。
수조에 있는 물고기가 죽었습니다.

水槽 수조

□ **亡くなる** ▶[1자] 죽다, 돌아가시다 ▶ p.131 참조

▶ 祖母は昨年亡くなりました。
할머니는 작년에 돌아가셨습니다.

昨年 작년

圏無くなる 없어지다, 다 떨어지다

동사 D17 동식물과 관련된 단어

MP3 듣기

□ **咲く** ▶[1자] (꽃이) 피다

▶ 桜の花が咲いています。
벚꽃이 피었습니다.

桜の花 벚꽃

□ **散る** ▶[1자] ① (꽃이나 잎이) 지다 ② 흩날리다 ③ (주의 등이) 산란해지다

▶ 桜の花はすぐに散ってしまいます。
벚꽃은 금방 지고 맙니다.

すぐに 바로, 금방

▶ 桜の花びらが風に散っています。
벚꽃잎이 바람에 흩날리고 있습니다.

花びら 꽃잎
風 바람

▶ 気が散って勉強できません。
마음이 산란해서 공부할 수 없습니다.

気が散る 마음이 산란하다

□ **茂る** ▶[1자] 우거지다, 무성해지다, 빽빽이 들어차다

▶ 庭に雑草が茂っています。
뜰에 잡초가 무성합니다.

庭 뜰, 정원, 마당
雑草 잡초

□ **枯れる** ▶[2자] (초목이) 마르다, 시들다

▶ 庭の松が枯れてしまいました。
뜰의 소나무가 시들어 버렸습니다.

松 소나무

□ **蒔く** ▶[2자] 씨를 뿌리다, 파종하다

▶ 稲作は、春に種を蒔いて秋に収穫します。
벼농사는 봄에 씨를 뿌리고 가을에 수확합니다.

稲作 벼농사
春 봄
種を蒔く 씨를 뿌리다
秋 가을
収穫する 수확하다

□ **芽を出す** ▶[2자] 싹을 내다, 싹을 틔우다

▶ 庭に植えたヒヤシンスが芽を出しました。
뜰에 심었던 히아신스가 싹텄습니다.

植える 심다
ヒヤシンス 히아신스

□ **実る** ▶[1자] ① 열매를 맺다 ② 결실하다

▶ 今年はりんごがたくさん実りました。
올해는 사과가 많이 열렸습니다.

▶ 長年の努力が実りました。
다년간의 노력이 결실을 보았습니다.

今年 금년, 올해
りんご 사과
たくさん 많이
長年の努力 다년간의 노력

□ **熟す** ▶[1자] (과일이) 익다, (기회 등이) 무르익다

▶ この柿はまだ熟していません。
이 감은 아직 익지 않았습니다.

柿 감

▶ 私たちは来るべき時に備えながら、機が熟すのを待っていた。
우리는 다가올 때를 대비하면서 기회가 무르익기를 기다리고 있었다.

来る 오다, 다가오다
〜べき 〜해야 할
備える 대비하다
〜ながら 〜(하)면서
機が熟す 시기가 무르익다

□ **萎む** ▶[1자] 시들다

▶ 朝顔は日が高くなるとしぼみます。
나팔꽃은 해가 높이 뜨면 시듭니다.

朝顔 나팔꽃
日 해, 태양
高い 높다

□ **植える** ▶[2타] 심다

▶ 今日は庭に木を一本植えました。
오늘은 뜰에 나무를 한 그루 심었습니다.

木を植える 나무를 심다
一本 한 그루

□ **生える** ▶[2자] 나다, 자라다

▶ 春になって土手一面に草が生えてきました。
봄이 되어 둑 주변 일대에 풀이 나기 시작했습니다.

土手 둑, 제방
一面 전면, 주변 일대
草が生える 풀이 나다

□ **飼う** ▶[1타] (동물을) 기르다

▶ 私は家で犬と猫を飼っています。
저는 집에서 개와 고양이를 키우고 있습니다.

□ **鳴く** ▶[1자] (새, 벌레, 짐승 등이) 울다

▶ 朝、鳥の鳴く声で目が覚めました。
아침에 새가 우는 소리에 잠이 깼습니다.

鳥が鳴く 새가 울다
目が覚める 잠이 깨다

□ **ほえる** ▶[2자] (개가) 짖다, 울다, 포효하다

▶ 玄関の前に来ると急に犬が吠えました。
현관 앞에 오자 갑자기 개가 짖었습니다.

▶ ライオンが地面を震わせる声で吼えていた。
사자가 땅을 울리는 소리로 포효하고 있었다.

玄関 현관
～の前に ～앞에
～と ～(하)자
ライオン 사자
地面を震わせる
지면을 떨게 하다

□ **馴れる** ▶[2자] 사람을 따르다

▶ 一般に、知能が高くて群れをなす動物は、人に
馴れやすいです。
일반적으로 지능이 높고 무리를 이루는 동물은 사람을 잘 따릅니다.

一般に 일반적으로
知能が高い 지능이 높다
群れをなす 무리를 이루다
～やすい ～(하)기 쉽다

 **18** 착용과 관련된 단어

MP3 듣기

☐ **着る** ▶ [2타] (허리 위로, 또는 위 아래로) 입다

▶ あの背広を着た人は父です。 | 背広 양복
저 양복을 입은 사람은 저희 아버지입니다.

▶ 姉は赤いワンピースを着ています。 | 赤い 빨갛다, 붉다
언니(누나)는 빨간 원피스를 입고 있습니다. | ワンピース 원피스

☐ **脱ぐ** ▶ [1타] (옷, 신발 등을) 벗다

▶ 服を脱いで寝巻に着替えなさい。 | 服 옷
옷을 벗고 잠옷으로 갈아입어라. | 寝巻 (き) 잠옷
　 | 着替える 갈아입다
▶ 家に上がるときは靴を脱いでください。 | ～なさい ～해라, ～하세요
집에 들어갈 때는 신발을 벗어 주세요. | 家に上がる 집에 들어가다
　 | 靴 신발, 구두

☐ **はく** ▶ [1타] ① (허리 밑으로) 입다 ② (신 등을) 신다

▶ 彼は白いセーターを着てジーパンを穿いています。 | 白い 희다
그는 하얀 스웨터와 청바지를 입고 있습니다. | セーター 스웨터
　 | ジーパン 청바지
▶ 靴を履いてみてもいいですか。 | 靴を履く 신발을 신다
신발을 신어 봐도 됩니까? | ～てみる ～해 보다
　 | ～てもいい ～해도 좋다

☐ **締める** ▶ [2타] 매다, 졸라매다

▶ パーティーにはネクタイを締めてきてください。 | ネクタイを締める
파티에는 넥타이를 매고 오세요. | 넥타이를 매다

▶ シートベルトを締めてください。 | シートベルト
안전띠를 매어 주세요. | 안전벨트, 안전띠

□ **はめる** ▶[2타] ① 끼다 ② 끼우다

▶ 彼女はダイヤの指輪をはめています。
그녀는 다이아몬드 반지를 끼고 있습니다.

▶ 白い手袋をはめた警察官が交通整理をしています。
흰 장갑을 낀 경찰관이 교통정리를 하고 있습니다.

▶ うちの子はボタンをはめるのが下手です。
우리 아이는 단추를 채우는 것이 서툽니다.

ダイヤ 다이아몬드
指輪 반지
手袋 장갑
警察官 경찰관
交通整理 교통정리
うちの子 우리 아이
ボタンをはめる 단추를 채우다
下手だ 서툴다, 잘 못하다

□ **被る** ▶[1타] ① (머리에) 쓰다 ② 뒤집어쓰다

▶ あのピンクの帽子を被った少女は私の姪です。
저 분홍색 모자를 쓴 소녀는 제 조카입니다.

▶ 頭から水を被ってしまった。
머리서부터 물을 뒤집어쓰고 말았다.

ピンク 분홍색
帽子を被る 모자를 쓰다
少女 소녀
姪 조카딸
頭 머리
水を被る 물을 뒤집어쓰다

□ **被せる** ▶[2타] 씌우다

▶ 歯医者で歯に金を被せました。
치과에서 이에 금을 씌웠습니다.

▶ 運転席にシートカバーを被せてください。
운전석에 시트커버를 씌워 주세요.

▶ その子は熊の縫いぐるみに帽子を被せてあげました。
그 아이는 곰 봉제 인형에 모자를 씌워 줬습니다.

歯医者 치과 의사, 치과
歯 이, 이빨
金 금
運転席 운전석
シートカバー 시트커버
子 아이, 자식
熊 곰
縫いぐるみ 봉제 인형
～てあげる ～해 주다

□ **飾る** ▶[1타] 꾸미다, 장식하다

▶ 壁に写真が飾ってあります。
벽에 사진이 장식되어 있습니다.

▶ そのニュースが華やかに紙面を飾りました。
그 뉴스가 지면을 화려하게 장식했습니다.

写真 사진
ニュース 뉴스
華やかに 화려하게
紙面を飾る 지면을 장식하다

□ **外す** はず ▶[1타] ① 떼다 ② 제외하다 ③ (자리를) 뜨다

▶ 私は眼鏡を外すと何も見えません。
나는 안경을 벗으면 아무것도 안 보입니다.

眼鏡を外す 안경을 벗다
見える 보이다

▶ 暑かったので、襟のボタンを外しました。
더워서 옷깃 단추를 풀었습니다.

暑い 덥다
襟 옷깃
ボタンを外す 단추를 풀다
メンバー 멤버

▶ 彼をメンバーから外してください。
그를 멤버에서 빼 주세요.

▶ 部長は今ちょっと席を外しています。
부장은 지금 잠깐 자리를 비웠습니다.

ちょっと 잠시, 잠깐
席を外す 자리를 비우다

□ **巻く** ま ▶[1타] 감다, 말다, 두르다

▶ じゃがいもをベーコンで巻いて焼くと、とても
おいしいです。
감자를 베이컨으로 말아서 구우면 아주 맛있습니다..

じゃがいも 감자
ベーコン 베이컨
焼く 굽다
おいしい 맛있다
～そうだ ～인(한) 듯 하다
マフラー 머플러
首 목

▶ 彼女は温かそうなマフラーを首に巻いています。
그녀는 따뜻해 보이는 머플러를 목에 감고 있습니다.

□ **差す** さ ▶[1타] 가리다, (우산을) 쓰다

▶ 雨が降り始めたので、傘を差して帰ってきました。
비가 내리기 시작했기 때문에 우산을 쓰고 돌아왔습니다.

降り始める 내리기 시작하다
傘を差す 우산을 쓰다
帰ってくる 돌아오다

동사 D 19 요리와 관련된 단어 1

MP3 듣기

□ **切る** ▶[1타] ① 자르다 ② 끊다

▶ 包丁で大根を半分に切ってください。
무를 식칼로 반으로 잘라 주세요.

▶ はさみで糸を切りました。
가위로 실을 끊었습니다.

包丁 부엌칼
大根 무
半分 반
はさみ 가위
糸 실

□ **刻む** ▶[1타] ① 잘게 썰다 ② 새기다 ③ 명심하다

▶ たまねぎをよく刻んでください。
양파를 잘 썰어 주세요.

▶ この石碑には王の名が刻まれていた。
이 비석에는 왕의 이름이 새겨져 있었다.

▶ お言葉を心に刻んでおきます。
말씀을 마음속에 새겨 두겠습니다.

たまねぎ 양파

石碑 비석
王の名 왕의 이름
お言葉 말씀
心に刻む 마음속에 새기다
~ておく ~해 두다

□ **むく** ▶[1타] (껍질 등을) 벗기다, 까다

▶ なしの皮をむいて食べました。
배 껍질을 벗기고 먹었습니다.

なし 배
皮をむく 껍질을 벗기다

□ **揚げる** ▶[2타] ① 튀기다 ② (깃발을) 올리다

▶ 夫は台所でてんぷらを揚げています。
남편은 부엌에서 튀김을 튀기고 있습니다.

▶ 祭日には家の前に旗を揚げます。
국경일에는 집 앞에 깃발을 올립니다.

파 揚げもの 튀김

夫 남편
台所 부엌
てんぷら 튀김
祭日 국경일
旗を揚げる 깃발을 올리다

□ **炒める** ▶ [2타] 기름에 볶다

▶ 肉と野菜をいっしょに炒めてください。
고기와 야채를 볶아 주세요.

肉 고기
野菜 야채
いっしょに 함께, 같이

□ **煎る** ▶ [1타] 볶다 ▶ 참깨나 콩 등 마른 것을 볶는 것

▶ 胡麻を煎ると香ばしい匂いがしてきました。
참깨를 볶으니 향긋한 냄새가 났습니다.

▶ 私は自分でコーヒーを煎っていれます。
나는 직접 커피를 볶아서 탑니다.

胡麻 참깨
香ばしい 향기롭다
匂いがする 냄새가 나다
自分で 직접, 스스로
いれる (차 등을) 달이다, 내다

□ **煮る** ▶ [2타] 끓이다

▶ 野菜を柔らかくなるまで煮てください。
채소를 부드러워질 때까지 끓여 주세요.

柔らかくなる 부드러워지다

□ **ゆでる** ▶ [2타] 삶다

▶ そうめんをゆでるときは時間に気を付けてください。
국수를 삶을 때는 시간에 주의해 주세요.

📌 ゆでたまご 삶은 계란

そうめんをゆでる
국수를 삶다
気を付ける 주의하다

□ **沸く** ▶ [1자] (물이) 끓다

▶ お湯が沸いていますよ。
물이 끓고 있습니다.

お湯が沸く 물이 끓다

□ **沸かす** ▶ [1타] (물을) 끓이다

▶ やかんに湯を沸かしてください。
주전자에 물을 끓여 주세요.

📌 湯沸かし器 순간온수기

やかん 주전자

☐ **焼く** ▶[1타] 굽다, (불에) 태우다

▶ 夕べは魚を焼いて食べました。
어젯밤에는 생선을 구워서 먹었습니다.

夕べ 어젯밤

파 やきにく 불고기　　　やきとり 꼬치구이

やきざかな 생선구이　やきいも 군고구마

やきもの 도자기　　　すきやき (일본식) 전골

しおやき 소금구이

☐ **焼ける** ▶[2자] ① (불)타다, 구워지다 ② (햇볕 등에) 타다

▶ 火事で家が焼けてしまいました。
화재로 집이 타 버렸습니다.

火事 화재

▶ 彼は日に焼けた顔をしています。
그는 햇볕에 탄 얼굴입니다.

日に焼ける 햇볕에 타다
顔をする 얼굴을 하다

◎ 2-20

D20 요리와 관련된 단어 2

MP3 듣기

☐ **和える** ▸[2타] 무치다, 버무리다

▸ ほうれんそうをごまで和えて食べました。
시금치를 깨로 무쳐서 먹었습니다.

ほうれんそう 시금치

☐ **蒸す** ▸[1타] 찌다
　　　　▸[1자] 무덥다, 후텁지근하다

▸ じゃがいもは蒸して食べるとおいしいです。
감자는 쪄 먹으면 맛있습니다.

おいしい 맛있다

▸ 今日は蒸しますね。
오늘은 날씨가 후텁지근하군요.

파 茶わんむし 계란찜

☐ **漬ける** ▸[2타] 담그다, 절이다

▸ 豆を水に漬けて柔らかくします。
콩을 물에 담가서 부드럽게 만듭니다.

▸ きゅうりを一晩ぬかみそに漬けてください。
오이를 겨된장에 하룻밤 담가 주세요.

豆 콩
柔らかくする 부드럽게 하다
きゅうり 오이
一晩 하룻밤
ぬかみそ 겨된장

☐ **炊く** ▸[1타] 밥을 짓다

▸ ご飯を炊いて朝ご飯の準備をします。
밥을 지어서 아침 식사 준비를 합니다.

ご飯を炊く 밥을 짓다
朝ご飯 아침 밥, 아침 식사
準備 준비

□ **焦げる** ▶ [2자] 타다, 눋다

▶ ご飯が焦げる匂いがします。
밥이 타는 냄새가 납니다.

ご飯が焦げる 밥이 타다

□ **練る** ▶ [1타] 반죽하다, 이기다

▶ 小麦粉を練ってうどんを作ります。
밀가루를 반죽해서 우동을 만듭니다.

小麦粉 밀가루
うどんを作る 우동을 만들다

□ **擦る** ▶ [1타] 문지르다, 으깨다, 빻다

▶ 胡麻を擦って料理に入れます。
참깨를 빻아서 요리에 넣습니다.

胡麻を擦る 참깨를 빻다
料理 요리
入れる (안에) 넣다

□ **する** ▶ [1타] 갈다

▶ 墨をすって習字をしました。
먹을 갈아서 붓글씨 연습을 했습니다.

墨をする 먹을 갈다
習字 붓글씨 연습, 서예

□ **つぶす** ▶ [1타] 으깨다, 찌부러뜨리다

▶ ゆでたじゃがいもをつぶしてマッシュポテトを作ります。
삶은 감자를 으깨서 매시드 포테이토를 만듭니다.

じゃがいも 감자
マッシュポテト 매시드 포테이토
(으깬 감자로 만든 요리)

□ **混ぜる** ▶ [2타] 섞다, 혼합하다

▶ 砂糖と小麦粉をよく混ぜてください。
설탕과 밀가루를 잘 섞어 주세요.

砂糖 설탕

▶ 彼は英語と日本語を混ぜて話しました。
그는 영어와 일본어를 섞어서 말했습니다.

英語 영어

□ **冷やす** ▶[1타] 차게 하다, 식히다

▶ ビールを冷やしておきました。
맥주를 차게 해 두었습니다.

ビール 맥주
〜ておく 〜해 두다, 〜해 놓다

□ **温める** ▶[2타] 따뜻하게 하다, 데우다

▶ スープを温めてください。
수프를 데워 주세요.

スープ 수프

동사 D21 학습과 관련된 단어

MP3 듣기

□ **教える** ▶ [2타] 가르치다

▶ 私は社会人にコンピュータを教えています。
저는 사회인들에게 컴퓨터를 가르치고 있습니다.

▶ 駅への行き方を教えていただけませんか。
역으로 가는 방법을 가르쳐 주지 않겠습니까?

社会人 사회인
コンピュータ(ー) 컴퓨터

行き方 가는 방법
〜ていただけませんか
〜해 주지 않겠습니까?

□ **習う** ▶ [1타] 배우다

▶ 先生から英語を習っています。
선생님께 영어를 배우고 있습니다.

▶ 子どものころスキーを習いました。
어렸을 적에 스키를 배웠습니다.

スキー 스키

□ **学ぶ** ▶ [1타] 배우다, 공부하다

▶ 成功への鍵は失敗から学ぶことです。
성공의 열쇠는 실패에서 배우는 것입니다.

▶ 私はいま語学学校で日本語を学んでいる。
나는 지금 어학 학원에서 일본어를 배우고 있다.

成功 성공
鍵 열쇠
失敗 실패
語学学校 어학 학원

□ **教わる** ▶ [1타] 배우다, 가르침을 받다

▶ 私はキム先生から日本語を教わりました。
나는 김 선생님께 일본어를 배웠습니다.

覚える ▶[2타] ① 외우다, 기억하다 ② 배우다

▶ この漢字は覚えにくいです。
이 한자는 외우기 힘듭니다.

▶ 今でもそのことをはっきり覚えています。
지금도 그 일을 똑똑히 기억하고 있습니다.

▶ 彼は仕事を覚えるのが早いです。
그는 일을 빨리 배웁니다.

🄟 見覚えがある / ない 본 기억이 있다/없다

漢字 한자	
～にくい ～하기 어렵다	
今でも 지금도	
はっきり 확실히, 분명히	
仕事 일	
早い 빠르다	

忘れる ▶[2자] 잊다, 잊고 두고 오다

▶ 単語を覚えてもすぐ忘れてしまいます。
단어를 외워도 금방 잊어버립니다.

▶ 宿題を家に忘れてきました。
숙제를 집에 두고 왔습니다.

🄟 忘れ物 유실물, 잊어버린 물건

単語 단어	
すぐ 곧, 바로	
～てしまう ～해 버리다	
宿題 숙제	
～てくる ～(하)고 오다	

分かる ▶[1자] 알다, 깨닫다, 이해하다 ▶ 이해의 의미가 강함

▶ 先生の講義が分からない時はどうしますか。
선생님의 강의가 이해되지 않을 때에는 어떻게 합니까?

▶ 分かりました。
알겠습니다.

講義 강의

知る ▶[1타] (보고 듣거나 배워서) 알다

▶ 彼の住所を知っていますか。
그의 주소를 압니까?

🄟 知り合い 아는 사람, 지인

住所 주소

□ **身に付ける** ▶[2타] (학문·기술 등을) 익히다, 지니다

▶ 使い方を早く身に付けてください。
사용법을 빨리 익혀 주세요.

使い方 사용법
早く 빨리

□ **サボる** ▶[1타] 게을리 하다, 태만히 하다

▶ 授業をサボってデートしました。
수업을 빼먹고 데이트했습니다.

授業をサボる 수업을 빼먹다
デートする 데이트하다

기본 회화 표현 · 동사 · い형용사 · な형용사 · 접속사 · 부사 · 복합어 · 명사

동사 D22 보고, 묻고, 대답하기와 관련된 단어

MP3 듣기

□ **眺める** ▶ [2타] 바라보다

▶ 私は展望台から夜の景色を眺めました。
나는 전망대에서 밤 경치를 바라봤습니다.

▶ 眺めてばかりいないで、手伝ってください。
보고만 있지 말고 거들어 주세요.

파 眺め 전망

展望台 전망대
夜 밤
景色 경치
〜てばかりいないで
〜(하)고만 있지 말고
手伝う 돕다, 거들다

□ **見える** ▶ [2자] 보이다

▶ この窓から富士山が見えます。
이 창문에서 후지산이 보입니다.

▶ 彼は金持ちのように見えます。
그는 부자처럼 보입니다.

窓 창문
富士山 후지산

金持ち 부자
〜のように 〜처럼, 〜와 같이

□ **見せる** ▶ [2타] 보여 주다, 내보이다

▶ パスポートを見せてください。
패스포트를 보여 주세요.

▶ 彼女は若く見せようとしています。
그녀는 젊어 보이려고 하고 있습니다.

パスポート 패스포트, 여권

若い 젊다, 어리다
〜(よ)うとする
〜하려고 하다

□ **覗く** ▶ [2자] 들여다보다, 엿보다

▶ 彼は壁の隙間からこちらを覗いていた。
그는 벽 틈으로 이쪽을 들여다보고 있었다.

隙間 틈새, 빈틈

□ **見付かる** ▶[1자] ① 발견되다 ② 들키다, 발각되다

▶ なくした鍵が見付かりました。
없어졌던 열쇠를 찾았습니다.

なくす 잃다, 분실하다

▶ 彼はカンニングしているところを先生に見付かりました。
그는 커닝하는 장면을 선생님에게 들켰습니다.

ところ 장면, 모습

□ **見付ける** ▶[2타] 발견하다

▶ 古本屋で珍しい本を見付けました。
헌책방에서 희귀한 책을 발견했습니다.

古本屋 헌책방, 고서점
珍しい 희귀하다

□ **聞こえる** ▶[2자] (소리가) 들리다

▶ 遠くから人の声が聞こえました。
멀리서 사람 소리가 들렸습니다.

遠く 먼 곳

▶ 彼の話は私には冗談に聞こえます。
그의 이야기는 내겐 농담처럼 들립니다.

冗談 농담

□ **問う** ▶[1타] ① 묻다 ② 문제 삼다

▶ 死刑制度について賛否を問いたいと思います。
사형제도에 대해서 찬성 여부를 묻겠습니다.

▶ あの会社は実力中心で、学歴は問いません。
그 회사는 실력 중심으로 학력은 묻지 않습니다.

파 問い 질문

死刑制度 사형제도
〜について 〜에 대해서
賛否 찬성 여부, 가부
あの 그, 저
会社 회사
実力中心 실력 중심
学歴 학력

□ **尋ねる** ▶[2타] ① 묻다 ② 방문하다

▶ 彼は私に彼女の安否を尋ねました。
그는 나에게 그녀의 안부를 물었습니다.

圄 訪ねる 방문하다

安否 안부

▶ 彼は朝早く私を訪ねて来ました。
그는 아침 일찍 나를 찾아왔습니다.

朝早く 아침 일찍
訪ねて来る 찾아오다

□ **答える** ▶[2자] 대답하다

▶ 以下の質問に答えてください。
아래의 질문에 대답해 주십시오.

파 答え ① 대답, 답변 ② 답, 정답

以下 이하, 아래
質問 질문

동사 ▷23 전달, 표현과 관련된 단어

MP3 듣기

☐ **伝わる** ▶[1재] ① 전해지다 ② 전래되다

▶ **現場の報告が社長の耳に伝わっていなかった。**
현장의 보고가 사장의 귀에 전달되지 않았다.

▶ **日本と韓国に昔から伝わる遊びには、メンコ、**
お手玉、こま回し、折り紙などがあります。
일본과 한국에 옛날부터 전해지는 놀이에는 딱지놀이, 공기놀이, 팽이 돌리기,
종이 접기 등이 있습니다.

現場 현장
報告 보고
耳 귀
昔 옛날
遊び 놀이
メンコ 딱지놀이
お手玉 공기놀이
こま回し 팽이 돌리기
折り紙 종이 접기
など 등

☐ **伝える** ▶[2타] 전하다

▶ **私は彼に彼女が言ったことを伝えました。**
나는 그에게 그녀가 한 말을 전했습니다.

☐ **知らせる** ▶[2타] 알리다

▶ **日程が決まったら私に知らせてください。**
일정이 잡히면 저에게 알려 주십시오.

日程が決まる
일정이 정해지다
〜たら 〜(하)면

☐ **写す** ▶[1타] ① 베끼다 ② 사진을 찍다

▶ **彼は友だちのノートを写しました。**
그는 친구의 노트를 베꼈습니다.

▶ **私の趣味は動物の写真を写すことです。**
나의 취미는 동물 사진을 찍는 것입니다.

ノートを写す 노트를 베끼다

趣味 취미
写真を写す(=とる)
사진을 찍다

□ **載る** ▸[1자] 실리다

▸ この言葉は辞書に載っていません。
이 말은 사전에 실려 있지 않습니다.

言葉 말, 단어
辞書 사전

□ **載せる** ▸[2타] 싣다, 게재하다

▸ この辞書は用例をたくさん載せています。
이 사전은 용례를 많이 싣고 있습니다.

用例 용례

□ **現れる** ▸[2자] 나타나다

▸ 画面にカーソルが現れました。
화면에 커서가 나타났습니다.

画面 화면
カーソル 커서

□ **表す** ▸[1타] 나타내다, 표현하다

▸ この作家がその作品で表していることは何か。
이 작가가 그 작품에서 나타내고 있는 것은 무엇인가?

作家 작가
作品 작품

□ **現す** ▸[1타] 드러내다, 나타내다

▸ 彼は人々の前に姿を現した。
그는 사람들 앞에 모습을 드러냈다.

人々 사람들
姿を現す 모습을 나타내다

□ **著す** ▸[1타] 저술하다

▸ 先生はこれまでにたくさんの本を著しておられます。
선생님께서는 지금까지 많은 책을 쓰셨습니다.

これまでに 지금까지
たくさんの 많은
～ておられる
～(하)고 계시다

동사 D**24** 출입, 외출과 관련된 단어

MP3 듣기

□ **行く** ▶[1자] 가다

▶ 日本へ行ったことはありますか。
일본에 간 적이 있습니까?

~たことは(が)ある
~한 적이 있다 (경험)

▶ 彼は今出張に行っています。
그는 지금 출장을 가 있습니다.

出張 출장

□ **来る** ▶[1자] 오다

▶ 田中さんはいつ来ますか。
다나카 씨는 언제 옵니까?

いつ 언제

▶ 今友だちが遊びに来ています。
지금 친구가 놀러 와 있습니다.

遊ぶ 놀다
~に来る ~(하)러 오다

□ **帰る** ▶[1자] 돌아가다, 돌아오다

▶ たいてい8時ごろにはうちへ帰ります。
대개 8시경에는 집으로 돌아옵니다.

たいてい 대개, 대략
~ごろ ~무렵, ~경
うち (우리) 집
国 고향, 나라

▶ 夏休みには国へ帰ります。
여름방학 때는 고향으로 돌아갑니다.

□ **戻る** ▶[1자] 되돌아가다, 되돌아오다

▶ 自分の席に戻ってください。
자기 자리로 돌아가세요.

自分 자기, 자신
席 자리, 좌석

▶ なくした財布が戻ってきました。
잃어버린 지갑이 되돌아왔습니다.

財布 지갑

기본 회화 표현 · 동사 · い형용사 · な형용사 · 접속사 · 부사 · 복합어 · 명사

□ **入る** ▶[1자] ① 들어가다, 들어오다 ② (시기에) 접어들다

▶ どうぞお入りください。
자, 들어오세요.

▶ 本が大きくてかばんに入りません。
책이 커서 가방에 들어가지 않습니다.

大きい 크다
かばん 가방

▶ 来月から梅雨に入ります。
다음 달부터 장마철에 접어듭니다.

来月 다음 달
梅雨に入る
장마철로 접어들다

파 入り口 입구

□ **入れる** ▶[2타] 넣다

▶ コーヒーに砂糖とミルクを入れてください。
커피에 설탕과 우유를 넣어 주세요.

砂糖 설탕
ミルク 우유

□ **出る** ▶[2자] 나오다, 나가다

▶ きのう友だちがテレビに出ました。
어제 친구가 텔레비전에 나왔습니다.

テレビ 텔레비전

▶ 父は8時に家を出ました。
아버지는 8시에 집을 나갔습니다.

파 出口 출구

□ **出掛ける** ▶[2자] 외출하다

▶ 明日の目的地は少し遠いので、朝5時に出かける予定です。
내일 목적지는 조금 멀기 때문에 아침 5시에 떠날 예정입니다.

目的地 목적지
少し 조금
遠い 멀다
～ので ～이기 때문에
予定 예정
お+동사의 ます형+です
존경 표현

▶ お出掛けですか。
외출하십니까?

□ **去る** ▶[1자] 떠나다

▶ 彼は上司とけんかをして会社を去りました。
그는 상사와 싸워서 회사를 떠났습니다.

上司 상사
けんかをする 싸움을 하다

□ **通う** ▶[1자] ① 다니다, 왕래하다 ② 통하다

▶ 私は会社に通っています。
저는 회사에 다니고 있습니다.

会社に通う 회사를 다니다

▶ 私たちは人の通わない道を歩いて行った。
우리는 사람이 다니지 않는 길을 걸어갔다.

道を歩く 길을 걷다

▶ 彼女は子供たちと心が通っている。
그녀는 아이들과 마음이 통한다.

心が通う 마음이 통하다

□ **寄る** ▶[1자] ① 들르다 ② 접근하다, 다가가다, 다가서다

▶ ちょっと一軒寄って行きませんか。
잠깐 한 집 들렀다 가지 않겠습니까? (집에 돌아가는 길에 술 마시러 가지는 표현)

一軒 한 집, 집 한 채
～て行きませんか
～(하)고 가지 않겠습니까?

▶ もう少し右へ寄ってください。
좀 더 오른쪽으로 다가서 주세요. (사진 찍을 때의 지시)

もう少し 좀 더
右 오른쪽

25 상하 이동과 관련된 단어

MP3 듣기

☐ **上がる** ▶[1자] ① (위로) 오르다 ② (집으로) 들어가다 ③ (가격 등이) 오르다 ④ 끝나다

▶ トイレは２階に上がって左側です。
화장실은 2층으로 올라가서 왼쪽입니다.

▶ どうぞお上がりください。
자, 어서 들어오세요.

▶ タクシー代がまた上がりました。
택시 요금이 또 올랐습니다.

▶ この仕事は６時までに上がるでしょう。
이 일은 6시까지는 끝날 것입니다.

파 値上がり 가격 인상

トイレ 화장실
~階 ~층
左側 왼쪽
タクシー代 택시 요금
また 또, 다시
~までに ~까지(는)
~でしょう ~일(할) 것입니다

☐ **上げる** ▶[2타] ① (위로) 올리다 ② (수익·이익 등을) 올리다

▶ 手を上げて横断歩道を渡りましょう。
손을 들고 횡단보도를 건넙시다.

▶ 苦労してピアノを２階に上げました。
고생해서 피아노를 2층으로 올렸습니다.

▶ 彼の会社は利益を上げています。
그의 회사는 이익을 올리고 있습니다.

手を上げる 손을 올리다
横断歩道を渡る
횡단보도를 건너다
苦労する 고생하다
ピアノ 피아노
利益を上げる
이익을 올리다

☐ **上る** ▶[1자] ① (위로) 오르다 ▶ 단계적인 느낌 ② 달하다

▶ この階段を上ると屋上に出ます。
이 계단을 올라가면 옥상이 나옵니다.

▶ 今回の爆撃による死者は数千人に上った。
이번 폭격으로 인한 사망자는 수천 명에 달했다.

파 上り 상행선

階段 계단
屋上 옥상
出る 나오다, 나가다
爆撃 폭격
~による ~으로 인한
死者 사망자
数~ 수~

□ **登る** ▸ [1자] (높은 곳으로) 오르다

▶ 私は週末にはいつも山に登ります。
나는 주말에는 항상 산에 오릅니다.

週末 주말
山に登る 산에 오르다

□ **昇る** ▸ [1자] 떠오르다

▶ 東の空に太陽が昇った。
동쪽 하늘에 태양이 떠올랐다.

東の空 동쪽 하늘
太陽が昇る 태양이 뜨다

□ **下る** ▸ [1자] ① 내려가다 ② (명령, 판결 등이) 내려지다 ③ (기준량의) 이하가 되다

▶ この道を下っていくと大通りに出ます。
이 길을 내려가면 큰길이 나옵니다.

大通り 큰길

▶ 被告に懲役3年の判決が下りました。
피고에게 징역 3년의 판결이 내려졌습니다.

▶ 彼の年収は一億ウォンを下りません。
그의 연 수입은 1억 원을 넘습니다.

🔲 下り 하행선

被告 피고
懲役 징역
判決 판결
年収 연 수입
一億 1억
～ウォン ～원

□ **下りる** ▸ [2타] ① (아래로) 내려오다 ② 물러나다

▶ 私たちは山を下りて村に出た。
우리는 산을 내려와 마을로 나왔다.

村 마을

▶ 彼は会長の座を下りた。
그는 회장의 자리에서 물러났다.

会長 회장
座 자리, 좌석

下がる ▶[1자] ① 낮아지다 ② 떨어지다, 내려가다

▶ 飛行機の高度がだんだん下がってきました。
비행기의 고도가 점점 낮아지기 시작했습니다.

飛行機 비행기
高度 고도
だんだん 점점

▶ 今学期は成績が下がってしまいました。
이번 학기는 성적이 내려갔습니다.

今学期 이번 학기
成績 성적

📺 値下がり 가격 인하, 가격이 내림

▶ 最近野菜がずいぶん値下がりした。
요새 야채 가격이 꽤 많이 내렸다.

最近 최근, 요즘
ずいぶん 꽤, 상당히

下げる ▶[2타] ① (밑으로) 내리다 ② 떨어뜨리다

▶ 部屋の温度を25度まで下げてください。
방 온도를 25도까지 내려 주세요.

温度 온도

▶ その会社は、不景気対策として社員の給料を下げました。
그 회사는 불경기 대책으로 사원들의 급료를 내렸습니다.

不景気対策 불경기 대책
〜として 〜으로
社員 사원
給料 급료, 임금, 봉급

落ちる ▶[2자] ① 떨어지다 ② 빠지다

▶ 道に財布が落ちていました。
길에 지갑이 떨어져 있었습니다.

▶ 私は大学受験に落ちて浪人しました。
나는 대학 입시에 떨어져 재수했습니다.

大学受験 대학 입시
浪人する 재수하다

▶ 名簿から私の名前が落ちています。
명부에서 제 이름이 빠져 있습니다.

名簿 명부
名前 이름

▶ この洗剤はよく落ちます。
이 세제는 잘 빠집니다.

洗剤 세제

동사 D26 이동과 관련된 단어

MP3 듣기

□ 回る ▶[1자] 돌다, 주위를 돌며 움직이다

▶ 地球は太陽のまわりを回っています。
지구는 태양 주위를 돌고 있습니다.

地球 지구
まわり 주위, 주변

□ 回す ▶[1타] 돌리다

▶ びんのふたを回して開けます。
병뚜껑을 돌려서 엽니다.

びんのふた 병뚜껑

▶ プリントをみんなに回してください。
인쇄물을 모두에게 돌려 주십시오.

プリント 프린트, 인쇄물
みんな 모두

□ 通る ▶[1타] ① 지나가다, 통과하다 ② (널리) 알려지다

▶ この道は工事中で通れません。
이 길은 공사 중이라 지나갈 수 없습니다.

工事中 공사 중
〜中(ちゅう) 〜하는 중

彼は優等生で通っています。
그는 우등생으로 알려져 있습니다.

優等生 우등생

파 通り 거리, 한길, 도로
通りに出る 큰길로 나가다

□ **通す** ▸[1타] ① 통과시키다 ② 관철하다 ③ 통하다

▶ カーテンを通して日が射し込んでいます。
커튼을 통해 햇빛이 들어오고 있습니다.

▶ 彼は最後まで自分の主張を通しました。
그는 마지막까지 자신의 주장을 관철했습니다.

▶ 知り合いを通して社長に会いました。
아는 사람을 통해서 사장을 만났습니다.

カーテン 커튼
日が射し込む
햇빛이 들어오다
最後 마지막, 최후
主張 주장

知り合い 아는 사람, 지인
〜を通して 〜을 통해서

□ **通じる** ▸[3자] ① 연결되다 ② 통하다

▶ この道は空港まで通じています。
이 길은 공항까지 연결되어 있습니다.

▶ インドでは英語が通じます。
인도에서는 영어가 통합니다.

空港 공항

インド 인도

□ **戻す** ▸[1타] 되돌리다, 돌려주다

▶ 使った道具はもとの場所に戻してください。
사용한 도구는 원래 있던 장소에 갖다 놓으세요.
国 巻き戻し 되감기

使う 사용하다
道具 도구
もとの場所 원래 있던 장소

□ **飛ばす** ▸[1타] ① 날리다 ② 빨리 몰다 ③ 빼다, 건너뛰다

▶ 子どもが紙飛行機を飛ばしています。
아이가 종이비행기를 날리고 있습니다.

▶ 彼は時速百五十キロで車を飛ばしました。
그는 시속 150킬로미터로 차를 몰았습니다.

▶ 一行飛ばして読んでしまいました。
한 줄 건너뛰고 읽어 버렸습니다.

紙飛行機 종이비행기

時速 시속
〜キロ 〜킬로미터

一行 한 행, 한 줄

□ **渡る**(わた) ▶[1자] 건너다, 건너가다, 건너오다

▶ 彼は横断歩道でないところを渡った。
(かれ　おうだんほどう　わた)
그는 횡단보도가 아닌 곳을 건넜다.

팝 渡り鳥 철새
(わた　どり)

横断歩道 횡단보도
〜でない 〜이 아니다

□ **流れる**(なが) ▶[2자] ① 흐르다 ② 성립되지 않다, 중지되다

▶ 排水溝に髪の毛が詰まって水がよく流れません。
(はいすいこう　かみ　け　つ　みず　なが)
배수구에 머리카락이 막혀서 물이 잘 빠지지 않습니다.

▶ 相手が約束をキャンセルしたため縁談は流れて
(あいて　やくそく　えんだん　なが)
しまいました。
상대방이 약속을 취소하는 바람에 혼담은 무산되고 말았습니다.

排水溝 배수구
髪の毛 머리카락
詰まる 막히다
キャンセルする 취소하다
〜ため 〜때문에
縁談 혼담

□ **流す**(なが) ▶[1자] ① 흘리다 ② 씻어 내다 ③ 퍼뜨리다

▶ 彼女は涙を流して悔しがりました。
(かのじょ　なみだ　なが　くや)
그녀는 눈물 흘리며 원통해 했습니다.

▶ 銭湯へ行って汗を流してきました。
(せんとう　い　あせ　なが)
대중목욕탕에 가서 땀을 씻어 내고 왔습니다.

▶ 彼は私が死んだというデマを流しました。
(かれ　わたし　し　なが)
그는 내가 죽었다는 헛소문을 퍼뜨렸습니다.

涙を流す 눈물을 흘리다
悔しがる 원통해 하다
銭湯 대중목욕탕
汗を流す
땀을 씻어 내다, 땀을 흘리다

〜という 〜라는
デマ 헛소문, 유언비어

D27 다양한 움직임과 관련된 단어 1

MP3 듣기

□ **行う** ▸[1타] 행하다, 실시하다

▸ 卒業式は二月二十五日に行います。
졸업식은 2월 25일에 실시합니다.

卒業式 졸업식

□ **倒れる** ▸[2자] 넘어지다, 쓰러지다

▸ 道に人が倒れていました。
길에 사람이 쓰러져 있었습니다.

▸ 止めてあったオートバイが風で倒れました。
세워 둔 오토바이가 바람에 넘어졌습니다.

止める 세우다
オートバイ 오토바이

□ **転ぶ** ▸[1타] 넘어지다, 구르다

▸ 石につまずいて転んでしまいました。
돌에 걸려 넘어지고 말았습니다.

石 돌
つまずく 발이 걸려 넘어지다

□ **滑る** ▸[1자] ① 미끄러지다 ② 낙방하다

▸ 氷の上で滑って尻餅を付いてしまいました。
얼음 위에서 미끄러져서 엉덩방아를 찧고 말았습니다.

▸ 大学に滑って一浪しました。
대학에 떨어져서 재수했습니다.

氷 얼음
尻餅を付く 엉덩방아를 찧다

一浪する 재수하다

□ **真似る**(まねる) ▸ [2타] 흉내 내다, 모방하다

▸ 彼(かれ)は人(ひと)の声(こえ)を真似(まね)るのが上手(じょうず)です。
그는 사람 목소리 흉내 내기를 잘합니다.

上手(じょうず)だ 잘하다, 능숙하다

□ **囲む**(かこむ) ▸ [1타] 둘러싸다, 포위하다

▸ 今日(きょう)は先生(せんせい)を囲(かこ)んで懇談会(こんだんかい)を行(おこ)いたいと思(おも)います。
오늘은 선생님과 함께 간담회를 가지고자 합니다.

懇談会(こんだんかい) 간담회

▸ 私(わたし)は敵(てき)に囲(かこ)まれて逃(に)げ場(ば)を失(うしな)った。
나는 적들에게 둘러싸여 빠져나갈 길을 잃었다.

敵(てき) 적
逃(に)げ場(ば)を失(うしな)う 도피처를 잃다, 숨을 데가 없어지다

□ **暴れる**(あばれる) ▸ [2자] 난폭하게 행동하다, 날뛰다

▸ 父(ちち)は毎日(まいにち)酒(さけ)を飲(の)んで暴(あば)れた。
아버지는 매일 술을 마시고 난동을 피웠다.

酒(さけ) 술

□ **疲れる**(つかれる) ▸ [2자] 피곤해지다, 지치다

▸ 彼(かれ)の話(はなし)を聞(き)いていると疲(つか)れます。
그의 이야기를 듣고 있으면 피곤해집니다.

□ **くたびれる** ▸ [2자] ① 지치다, 피로하다 ② 낡아지다

▸ 一日中(いちにちじゅう)立(た)って働(はたら)いたのでくたびれました。
하루 종일 서서 일했기 때문에 지쳤습니다.

一日中(いちにちじゅう) 하루 종일
働(はたら)く 일하다

▸ 彼(かれ)はくたびれた背広(せびろ)を着(き)ています。
그는 낡아빠진 양복을 입고 있습니다.

背広(せびろ) 양복

□ **寛ぐ**(くつろぐ) ▸ [1타] 편히 쉬다

▸ 父(ちち)はリビングで寛(くつろ)いでいます。
아버지는 거실에서 편히 쉬고 있습니다.

リビング 거실

28 다양한 움직임과 관련된 단어 2

MP3 듣기

☐ 動^{うご}く ▶[1자] 움직이다

▶ 足^{あし}がしびれて動^{うご}きません。
발이 저려서 움직이지 못합니다.

▶ 止^とまっていた電車^{でんしゃ}が動^{うご}き出^だしました。
멈춰 있던 전철이 움직이기 시작했습니다.

足がしびれる 발이 저리다

止まる 멈추다
電車 전철
動き出す 움직이기 시작하다

☐ 動^{うご}かす ▶[1타] ① 옮기다 ② (마음을) 움직이다

▶ 机^{つくえ}を動^{うご}かすのを手伝^{てつだ}ってください。
책상 옮기는 것을 도와 주세요.

▶ 彼^{かれ}には人^{ひと}の心^{こころ}を動^{うご}かす力^{ちから}があります。
그에게는 사람을 감동시키는 힘이 있습니다.

机 책상
手伝う 돕다, 거들다

心を動かす 감동시키다
力がある 힘이 있다

☐ 進^{すす}む ▶[1자] ① 나아가다, 진행되다 ② 진학하다

▶ 日本語^{にほんご}の勉強^{べんきょう}は進^{すす}んでいますか。
일본어 공부는 잘 되고 있습니까?

▶ 今年^{ことし}、息子^{むすこ}は高校^{こうこう}に進^{すす}みました。
올해 아들이 고등학교에 진학했습니다.
팬 進^{すす}める 전진시키다, 진행시키다

勉強 공부

今年 금년, 올해
息子 아들
高校に進む
고등학교에 진학하다

止まる ▶[1자] 멈추다

▶ ブレーキをかけると車が止まります。
브레이크를 걸면 차가 멈춥니다.

ブレーキをかける
브레이크를 걸다

통 泊まる 숙박하다

▶ 日本へ行ったら旅館に泊まるつもりです。
일본에 가면 여관에 묵을 생각입니다.

旅館 여관(일본식 호텔)
つもり 생각, 작정

止める ▶[2타] ① 세우다 ② 멎게 하다

▶ 自動車を道の脇に止めました。
자동차를 길가에 세웠습니다.

自動車 자동차
脇 옆, 곁

▶ けんかを止めに入りました。
싸움을 말리러 들어갔습니다.

けんか 싸움
入る 들어가다

張る ▶[1자] ① 덮이다 ② 팽팽해지다
▶[1타] ① 펴다 ② 치다 ③ (액체를) 채우다

▶ 湖に氷が張っていました。
호수에 얼음이 얼었습니다.

湖 호수
氷が張る 얼음이 얼다

▶ 彼は便秘のためにお腹が張って苦しんでいる。
그는 변비 때문에 배가 팽팽해져서 고생하고 있다.

便秘 변비
～のために ～때문에
お腹 배
苦しむ 괴로워하다
肩を張る 어깨를 펴다

▶ 肩を張って歩きましょう。
어깨를 펴고 걸읍시다.

▶ 山の中腹にテントを張りました。
산 중턱에 텐트를 쳤습니다.

中腹 (산의) 중턱
テントを張る 텐트를 치다

▶ 小さな子どものいる家で浴槽に水を張っておくのは危険です。
어린 아이가 있는 집에서 욕조에 물을 채워 두는 것은 위험합니다.

小さな 작은
浴槽 욕조
～ておく ～해 두다, ～해 놓다
危険だ 위험하다

□ **浮く** ▶[1자] ① 뜨다 ② (절약하여) 여분이 생기다

▶ 川にゴミがたくさん浮いています。
강에 쓰레기가 많이 떠 있습니다.

▶ 旅費が一万円浮きました。
여비가 만 엔 남았습니다.

川 강
ゴミ 쓰레기

旅費 여비

□ **浮かぶ** ▶[1자] ① 뜨다 ② (머릿속에) 떠오르다

▶ 空に大きな雲が浮かんでいます。
하늘에는 커다란 구름이 떠 있습니다.

▶ いい考えが浮かんできました。
좋은 생각이 떠올랐습니다.

大きな 큰, 커다란
雲 구름

いい考え 좋은 생각

□ **浮かべる** ▶[2타] ① 띄우다 ② (표면에) 나타내다

▶ 折り紙で船を作って小川に浮かべました。
종이접기로 배를 만들어 시냇물에 띄웠습니다.

▶ 彼は顔に笑みを浮かべていた。
그는 얼굴에 미소를 띄우고 있었다.

折り紙 종이접기
船 배
小川 시냇물
顔 얼굴
笑みを浮かべる
미소를 띄우다

□ **潜る** ▶[1자] 잠수하다

▶ 彼は5分以上水中に潜ることができます。
그는 5분 이상 수중에서 잠수할 수 있습니다.

以上 이상
水中 수중, 물속
〜ことができる
〜할 수 있다

동사 **D29** 쇼핑과 관련된 단어

MP3 듣기

□ **買^かう** ▶[1타] 사다

▶ スーパーで飲^のみ物^{もの}を買^かいました。
슈퍼에서 음료수를 샀습니다.

▶ プレゼントを買^かいに行^いきます。
선물을 사러 갑니다.

スーパー 슈퍼마켓
飲み物 음료, 마실 것

プレゼント 선물
〜に行く 〜(하)러 가다

□ **売^うる** ▶[1타] 팔다

▶ あの店^{みせ}では果物^{くだもの}を安^{やす}く売^うっています。
저 가게에서는 과일을 싸게 팔고 있습니다.

団 売^うり場^ば 파는 곳, 매장

店 가게
果物 과일
安い (가격이) 싸다

□ **気^きに入^いる** ▶[1자] 마음에 들다 ▶ 시제에 주의할 것

▶ 私^{わたし}はこのかばんが気^きに入^いりました。
저는 이 가방이 마음에 들었습니다.

□ **似合^{にあ}う** ▶[1자] 어울리다

▶ 白^{しろ}いドレスがよく似合^{にあ}いますね。
흰 드레스가 잘 어울리네요.

▶ あの二人^{ふたり}はお似合^{にあ}いのカップルです。
저 두 사람은 잘 어울리는 커플입니다.

ドレス 드레스

(お)似合い 잘 맞음, 어울림
カップル 커플

□ **選ぶ** ▸[1타] 고르다, 선택하다

▸ 選択肢の中から正解を選んでください。
선택지 안에서 정답을 고르십시오.

選択肢 선택지
正解 정답

□ **払う** ▸[1타] ① 지불하다 ② 없애다, 털어내다

▸ あとでお金を払ってください。
나중에 돈을 내세요.

あとで 나중에
お金を払う 돈을 지불하다

▸ 彼はズボンに付いた埃を払いました。
그는 바지에 묻은 먼지를 털어냈습니다.
㊅ 前払い 선불
　後払い 후불

ズボン 바지
付く 묻다, 붙다
埃 먼지

□ **包む** ▸[1타] 싸다, 포장하다

▸ プレゼントをきれいな紙で包みました。
선물을 예쁜 종이로 포장했습니다.
㊅ 小包 소포

きれいだ 예쁘다, 깨끗하다
紙 종이

□ **届く** ▸[1자] ① 도착하다 ② 닿다, 미치다

▸ 父からの小包が学校に届きました。
아버지가 보낸 소포가 학교에 도착했습니다.

父 아버지
〜からの 〜가 보낸, 〜로부터의

▸ この薬は子どもの手が届くところに置かないで
ください。
이 약은 어린아이의 손이 닿는 곳에 두지 마시기 바랍니다.

薬 약
手が届く 손이 미치다(닿다)
置く 놓다, 두다

□ **勧める** ▸[2타] 권하다, 권유하다

▸ 医者は父に運動をするように勧めました。
의사는 아버지에게 운동을 하도록 권했습니다.

医者 의사
運動 운동

▸ 私はこれを勧めたいです。
저는 이것을 권하고 싶습니다.

~たい ~(하)고 싶다

□ **取り扱う** ▸[1타] 취급하다, 다루다

▸ この本は丁寧に取り扱ってください。
이 책은 소중히 다뤄 주세요.

丁寧に取り扱う
소중하게 다루다

▸ この店では果物は取り扱っていません。
이 가게에서는 과일을 취급하지 않습니다.

파 取扱説明書 사용설명서

동사 D30 파티와 관련된 단어

◎ 2-30

MP3 듣기

□ **祝う** ▶[1타] 축하하다

▶ みんなで彼の誕生日を祝いました。
모두 함께 그의 생일을 축하했습니다.

みんなで 모두 함께
誕生日 생일

□ **招く** ▶[1타] ① 초대하다 ② 초래하다

▶ 明日のパーティーに友だちを招きました。
내일 파티에 친구를 초대했습니다.

パーティー 파티

▶ その事故は不注意が招いたものです。
그 사고는 부주의가 초래했습니다.

事故 사고
不注意 부주의

□ **遊ぶ** ▶[1자] 놀다

▶ 弟は毎日オンラインゲームで遊んでいます。
남동생은 매일 온라인 게임을 하며 놀고 있습니다.

オンラインゲーム
온라인 게임

□ **歌う** ▶[1타] 노래 부르다

▶ 彼女はピアノを弾きながら歌を歌っています。
그녀는 피아노를 치면서 노래를 부르고 있습니다.

ピアノを弾く 피아노를 치다
〜ながら 〜(하)면서
歌を歌う 노래를 부르다

□ **おごる** ▶[1타] 한턱내다

▶ 今日は僕がおごるから、一緒に行きましょう。
오늘은 내가 살 테니까 같이 갑시다.

僕 나
一緒に 함께, 같이

□ **酔う** ▶[1자] 취하다 ▶ p.109 참조

▶ ビール一杯で酔ってしまいました。
맥주 한 잔에 취해 버렸습니다.

ビール 맥주
一杯 한 잔

□ **よっぱらう** ▶[1자] 만취하다

▶ 夕べはお酒を飲みすぎてよっぱらってしまいました。
어젯밤은 술을 너무 많이 마셔서 취해 버렸습니다.

夕べ 어젯밤
飲みすぎる 과음하다

□ **踊る** ▶[1자] 춤추다

▶ 彼女は軽快な音楽に合わせて踊っていました。
그녀는 경쾌한 음악에 맞춰 춤췄습니다.
파 踊り 춤

軽快だ 경쾌하다
音楽に合わせる
음악에 맞추다

□ **弾く** ▶[1타] 연주하다

▶ 妹はバイオリンを弾き、兄はピアノを弾いた。
여동생은 바이올린을 켜고 오빠는 피아노를 쳤다.

バイオリンを弾く
바이올린을 켜다

□ **騒ぐ** ▶[1자] 떠들다

▶ 廊下では騒がないでください。
복도에서는 떠들지 마세요.

廊下 건물 안 통로, 복도

동사 D31 주고 받는 동작과 관련된 단어

MP3 듣기

☐ **やる** ▶[1타] ① 주다 ▶ あげる의 낮춤말 ② 하다

▶ このパソコン、きみにやるよ。
이 PC 너한테 줄게.

| パソコン 퍼스널 컴퓨터, PC
| きみ 자네, 너

▶ 我が社ではやる気のある人を求めています。
우리 회사에서는 의욕 있는 사람을 구하고 있습니다.

| 我が社 우리 회사
| やる気 의욕
| 求める 구하다, 찾다
| 面白い 재미있다

▶ いま面白い映画をやっていますよ。
지금 재미있는 영화를 하고 있어요.

☐ **与える** ▶[2타] 주다

▶ 動物に餌を与えないでください。
동물에게 먹이를 주지 마세요.

| 餌 모이, 먹이

▶ その事件は社会に大きなショックを与えました。
그 사건은 사회에 커다란 충격을 주었습니다.

| 事件 사건
| ショックを与える 충격을 주다

☐ **あげる** ▶[2타] (주로 내가 남에게) 주다

▶ 私は彼女に本をあげました。
나는 그녀에게 책을 주었습니다.

▶ 私は彼の仕事を手伝ってあげました。
나는 그의 일을 도와주었습니다.

| 手伝う 돕다, 도와주다
| ～てあげる (주로 내가 남에게) ～해 주다

□ **くれる** ▶[2타] (주로 남이 나에게) 주다 ▶ 명령형은 くれ

▶ 友だちが私に日本の歌のＣＤをくれました。
친구가 내게 일본 노래가 담긴 CD를 주었습니다.

歌 노래

▶ 通行人が私に道を教えてくれました。
행인이 내게 길을 가르쳐 주었습니다.

通行人 행인
〜てくれる
(남이 나에게) 〜해 주다

□ **下さる** ▶[1타] 주시다 ▶ くれる의 높임말, 활용에 주의: くださいます

▶ 先生が私に辞書をくださいました。
선생님께서 저에게 사전을 주셨습니다.

辞書 사전

▶ 先生が試験勉強を助けてくださいました。
선생님께서 시험공부를 도와주셨습니다.

試験勉強 시험공부
助ける 돕다, 구하다
〜てくださる 〜해 주시다

▶ そのかばんをください。
그 가방을 주세요. (※명령형은 ください)

□ **もらう** ▶[1타] 받다, 얻다

▶ 母から小遣いをもらいました。
엄마한테 용돈을 받았습니다.

小遣い 용돈

▶ 日本語で書いたレポートを日本人の友だちに見て
もらいました。
일본어로 쓴 보고서를 일본인 친구한테 교정받았습니다.

レポート 리포트, 보고서
見る 검사하다, 교정하다
〜てもらう 〜해 받다

□ **受ける** ▶[2타] ① 받다 ② (시험을) 치다 ③ (피해를) 입다

▶ 彼の話に感銘を受けました。
그의 이야기에 감명 받았습니다.

感銘を受ける 감명을 받다

▶ 明日試験を受けます。
내일 시험을 칩니다.

試験を受ける 시험을 치다

▶ 彼はその言葉にかなり精神的なダメージを受けた。
그는 그 말에 상당히 큰 정신적 타격을 입었다.

かなり 꽤, 제법
精神的な 정신적인
ダメージ 피해, 타격

渡す ▶[1타] 건네다

▶ 彼に会ったらこの書類を渡してください。
그를 만나면 이 서류를 전해 주세요.

会う 만나다
書類 서류

配る ▶[1타] 나누어 주다

▶ みんなにノートを一冊ずつ配りました。
모두에게 노트를 한 권씩 나누어 주었습니다.

ノート 노트, 공책
一冊 한 권
〜ずつ 〜씩

동사 **D32** 약속과 관련된 단어

MP3 듣기

☐ **守る** ▶[1타] 지키다, 보호하다

▶ 彼は約束を必ず守ります。
그는 약속을 반드시 지킵니다.

▶ 世界各地で自然を守る運動が活発に行われています。
세계 각지에서 자연을 보호하는 운동이 활발하게 추진되고 있습니다.

約束を守る 약속을 지키다
必ず 반드시, 꼭
世界各地 세계 각지
自然を守る 자연을 보호하다
運動 운동
活発に 활발하게
行う 행하다, 실시하다

☐ **破る** ▶[1타] (약속을) 깨다, 어기다

▶ 彼は平気で約束を破ります。
그는 태연하게 약속을 깹니다.

平気だ 태연하다, 예사롭다

☐ **取り消す** ▶[1타] 취소하다

▶ 今おっしゃった言葉を取り消してください。
지금 하신 말씀을 취소해 주세요.

おっしゃる 말씀하시다

☐ **遅れる** ▶[2자] ① 지각하다, 늦다 ② 뒤지다

▶ 急がないと会社に遅れますよ。
서두르지 않으면 회사에 늦어요.

急ぐ 서두르다

▶ この時計は5分遅れています。
이 시계는 5분 늦습니다.

時計 시계

▶ 彼女のファッションは流行に遅れています。
그녀의 패션은 유행에 뒤집니다.

ファッション 패션
流行に遅れる 유행에 뒤지다

□ **間に合う** ▶[1자] ① 시간에 대다 ② 급한 대로 도움이 되다

▶ 今行っても間に合わないかも知れません。
지금 가도 제 시간에 도착하지 못할지도 모릅니다.

▶ 千円あれば間に合います。
천 엔이면 아쉬운 대로 쓸 수 있습니다(충분합니다).

~かも知れない
~일지도 모른다

~ば ~(하)면

□ **決まる** ▶[1자] 결정되다, 정해지다

▶ 来学期の時間割りが決まりました。
다음 학기 시간표가 정해졌습니다.

来学期 다음 학기
時間割り 시간표

□ **決める** ▶[2타] 정하다, 결정하다

▶ 旅行のスケジュールを早く決めてください。
여행 스케줄을 빨리 정해 주십시오.

旅行 여행
スケジュール 스케줄

□ **待つ** ▶[1타] 기다리다

▶ 少々お待ちください。
잠시 기다려 주세요.

▶ 病院で診察の順番を待ちました。
병원에서 진찰 순서를 기다렸습니다.

▶ 彼女に2時間も待たされました。
그녀를 2시간이나 기다렸습니다.

少々 잠시, 잠깐

病院 병원
診察 진찰
順番 순서, 차례
~時間 ~시간
~も ~이나

□ **待たせる** ▶[2타] 기다리게 하다

▶ お待たせしました。
기다리게 해서 죄송합니다.

▶ お客さんを待たせないようにしましょう。
손님을 기다리게 하지 않도록 합시다.

お+동사의 ます형+する
겸양 표현
お客さん 손님
~ないようにする
~(하)지 않도록 하다

□

待ち合わせる ▶[2타] (미리 장소와 시간을 정해 놓고) 만나기로 하다

▶ 今日は３時にカフェで友だちと待ち合わせています。　　カフェ 카페
오늘은 3시에 카페에서 친구와 만나기로 했습니다.

2-33

동사 33 교통과 관련된 단어

MP3 듣기

☐ **着く** ▸[1자] 도착하다

▸ 列車がホームに着きました。
열차가 플랫폼에 도착했습니다.

列車 열차
ホーム 플랫폼

☐ **掛かる** ▸[1자] ① 걸리다, 소요되다 ② 매달리다

▸ 完成するには時間が掛かります。
완성하려면 시간이 걸립니다

▸ 壁にすばらしい絵が掛かっています。
벽에 근사한 그림이 걸려 있습니다.

完成する 완성하다
〜には 〜려면, 〜에는
時間が掛かる 시간이 걸리다
すばらしい 훌륭하다, 근사하다
絵 그림

☐ **混む** ▸[1자] 붐비다

▸ 電車の中がとても混んでいます。
전철 안이 무척 붐비고 있습니다.

☐ **空く** ▸[1자] ① 비다 ② 쓰이지 않다 ▸ p.156 空く 참조

▸ 前の座席が空きました。
앞 좌석이 비었습니다.

▸ そのコンピュータが空いたら使わせてください。
그 컴퓨터가 비면 사용하게 해 주세요.

前 앞, 전
座席が空く 좌석이 비다

使わせる 사용하게 하다

☐ **乗る** ▸[1자] (탈것에) 타다 ▸ 乗るは 조사 に를 취한다.

▸ 会社までバスに乗って行きます。
회사까지 버스를 타고 갑니다.

バスに乗る 버스를 타다

108

□ **乗せる** ▶[2타] 태우다, 싣다

▶ 学校まで子どもを車に乗せて行きました。
학교까지 아이를 차에 태우고 갔습니다.

車 차, 자동차

□ **降りる** ▶[2자] ① (탈것 등에서) 내리다 ② (아래로) 내려오다

▶ 新宿駅で電車を降りました。
신주쿠 역에서 전철을 내렸습니다.

新宿駅 신주쿠 역

▶ 彼は階段を降りて来ました。
그는 계단을 내려왔습니다.

階段を降りる
계단을 내려오다

□ **乗り換える** ▶[2자] 갈아타다

▶ カンナムへ行くにはキョデで2号線に乗り換えます。
강남에 가려면 교대에서 2호선으로 갈아탑니다.

カンナム 강남(지명)
キョデ 교대(지명)
〜号線 〜호선

□ **乗り過ごす** ▶[1자] (타고 가다가) 하차역을 지나치다

▶ 本に夢中になって、降りる駅を乗り過ごしてしまいました。
책에 빠져서 내릴 역을 지나쳐 버렸습니다.

夢中になる 열중하다

類 乗り越す 하차역을 지나치다
乗り越し料金 추가 승차 요금

□ **酔う** ▶[1자] 멀미하다 ▶ p.101 참조

▶ 私はバスには酔うけど、船には酔いません。
나는 버스 멀미는 하지만, 뱃멀미는 하지 않습니다.

〜には 〜에는
〜けど 〜지만

派 乗り物酔い 차멀미
船酔い 뱃멀미

34 싸움과 관련된 단어

MP3 듣기

☐ **争う** ▶[1타] 다투다, 싸우다 ▶ 경쟁적인 느낌이 강하다

▶ あの兄弟は遺産をめぐって争っています。
저 형제는 유산을 둘러싸고 싸우고 있습니다.

兄弟 형제
遺産をめぐる
유산을 둘러싸다

☐ **戦う** ▶[1자] 싸우다, 투쟁하다 ▶ 싸움의 느낌이 강하다

▶ テロと戦うのは大変なことです。
테러와 싸우는 것은 힘든 일입니다.

テロ 테러
大変だ 힘들다

☐ **勝つ** ▶[1자] 이기다

▶ 千メートル競走で彼に勝ちました。
1000미터 경주에서 그를 이겼습니다.

～メートル ～미터
競走 경주

☐ **負ける** ▶[2자] 지다, 패배하다
　　　　　 ▶[2타] 값을 깎아주다

▶ 惜しくも彼との試合に負けてしまいました。
아깝게도 그와의 시합에 지고 말았습니다.

惜しい 아깝다
試合に負ける 시합에 지다

▶ 少しまけてもらえませんか。
좀 깎아 주실 수 없을까요?

～てもらえませんか
～해 주시지 않겠습니까?

　　웹 おまけ 덤

　　　おまけする 덤으로 주다

▶ えんぴつを一本おまけします。
연필 한 자루를 덤으로 드립니다.

えんぴつ 연필
一本 한 자루

☐ **敗れる** ▸[2자] 패하다 (＝負ける)

▸ 私たちのチームが決勝戦で敗れてしまいました。
우리 팀이 결승전에서 패하고 말았습니다.

🈂 破れる 찢어지다

チーム 팀	
決勝戦 결승전	

☐ **殴る** ▸[1타] 때리다

▸ 彼は理由も聞かずに私を殴りました。
그는 이유도 묻지 않고 나를 때렸습니다.

理由を聞く 이유를 묻다	
～ずに ～(하)지 않고	

☐ **ひっぱたく** ▸[1타] (손바닥으로) 후려치다

▸ 彼は彼女にいきなりほおをひっぱたかれました。
그녀는 갑자기 그의 뺨을 후려쳤습니다.

いきなり 갑자기	
ほお 뺨, 볼	

☐ **けとばす** ▸[1타] 차내다, 걷어차다

▸ うっかりしてゴミ箱をけとばしてしまいました。
무심코 쓰레기통을 걷어차고 말았습니다.

うっかりする 깜빡하다	
ゴミ箱 쓰레기통	

☐ **突く** ▸[1타] ① 찌르다, (공 따위를) 치다 ② 짚다, 괴다

▸ 彼の意見は核心を突いています。
그의 의견은 핵심을 찌르고 있습니다.

▸ 男の子がボールを突いて遊んでいます。
남자 아이가 공을 치며 놀고 있습니다.

▸ ひじを突いて食べるのは行儀よくありません。
팔꿈치를 괴고 먹는 것은 예의범절이 바르지 않습니다.

意見 의견	
核心を突く 핵심을 찌르다	
男の子 남자 아이	
ボール 볼, 공	
ひじを突く	
팔꿈치를 짚다(괴다)	
行儀がよい	
예의범절이 바르다	

□ **絡む** ▸[1자] ① 얽히다, 휘감기다 ② 시비를 걸다

▶ この<ruby>事件<rt>じけん</rt></ruby>には<ruby>A<rt></rt></ruby><ruby>国<rt>こく</rt></ruby>がからんでいます。
이 사건에는 A국이 관련되어 있습니다.

▶ <ruby>彼<rt>かれ</rt></ruby>は<ruby>酒<rt>さけ</rt></ruby>に<ruby>酔<rt>よ</rt></ruby>うとすぐ<ruby>人<rt>ひと</rt></ruby>にからみます。
그는 술에 취하면 곧 다른 사람에게 시비를 겁니다.

酒に酔う 술에 취하다

동사 35 사건, 사고와 관련된 단어

MP3 듣기

☐ **起こる** ▶[1자] 일어나다, 발생하다

▶ **人生は何が起こるか分かりません。**
인생은 무엇이 일어날지 알 수 없습니다.

人生 인생
分かる 알다, 이해하다

☐ **盗む** ▶[1타] ① 훔치다 ② 속이다, 피하다

▶ **友だちの本を盗んだのは、彼です。**
친구의 책을 훔친 사람은 그입니다.

の 것, 사람

▶ **彼は上司の目を盗んで休憩室へ行きました。**
그는 상사의 눈을 속이고 휴게실로 갔습니다.

上司 상사
目を盗む 눈을 속이다
休憩室 휴게실

☐ **だます** ▶[1타] 속이다

▶ **彼は私をだまして情報を聞き出した。**
그는 나를 속여서 정보를 알아냈다.

情報 정보
聞き出す 물어서 알아내다

☐ **奪う** ▶[1타] ① 빼앗다 ② (관심, 주의를) 끌다

▶ **男は女性を脅して金品を奪い、逃走した。**
남자는 여자를 협박하고 금품을 빼앗아 도주했다.

男 남자, 남성
脅す 위협하다, 협박하다
金品 금품
逃走する 도주하다

▶ **観客はすばらしい演技に目を奪われました。**
관객은 훌륭한 연기에 눈을 빼앗겼습니다.

観客 관객
演技 연기

☐ **犯す** ▶[1타] ① (죄를) 범하다 ② (법, 규칙을) 어기다

▶ 罪を犯せば法律で裁かれます。
죄를 저지르면 법으로 심판받습니다.

▶ 彼は法律を犯して不当な利益を得た。
그는 법률을 어겨서 부당한 이익을 얻었다.

罪を犯す 죄를 범하다
法律 법률
裁く 심판하다
不当だ 부당하다
利益を得る 이익을 얻다

☐ **訴える** ▶[2타] ① 고소하다 ② 호소하다

▶ その会社は特許侵害で訴えられた。
그 회사는 특허 침해로 고소당했다.

▶ その絵は人の心に訴えるものがあります。
그 그림은 사람의 마음에 호소하는 것이 있습니다.

特許侵害 특허 침해

心に訴える
마음에 호소하다

☐ **調べる** ▶[2타] 조사하다, 알아보다

▶ 事故の原因を調べています。
사고의 원인을 조사하고 있습니다.

▶ 知らない単語はまず辞書で調べましょう。
모르는 단어는 우선 사전으로 찾아봅시다.

事故 사고
原因 원인
知る 알다
単語 단어
まず 먼저

☐ **燃える** ▶[2자] 타다, 불타다

▶ グラウンドの真ん中で焚き火が赤々と燃えています。
운동장 한가운데서 모닥불이 붉게 타고 있습니다.

파 燃えるごみ 가연성 쓰레기

グラウンド 그라운드, 운동장
真ん中 한가운데
焚き火 모닥불
赤々と 새빨갛게, 붉게

☐ **燃やす** ▶[1타] (불)태우다

▶ ここでごみを燃やさないでください。
여기서 쓰레기를 태우지 말아 주세요.

～ないでください
～(하)지 말아 주세요

□ **腐る** ▶[1자] 썩다, 부패하다

▶ ご飯を冷蔵庫から出しておいたら腐ってしまいました。

冷蔵庫 냉장고
〜たら 〜더니

밥을 냉장고에서 꺼내 놓았더니 썩어 버렸습니다.

□ **ぶつかる** ▶[1자] 부딪치다, 충돌하다

▶ この近くでタンカーが暗礁にぶつかる事故があった。

タンカー 유조선
暗礁 암초

이 근처에서 유조선이 암초에 충돌하는 사고가 있었다.

□ **ぶつける** ▶[2타] 부딪치다

▶ 彼は倒れるとき電柱に頭をぶつけました。

倒れる 넘어지다, 쓰러지다
電柱 전봇대

그는 넘어질 때 전봇대에 머리를 부딪혔습니다.

동사 D 36 막고, 도망치고, 잡는 것과 관련된 단어

MP3 듣기

☐ **防ぐ** ▶ [1타] 막다, 방지하다

▶ 虫歯を防ぐには歯磨きがいちばん大切です。
충치를 막는 데는 양치질이 가장 중요합니다.

> 虫歯 충치
> 歯磨き 양치질
> いちばん 가장, 제일

☐ **避ける** ▶ [2타] 피하다

▶ 彼は私のことを避けています。
그는 나를 피하고 있습니다.

☐ **よける** ▶ [2타] 피하다, 비키다

▶ 私は飛んで来たボールをあわててよけました。
나는 날아온 볼을 황급히 피했습니다.

> あわてる
> 당황하다, 허둥거리다

▶ 人々が水たまりをよけて歩いています。
사람들이 웅덩이를 피해서 걷고 있습니다.

> 人々 사람들
> 水たまり 웅덩이, 물구덩이

☐ **逃げる** ▶ [2자] 도망치다, 달아나다

▶ 彼は先生を見るや否や急いで逃げました。
그는 선생님을 보자마자 서둘러 도망쳤습니다.

> ～や否や ～하자마자
> 急ぐ 서두르다

▶ 問題から逃げてばかりいては解決できません。
문제에서 도피하려고만 해서는 해결할 수 없습니다.

> ～(て)ばかりいては
> ～(하)기만 해서는
> 解決できる 해결할 수 있다

隠れる ▸[2자] ① 숨다 ② 가려지다

▶ 彼の姿が見えたので、私は階段の陰に隠れました。
그의 모습이 보여서 나는 계단 뒤에 숨었습니다.

▶ 今日は十五夜ですが、月が雲に隠れて見えません。
오늘은 한가윗날 밤이지만, 달이 구름에 가려져 보이지 않습니다.

파 かくれんぼう 숨바꼭질

姿が見える 모습이 보이다
陰 뒤(쪽)

十五夜 십오야(음력 8월 15일 밤), 한가윗날 밤
月 달
雲 구름

隠す ▸[1타] ① 감추다, 숨기다 ② 가리다

▶ 彼女はお金を枕の下に隠した。
그녀는 돈을 베개 밑에 숨겼다.

▶ 犯人はジャンパーで自分の顔を隠していました。
범인은 점퍼로 자신의 얼굴을 가리고 있었습니다.

枕 베개
下 밑, 아래

犯人 범인
ジャンパー 점퍼

追いかける ▸[2타] 뒤쫓다, 추적하다

▶ 警官が犯人を追いかけた。
경찰관이 범인을 뒤쫓았다.

警官 경찰관

捕まる ▸[1자] ① 잡히다 ② 꼭 붙잡고 매달리다

▶ 泥棒が警官に捕まりました。
도둑이 경찰에게 잡혔습니다.

▶ 彼はつり革につかまったまま眠っています。
그는 손잡이를 잡은 채 자고 있습니다.

泥棒 도둑

つり革 (버스 등의) 손잡이
～たまま ～한 채
眠る 자다, 졸다

捕まえる ▸[2타] 붙잡다

▶ パトロール中の警官が犯人を捕まえた。
순찰 중인 경찰관이 범인을 붙잡았다.

パトロール中 순찰 중

□ **とらえる** ▶[2타] ① 잡다 ② 포착하다

▶ レーダーが台風の目をとらえました。
레이더가 태풍의 눈을 잡았습니다.

▶ この絵は物の特徴をよくとらえています。
이 그림은 사물의 특징을 잘 포착하고 있습니다.

レーダー 레이더
台風の目 태풍의 눈

物 사물
特徴 특징

□ **釣る** ▶[1타] 낚다, (낚시 도구로) 잡다

▶ 友だちと海へ魚を釣りに行きました。
친구와 바다로 물고기를 잡으러 갔습니다.

▶ ここのあたりでは鯛などの魚が釣れます。
이 부근에서는 도미 등의 생선을 잡을 수 있습니다.

海 바다
魚 물고기, 생선

あたり 그 곳, 부근, 근처
鯛 도미
など 등, 따위

동사 **37** 일, 임무와 관련된 단어

MP3 듣기

□ **働く** ▸ [1자] ① 일하다 ② 작용하다

▸ 私は貿易会社で働いています。
저는 무역회사에서 일하고 있습니다.

▸ 朝は頭がよく働きます。
아침에는 머리가 잘 돌아갑니다.

貿易会社 무역회사

□ **雇う** ▸ [1타] 고용하다

▸ その会社では千人の社員を雇っている。
그 회사에서는 천 명의 사원을 고용하고 있다.

千人 천 명
社員 사원

□ **勤める** ▸ [2자] 근무하다

▸ 私は3年前まで銀行に勤めていました。
나는 3년 전까지 은행에 근무하고 있었습니다.

🟰 勤め先 근무처

銀行 은행

□ **務める** ▸ [2타] (임무를) 맡다

▸ 彼は国際会議で議長を務めています。
그는 국제회의에서 의장을 맡고 있습니다.

国際会議 국제회의
議長 의장

□ **努める** ▸ [2자] 노력하다, 힘쓰다

▸ 彼は青少年犯罪の根絶に努めている。
그는 청소년 범죄의 근절에 힘쓰고 있다.

青少年犯罪 청소년 범죄
根絶 근절

□ **扱う** ▸[1타] 다루다, 취급하다

▸ 彼は部下の扱い方が上手です。
그는 부하를 잘 다룹니다.

部下 부하
上手だ 능숙하다, 잘하다

□ **負う** ▸[1타] (책임 등을) 지다, 떠맡다

▸ 彼は多額の負債を負っている。
그는 거액의 부채를 지고 있다.

多額 고액, 거액
負債を負う 부채를 지다

▸ その件について責任を負うことはできません。
그 건에 대해 책임을 질 수는 없습니다.

件 건, 사항
〜について 〜에 대해서
責任を負う 책임을 지다

關 背負う 짊어지다

□ **任せる** ▸[2타] 맡기다

▸ この仕事は私に任せてください。
이 일은 저에게 맡겨 주십시오.

▸ 私たちの関係についてはご想像にお任せします。
우리들의 관계에 대해서는 상상에 맡기겠습니다.

関係 관계
ご想像 상상
解決 해결
自然 자연
なりゆき 추세, 경과

▸ この問題の解決は自然のなりゆきに任せましょう。
이 문제의 해결은 순리에 맡깁시다.

□ **辞める** ▸[2타] 사직하다

▸ 今度会社を辞めることになりました。
이번에 회사를 그만두게 되었습니다.

会社を辞める
회사를 그만두다
〜ことになる 〜하게 되다

□ **止める** ▸[2타] ① 그만두다 ② 끊다

▸ やめてください。
하지 마세요.

▸ 手術をきっかけにたばこを止めました。
수술을 계기로 담배를 끊었습니다.

手術 수술
きっかけに 계기로

120

동사 **38** 임하는 자세, 경험과 관련된 단어

MP3 듣기

□ **頑張る** ▶[1자] 분발하다, 열심히 하다

▶ 必ず勝つという気持ちで頑張りました。
반드시 이기겠다는 마음으로 열심히 했습니다.

必ず 반드시
気持ち 마음, 기분

▶ がんばれ!
파이팅!

□ **怠ける** ▶[2자·타] 게을리 하다, 게으름 피우다

▶ 勉強を怠けていると大学に受かりませんよ。
공부를 게을리하면 대학에 붙지 못할 거예요.

大学に受かる
대학에 붙다, 대학에 합격하다

파 怠け者 게으름뱅이

□ **励む** ▶[1자] 힘쓰다, 전심하다

▶ 彼女はダイエットに励んでいます。
그녀는 다이어트에 힘쓰고 있습니다.

ダイエット 다이어트

▶ うちの学校の学生たちは、昼も夜も勉強に励んで
います。
우리 학교 학생들은 낮이나 밤이나 공부에 힘쓰고 있습니다.

うち 우리
昼も夜も 낮이나 밤이나

□ **励ます** ▶[1타] 격려하다

▶ 先生は試験場へ行く学生たちを励ましました。
선생님은 시험장에 가는 학생들을 격려했습니다.

試験場 시험장

認める ▶[2타] ① 인정하다 ② 시인하다

▶ 私は彼の能力を認めながらも、完全には信頼していません。

나는 그의 능력을 인정하면서도 완전히 신뢰하고 있지는 않습니다.

能力 능력
〜ながらも 〜하면서도
完全に 완전히
信頼する 신뢰하다
とうとう 드디어, 마침내
犯行 범행

▶ 彼はとうとう犯行を認めました。

그는 마침내 범행을 시인했습니다.

うなずく ▶[1자] 수긍하다, 고개를 끄덕이다

▶ 私は彼の意見にはうなずけません。

나는 그의 의견에는 수긍할 수 없습니다.

意見 의견

▶ 私の質問に彼はうなずいた。

나의 질문에 그는 고개를 끄덕였다.

質問 질문

味わう ▶[1타] ① 맛보다, 음미하다 ② 경험하다

▶ 少ししかないから味わって食べてください。

조금밖에 없으니 음미하면서 드세요.

少し 조금
〜しかない 〜밖에 없다

▶ 彼はこれまで多くの苦難を味わってきた。

그는 지금까지 많은 고난을 겪어 왔다.

多く 많음, 다수
苦難を味わう 고난을 겪다

慣れる ▶[2자] 익숙해지다

▶ 日本の生活にはだいぶ慣れましたか。

일본 생활에는 많이 익숙해졌습니까?

生活 생활
だいぶ 상당히, 꽤

□ **譲る** ▶[1타] ① 양보하다 ② 물려주다

▶ **彼は老人に席を譲った。**
그는 노인에게 자리를 양보했다.

老人 노인
席を譲る 자리를 양보하다

▶ **彼はオートバイを友人に譲った。**
그는 오토바이를 친구에게 물려주었다.

オートバイ 오토바이
友人 친구

□ **敬う** ▶[1타] 존경하다, 공경하다

▶ **彼は自分の先輩たちを心から敬っていた。**
그는 그의 선배들을 마음으로부터 존경하고 있었다.

先輩たち 선배들
心 마음

39 인간 관계와 관련된 단어

MP3 듣기

□ **会う** ▶[1자] 만나다 ▶ 会うは 조사 に 또는 と를 취한다.

▶ 昨日道で偶然友だちに会いました。
어제 길에서 우연히 친구를 만났습니다.

道 길
偶然 우연히, 뜻밖에

▶ 今日午後３時に彼女と会う約束をしています。
오늘 오후 3시에 그녀와 만나기로 약속했습니다.

午後 오후
約束 약속

□ **出会う** ▶[1자] 우연히 만나다, 마주치다

▶ 私が彼女と出会ったのは去年のことです。
내가 그녀와 만나게 된 것은 작년의 일입니다.

去年 작년
〜ことだ 〜일이다
ギリシア 그리스

▶ ギリシアは昔と今が出会う場所です。
그리스는 옛날과 지금이 만나는 장소입니다.

昔 옛날
場所 장소

□ **付き合う** ▶[1자] ① 교제하다, 사귀다 ▶ 조사 と를 취한다.
　　　　　　　　 ② 행동을 함께 하다 ▶ 조사 に를 취한다.

▶ 彼女は学校でいちばんハンサムな学生と付き合っています。
그녀는 학교에서 가장 핸섬한 학생과 사귀고 있습니다.

ハンサムだ
핸섬하다, 미남이다

▶ 私は友人が先生に会いに行くのに付き合った。
나는 친구가 선생님을 만나러 가는 것에 같이 가 주었다.

〜に行く 〜(하)러 가다

▶ ちょっと私に付き合ってもらえませんか。
잠깐 나하고 같이 가 줄래요?

ちょっと 잠시, 잠깐
〜てもらえませんか
〜해 주시지 않겠습니까?

□ **触れる** _ふ ▶[2자] ① 닿다 ② 접촉하다 ③ 언급하다

▶ 肌が漆の木に触れてしまい、痒くてたまりません。
はだ うるし き ふ かゆ
피부가 옻나무에 닿아서 가려워 죽겠습니다.

▶ 私は昔から自然に触れる機会がほとんどありませんでした。
わたし むかし しぜん ふ きかい
나는 옛날부터 자연과 접촉할 기회가 거의 없었습니다.

▶ 彼の発表はその問題に触れませんでした。
かれ はっぴょう もんだい ふ
그의 발표는 그 문제를 언급하지 않았습니다.

肌 피부
漆の木 옻나무
痒い 가렵다
～てたまらない
～해서 견딜 수 없다
自然 자연
機会 기회
ほとんどない 거의 없다
発表 발표

□ **別れる** _{わか} ▶[2자] 헤어지다

▶ 夕べは9時ごろ同僚と別れました。
ゆう く じ どうりょう わか
어젯밤에는 동료와 9시쯤 헤어졌습니다. 〈작별〉

▶ 彼とは去年の秋に別れました。
かれ きょねん あき わか
남자 친구와는 작년 가을에 헤어졌습니다. 〈이별〉

夕べ 어젯밤
同僚 동료
秋 가을

□ **裏切る** _{うら ぎ} ▶[1타] ① 배반하다 ② 기대를 저버리다

▶ 彼は仲間を裏切って情報を敵に流した。
かれ なか ま うら ぎ じょうほう てき なが
그는 동료를 배신하고 정보를 적에게 유출시켰다.

▶ 彼の作品は決して読者の期待を裏切りません。
かれ さくひん けっ どくしゃ きたい うら ぎ
그의 작품은 결코 독자의 기대를 저버리지 않습니다.

仲間 동료, 동아리
情報 정보
敵 적
流す 몰래 넘겨주다
決して～ない
결코 ～(하)지 않다
読者 독자
期待 기대

□ **迎える** _{むか} ▶[2타] 맞이하다, 마중 나가다

▶ 今からお客さんを迎えに行きます。
いま きゃく むか い
지금부터 손님을 맞으러 갑니다.

파 出迎え 마중
で むか

見送る ▶[1타] ① 배웅하다 ② 보류하다

▶ 今日はお客さんを空港まで見送りに行きました。
오늘은 손님을 공항까지 배웅하러 갔습니다.

空港 공항

▶ その件については、今回は見送りたいと思います。
그 건에 대해서는 이번은 보류하고 싶습니다.

件 건
今回 이번
～たい ～(하)고 싶다

파 見送り 배웅

▶ 駅では見送りの人たちが別れを惜しんでいた。
역에서는 배웅하는 사람들이 이별을 아쉬워하고 있었다.

別れ 이별, 작별
惜しむ 아쉬워하다

促す ▶[1타] 재촉하다

▶ 彼は私の脇を肘でつついて意見を促した。
그는 내 옆구리를 팔꿈치로 쿡쿡 찌르며 의견을 재촉했다.

脇 겨드랑이, 옆구리
肘 팔꿈치
つつく 가볍게 쿡쿡 찌르다

急き立てる ▶[2타] 재촉하다

▶ 彼に急き立てられてつい仕事を引き受けてしまいました。
그가 재촉해서 그만 일을 떠맡고 말았습니다.

つい 그만, 무심코
仕事を引き受ける
일을 떠맡다

構う ▶[1자·타] ① 상관하다, 구애하다 ② 마음을 쓰다, 돌보다, 보살피다

▶ 私にかまわないで、早く逃げてください。
나를 상관하지 말고 빨리 도망쳐 주세요.

～ないで ～(하)지 말고
逃げる 도망치다

▶ 仕事が忙しくて、子どもをかまってあげる暇がありません。
일이 바빠서 아이를 돌봐 줄 여가가 없습니다.

暇 여가, 틈
忙しい 바쁘다

▶ A : あ、失礼しました。
　　 아, 실례했습니다.

　　B : いいえ、かまいません。
　　 아니요, 괜찮습니다.

失礼する 실례하다

D40 동사 금전 관계와 관련된 단어

기본 회화 표현

동사

い형용사

な형용사

접속사

부사

복합어

명사

□ **稼**ぐ ▶ [1타] (돈, 시간 등을) 벌다

▶ 彼は生活費を稼ぐために四ヵ所の大学で講義を
している。
그는 생활비를 벌기 위해 대학 네 군데에서 강의를 하고 있다.

生活費 생활비
~ために ~(하)기 위해서
四ヵ所 네 군데
講義 강의

□ **儲**ける ▶ [2타] 금전상으로 이익을 보다, 벌다

▶ 彼は株で儲けました。
그는 주식으로 재미를 봤습니다.

株 주식

□ **借**りる ▶ [2타] 빌리다 (=貸してもらう)

▶ 友だちから本を借りました。
친구에게 책을 빌렸습니다.

□ **貸**す ▶ [1타] ① 빌려 주다 ② 세주다

▶ 友だちにビデオテープを貸してあげました。
친구에게 비디오 테이프를 빌려 주었습니다.

ビデオテープ 비디오 테이프

▶ 彼は家を人に貸して生活しています。
그는 집을 남에게 세주고 생활하고 있습니다.

파 貸し出し 대출
貸し切りバス 전세 버스

返す ▸[1타] 돌려주다, 갚다

▸ 明日までに必ずそのＣＤを返してください。
내일까지 반드시 그 CD를 돌려주세요.

▸ 今週中に銀行にお金を返さなければいけません。
이번 주 중으로 은행에 돈을 갚지 않으면 안 됩니다.

파 恩がえし 보은

| ~までに ~까지(는) |
| 必ず 반드시, 꼭 |
| |
| 今週中 이번 주 중 |
| ~なければいけない |
| ~(하)지 않으면 안 된다 |

預かる ▸[1타] 맡다, 보관하다

▸ この荷物をしばらく預かっていただけませんか。
이 짐을 잠시 맡아 주지 않겠습니까?

파 手荷物預かり所 수하물 보관소

| 荷物 짐 |
| しばらく 잠시, 잠깐 |
| ~ていただけませんか |
| ~해 주지 않겠습니까? |

預ける ▸[2타] 맡기다, 보관시키다

▸ 貴重品はフロントに預けてください。
귀중품은 프런트에 맡겨 주세요.

| 貴重品 귀중품 |
| フロント 프런트 |

ためる ▸[2타] ① 모으다 ② 쌓아 두다

▸ 彼は家を買うためにお金をためています。
그는 집을 사기 위해 돈을 모으고 있습니다.

▸ ストレスをためないようにしましょう。
스트레스를 쌓아 두지 않도록 합시다.

| お金をためる 돈을 모으다 |
| |
| ストレス 스트레스 |
| ~ないようにする |
| ~(하)지 않도록 하다 |

引き出す ▸[1타] ① 찾다, 인출하다 ② 끌어내다

▸ 銀行口座から一万円引き出しました。
은행계좌에서 1만 엔 찾았습니다.

▸ 若者の隠れた才能を引き出すのが私の仕事です。
젊은이들의 숨은 재능을 끌어내는 것이 제 일입니다.

| 銀行口座 은행계좌 |
| |
| 若者 젊은이 |
| 隠れる 숨다 |
| 才能 재능 |

□ **差し引く** ▶ [1타] 빼다, 공제하다

▶ 給料から税金が差し引かれています。
봉급에서 세금이 공제되고 있습니다.

給料 급료, 봉급, 급여
税金 세금

D41 분실, 습득과 관련된 단어

MP3 듣기

☐ **失う** ▸[1타] 잃다, 잃어버리다

▸ 彼は病気のために職を失った。
그는 병 때문에 직업을 잃었다.

病気 병
職を失う 직업을 잃다

☐ **拾う** ▸[1타] ① 줍다 ② 차를 불러 세워 타다

▸ 道でお金を拾いました。
길에서 돈을 주웠습니다.

道 길

▸ タクシーを拾いましょう。
택시를 잡읍시다.

タクシーを拾う
택시를 잡다

☐ **捨てる** ▸[2타] 버리다

▸ 空き缶はくずかごに捨ててください。
빈 깡통은 쓰레기통에 버려 주십시오.

空き缶 빈 깡통
くずかご 쓰레기통

파 使い捨て 일회용

☐ **落とす** ▸[1타] ① 떨어뜨리다 ② 분실하다, 잃어버리다

▸ 食事中にフォークを落としてしまいました。
식사 중에 포크를 떨어뜨렸습니다.

食事中 식사 중
フォーク 포크

▸ 道で財布を落としてしまいました。
길에서 지갑을 잃어버렸습니다.

財布 지갑

□ **探す** ▶[1타] 찾다

▶ 私は彼を血眼になって探しています。
나는 그를 혈안이 되어 찾고 있습니다.

血眼になる 혈안이 되다

□ **探る** ▶[1타] ① 더듬어 찾다 ② 살피다

▶ 暗闇の中を手で探りながら歩きました。
어둠 속을 손으로 더듬으며 걸었습니다.

暗闇 어둠
～ながら ～(하)면서

▶ 敵は私たちの動静を探っています。
적은 우리의 동정을 살피고 있습니다.

動静 동정

□ **無くなる** ▶[1자] ① 없어지다 ② 다 떨어지다 ▶ p.62 참조

▶ 机の上の本がなくなりました。
책상 위의 책이 없어졌습니다.

机 책상

▶ もうお金がなくなりました。
벌써 돈이 다 떨어졌습니다.

お金 돈

□ **なくす** ▶[1타] ① 잃다 ② 없애다

▶ 今日買った定期券をなくしてしまいました。
오늘 산 정기권을 잃어버렸습니다.

定期券 정기권

▶ 社会から差別をなくすのは難しいことです。
사회에서 차별을 없애는 것은 어려운 일입니다.

社会 사회
差別 차별
難しい 어렵다

□ **得る** ▶[2타] 얻다, 손에 넣다

▶ この仕事を通して私はたくさんの友人を得ること
ができました。
이 일을 통해서 나는 많은 친구를 얻을 수 있었습니다.

～を通して ～을 통해서
たくさんの 많은
～ことができる
～할 수 있다

동사 **D42** 정리정돈과 관련된 단어

MP3 듣기

☐ **まとまる** ▶[1자] ① 정리되다 ② 한데 모이다

▶ 話がまとまったらすぐ始めましょう。
이야기가 결말이 나면 곧 시작합시다.

▶ この仕事にはまとまったお金が必要です。
이 일에는 목돈이 필요합니다.

　派 まとまり 통합성

　　まとまりがつく 결말이 나다

話がまとまる	이야기가 결말이 나다
すぐ 바로, 곧	
始める 시작하다	
まとまったお金 목돈	
必要だ 필요하다	

☐ **まとめる** ▶[2타] ① 정리하다 ② 한데 모으다

▶ 調べたことをまとめました。
알아본 것을 정리했습니다.

調べる 조사하다, 알아보다

▶ 早く荷物をまとめてください。
빨리 짐을 정리해 주세요.

荷物 짐

☐ **片付く** ▶[1자] 정리되다, 정돈되다

▶ 散らかっていた部屋が片付きました。
어질러져 있던 방이 정돈되었습니다.

散らかる 어질러지다

☐ **片付ける** ▶[2타] 치우다, 정돈하다

▶ テーブルの上を片付けてください。
테이블 위를 정돈해 주세요.

テーブル 테이블

□ **揃う** ►[1자] ① 갖추어지다, 구비되다 ② 다 모이다

► **本サイトでは試験の情報がすべて揃っています。**
본 웹사이트에서는 시험 정보가 전부 구비되어 있습니다.

► **これで全員揃いました。**
이것으로 전원이 다 모였습니다.

本〜 본〜, 이〜
サイト 사이트, 웹사이트
情報 정보
すべて 전부, 모두
全員 전원

□ **揃える** ►[2타] ① 가지런히 하다 ② 고루 갖추다

► **日本の家では、玄関で靴を揃えてから中へ入ります。**
일본 가옥에서는 현관에서 신발을 가지런히 하고 나서 안에 들어갑니다.

► **必要な書類を揃えてからまた来てください。**
필요한 서류를 갖추고 나서 다시 와 주십시오.

玄関 현관
靴 신발, 구두
〜てから 〜(하)고 나서
書類を揃える 서류를 갖추다
また 또, 다시

□ **散らかる** ►[1자] 흩어지다, 어질러지다

► **散らかっていますが、どうぞお入りください。**
(방이) 어수선합니다만, 어서 들어오세요.

〜が 〜만

□ **散らかす** ►[1타] 흩뜨리다, 어지르다

► **部屋を散らかさないでください。**
방을 어지르지 말아 주십시오.

□ **集まる** ►[1자] 모이다

► **交通事故の現場に人がたくさん集まっています。**
교통사고 현장에 사람이 많이 모여 있습니다.

파 **あつまり** 모임

交通事故 교통사고
現場 현장

□ **集める** ►[2타] 모으다

► **私の趣味は切手を集めることです。**
내 취미는 우표를 모으는 것입니다.

趣味 취미
切手 우표

동사 43 시작, 종료와 관련된 단어

MP3 듣기

☐ **始まる** ▶ [1자] 시작되다

▶ 授業は９時に始まります。
수업은 9시에 시작됩니다.

授業 수업

▶ 会議は午前１０時から始まります。
회의는 오전 10시부터 시작됩니다.

会議 회의
午前 오전

☐ **始める** ▶ [2타] 시작하다

▶ 今日からゴルフの練習を始めました。
오늘부터 골프 연습을 시작했습니다.

ゴルフ 골프
練習 연습

☐ **終わる** ▶ [1자] 끝나다

▶ 仕事が終わってすぐうちへ帰りました。
일이 끝나고 바로 집으로 돌아갔습니다.

うち (우리) 집
帰る 돌아가다, 돌아오다

☐ **終える** ▶ [1타] 끝내다

▶ 宿題を終えてから遊びに行きなさい。
숙제를 끝내고 놀러 가거라.

宿題 숙제
～なさい ～해라, ～하시오

☐ **しまう** ▶ [1타] 치우다

▶ 使った道具は元の場所にしまってください。
사용한 도구는 원래 있던 곳에 치워 주세요.

道具 도구
元の場所 원래 있던 장소

□ **仕上がる** ▶[1자] 완성되다

▶ 作品がきれいに仕上がりました。
작품이 깔끔하게 완성되었습니다.

作品 작품
きれいに 깨끗이, 깔끔하게

□ **仕上げる** ▶[2타] 완성하다

▶ 写真は5時までに仕上げてください。
사진은 5시까지 완성해 주세요.

写真 사진
~までに ~까지(는)

🔲 仕上げ 마무리

□ **出来上がる** ▶[1자] 다 만들어지다, 완성되다

▶ 晩ご飯が出来上がりましたよ。
저녁 식사가 다 됐어요.

晩ご飯 저녁밥, 저녁 식사

□ **済む** ▶[1자] ① 끝나다, 완료되다 ② 해결되다

▶ この仕事が済んだらひと休みしましょう。
이 일이 끝나면 잠깐 쉽시다.

ひと休みする 잠깐 쉬다

▶ これはお金で済む問題じゃありません。
이것은 돈으로 해결할 수 있는 문제가 아닙니다.

□ **済ませる** ▶[2타] ① 끝내다, 마치다 ② 해결하다

▶ 時間がなかったので私たちは急いで食事を済ませました。
시간이 없어서 우리는 서둘러 식사를 끝냈습니다

時間がない 시간이 없다
食事 식사

▶ 朝食をパン一枚で済ませました。
아침 식사를 빵 한 조각으로 끝냈습니다.

朝食 조식, 아침 식사
パン 빵
一枚 한 조각

동사 **D44** 부탁, 도움, 거절과 관련된 단어

MP3 듣기

☐ **頼む** ▶[1타] 부탁하다

▶ **友だちに引っ越しの手伝いを頼まれました。**
친구에게 이사를 도와달라는 부탁을 받았습니다.

引っ越し 이사
手伝い 거듦, 도와줌

☐ **手伝う** ▶[1타] 돕다, 거들다

▶ **ちょっと手伝ってくれませんか。**
좀 도와주지 않겠습니까?

파 **お手伝いさん** 가사도우미, 파출부

~てくれませんか
~(해) 주시지 않겠습니까?

☐ **助かる** ▶[1자] ① 도움이 되다 ② 구조되다, 살아나다

▶ **彼が手伝ってくれたので助かりました。**
그가 도와주었기 때문에 도움이 되었습니다.

▶ **嵐で船が転覆しましたが、乗組員は全員助かりました。**
폭풍우로 배가 뒤집혔습니다만, 승무원은 전원 구조되었습니다.

嵐 폭풍우
船 배
転覆する
전복하다, 뒤집혀지다
乗組員 승무원
全員 전원

☐ **助ける** ▶[2타] ① 돕다 ② 구하다, 살리다

▶ **彼は老人を助けてバスに乗せてあげました。**
그는 노인을 도와 버스에 태워 드렸습니다.

▶ **彼は川に落ちた子どもを助けました。**
그는 강에 빠진 아이를 구했습니다.

▶ **助けて！**
사람 살려!

老人 노인
~てあげる
(주로 내가 남에게) ~해 주다
川に落ちる 강에 빠지다

□ **救う** ▶[1타] 구하다, 살리다

▶ 医者はその男の子の命を救いました。
의사는 그 남자 아이의 생명을 구했습니다.

命を救う 생명을 구하다

□ **役立つ** ▶[1자] 유용하다, 도움이 되다 ▶ p.221 役に立つ 참조

▶ 日本語の勉強にはユーチューブが役立ちます。
일본어 공부에는 유튜브가 도움이 됩니다.

ユーチューブ
유튜버, YouTube

□ **役立てる** ▶[2타] 유용하게 쓰다

▶ このお金は急用に役立ててください。
이 돈은 급할 때 유용하게 사용해 주세요.

急用に 급한 용무에

□ **妨げる** ▶[2타] 방해하다, 지장을 주다

▶ 外の騒ぎで眠りが妨げられました。
밖의 소란으로 잠을 방해받습니다.

騒ぎ 소란, 소동
眠り 잠, 수면

□ **誘う** ▶[1타] ① 권유하다, 불러내다 ② 꾀다, 유인하다

▶ 友だちを誘って映画を見に行きました。
친구를 불러내서 영화를 보러 갔습니다.

▶ 春風に誘われて散歩に出ました。
봄바람에 이끌려 산책을 나갔습니다.

春風 봄바람
散歩に出る 산책을 나가다

□ **断わる** ▶[1타] ① 거절하다 ② 미리 양해를 구하다

▶ 友だちから映画に誘われましたが、断わりました。
친구가 영화 보러 가자고 했지만 거절했습니다.

▶ 会社を休むときは前もって断わってください。
회사를 쉴 때는 미리 이야기해 주십시오.

会社を休む 회사를 쉬다
前もって 미리, 사전에

동사 D**45** 계산과 관련된 단어

MP3 듣기

☐ **数える** ▶[2타] (수를) 세다, 헤아리다

▶ 彼は今、お金を数えています。
그는 지금 돈을 세고 있습니다.

▶ そんな人は数えるほどしかいません。
그런 사람은 손꼽을 정도밖에 없습니다.

お金を数える 돈을 세다

数えるほどしか(い)ない
손가락으로 꼽을 정도밖에 없다

☐ **足す** ▶[1타] ① 더하다, 보태다 ② (부족분을) 채우다

▶ 3足す5は8。
3 더하기 5는 8.

▶ 味が薄かったら塩を少し足してください。
맛이 싱거우면 소금을 조금 더해 주세요.

파 足し算 덧셈

味が薄い 맛이 싱겁다
塩を足す 소금을 더 넣다

☐ **引く** ▶[1타] ① 빼다 ② 당기다 ③ 뽑다 ▶ p.40 참조
　　　 ▶[1자] 물러나다

▶ 10引く4は6。
10 빼기 4는 6.

▶ 投げた網を引くと魚がたくさん獲れていた。
던진 그물을 당겼더니 고기가 많이 잡혀 있었다.

▶ くじを引いたら外れだった。
제비를 뽑았더니 꽝이었다.

▶ 私はその仕事から手を引きました。
나는 그 일에서 손을 뗐습니다.

파 引き算 뺄셈

投げる 던지다
網を引く 그물을 당기다
獲れる 잡히다

くじを引く 제비를 뽑다
外れ 어긋남, 꽝

手を引く 손을 떼다

□ **掛ける** ▸[2타] ① 곱하다 ② 걸다 ③ 씌우다 ④ 걸터 앉다 ▸ p.36 참조

▸ ３掛ける４は１２。
3 곱하기 4는 12.

▸ 壁に絵を掛けました。
벽에 그림을 걸었습니다.

▸ 本にカバーを掛けてください。
책에 커버를 씌워 주세요.

카バー를 掛ける
커버를 씌우다

▸ どうぞお掛けください。
어서 앉아 주세요.

㉻ 掛け算 곱셈

□ **割る** ▸[1타] ① 나누다 ② 물을 타다 ③ 기준 이하가 되다 ▸ p.149 참조

▸ ９割る３は３。
9 나누기 3은 3.

▸ ブランデーを水で割ってください。
브랜디에 물을 타 주세요.

ブランデー 브랜디

▸ 首相の支持率は２０パーセントを割ってしまった。
수상의 지지율은 20퍼센트 아래로 떨어지고 말았다.

首相 수상
支持率 지지율
〜パーセント 〜퍼센트

㉻ 割り算 나눗셈
　 水割り 물을 탄 증류주

□ **見積もる** ▸[1타] 어림잡다, 견적하다

▸ 高く見積もっても一万円ぐらいでしょう。
비싸게 어림잡아도 1만 엔 정도일 겁니다.

高い (값이) 비싸다
〜ぐらい 〜정도

㉻ 見積もり 견적

合う ▶[1자] ① 맞다 ② 어울리다

▶ あのう、計算が合わないんですけど。
　저, 계산이 맞지 않는데요.

あのう 저, 저기(요)
計算が合う 계산이 맞다

▶ そのハンドバッグはドレスによく合いますね。
　그 핸드백은 드레스에 잘 어울리네요.

ハンドバッグ 핸드백
ドレス 드레스

合わせる ▶[2타] ① 합치다 ② 맞추다

▶ 全部合わせていくらですか。
　모두 합해서 얼마입니까?

全部 전부
いくら 얼마
音楽に合わせる
음악에 맞추다
踊る 춤추다

▶ 彼女が音楽に合わせて踊っています。
　그녀가 음악에 맞추어 춤추고 있습니다.

間違う ▶[1자] 틀리다, 잘못되다

▶ この新聞の漢字は間違っています。
　이 신문의 한자는 틀렸습니다.

新聞 신문
漢字 한자

間違える ▶[2타] 실수하다, 착각하다

▶ 間違えて、反対の電車に乗ってしまいました。
　잘못해서 반대로 가는 전철을 타 버렸습니다.

反対 반대
電車に乗る 전철을 타다

誤る ▶[1자·타] 실수하다, 잘못하다 ▶ p.58 謝る 참조

▶ 誤って防犯ベルを押してしまいました。
　잘못하여 방범 벨을 누르고 말았습니다.

동 謝る 사과하다

防犯ベル 방범 벨
押す 누르다

▶ 相手が本当に謝っているなら許してあげるべきです。
　상대방이 정말 사과하고 있다면 용서해 주어야 합니다.

相手 상대, 상대방
本当に 정말로
～なら ～(이)라면
許す 용서하다
～べき ～하는 것이 적당함

동사 **D46** 운반, 첨가와 관련된 단어

□ 運ぶ[はこ] ▶ [1타] 나르다, 옮기다, 운반하다

▶ 車で荷物を運びましょう。
車[くるま] 荷物[にもつ] 運[はこ]
차로 짐을 운반합시다.

荷物を運ぶ 짐을 운반하다

□ 引っ越す[ひ こ] ▶ [1자] 이사하다

▶ 彼は田舎に引っ越しました。
彼[かれ] 田舎[いなか] 引[ひ]っ越[こ]
그는 시골로 이사했습니다.

田舎 시골, 고향

□ 移る[うつ] ▶ [1자] 옮기다, 이동하다

▶ 彼は来月東京支社から本社に移る予定です。
彼[かれ] 来月[らいげつ] 東京[とうきょう] 支社[し しゃ] 本社[ほんしゃ] 移[うつ] 予定[よ てい]
그는 다음 달 도쿄 지사에서 본사로 옮길 예정입니다.

▶ 話題はサッカーから野球に移りました。
話題[わ だい] 野球[や きゅう] 移[うつ]
화제는 축구에서 야구로 옮겨졌습니다.

支社 지사
本社 본사
予定 예정
話題 화제
サッカー 축구
野球 야구

□ 移す[うつ] ▶ [1타] ① 옮기다 ② 전염시키다

▶ 机をとなりの部屋に移してください。
机[つくえ] 部屋[へ や] 移[うつ]
책상을 옆방으로 옮겨 주세요.

となり 이웃, 옆

▶ 私は友だちに風邪を移されました。
私[わたし] 友[とも] 風邪[かぜ] 移[うつ]
나는 친구에게 감기를 옮았습니다.

風邪 감기

□ **届ける** ▶[2타] ① 보내다, 전하다 ② 신고하다

▶ この書類を取引先に届けてきてください。
이 서류를 거래처에 전하고 오세요.

▶ 彼女はその事件を警察に届けませんでした。
그녀는 그 사건을 경찰에 신고하지 않았습니다.

書類 서류
取引先 거래처
〜てくる 〜(하)고 오다
事件 사건
警察に届ける
경찰에 신고하다

□ **送る** ▶[1타] ① 보내다 ② 배웅하다

▶ 田中さん宛にサンプルを送りました。
다나카 씨 앞으로 샘플을 보냈습니다.

▶ お客を車で駅まで送りました。
손님을 차로 역까지 배웅했습니다.

〜宛 〜앞
サンプル 샘플

□ **加わる** ▶[1자] ① 더해지다 ② 참여하다

▶ 飛行機の主翼に大きな力が加わって亀裂が生じた。
비행기의 주날개에 큰 힘이 더해져서 균열이 생겼다.

▶ 私は途中から彼らの会話に加わりました。
나는 중간에 그들의 대화에 참여했습니다.

主翼 주익, 비행기의 주날개
大きな 큰
力 힘
亀裂 균열
生じる 생기다, 일어나다
途中 도중, 중간
会話 회화, 대화

□ **加える** ▶[2타] ① 더하다 ② 가입시키다, 첨가하다

▶ 夕方になると風に加えて雨まで降り出しました。
저녁때가 되자 바람에다가 비까지 내리기 시작했습니다.

▶ 彼を新会員に加えることにしました。
그를 신입회원으로 가입시키기로 했습니다.

夕方 저녁때
降り出す 내리기 시작하다

新会員 신입회원
〜ことにする 〜(하)기로 하다

☐ **添える** ▶[2타] ① 더하다 ② 곁들이다

▶ バラの花が庭に彩りを添えていた。
장미꽃이 뜰에 색채를 더하고 있었다.

▶ サンドイッチにパセリを添えました。
샌드위치에 파슬리를 곁들였습니다.

バラの花 장미꽃
庭 뜰, 정원
彩り 색채
サンドイッチ 샌드위치
パセリ 파슬리

☐ **添う** ▶[1자] 부응하다, 부합하다

▶ ご期待に添えるようがんばります。
기대에 부합할 수 있도록 열심히 하겠습니다.

期待に添う 기대에 부합하다
〜よう 〜(하)도록
がんばる 열심히 하다

☐ **重なる** ▶[1자] ① 겹치다, 거듭되다 ② 포개어지다

▶ 困ったことに約束が重なってしまいました。
곤란하게도 약속이 겹치고 말았습니다.

▶ 画面が重なって映っています。
화면이 이중으로 나와 있습니다.

困る 곤란하다, 난처하다
〜ことに 〜(하)게도
約束 약속
画面 화면
映る 비치다, 나타나다

☐ **重ねる** ▶[2타] ① 포개다, 쌓아올리다 ② 거듭하다

▶ 使った食器は流しに重ねてください。
사용한 식기는 설거지대에 쌓아 주십시오.

▶ 何度も失敗を重ねたすえその実験は成功しました。
몇 번이나 실패를 거듭한 끝에 실험은 성공했습니다.

食器 식기
流し 설거지대
何度も 몇 번이나
失敗 실패
〜すえ 〜뒤, 〜끝에
実験 실험
成功する 성공하다

☐ **兼ねる** ▶[2타] 겸하다

▶ この部屋はリビングと食堂を兼ねています。
이 방은 거실과 식당을 겸하고 있습니다.

リビング 거실
食堂 식당

부피나 양의 증감과 관련된 단어

MP3 듣기

☐ **増える** ▶[2자] 늘다, 늘어나다, 증가하다

▶ 日本に行ってから体重が５キロ増えました。
일본에 가고 나서 몸무게가 5킬로그램 늘었습니다.

体重 체중, 몸무게
〜キロ 〜킬로그램

☐ **増やす** ▶[1타] 늘리다

▶ うちの会社は従業員を２倍に増やす予定です。
우리 회사는 종업원을 2배로 늘릴 예정입니다.

うち 우리
従業員 종업원
〜倍 〜배

☐ **減る** ▶[1자] ① 줄다 ② (배가) 고파지다

▶ 新しい法律を施行してから交通事故が減りました。
새로운 법률을 시행한 후 교통사고가 줄었습니다.

▶ ああ、腹減った。
아, 배고파.

新しい 새롭다
法律 법률
施行する 시행하다
交通事故 교통사고
腹が減る 배가 고프다

☐ **減らす** ▶[1타] 줄이다, 덜다

▶ たばこを減らした方がいいですよ。
담배를 줄이는 게 좋아요.

▶ 可哀そうに、彼は何日も腹を減らしていました。
불쌍하게도 그는 며칠이나 굶주리고 있었습니다.

〜た方がいい
〜하는 편이 좋다

可哀そうだ 불쌍하다
何日も 며칠이나
腹を減らす 배를 주리다

□ **削る** けず ▶[1타] ① 깎다 ② 줄이다, 삭제하다

▶ 鉛筆を削ってかばんに入れました。
연필을 깎아서 가방에 넣었습니다.

▶ 歳入が減ったので、予算を削らなければなりませんでした。
세입이 줄어서 예산을 줄여야 했습니다.

▶ 雑誌に載った私の文章を見ると、大事な部分が削られていました。
잡지에 실린 나의 글을 보았더니, 중요한 부분이 삭제되어 있었습니다.

鉛筆を削る 연필을 깎다
歳入 세입, 세수
予算を削る 예산을 줄이다
~なければならない
~(하)지 않으면 안 된다
雑誌に載る 잡지에 실리다
文章 문장, 글
大事だ 중요하다
部分 부분

□ **伸びる** の ▶[2자] 자라다, 늘다

▶ 今年に入ってから、４センチぐらい背が伸びました。
올 들어 키가 4센티미터 정도 컸습니다.

유 延びる (시일이) 연장되다

今年に入る 올해 들어서다
~センチ ~센티미터
背 키, 신장

□ **伸ばす** の ▶[1타] ① 늘이다, 발전시키다 ② 길게 기르다

▶ 子どもの才能を伸ばす教育が必要だと思います。
아이의 재능을 신장시키는 교육이 필요하다고 생각합니다.

▶ 彼女は腰まで髪を伸ばしています。
그녀는 허리까지 머리카락을 기르고 있습니다.

유 延ばす (시일 등을) 연기하다

才能を伸ばす
재능을 신장시키다
教育 교육
腰 허리
髪を伸ばす
머리(카락)를 기르다

□ **縮む** ちぢ ▶[1자] ① 줄다 ② 줄어들다

▶ 服を洗ったら生地が縮んでしまいました。
옷을 빨았더니 옷감이 줄어들고 말았습니다.

▶ たばこを吸うと寿命が縮むそうですよ。
담배를 피우면 수명이 줄어든다고 합니다.

洗う 빨다, 세탁하다
~たら ~더니
生地 옷감
寿命 수명
~そうだ ~라고 하다 (전문)

□ **縮める** ▶[2타] ① 줄이다, 줄어들게 하다 ② 단축시키다

▶ 文章の長さを少し縮めてください。
문장의 길이를 조금 줄여 주세요.

長さ 길이

▶ 仕事の研修期間を３ヵ月に縮めました。
업무 연수 기간을 3개월로 단축시켰습니다.

仕事 일, 업무
研修期間 연수 기간
〜ヵ月 〜개월

□ **膨らむ** ▶[1자] 부풀다, 규모가 커지다

▶ イーストを入れないと、パンは膨らみません。
이스트를 넣지 않으면 빵은 부풀지 않습니다.

イースト 이스트, 효모
パン 빵

□ **溜まる** ▶[1자] ① 괴다 ② 모이다, 쌓이다

▶ バケツに雨水が溜まっています。
양동이에 빗물이 담겨 있습니다.

バケツ 양동이
雨水 빗물

▶ 溜まった宿題を早く片付けなければ。
밀린 숙제를 빨리 끝내야지.

片付ける 처리하다, 끝내다

□ **積もる** ▶[1타] 쌓이다

▶ ちりも積もれば山となる。
티끌도 모으면 태산이 된다.

ちり 티끌, 먼지

▶ 雪が３０センチも積もりました。
눈이 30센티미터나 쌓였습니다.

雪 눈
〜も 〜이나

동사 D48 상태 변화와 관련된 단어 1

MP3 듣기

□ **壊れる** ▶[2자] ① 깨지다, 부서지다 ② 고장 나다

▶ 地震で多くの家が壊れてしまいました。
지진으로 많은 집이 무너져 버렸습니다.

地震 지진
多くの 많은

▶ 台風で旅行の計画が壊れてしまいました。
태풍으로 여행 계획이 깨져 버렸습니다.

台風 태풍
旅行 여행
計画 계획

▶ 壊れたテレビを修理に出しました。
고장 난 TV를 수리하러 보냈습니다.

テレビ 텔레비전, TV
修理に出す 수리하러 보내다

□ **壊す** ▶[1타] ① 부수다 ② 고장을 내다 ③ 망치다

▶ 大事な花瓶を壊してしまいました。
소중한 꽃병을 깨뜨리고 말았습니다.

大事だ 소중하다
花瓶 꽃병

▶ 弟が父のカメラを壊してしまいました。
남동생이 아버지의 카메라를 망가뜨렸습니다.

カメラ 카메라

▶ 昨日は食べすぎてお腹を壊しました。
어제는 과식해서 배탈이 났습니다.

食べすぎる 과식하다
お腹を壊す 배탈이 나다

□ **直る** ▶[1자] 고쳐지다

▶ なかなか悪い癖が直りません。
좀처럼 나쁜 버릇이 고쳐지지 않습니다.

🈯 治る 낫다, 치유되다

なかなか~ない
좀처럼 ~(하)지 않다
悪い 나쁘다
癖 버릇

▶ 風邪がすっかり治りました。
감기가 말끔히 나았습니다.

風邪 감기
すっかり 완전히, 깔끔히

□ **直す** ▶[1타] 고치다, 수리하다

▶ 壊れた時計を直しました。
고장 난 시계를 고쳤습니다.

　音 治す 고치다, 치료하다

▶ この病気が治せる薬はまだありません。
이 병을 고칠 수 있는 약은 아직 없습니다.

時計を直す 시계를 수리하다

病気 병
薬 약
まだない 아직 없다

□ **崩れる** ▶[2자] ① 허물어지다, 무너지다 ② 잔돈으로 바꿀 수 있다

▶ 建物の壁が崩れて通行人が怪我をしました。
건물 벽이 무너져서 지나가는 사람이 다쳤습니다.

▶ 千円札、百円玉に崩れますか。
천 엔짜리 지폐, 백 엔짜리 주화로 바꿀 수 있나요?

建物 건물
通行人 통행인, 지나가는 사람
怪我をする 다치다
〜札 〜지폐
〜玉 〜주화

□ **崩す** ▶[1타] ① 허물어뜨리다 ② 흩뜨리다 ③ 잔돈으로 바꾸다

▶ 山を崩して町を作ります。
산을 허물어서 시가지를 만듭니다.

▶ 彼は体調を崩して寝込んでいます。
그는 건강이 나빠져서 자리에 누워 있습니다.

▶ 一万円札を千円札十枚に崩しました。
만 엔짜리 지폐를 천 엔짜리 열 장으로 바꿨습니다.

町 시가지, 시내

体調を崩す
컨디션이 나빠지다
寝込む 자리에 눕다
〜枚 〜장

□ **割れる** ▶[2자] ① 깨지다 ② 갈라지다

▶ 飛んできた球が当たって、窓ガラスが割れてしまいました。
날아온 공이 맞아 유리창이 깨져 버렸습니다.

▶ 地震で地面が割れた。
지진으로 지면이 갈라졌다.

飛んでくる 날아오다
球 (야구나 탁구 등의) 공
当たる 맞다, 부딪치다
窓ガラス 유리창
地震 지진
地面が割れる
지면이 갈라지다

□ **割る** ▶ [1타] 깨다, 쪼개다 ▶ p.139 참조

▶ コップを落として割ってしまいました。
컵을 떨어뜨려서 깨고 말았습니다.

コップ 컵
落とす 떨어뜨리다

□ **破れる** ▶ [2자] 찢어지다

▶ ズボンが釘に引っかかって破れてしまいました。
바지가 못에 걸려서 찢어졌습니다.

▶ この紙は簡単には破れません。
이 종이는 간단히는 찢어지지 않습니다.

ズボン 바지
釘 못
引っかかる 걸리다
紙 종이
簡単に 간단히

□ **破る** ▶ [1타] ① 찢다 ② (약속을) 깨다

▶ 子どもが私の本を破ってしまいました。
아이가 내 책을 찢어 버렸습니다.

▶ 彼は私との約束を破りました。
그는 나와의 약속을 깼습니다.

約束を破る 약속을 깨다

□ **消える** ▶ [2자] ① 없어지다, 사라지다 ② 꺼지다

▶ この洗剤で洗ったら、タオルの嫌な匂いが消えました。
이 세제로 빨았더니 수건의 싫은 냄새가 없어졌습니다.

▶ いくら黒板を拭いてもなかなか字が消えません。
아무리 칠판을 닦아도 좀처럼 글자가 지워지지 않습니다.

▶ 電池が切れて、明かりが消えてしまいました。
건전지가 다 떨어져서 불이 꺼져 버렸습니다..

洗剤 세제
タオル 수건, 타올
嫌だ 싫다
匂い 냄새
いくら〜ても 아무리 〜해도
黒板を拭く 칠판을 닦다
字 글자
電池 전지, 건전지
切れる 다 되다, 떨어지다
明かりが消える 불이 꺼지다

동사 **D49** 상태 변화와 관련된 단어 2

MP3 듣기

☐ **変わる** ▶[1자] ① 변하다 ② 별나다 ▶ 変わっている의 형태로

▶ ４月になってテレビ番組が変わりました。
4월이 되어 TV 프로그램이 바뀌었습니다.

テレビ番組 TV 프로그램

▶ あの人はちょっと変わっていますね。
저 사람은 좀 별나군요.

☐ **変える** ▶[2타] 바꾸다

▶ しょっちゅう計画を変えないでください。
자꾸 계획을 바꾸지 말아 주세요.

しょっちゅう 항상, 언제나

☐ **染まる** ▶[1자] 물들다

▶ 山がもみじで赤く染まっていました。
산이 단풍으로 빨갛게 물들어 있었습니다.

もみじ 단풍
赤い 붉다, 빨갛다

☐ **染める** ▶[2타] 물들이다, 염색하다

▶ 彼女は髪をオレンジ色に染めました。
그녀는 머리카락을 주황색으로 물들였습니다.

髪 머리, 머리카락
オレンジ色 오렌지색, 주황색

☐ **冷える** ▶[2자] 차가워지다, 차갑게 느껴지다, 식다

▶ 暑い日は、よく冷えたビールが飲みたいです。
더운 날은 자주 차가워진 맥주를 마시고 싶습니다.

日 날, 일
よく 자주
ビール 맥주

□ **掘る** ▶[1타] (땅을) 파다, 캐다

▶ 庭に穴を掘って生ゴミを捨てました。
뜰에 구덩이를 파서 음식물 쓰레기를 버렸습니다.

穴を掘る 구덩이를 파다
生ごみ 음식물 쓰레기

□ **空ける** ▶2타 ① (구멍을) 내다 ② 비우다 ▶ p.38 開ける 참조

▶ パンチで紙に穴を空けてください。
펀치로 종이에 구멍을 내 주세요.

パンチ 펀치
紙 종이

▶ ちょっと家を空けている隙に泥棒に入られました。
잠시 집을 비운 사이에 도둑이 들었습니다.

家を空ける 집을 비우다
隙 겨를, 짬
泥棒に入られる 도둑이 들다

□ **埋める** ▶[2타] 묻다, 메우다

▶ 学校の裏庭にタイムカプセルを埋めました。
학교 뒤뜰에 타임 캡슐을 묻었습니다.

裏庭 뒤뜰
タイムカプセル 타임 캡슐

🔄 埋まる 묻히다, 메워지다

□ **詰まる** ▶[1자] ① 꽉 차다 ② 막히다

▶ 箱の中にりんごが詰まっていました。
상자 안에 사과가 꽉 차 있었습니다.

箱 상자

▶ 配水管が髪の毛で詰まりました。
배수관이 머리카락 때문에 막혔습니다.

配水管 배수관
髪の毛 머리카락

□ **詰める** ▶[2타] ① 채우다, 가득 담다 ② (사이를) 좁히다

▶ 彼女は袋にプレゼントを詰めています。
그녀는 봉투에 선물을 가득 담고 있습니다.

袋 봉투
プレゼント 선물

▶ ちょっと詰めていただけませんか。
자리를 좀 좁혀 주실래요?

〜ていただけませんか
〜해 주시지 않겠습니까?

□ **塞ぐ** ▶[1타] ① (구멍 따위를) 막다 ② 가로막다
　　　　▶[1자] 우울해지다

▶ 政府は国民の声に耳を塞いではいけません。
政府 정부
정부는 국민의 소리에 귀를 막아서는 안 됩니다.
国民の声 국민의 소리
〜て(で)いけない
〜해서는 안 된다
通る 지나가다

▶ 車が道を塞いでいて通れません。
차가 길을 막고 있어 지나갈 수 없습니다.

▶ 試験のことを考えると気分がふさぎます。
気分 기분
시험에 대해 생각하면 기분이 우울해집니다.

□ **なる** ▶[1자] 다른 것으로(상태로) 되다

▶ 子どものころよく遊んだ街角へ行ったら、廃墟に
子どものころ 어렸을 때
街角 길모퉁이, 길목
なっていました。
廃墟になる 폐허가 되다
어렸을 때 자주 놀던 길모퉁이에 갔더니 폐허가 되어 있었습니다.

▶ 早く元気になるといいですね。
元気になる 건강해지다
빨리 건강해졌으면 좋겠네요.

▶ ５月に入って、だいぶ暑くなってきました。
５月に入る 5월에 들어서다
だいぶ 상당히, 꽤
5월에 들어서자 상당히 더워졌습니다 .

D50 상태 변화와 관련된 단어 3

MP3 듣기

□ **切れる** ▶[2자] ① 끊어지다 ② 베이다

▶ ギターの弦が切れてしまいました。
기타의 현이 끊어졌습니다.

ギター 기타
弦 (악기의) 현

▶ このナイフはよく切れます。
이 나이프는 잘 베입니다.

ナイフ 나이프, 칼

□ **曲がる** ▶[1자] ① 구부러지다 ② 돌다 ③ 비뚤어지다

▶ 道が大きく右に曲がっています。
길이 크게 오른쪽으로 구부러져 있습니다.

右 오른쪽

▶ 交差点を左に曲がると学校が見えます。
교차로를 왼쪽으로 돌면 학교가 보입니다.

交差点 교차로
左 왼쪽
見える 보이다

▶ 彼は根性が曲がっています。
그는 근성이 비뚤어져 있습니다.

根性 근성

□ **曲げる** ▶[2타] ① 구부리다 ② 왜곡하다 ③ (뜻을) 굽히다

▶ ペンチで針金を曲げてください。
펜치로 철사를 구부려 주세요.

ペンチ 펜치
針金 철사

▶ 彼は事実を曲げて伝えました。
그는 사실을 왜곡해서 전했습니다.

事実を曲げる
사실을 왜곡하다
伝える 전하다

▶ 彼はなかなか自分の考えを曲げません。
그는 좀처럼 자기 생각을 굽히지 않습니다.

□ **折れる** ▶[2자] ① 부러지다 ② 굽히다, 타협하다

▶ 鉛筆を落としたら芯が折れてしまいました。
연필을 떨어뜨렸더니 심이 부러졌습니다.

芯 심

▶ 彼女の説得に彼は折れました。
그녀의 설득에 그는 타협했습니다.

説得 설득

□ **折る** ▶[1타] ① 접다 ② 부러뜨리다

▶ 紙を折って鶴や船を作ります。
종이를 접어서 학이나 배를 만듭니다.

紙を折る 종이를 접다
鶴 학

▶ 彼女は腕の骨を折って入院しました。
그녀는 팔뼈를 부러뜨려서 입원했습니다.

腕の骨 팔뼈
入院する 입원하다

□ **汚れる** ▶[2자] 더러워지다, 때묻다

▶ 雨の道で転んで服が汚れてしまいました。
빗길에서 넘어져 옷이 더러워졌습니다.

雨の道 빗길
転ぶ 쓰러지다, 넘어지다

□ **汚す** ▶[1타] 더럽히다

▶ 本を汚さないようにして読んでください。
책을 더럽히지 않도록 해서 읽어 주십시오.

▶ 人類の文明が地球の大気を汚してきた。
인류의 문명이 지구의 대기를 오염시켜 왔다.

~ないようにする
~(하)지 않도록 하다
人類 인류
文明 문명
地球 지구
大気 대기

□ **太る** ▶[1자] 살찌다

▶ 最近少し太ったみたいですね。
요새 좀 살찐 것 같아요.

~みたいだ ~인 것 같다

▶ あの太った人は山田さんです。
저 뚱뚱한 사람은 야마다 씨입니다.

□ **痩せる** ▶[2자] 여위다, 살이 빠지다, 마르다

▶ ずいぶんやせましたね。
살이 많이 빠졌네요.

ずいぶん 상당히, 꽤

▶ ダイエットをして１０キロやせました。
다이어트를 해서 10킬로그램 살이 빠졌습니다.

ダイエット 다이어트
～キロ ～킬로그램

▶ 木村さんはあのやせた人です。
기무라 씨는 저 마른 사람입니다.

□ **治まる** ▶[1자] ① 가라앉다 ② 진정되다

▶ 薬を飲んだら頭痛が治まりました。
약을 먹었더니 두통이 가라앉았습니다.

薬を飲む 약을 먹다
頭痛 두통

▶ このままでは私の気持ちが治まりません。
이대로는 내 기분이 진정되지 않습니다.

このまま 이대로
気持ち 마음, 기분

유 収まる (어떤 범위 안에) 들어가다, 수습되다

□ **治める** ▶[2타] 다스리다

▶ その王は５０年間国を治めました。
그 왕은 50년간 나라를 다스렸습니다.

王 왕
国を治める 나라를 다스리다

유 収める (속이나 안에) 넣다, 담다

 **동사** **51** 다양한 상황 표현과 관련된 단어

MP3 듣기

□ **切羽詰まる** ▸[1타] 궁지에 몰리다

▸ 彼は切羽詰まって嘘をつきました。
그는 궁지에 몰려서 거짓말을 했습니다.

嘘をつく 거짓말을 하다

□ **空く** ▸[1자] (속이) 비다 ▸ p.108 空く 참조

▸ 昼頃の地下鉄は空いています。
낮의 지하철은 사람이 적습니다.

▸ お腹が空いた。
배가 고프다.

～頃 ～무렵, ～쯤
地下鉄 지하철

お腹 배

□ **覆う** ▸[1타] ① 덮다 ② 가리다, 막다

▸ 工事現場は目隠しで覆われていました。
공사 현장은 가리개로 덮여져 있었습니다.

▸ 事故現場は目を覆いたくなるような惨状だった。
사고 현장은 눈 뜨고 볼 수 없을 정도의 참상이었다.

工事現場 공사 현장
目隠し 가리개

事故現場 사고 현장
目を覆う 눈을 가리다
惨状 참상

□ **偏る** ▸[1자] ① 한쪽으로 치우치다 ② 불공평하다

▸ あなたの考えは偏っています。
당신의 생각은 편파적입니다.

▸ 無理なダイエットで栄養が偏ってしまいました。
무리한 다이어트로 영양이 불균형해졌습니다.

無理だ 무리하다
栄養 영양

□ **揺れる** ▶[2자] 흔들리다

▶ そよ風で庭の花が揺れている。
산들바람으로 정원의 꽃이 흔들리고 있다.

そよ風 산들바람

▶ 彼の説得に彼女の決心は揺れた。
그의 설득에 그녀의 결심은 흔들렸다.

決心 결심

□ **要る** ▶[1자] 필요하다

▶ この紙、要りますか。
이 종이 필요해요?

▶ パスポートの申請には何が要るんですか。
여권 신청에는 뭐가 필요합니까?

パスポート 패스포트, 여권
申請 신청

□ **足りる** ▶[2자] 충분하다, 족하다

▶ 日本へ行くにはいくらあれば足りますか。
일본에 가려면 얼마 있으면 충분합니까?

～には ～려면
いくら 얼마, 어느 정도
昼食 점심
シリアル 시리얼
一杯 한 그릇

▶ 昼食にシリアル一杯では足りません。
점심에 시리얼 한 그릇으로는 모자랍니다.

□ **補う** ▶[1타] ① 보충하다 ② (부족함을) 메우다

▶ 彼は足りない栄養をサプリで補っています。
그는 부족한 영양을 영양제으로 보충하고 있습니다.

足りない 부족하다, 모자라다
サプリ 영양제, 건강보조식품

▶ 空欄を補ってください。
빈칸을 메워 주세요.

空欄 공란, 빈칸

□ **占める** ▶[2타] 차지하다, 점하다

▶ 成績のトップはアジアからの留学生が占めていました。
성적의 상위권은 아시아에서 온 유학생들이 차지하고 있었습니다.

トップ 톱, 선두
アジア 아시아
～からの ～에서 온
留学生 유학생

☐ **立てる** ▶ [2타] 세우다

▶ 登攀に成功した隊員たちは山頂に旗を立てた。
등반에 성공한 대원들은 산꼭대기에 기를 세웠다.

▶ 寒いのでコートの襟を立てました。
추워서 코트 깃을 세웠습니다.

□ 建てる (건물, 동상 등을) 세우다, 짓다

▶ 田中さんは郊外に新しい家を建てて引っ越しました。
다나카 씨는 교외에 새 집을 지어 이사했습니다.

登攀 등반
隊員たち 대원들
山頂 산꼭대기
旗 깃발, 기
寒い 춥다
コート 코트
襟 옷깃

郊外 교외
引っ越す 이사하다

158

동사 52
기준, 범위, 한도와 관련된 단어 1

MP3 듣기

☐ **超える** ▶ [2타] 기준을 넘다, 초과하다

▶ 大会の参加者は一万人を超えました。
대회 참석자는 만 명을 넘었습니다.

▶ 経費が予算を超えてしまいました。
경비가 예산을 넘어 버렸습니다.

大会 대회
参加者 참가자

経費 경비
予算 예산

☐ **越える** ▶ [2타] (높은 곳을) 넘다

▶ そこへ行くには峠を三つ越える必要があります。
거기에 가려면 고개를 세 개 넘을 필요가 있습니다.

峠 고개
必要がある 필요가 있다

☐ **広がる** ▶ [1자] ① 퍼지다, 번지다 ② 펼쳐지다

▶ その伝染病は徐々に広がっていきました。
그 전염병은 서서히 퍼져 갔습니다.

▶ 服に付いた汚れをこすったら、かえって広がってしまいました。
옷에 묻은 얼룩을 비볐더니 도리어 번지고 말았습니다.

▶ そこには広大な草原が広がっていました。
거기에는 광대한 초원이 펼쳐져 있었습니다.

伝染病 전염병
徐々に 서서히

汚れ 얼룩, 때
こする 문지르다, 비비다
かえって 오히려, 도리어

広大だ 광대하다
草原 초원

□ **広げる** ▶ [2타] ① 넓히다 ② 펼치다

▶ 交差点付近で道を広げる工事をしています。
교차로 부근에서 길을 넓히는 공사를 하고 있습니다.

▶ この建物は鳥が翼を広げたような格好をしています。
이 건물은 새가 날개를 펼친 듯한 모습을 하고 있습니다.

交差点 교차로
付近 부근
工事 공사
鳥 새
翼を広げる 날개를 펴다
格好 모습, 모양

□ **こぼれる** ▶ [2자] ① 흘러넘치다 ② 흘러내리다

▶ 飛行機が揺れたときコップの水がこぼれてしまいました。
비행기가 흔들렸을 때 컵의 물이 흘러 넘쳐 버렸습니다.

揺れる 흔들리다
コップ 컵

▶ 袋に穴があいて、米粒がこぼれていました。
자루에 구멍이 나서 쌀알이 새어 나와 있었습니다.

袋 자루, 봉지
穴があく 구멍이 나다
米粒 쌀알

□ **こぼす** ▶ [1타] 흘리다, 엎지르다

▶ ご飯をこぼさないように食べなさい。
밥을 흘리지 않게 먹어라.

〜ないように
〜(하)지 않도록

□ **含む** ▶ [1타] ① 머금다 ② 포함하다

▶ 大量の湿気を含んだ大気が接近している。
대량의 습기를 머금은 대기가 접근하고 있다.

▶ この果物には多くのビタミンが含まれています。
이 과일에는 많은 비타민이 포함되어 있습니다.

大量 대량
湿気 습기
大気 대기
接近する 접근하다
ビタミン 비타민

□ **含める** ▶ [2타] 넣다, 포함시키다

▶ 私は貢献者のリストに彼の名前を含めた。
나는 공헌자 목록에 그의 이름을 포함시켰다.

貢献者 공헌자
リスト 리스트, 목록

☐ **残る** ▶[1자] 남다

► 残ったご飯は冷凍してください。
  남은 밥은 냉동시켜 주세요.

► この町には昔の建物がたくさん残っています。
  이 도시에는 옛날 건물들이 많이 남아 있습니다.

  四 残り 나머지

冷凍する 냉동시키다

☐ **残す** ▶[1타] 남기다

► ご飯を残さないで全部食べました。
  밥을 남기지 않고 다 먹었습니다.

~ないで ~(하)지 않고
全部 전부

☐ **余る** ▶[1타] ① 남다 ② 넘치다, 벅차다

► うちの会社は人手が余っています。
  우리 회사는 일손이 남아돌고 있습니다.

► 余ったお金は次のプロジェクトに使いましょう。
  남은 돈은 다음 프로젝트에 씁시다.

► 彼は自分の能力に余る仕事を頼まれて困っていた。
  그는 자신의 능력에 벅차는 일을 부탁받아서 곤란해 하고 있었다.

人手 일손

次 다음
プロジェクト 프로젝트
能力 능력
仕事を頼まれる
일을 부탁받다

동사

53 기준, 범위, 한도와 관련된 단어 2

MP3 듣기

☐ **収まる** ▶[1자] ① (어떤 범위 안에) 들어가다 ② 수습되다

▶ 私の論文はＣＤ一枚に収まります。
내 논문은 CD 1장에 들어갑니다.

論文 논문
一枚 한 장

▶ 優勝を祝うお祭り騒ぎは深夜になっても収まりませんでした。
우승을 축하하는 축제 분위기는 심야가 되서도 수습되지 않았습니다.

優勝 우승
祝う 축하하다
お祭り騒ぎ 축제 분위기
深夜 심야

☐ **収める** ▶[2타] ① (속이나 안에) 넣다, 담다 ② 거두다

▶ すばらしい風景をカメラに収めました。
멋진 경치를 카메라에 담았습니다.

すばらしい 멋지다, 훌륭하다
風景 경치, 풍경
カメラ 카메라
実験 실험
大きな 큰
成果を収める 성과를 거두다

▶ 実験は大きな成果を収めました。
실험은 큰 성과를 거두었습니다.

邇 **納める** (금품을) 납부하다, 납입하다

☐ **迫る** ▶[1자] 다가오다, 가까워지다
　　　 ▶[1타] 강요하다, 다그치다

▶ 入学試験の日が迫っています。
입학 시험날이 다가오고 있습니다.

入学試験の日 입학 시험날

▶ 彼は私に金を出せと迫った。
그는 나에게 돈을 내놓으라고 다그쳤다.

金を出す 돈을 내다

☐ **近付く** ▶[1자] 다가가다, 다가오다

▶ 台風が韓国に近づいています。
태풍이 한국에 다가오고 있습니다.

台風 태풍

□ **過ぎる** ▶[2자] ① 통과하다 ② 지나다 ③ 지나치다

▶ 目が覚めたら降りる駅を過ぎていました。
  잠을 깨니 내릴 역을 통과하고 있었습니다.

目が覚める 잠이 깨다
降りる 내리다

▶ 締め切りを過ぎても仕事が終わりませんでした。
  마감이 지났더라도 일이 끝나지 않았습니다.

締め切り 마감
終わる 끝나다

▶ あの子はいたずらが過ぎます。
  저 아이는 장난이 지나칩니다.

いたずら 장난

□ **過ごす** ▶[1타] 보내다, 살아가다

▶ 最近は毎日のんびりと過ごしています。
  요새는 매일 한가롭게 지내고 있습니다.

のんびり(と) 한가롭게

□ **延びる** ▶[2자] (시일이) 연장되다, 연기되다

▶ 予定が延びて、テストは来週になりました。
  예정이 연기되어 시험은 다음 주가 됐습니다.

テスト 테스트, 시험

  통 伸びる 자라다

□ **延ばす** ▶[1타] (시일 등을) 연장시키다, 연기하다

▶ 家主が家賃の支払日を延ばしてくれました。
  집주인이 집세 지불일을 연기해 주었습니다.

家主 집주인
家賃 집세
支払日 지불일

  통 伸ばす 늘이다, 신장시키다

□ **急ぐ** ▶ [1자・타] 서두르다

▶ 何をそんなに急いでいるのですか。
뭘 그렇게 서두르세요?

▶ 約束時間が近づいてきたので彼は道を急ぎました。
약속 시간이 다가왔기 때문에 그는 길을 서둘렀습니다.

▶ 私は連絡を受けると急いで家を飛び出しました。
나는 연락을 받자 황급히 집을 뛰어나갔습니다.

そんなに 그렇게

約束時間 약속 시간
道を急ぐ 길을 서두르다

連絡を受ける 연락을 받다
飛び出す 뛰어나가다

□ **似る** ▶ [2자] 닮다, 비슷하다

▶ 彼は笑顔が父親によく似ています。
그는 웃는 얼굴이 아버지를 꼭 닮았습니다.

▶ 彼の書いた本の内容はこの本に似ています。
그가 쓴 책의 내용은 이 책과 비슷합니다.

笑顔 웃는 얼굴
父親に似る 아버지를 닮다
よく 매우, 아주
内容 내용

D54 동사

설치, 변경, 적중 등과 관련된 단어

MP3 듣기

□ **設ける** ▸[2타] 개설하다, 설치하다, 만들다

▸ わが校では来年度から新たな学科を設けることになった。
우리 학교에서는 내년도부터 새로운 학과를 개설하게 됐다.

▸ その問題の解決のために新しい規則を設けました。
그 문제를 해결하기 위해서 새로운 규칙을 만들었습니다.

わが校 우리 학교
来年度 내년도
新たな 새로운
学科を設ける 학과를 개설하다
解決 해결
規則 규칙

□ **備える** ▸[2자·타] ① 대비하다 ② 갖추다

▸ 日本では、地震に備えて防災訓練をしています。
일본에서는 지진에 대비해서 방재훈련을 실시하고 있습니다.

▸ ここは高度な通信設備を備えたオフィスです。
여기는 고도의 통신설비를 갖춘 사무실입니다.

地震 지진
防災訓練 방재훈련
高度だ 정도가 높다
通信設備 통신설비
オフィス 사무실

□ **開く** ▸[1자] ① 열리다 ② 펴지다, 벌어지다
▸[1타] ① 열다, 펴다 ② 개최하다

▸ 扉が開きます。足下にご注意ください。
문이 열립니다. 발밑을 조심해 주세요(발 빠짐에 주의해 주세요).

▸ １位と２位の差が大きく開いています。
1위와 2위의 차가 크게 벌어져 있습니다.

▸ 今朝、バラのつぼみが開きました。
오늘 아침 장미 꽃봉오리가 벌어졌습니다.

▸ 教科書の２０ページを開いてください。
교과서 20페이지를 펴 주세요.

▸ 来月の１日から美術館で展覧会を開きます。
다음 달 1일부터 미술관에서 전람회를 개최합니다.

扉が開く 문이 열리다
足元 발밑
注意 주의, 조심
〜位 〜위
差 차, 차이
大きく 크게
今朝 오늘 아침
バラ 장미
つぼみ 꽃봉오리
教科書 교과서
ページ 페이지
1日 1일
美術館 미술관
展覧会 전람회

□ **開ける** ▶[2자] ① 열리다 ② 트이다

▶ 苦労したかいあって、道が開けてきた。
고생한 보람이 있어 길이 열리기 시작했다.

▶ 雲を抜け出すと視野が開けた。
구름을 빠져 나오자 시야가 트였다.

苦労する 고생하다
かいがある 보람이 있다
~てくる ~(하)기 시작하다
雲 구름
抜け出す 빠져 나오다
視野が開ける 시야가 트이다

□ **改まる** ▶[1자] ① 바뀌다, 고쳐지다 ② 격식차리다

▶ 今回規則が改まりました。
이번에 규칙이 바뀌었습니다.

▶ 私は改まった場所が苦手です。
나는 격식 차린 장소를 어려워합니다.

今回 이번

場所 장소
苦手だ 어려워하다

파 改まった表現 격식 차린 표현

□ **改める** ▶[2타] 고치다, 변경하다

▶ 悪い風習は改めるべきだと思います。
나쁜 풍습은 고쳐야 한다고 생각합니다.

風習 풍습
~べきだ ~해야 한다

□ **当たる** ▶[1자] ① 부딪치다 ② 적중하다 ③ 중독되다

▶ 彼はボールが頭に当たって気絶しました。
그는 공이 머리에 맞아서 기절했습니다.

▶ 天気予報が当たりました。
일기예보가 맞았습니다.

▶ 昼食で食べた肉に当たって下痢をしました。
점심 때 먹은 고기에 탈이 나서 설사를 했습니다.

ボール 볼, 공
頭に当たる 머리에 맞다
気絶する 기절하다
天気予報 일기예보

昼食 점심
肉 고기
下痢をする 설사를 하다

□ **当てる** ▶[2타] ① 명중시키다, 맞히다 ② 지명하다

▶ 私が今日誰と会ったか当ててごらん。
내가 오늘 누구랑 만났는지 맞춰 봐.

~てごらん ~해 봐, ~해 보렴

▶ 名簿順に当てていきます。
명부순으로 지명하겠습니다.

名簿順 명부순

□ **当てはまる** ▶[1자] 꼭 들어맞다, 적합하다

▶ 彼のケースは私には当てはまりません。
그의 사례는 나에게는 적용되지 않습니다.

ケース 케이스, 사례

□ **当てはめる** ▶[2타] 꼭 들어맞추다, 적용시키다

▶ 彼は何でも自分の考えに当てはめて理解しようと
する癖があります。
그는 무엇이든지 자기 생각에 맞추어서 이해하려는 버릇이 있습니다.

何でも 무엇이든지
理解する 이해하다
~(よ)うとする ~하려고 하다
癖 버릇

□ **解く** ▶[1타] 풀다

▶ 私がその問題を解きました。
제가 그 문제를 풀었습니다.

問題を解く 문제를 풀다

▶ どうしたら彼女の誤解を解くことができるだろうか。
어떻게 하면 그녀의 오해를 풀 수 있을까?

誤解を解く 오해를 풀다
~ことができる ~할 수 있다

◎ 2-55

동사 D55 동반, 탈락과 관련된 단어

MP3 듣기

□ **保つ** ▶[1타] 유지하다, 지키다

▶ 健康を保つためには適当な運動が必要です。
건강을 유지하기 위해서는 적당한 운동이 필요합니다.

健康 건강
適当だ 적당하다
運動 운동

□ **伴う** ▶[1자·타] 동반하다, 수반하다

▶ 権利には責任が伴います。
권리에는 책임이 따릅니다.

権利 권리
責任 책임

□ **連れる** ▶[2타] 데리고 오다(가다), 동반하다

▶ 週末は子供たちを連れて食事に行ってきました。
주말에는 아이들을 데리고 식사하러 갔다 왔습니다.

週末 주말
～に行く ～(하)러 가다
行ってくる 갔다 오다

□ **従う** ▶[1자] 따르다, 따라가다

▶ 会社の規則には従わなければなりません。
회사의 규칙은 따르지 않으면 안 됩니다.

～なければならない
～(하)지 않으면 안 된다

파 ～にしたがって ～에 따라

▶ 時代の変化にしたがって、人々の考えも変わって
いきます。
시대의 변화에 따라 사람들의 생각도 변해 갑니다.

時代 시대
変化 변화
人々 사람들

☐ **並ぶ** ▶[1자] 줄 서다, 늘어서다

▶ **野球場の前に人がたくさん並んでいます。**
야구장 앞에 사람들이 많이 줄 서 있습니다.

野球場 야구장

☐ **並べる** ▶[2타] (한 줄로) 나란히 하다, 죽 늘어놓다

▶ **机をコの字に並べてください。**
책상을 ㄷ자로 배열해 주세요.

字 글자

☐ **抜ける** ▶[2자] ① 빠지다 ② 탈락되다

▶ **最近髪の毛が抜けて悩んでいます。**
최근 머리카락이 빠져 고민하고 있습니다.

悩む 고민하다

▶ **この辞書は基本的な単語が抜けています。**
이 사전은 기본적인 단어가 빠져 있습니다.

基本的だ 기본적이다
単語 단어

☐ **抜く** ▶[1타] ① 뽑다 ② 줄이다, 거르다

▶ **ビールの栓を抜いてください。**
맥주 뚜껑을 따 주세요.

ビール 맥주
栓 뚜껑, 마개

▶ **私はやせるために夕食を抜いています。**
저는 살을 빼기 위해 저녁 식사를 거르고 있습니다.

夕食 저녁 식사

파 **栓ぬき** 병따개

☐ **とれる** ▶[2자] ① 떨어지다 ② 해석되다 ③ 잡히다

▶ **ボタンが取れました。**
단추가 떨어졌습니다.

ボタン 단추

▶ **この文は反対の意味にも取れます。**
이 문장은 반대의 의미로도 해석됩니다.

文 문장
反対 반대
意味 의미

▶ **ここの海はまぐろが捕れます。**
이 해역에서는 참치가 잡힙니다.

海 바다, 해역
まぐろ 참치, 다랑어

□ **外れる** ▶[2자] ① 벗겨지다 ② 벗어나다 ③ 빗나가다

▶ ボタンが外れています。
단추가 끌러져 있습니다.

▶ 自動車がコースを外れ、壁に衝突しました。
자동차가 코스를 벗어나 벽에 충돌했습니다.

▶ 午後から雨という天気予報が外れ、一日中いい
天気でした。
오후부터 비가 올 것이라는 일기예보가 빗나가서 하루 종일 날씨가 좋았습니다.

自動車 자동차
コース 코스
衝突する 충돌하다
午後 오후
〜という 〜라는
天気予報 일기예보
一日中 하루 종일
天気 날씨

동사 **56** 건조, 습기와 관련된 단어

MP3 듣기

☐ **干す** ▶[1타] (주로 햇볕에) 말리다

▶ 夫がベランダで洗濯物を干しています。
남편이 베란다에서 빨래를 널고 있습니다.

夫 남편
ベランダ 베란다
洗濯物 세탁물, 빨랫감

☐ **乾く** ▶[1자] 마르다, 건조하다

▶ ズボンが乾いたら取り込んでください。
바지가 마르면 걷어 주세요.

取り込む 거두어들이다

☐ **渇く** ▶[1자] (목이) 마르다

▶ 暑い中を歩いたのでとても喉が渇きました。
더운 데 걸어서 매우 목이 말랐습니다.

喉が渇く 목이 마르다

☐ **乾かす** ▶[1타] 말리다

▶ ドライヤーで洗った髪を乾かします。
드라이어로 감은 머리카락을 말립니다.

ドライヤー 드라이어
髪を洗う 머리를 감다

☐ **濡れる** ▶[2자] 젖다

▶ 雨で道がぬれています。
비가 와서 길이 젖어 있습니다.

▶ ぬれたタオルを干してください。
젖은 타월을 말려 주세요.

タオル 타월, 수건

□ **濡らす** ▸[1타] 적시다

▸ 雨で大事な本をぬらしてしまいました。
비가 와서 중요한 책이 젖어 버렸습니다.

大事だ 중요하다, 소중하다

□ **湿る** ▸[1자] 젖다, 축축해지다

▸ 汗でシャツが湿っています。
땀으로 셔츠가 축축해졌습니다.

汗 땀
シャツ 셔츠

□ **浸る** ▸[1자] 잠기다, 빠지다

▸ 大雨で畑が水に浸ってしまいました。
폭우로 밭이 물에 잠겨 버렸습니다.

大雨 많은 비, 폭우
畑 밭

▸ 彼女は今、合格した喜びに浸っています。
그녀는 지금 합격한 기쁨에 잠겨 있습니다.

合格する 합격하다
喜び 기쁨

□ **浸す** ▸[1타] (물·액체에) 담그다

▸ 大豆を一晩水に浸してふやかす。
콩을 하룻밤 물에 담가 불리다.

大豆 콩
一晩 하룻밤
ふやかす 불리다

□ **浴びる** ▸[2타] ① (햇빛을) 쬐다, 받다 ② (물을) 뒤집어 쓰다

▸ 健康のために少しは日光を浴びています。
건강을 위해 조금은 햇빛을 쬐고 있습니다.

日光 햇빛

▸ 彼は多量の放射能を浴びて死亡した。
그는 다량의 방사능을 맞고 사망했다.

多量 다량
放射能 방사능
死亡する 사망하다
演説 연설
聴衆 청중
喝采 갈채
シャワーを浴びる
샤워를 하다

▸ 彼の演説は聴衆の喝采を浴びた。
그의 연설은 청중의 갈채를 받았다.

▸ 家を出る前にシャワーを浴びました。
집을 나가기 전에 샤워를 했습니다.

동사

D57

목표, 방향, 연결과 관련된 단어

MP3 듣기

☐ **向く** ▶[1자] ① 향하다 ② (몸·얼굴을) 돌리다, 보다

▶ 前を向いてください。
앞을 향해 주십시오.

▶ 彼女は腹を立ててそっぽを向いてしまった。
그녀는 화를 내며 나를 외면했다.

腹を立てる 화를 내다
そっぽを向く 외면하다

☐ **向かう** ▶[1자] ① 향하다 ② 향해 가다 ③ 어떤 상태를 보이다

▶ 彼は私に向かって悪態をついた。
그는 나를 향해 욕설을 퍼부었다.

悪態をつく 욕설을 퍼붓다

▶ 今そちらへ向かっています。
지금 그쪽으로 가고 있습니다.

▶ 彼の病気は快方に向かっています。
그의 병은 차도를 보이고 있습니다.

快方に向かう 차도를 보이다

☐ **向ける** ▶[2타] 향하다, 향하게 하다, 돌리다

▶ 政府では将来へ向けて様々な対策を立てている。
정부에서는 장래를 향하여 다양한 대책을 마련하고 있다.

▶ 彼は、私が視線を向けると目をそらした。
그는 내가 시선을 돌리자 눈을 피했다.

政府 정부
将来 장래, 미래
様々だ 여러 가지다
対策を立てる 대책을 세우다
視線を向ける 시선을 돌리다
目をそらす
눈을 돌리다(피하다)

□ **目指す** ▶ [1타] 지향하다, 목표로 하다

▶ 優勝を目指して頑張りましょう。
우승을 목표로 분발합시다.

▶ 彼が目指すのは社長の座です。
그가 목표로 하는 것은 사장 자리입니다.

優勝 우승
頑張る 분발하다, 열심히 하다

社長の座 사장 자리

□ **示す** ▶ [1타] 가리키다, 보이다

▶ 寒暖計はマイナス１５度を示していた。
온도계는 영하 15도를 가리키고 있었다.

寒暖計 온도계
マイナス 마이너스, 영하
〜度 〜도

□ **憧れる** ▶ [2자] 동경하다

▶ 私が日本語を勉強するのは外国に憧れているからです。
내가 일본어를 공부하는 것은 외국을 동경하기 때문입니다.

外国 외국
〜からだ 〜때문이다

□ **続く** ▶ [1자] ① 계속되다 ② 잇따르다

▶ ４０度の熱が３日間続きました。
40도의 고열이 3일간 계속됐습니다.

熱 열
3日間 3일간

▶ このところ物騒な事件が続いている。
요새 위험한 사건들이 계속 일어나고 있다.

このところ 요새, 최근
物騒だ 뒤숭숭하다, 위험하다
事件 사건

□ **続ける** ▶ [2타] 계속하다, 잇다

▶ 雨が降ってきましたが、私たちは作業を続けました。
비가 내리기 시작했지만, 우리는 작업을 계속했습니다.

作業 작업

□ **繋がる** ▶[1자] 이어지다, 연결되다

▶ 二つの文がうまくつながりません。
두 개의 문장이 잘 연결되지 않습니다.

うまく 잘

□ **繋ぐ** ▶[1타] 잇다, 연결하다

▶ 電話を担当者におつなぎします。
전화를 담당자에게 연결해 드리겠습니다

担当者 담당자

▶ 手をつないで歩きましょう。
손을 잡고 걸읍시다.

手をつなぐ 손을 맞잡다

▶ 犬がガードレールにくさりでつながれています。
개가 가드레일에 사슬로 연결되어 있습니다.

ガードレール 가드레일
くさり (쇠)사슬, 체인

동사 D 58 능력, 가치 비교, 구분 등과 관련된 단어

MP3 듣기

☐ **優^{すぐ}れる** ▶[1자] 뛰어나다, 우수하다

▶ これは大変^{たいへん}優^{すぐ}れた作品^{さくひん}です。
이것은 대단히 뛰어난 작품입니다.

大変 매우, 대단히
作品 작품

☐ **勝^{まさ}る** ▶[1자] (다른 것과 비교해서) 낫다, 뛰어나다

▶ 実力^{じつりょく}では彼^{かれ}の方^{ほう}が勝^{まさ}っています。
실력은 그가 더 낫습니다.

実力 실력
〜の方 〜쪽, 〜편

☐ **劣^{おと}る** ▶[1자] (가치·능력 등이) 뒤지다, 뒤떨어지다

▶ 最近^{さいきん}の子^こどもは、昔^{むかし}の子^こどもに比^{くら}べて体力^{たいりょく}が劣^{おと}っています。
요즘 아이들은 옛날 아이들에 비해 체력이 떨어집니다.

比べる 비교하다
体力 체력

これは前^{まえ}のものと比^{くら}べて品質^{ひんしつ}が劣^{おと}っています。
이것은 전의 것에 비해 품질이 떨어집니다.

品質 품질

☐ **出来^{でき}る** ▶[2자] ① 만들어지다 ② 생기다 ③ 할 수 있다 ④ 잘하다, 할 줄 알다

▶ インスタントラーメンは3分^{さんぷん}でできます。
즉석 라면은 3분이면 만들어집니다.

インスタントラーメン
인스턴트 라면, 즉석 라면

▶ キムさんは急用^{きゅうよう}ができて帰^{かえ}りました。
김○○ 씨는 급한 일이 생겨 돌아갔습니다.

急用 급한 일

▶ キムさんは日本語^{にほんご}ができますか。
김○○ 씨는 일본어를 할 수 있습니까?

▶ 私^{わたし}は小学生^{しょうがくせい}のとき勉強^{べんきょう}ができる子^こどもでした。
저는 초등학생 때 공부를 잘하는 아이였습니다.

小学生 초등학생

□ **比べる** ▸[2타] 비교하다

▸ ソウルに比べて東京は気温が高いです。
서울에 비해서 도쿄는 기온이 높습니다.

ソウル 서울
気温 기온
高い 높다

□ **違う** ▸[1자] ① 다르다 ② 틀리다, 잘못되다

▸ 私の考えはあなたと違います。
나의 생각은 당신(의 생각)과 다릅니다.

▸ 運転手さん、道が違いますよ。
기사님, 길이 틀렸어요.

運転手さん 기사님

□ **異なる** ▸[1자] 다르다, 같지 않다

▸ サンプルは実際と異なる場合があります。
샘플은 실제와 다를 수 있습니다.

サンプル 샘플
実際 실제
場合 경우

□ **分かれる** ▸[2자] 갈라지다, 갈리다

▸ ここから道が左右に分かれています。
여기서 길이 좌우로 갈라져 있습니다.

左右 좌우

□ **傾く** ▸[1자] 기울다

▸ 地球の地軸は二十三点五度傾いています。
지구의 지축은 23.5도 기울어져 있습니다.

地球 지구
地軸 지축
〜点〜度 〜점〜도

동사 D59 겸양, 존경 표현과 관련된 단어

MP3 듣기

□ **申す** ▶[1타] 말하다 ▶ 言う의 겸양어로, ます와 함께 사용

▶ 私は金と申します。
저는 김○○이라고 합니다.

~と申す ~라고 하다

□ **申し上げる** ▶[2타] 말씀드리다 ▶ 言う의 겸양어

▶ 先生に、私も調査に行きたいと申し上げました。
선생님께 저도 조사하러 가고 싶다고 말씀드렸습니다.

調査 조사

▶ 先生からお話があったその仕事はお断り申し上げた。
선생님께서 제의해 주신 그 일은 못한다고 말씀드렸다.

断る 거절하다
~申し上げる ~하여 드리다

▶ 心からお喜び申し上げます。
진심으로 축하드립니다.

心から 진심으로
喜ぶ 기뻐하다

□ **参る** ▶[1자] ① 가다 ② 오다 ▶ 行く・来る의 겸양어

▶ ただいま係りの者が参りますので、少々お待ち
ください。
지금 담당자가 가(오)기 때문에 잠시만 기다려 주십시오.

ただいま 지금
係りの者 담당자
少々 잠시, 잠깐

□ **おる** ▶[1자] 있다 ▶ いる의 겸양어로, ます와 함께 사용

▶ うちの息子がお宅にお邪魔しておりませんか。
댁에 저희 아들이 가 있지 않습니까?

息子 아들
お宅 댁
お邪魔する 방문하다

☐ **いただく** ▸[1타] ① 먹다 ② 마시다 ③ 받다 ▸ 食^たべる・飲^のむ・もらう의 겸양어

▸ いただきます。
　　잘 먹겠습니다.

▸ お水^{みず}を一杯^{いっぱい}いただきたいのですが。
　　물을 한 잔 마실 수 있으면 하는데요.

一杯 한 잔
〜が 〜만, 〜데

▸ この本^{ほん}は先生^{せんせい}からいただきました。
　　이 책은 선생님께 받았습니다.

※대접을 받는다는 뜻으로는 いただく 보다 ご馳走^{ち そう}になる가 더 자연스럽다.

☐ **伺^{うかが}う** ▸[1타] ① 찾아뵙다 ② 여쭙다 ③ 삼가 듣다 ▸ 訪^{たず}ねる・尋^{たず}ねる・聞^きく의 겸양어

▸ 明日^{あした}5時^{ご じ}にお伺^{うかが}いいたします。
　　내일 5시에 찾아뵙겠습니다.

▸ ちょっとお伺^{うかが}いしますが。
　　잠시 여쭙겠습니다만.

▸ おうわさはかねがね伺^{うかが}っております。
　　말씀은 전부터 듣고 있습니다.

うわさ (남의) 말, 소문
かねがね 전부터

☐ **差^さし上^あげる** ▸[2타] 드리다 ▸ あげる의 겸양어

▸ 何^{なに}か飲^のみ物^{もの}を差^さし上^あげましょうか。
　　뭔가 마실 것을 드릴까요?

飲み物 음료, 마실 것

☐ **おっしゃる** ▸[1자] 말씀하시다 ▸ 言^いう의 존경어

▸ 先生^{せんせい}のおっしゃったとおりです。
　　선생님이 말씀하신 대로입니다.

〜たとおり 〜한 대로

☐ **なさる** ▸[1타] 하시다 ▸ する의 존경어

▸ 一日^{いちにち}に何時間^{なん じ かん}お仕事^{し ごと}をなさいますか。
　　하루에 몇 시간 일을 하십니까?

□ **致す** ▶[1타] ① 하다 ▶ する의 겸양어 ② 가져오다

▶ それについてはお答えいたしかねます。
그것에 대해서는 대답하기 어렵습니다.

▶ このような状況に至ったのは、社長である私の
不徳の致すところでございます。
이와 같은 상황에 이른 것은 사장인 저의 부덕의 소치입니다.

~については ~에 대해서는
~かねる ~하기 어렵다
状況 상황
至る 이르다, 도달하다
私 저, 나
不徳の致すところ
부덕의 소치
~でございます ~입니다

□ **いらっしゃる** ▶[1자] ① 계시다 ② 가시다 ③ 오시다 ▶ いる・行く・来る의 존경어

▶ 社長はいらっしゃいますか。
사장님이 계십니까?

▶ あちらへはいついらっしゃるんですか。
거기에는 언제 가십니까?

▶ 韓国へいらっしゃる際にはご一報ください。
한국에 오실 때는 미리 연락해 주십시오.

際 때, 즈음
一報 간단히 알림, 기별

□ **おいでになる** ▶[1자] ① 계시다 ② 가시다 ③ 오시다 ▶ いる・行く・来る의 존경어

▶ 今日は田中先生がおいでになってお話くださいま
した。
오늘 다나카 선생님이 오셔서 말씀해 주셨습니다?

□ **召し上がる** ▶[1타] 드시다 ▶ 食べる・飲む의 존경어

▶ どうぞたくさん召し上がってください。
아무쪼록 많이 드십시오.

どうぞ 아무쪼록, 어서, 자

□ **ご覧になる** ▶[1타] 보시다 ▶ 見る의 존경어

▶ どの映画をご覧になりますか。
어느 영화를 보시겠습니까?

どの 어느

동사 **60** 명사 + する 1

MP3 듣기

☐ **結婚する** ▶ [3자] 결혼하다
けっこん

▶ **姉は３年前に医者と結婚しました。**
あね さんねんまえ いしゃ けっこん
언니(누나)는 3년 전에 의사와 결혼했습니다.

医者 의사

☐ **離婚する** ▶ [3자] 이혼하다
り こん

▶ **あの夫婦は性格の不一致で離婚しました。**
ふうふ せいかく ふいっち りこん
저 부부는 성격 불일치로 이혼했습니다.

夫婦 부부
性格 성격
不一致 불일치

☐ **料理する** ▶ [3타] 요리하다
りょう り

▶ **私の夫はどんな材料でもおいしく料理してしまい**
わたし おっと ざいりょう りょう り
ます。
우리 남편은 어떤 재료라도 맛있게 요리합니다.

夫 남편
どんな～でも 어떤 ～라도
材料 재료
おいしい 맛있다

☐ **洗濯する** ▶ [3타] 세탁하다
せん たく

▶ **今日中に下着を洗濯してください。**
きょう じゅう したぎ せんたく
오늘 중으로 내의를 세탁해 주세요.

파 **洗濯物** 세탁물, 빨랫감
せんたくもの

▶ **洗濯物を物干にかけて干します。**
せんたくもの ものほし ほ
세탁물을 빨랫대에 걸어서 말립니다.

파 **洗濯機** 세탁기
せんたくき

▶ **洗濯物を洗濯機に入れます。**
せんたくもの せんたくき い
빨랫감을 세탁기에 넣습니다.

今日中 오늘 중
下着 내의, 속옷

物干 빨랫대
かける 걸다
干す 말리다

入れる 넣다

□ **掃除する** ▶[3타] 청소하다

▶ 部屋をきれいに掃除してください。
방을 깨끗이 청소해 주세요.

きれいに 깨끗이

□ **準備する** ▶[3타] 준비하다

▶ スピーチの原稿を明日までに準備してください。
연설 원고를 내일까지 준비해 주세요.

スピーチ 스피치, 연설
原稿 원고
〜までに 〜까지(는)

□ **用意する** ▶[3타] 준비하다

▶ 雨が降りそうなので、傘を用意しておきました。
비가 내릴 것 같아서 우산을 준비해 두었습니다.

▶ 昼食を用意して待っています。
점심을 준비해 놓고 기다리고 있겠습니다.

〜そうだ 〜할 것 같다
傘 우산
〜ておく 〜해 두다
昼食 점심

□ **支度する** ▶[3타] 준비하다

▶ 急いで支度してください。
서둘러 준비해 주세요.

急ぐ 서두르다

□ **外食する** ▶[3자] 외식하다

▶ 今夜は外食することにしましょう。
오늘밤은 외식하기로 합시다.

今夜 오늘밤
〜ことにする 〜하기로 하다

관 会食 회식

□ **散歩する** ▶[3자] 산책하다

▶ 私は毎朝公園を散歩しています。
나는 매일 아침 공원을 산책합니다.

毎朝 매일 아침
公園 공원

182

동사 **61** 명사+する 2

MP3 듣기

☐ **勉強する** ▶ [3자·타] 공부하다
_{べんきょう}

▶ 今日は一日中勉強しました。
_{きょう} _{いちにちじゅうべんきょう}
오늘은 하루 종일 공부했습니다.

☐ **練習する** ▶ [3타] 연습하다
_{れんしゅう}

▶ あの選手は毎日10時間練習しています。
_{せんしゅ} _{まいにちじゅう じ かんれんしゅう}
그 선수는 매일 10시간 연습하고 있습니다.

あの 그, 저
選手 선수

☐ **復習する** ▶ [3타] 복습하다
_{ふくしゅう}

▶ 私は毎日忙しくて復習する時間がありません。
_{わたし} _{まいにちいそが} _{ふくしゅう} _{じ かん}
나는 매일 바빠서 복습할 시간이 없습니다.

忙しい 바쁘다

☐ **留学する** ▶ [3자] 유학하다
_{りゅうがく}

▶ 兄はドイツに留学しています。
_{あに} _{りゅうがく}
형(오빠)은 독일에 유학 중입니다.

ドイツ 독일

☐ **入学する** ▶ [3자] 입학하다
_{にゅうがく}

▶ うちの息子は今年小学校に入学しました。
_{むす こ} _{こ とししょうがっこう} _{にゅうがく}
우리 아들은 올해 초등학교에 입학했습니다.

今年 금년, 올해
小学校 초등학교

□ **卒業する** ▸ [3자] 졸업하다

▸ 彼は２０１８年に東京大学を卒業しました。
그는 2018년에 도쿄대학을 졸업했습니다.

□ **遅刻する** ▸ [3자] 지각하다

▸ 彼はしょっちゅう授業に遅刻します。
그는 늘 수업에 지각합니다.

しょっちゅう 늘, 항상
授業 수업

□ **質問する** ▸ [3자・타] 질문하다

▸ 分からない時は先生に質問しましょう。
모를 때에는 선생님께 질문합시다.

分かる 알다, 이해하다

□ **説明する** ▸ [3타] 설명하다

▸ 内容を詳しく説明してください。
내용을 상세하게 설명해 주세요.

内容 내용
詳しい 자세하다, 상세하다

□ **理解する** ▸ [3타] 이해하다

▸ 私たちは文章を正しく理解する能力を養うべきです。
우리는 문장을 바르게 이해하는 능력을 길러야 합니다.

文章 문장
正しい 바르다, 옳다
養う 기르다, 배양하다

D 62 동사 명사+する 3

□ **就職する** ▶[3자] 취업하다
しゅうしょく

▶ 彼は学校を卒業して銀行に就職しました。
かれ がっこう そつぎょう ぎんこう しゅうしょく
그는 학교를 졸업하고 은행에 취업했습니다.

学校を卒業する
학교를 졸업하다
銀行 은행

□ **出張する** ▶[3자] 출장하다, 출장가다
しゅっちょう

▶ 部長は東京へ出張しています。
ぶ ちょう とうきょう しゅっちょう
부장님은 도쿄로 출장 중입니다.

部長 부장(님)

□ **出席する** ▶[3자] 출석하다, 참석하다
しゅっ せき

▶ 明日は必ず会議に出席してください。
あした かなら かい ぎ しゅっせき
내일은 반드시 회의에 참석해 주세요.

必ず 반드시
会議に出席する
회의에 참석하다

□ **出社する** ▶[3자] (회사에) 출근하다
しゅっ しゃ

▶ 彼は今日はまだ出社していません。
かれ きょう しゅっしゃ
그는 오늘 아직 출근하지 않았습니다.

まだ～ない
아직 ～(하)지 않다

□ **接待する** ▶[3타] 접대하다
せっ たい

▶ 明日は取引先のお客様を接待する予定です。
あした とりひきさき きゃくさま せったい よ てい
내일은 거래처 손님을 접대할 예정입니다.

取引先 거래처
お客様 손님
予定 예정

기본 회화 표현
동사
い형용사
な형용사
접속사
부사
특활어
명사

□ 成功する ▶[3자] 성공하다

▶ 私たちは新製品の開発に成功しました。
우리는 신제품 개발에 성공했습니다.

新製品 신제품, 신상품
開発 개발

□ 失敗する ▶[3자] 실패하다

▶ 彼は今度も大学受験に失敗しました。
그는 이번에도 대학 입시에 실패했습니다.

大学受験 대학 입시

□ 遠慮する ▶[3타] 사양하다, 삼가다

▶ 遠慮しないでたくさん召し上がってください。
사양하지 말고 많이 드세요.

~ないで ~(하)지 말고
たくさん 많이

▶ ここではたばこはご遠慮願います。
여기서는 담배를 삼가 주시기 바랍니다.

たばこ 담배
願う 바라다, 원하다

□ 対処する ▶[3자] 대처하다

▶ この事態に対処する方法はありませんか。
이 사태에 대처할 방법은 없습니까?

事態 사태
方法 방법

□ 管理する ▶[3타] 관리하다

▶ 私は友人の財産を管理しています。
나는 친구의 재산을 관리하고 있습니다.

友人 친구
財産 재산

동사 D63 명사+する 4

□ 旅行する ▶[3자] 여행하다

▶ 彼の夢は世界各地を旅行することです。
그의 꿈은 세계 각지를 여행하는 것입니다.

夢 꿈
世界各地 세계 각지

□ 見物する ▶[3타] 구경하다

▶ 私たちは京都のお寺を見物しました。
우리는 교토에 있는 절을 구경했습니다.

파 見物 볼만한 것, 구경거리

▶ この試合は見物です。
이 시합은 볼만합니다.

京都 교토(지명)
お寺 절

試合 시합

□ 予約する ▶[3타] 예약하다

▶ そのお店には予約してから行った方がいいですよ。
그 가게에는 예약을 하고 가는 것이 좋습니다.

お店 가게
〜てから 〜(하)고 나서
〜た方がいい
〜하는 것(편)이 좋다

□ 出発する ▶[3자] 출발하다

▶ 一行は明日の朝7時に出発する予定です。
일행은 내일 아침 7시에 출발할 예정입니다.

一行 일행

□ **参加する** ▶[3자] 참가하다

▶ 彼はマラソン選手としてオリンピックに参加しました。
그는 마라톤 선수로 올림픽에 참가했습니다.

マラソン選手 마라톤 선수
～として ～로서
オリンピック 올림픽

□ **挑戦する** ▶[3자] 도전하다

▶ 彼は今度チャンピオンに挑戦します。
그는 이번에 챔피언에 도전합니다.

今度 이번, 다음 번
チャンピオン 챔피언

□ **案内する** ▶[3타] 안내하다

▶ 今から工場をご案内します。
지금부터 공장을 안내해 드리겠습니다.

工場 공장

□ **体験する** ▶[3타] 체험하다

▶ 私はそこで思いがけないことを体験しました。
나는 거기에서 생각지도 않은 일을 체험했습니다.

思いがけない
뜻밖이다, 예상 밖이다

□ **経験する** ▶[3타] 경험하다

▶ 私は今年初めて海外旅行を経験しました。
나는 올해 처음으로 해외여행을 경험했습니다.

初めて 최초로, 처음으로
海外旅行 해외여행

□ **訪問する** ▶[3타] 방문하다

▶ 私は彼の家を訪問しました。
나는 그의 집을 방문했습니다.

동사 **D64** 명사+する 5

기초 회화 표현

동사

い형용사

な형용사

접속사

부사

복합어

명사

PART 2 189

☐ **電話する** ▶[3자] 전화하다

▶ またあとで電話します。
나중에 또 전화하겠습니다.

あとで 나중에

☐ **連絡する** ▶[3자·타] 연락하다

▶ 着いたらすぐ連絡してください。
도착하면 바로 연락해 주세요.

着く 도착하다
〜たらすぐ 〜(하)면 바로

▶ 警察に連絡しなくてもいいですか。
경찰에 연락하지 않아도 됩니까?

警察 경찰
〜なくてもいい
〜(하)지 않아도 된다

☐ **約束する** ▶[3타] 약속하다

▶ 彼は人と約束したことは必ず守ります。
그는 다른 사람과 약속한 것은 반드시 지킵니다.

守る 지키다

☐ **外出する** ▶[3자] 외출하다

▶ 外出するときは行き先をはっきり言ってください。
외출할 때는 행선지를 확실히 말해 주세요.

行き先 행선지(=ゆきさき)
はっきり 확실히, 분명히

☐ **乾杯する** ▶[3자] 건배하다

▶ 彼の前途を祝って乾杯しましょう。
그의 전도를 축복하며 건배합시다.

前途 전도, 앞길
祝う 축복하다, 축하하다

□ **失礼する** ▶[3자] 실례하다

▶ お先に失礼します。
먼저 실례하겠습니다.

お先に 먼저

▶ ちょっと失礼します。
잠깐 실례하겠습니다.

□ **決定する** ▶[3자·타] 결정하다

▶ そのプロジェクトはやめることに決定しました。
그 프로젝트는 그만두기로 결정했습니다.

プロジェクト 프로젝트
やめる 그만두다

□ **注文する** ▶[3타] 주문하다

▶ 彼は店でジュースを注文しました。
그는 가게에서 주스를 주문했습니다.

ジュース 주스

□ **運動する** ▶[3자] 운동하다

▶ プールに入る前に簡単な運動をします。
수영장에 들어가기 전에 간단한 운동을 합니다.

▶ あの人は次の選挙のために運動しているらしい
です。
저 사람은 다음 선거를 위해 운동하고 있는 모양입니다.

プール 풀, 수영장
入る 들어가다, 들어오다
簡単だ 간단하다
次 다음
選挙 선거
~のために ~을(를) 위해서
~らしい ~인 듯하다

□ **返事する** ▶[3자] 답장하다, 대답하다

▶ 名前を呼ばれたら大きい声で返事してください。
이름이 불리면 큰 소리로 대답해 주세요.

名前を呼ぶ 이름을 부르다
大きい 크다
声 (목)소리

D65 동사 명사+する 6

☐ **放送する** ▶[3타] 방송하다
ほう そう

▶ その試合は生中継で放送されました。
し あい　なまちゅうけい　ほう そう
그 시합은 생중계로 방송되었습니다.

生中継 생중계

☐ **運転する** ▶[3타] 운전하다
うん てん

▶ そんなに乱暴に運転しないでください。
らん ぼう　うん てん
그렇게 난폭하게 운전하지 말아 주세요.

そんなに 그렇게
乱暴だ 난폭하다, 거칠다
～ないでください
～(하)지 말아 주세요

☐ **録音する** ▶[3타] 녹음하다
ろく おん

▶ 私は彼の演奏をスマホで録音しました。
わたし　かれ　えん そう　ろく おん
나는 그의 연주를 스마트폰으로 녹음했습니다.

演奏 연주
スマホ 스마트폰,
スマートホン의 줄임말

☐ **翻訳する** ▶[3타] 번역하다
ほん やく

▶ 彼は外国の推理小説を翻訳しています。
かれ　がいこく　すい り しょうせつ　ほん やく
그는 외국의 추리소설을 번역하고 있습니다.

推理小説 추리소설

☐ **出版する** ▶[3타] 출판하다
しゅっ ぱん

▶ 彼は経済の本を出版しました。
かれ　けい ざい　ほん　しゅっ ぱん
그는 경제에 관한 책을 출판했습니다.

経済 경제

□ **手術する** ▶ [3타] 수술하다

▶ 母は手術して胃を半分切り取りました。
어머니는 수술해서 위를 반쯤 잘라 내었습니다.

胃 위
半分 반쯤
切り取る 잘라 내다

□ **工夫する** ▶ [3타] 궁리하다, 생각을 짜내다

▶ 水が漏れないように工夫しましょう。
물이 새지 않게 궁리합시다.

水が漏れる 물이 새다
〜ないように 〜(하)지 않도록

□ **調査する** ▶ [3타] 조사하다

▶ 彼らは事故の現場を調査しました。
그들은 사고 현장을 조사했습니다.

事故 사고
現場 현장

□ **我慢する** ▶ [3타] 참다, 견디다

▶ 私は痛かったけれど我慢しました。
나는 아팠지만 참았습니다.

痛い 아프다
〜けれど 〜지만

▶ 今夜はラーメンで我慢してください。
오늘 밤은 라면으로 참아 주세요.

今夜 오늘 밤
ラーメン 라면

□ **発表する** ▶ [3타] 발표하다

▶ 私たちは来週実験の結果を発表する予定です。
우리는 다음 주 실험 결과를 발표할 예정입니다.

実験 실험
結果 결과

동사 **D66** 명사＋する 7

MP3 듣기

□ けいさん
計算する ▶ [3타] 계산하다

▶ かれ でんたく けいさん
彼は電卓で計算しています。
그는 전자식 탁상 계산기로 계산하고 있습니다.

電卓 전자식 탁상 계산기

▶ えんぎ めんみつ けいさん
あの演技はアドリブではなく綿密に計算された ものです。
그 연기는 애드리브가 아니라 면밀히 계산된 것입니다.

演技 연기
アドリブ 애드리브
～ではなく ～이 아니라
綿密に 면밀히

□ しょうかい
紹介する ▶ [3타] 소개하다

▶ わたし かぞく しょうかい
私の家族を紹介します。
저희 가족을 소개하겠습니다.

家族 가족

□ せわ
世話する ▶ [3타] 보살피다, 시중들다

▶ かのじょ に ねんかんびょうにん せわ
彼女は２年間病人の世話をしました。
그녀는 2년간 환자의 간호를 했습니다.

病人 병자, 환자

▶ かれ しんみ こじ せわ
彼は親身になって孤児たちを世話しています。
그는 육친처럼 친절하게 고아들을 돌보고 있습니다.

親身になる
육친처럼 친절하다
孤児たち 고아들

□ ひかく
比較する ▶ [3타] 비교하다

▶ さくひん まえ ひかく
この作品は前のと比較するとずっとよくなりました。
이 작품은 전의 것과 비교해서 훨씬 좋아졌습니다.

作品 작품
～の ～(의) 것
ずっと 훨씬
よい(＝いい) 좋다

□ **故障する** ▶[3자] 고장 나다

▶ 途中で自転車が故障したので転がして来ました。
　도중에 자전거가 고장 나서 끌고 왔습니다.

途中で 도중에
自転車 자전거
転がす 굴리다

□ **修理する** ▶[3타] 수리하다

▶ 昨日は一日中屋根を修理しました。
　어제는 하루 종일 지붕을 수리했습니다.

屋根 지붕

□ **整理する** ▶[3타] 정리하다

▶ 書類を整理してから報告します。
　서류를 정리하고 나서 보고하겠습니다.

書類 서류
報告する 보고하다

▶ 彼は身の回りの品を整理しました。
　그는 신변의 일상 용품을 정리했습니다.

身の回りの品
신변의 일상 용품

□ **居眠りする** ▶[3자] 졸다

▶ 彼は仕事中によく居眠りしています。
　그는 일하는 중에 잘 졸곤 합니다.

仕事中 일하는 중
よく 잘, 자주

□ **検討する** ▶[3타] 검토하다

▶ もう一度よく検討してから連絡します。
　다시 한 번 잘 검토하고 나서 연락하겠습니다.

連絡する 연락하다

□ **想像する** ▶[3타] 상상하다

▶ 私は後輩たちの輝かしい未来を想像しています。
　나는 후배들의 빛나는 미래를 상상하고 있습니다.

後輩たち 후배들
輝かしい 빛나다
未来 미래

동사 D**67** 명사+する 8

MP3 듣기

☐ **発明する** ▶ [3타] 발명하다
<ruby>発<rt>はつ</rt></ruby><ruby>明<rt>めい</rt></ruby>

▶ ラジオを<ruby>発明<rt>はつめい</rt></ruby>した<ruby>人<rt>ひと</rt></ruby>は<ruby>誰<rt>だれ</rt></ruby>ですか。
라디오를 발명한 사람은 누구입니까?

ラジオ 라디오

☐ **期待する** ▶ [3타] 기대하다
<ruby>期<rt>き</rt></ruby><ruby>待<rt>たい</rt></ruby>

▶ <ruby>宝<rt>たから</rt></ruby>くじに<ruby>当<rt>あ</rt></ruby>たるのを<ruby>期待<rt>きたい</rt></ruby>していたのですが、<ruby>外<rt>はず</rt></ruby>れてしまいました。
복권에 당첨되기를 기대하고 있었으나 빗나가고 말았습니다.

宝くじに当たる 복권에 당첨되다
外れる 빗나가다

☐ **熱中する** ▶ [3자] 열중하다
<ruby>熱<rt>ねっ</rt></ruby><ruby>中<rt>ちゅう</rt></ruby>

▶ <ruby>彼<rt>かれ</rt></ruby>は<ruby>最近<rt>さいきん</rt></ruby>ジャズに<ruby>熱中<rt>ねっちゅう</rt></ruby>しています。
그는 요즘 재즈에 열중하고 있습니다.

ジャズ 재즈

▶ <ruby>勉強<rt>べんきょう</rt></ruby>に<ruby>熱中<rt>ねっちゅう</rt></ruby>している<ruby>姿<rt>すがた</rt></ruby>はとても<ruby>美<rt>うつく</rt></ruby>しいものです。
공부에 열중하고 있는 모습은 너무나 아름다운 법입니다.

姿 모습
美しい 아름답다
～ものだ ～(하는) 법이다

☐ **確認する** ▶ [3타] 확인하다
<ruby>確<rt>かく</rt></ruby><ruby>認<rt>にん</rt></ruby>

▶ <ruby>人数<rt>にんずう</rt></ruby>を<ruby>確認<rt>かくにん</rt></ruby>してから<ruby>出発<rt>しゅっぱつ</rt></ruby>しました。
인원수를 확인하고 나서 출발했습니다.

人数 인원수

☐ **維持する** ▶ [3타] 유지하다
<ruby>維<rt>い</rt></ruby><ruby>持<rt>じ</rt></ruby>

▶ <ruby>世界平和<rt>せかいへいわ</rt></ruby>を<ruby>維持<rt>いじ</rt></ruby>するのは<ruby>難<rt>むずか</rt></ruby>しいことです。
세계 평화를 유지하는 것은 어려운 일입니다.

世界平和 세계 평화
難しい 어렵다

□ **調和する** ▶[3자] 조화되다, 조화를 이루다

▶ カーテンの色とカーペットの色がうまく調和しています。
커튼 색과 카펫 색이 잘 조화를 이루고 있습니다.

▶ その建物は背景の景色と調和しています。
그 건물은 배경 경치와 조화를 이루고 있습니다.

カーテン 커튼
色 색
カーペット 카펫
うまく 잘
建物 건물
背景 배경
景色 경치

□ **帰国する** ▶[3자] 귀국하다

▶ 彼は来年帰国する予定です。
그는 내년에 귀국할 예정입니다.

来年 내년

□ **滞在する** ▶[3자] 체재하다, 체류하다

▶ 私は日本に２年間滞在するつもりです。
나는 일본에서 2년간 체류할 생각입니다.

つもり 생각, 작정

□ **手配する** ▶[3자] 수배하다, 준비하다

▶ 会場はあらかじめ手配しておきました。
행사장은 미리 준비해 두었습니다.

🈯 指名手配 지명수배

▶ テロリストが指名手配されています。
테러리스트가 지명수배되었습니다.

会場 회장, 행사장
あらかじめ 미리, 사전에
テロリスト 테러리스트

□ **上達する** ▶[3자] 실력이 향상되다, 늘다, 숙달되다

▶ 彼は水泳がずいぶん上達しました。
그는 수영이 상당히 늘었습니다.

水泳 수영

D68 명사+する 9

□ **相談する** ▶[3타] 상담하다, 의논하다

▶ みんなで相談して決めましょう。
다같이 의논해서 결정합시다.

> みんなで 모두 함께
> 決める 결정하다

□ **賛成する** ▶[3자] 찬성하다

▶ 彼の意見に賛成する人は手を挙げてください。
그의 의견에 찬성하는 사람은 손을 들어 주세요.

> 意見 의견
> 手を挙げる 손을 들다

□ **反対する** ▶[3자] 반대하다

▶ 彼は私の計画に反対しています。
그는 나의 계획에 반대하고 있습니다.

> 計画 계획

□ **苦労する** ▶[3자] 고생하다

▶ 私は学生のころ数学で苦労しました。
나는 학창 시절에 수학 때문에 고생했습니다.

▶ 彼は苦労してこの作品を仕上げました。
그는 고생해서 이 작품을 완성했습니다.

> 学生のころ 학창 시절
> 数学 수학
> 仕上げる 완성하다

□ **招待する** ▶[3타] 초대하다

▶ 誕生日のパーティーに友だちを招待しました。
생일 파티에 친구들을 초대했습니다.

> 誕生日 생일
> パーティー 파티

□ **真似する** ▶[3타] 흉내 내다

▶ ああいう人の行動を真似してはいけません。
저런 사람의 행동을 흉내 내서는 안 됩니다.

ああいう 저런
行動 행동

□ **愛する** ▶[3타] 사랑하다, 귀여워하다, 아끼다

▶ 彼はみんなから愛されています。
그는 모두에게 사랑받고 있습니다.

▶ 彼女は彼をもう愛していません。
그녀는 그를 이제 사랑하지 않습니다.

もう〜ない
이제 〜(하)지 않다

□ **終始する** ▶[3자] 일관하다, 시종하다

▶ 彼の発表は言い訳に終始しました。
그의 발표는 변명으로 일관했습니다.

発表 발표
言い訳 변명, 해명

□ **油断する** ▶[3자] 방심하다, 부주의하다

▶ 彼のように慎重な人でも油断することがあります。
그와 같이 신중한 사람이라도 방심할 수 있습니다.

慎重だ 신중하다
〜ことがある 〜할 수 있다

▶ あの男に油断してはいけません。
저 남자를 방심해서는 안 됩니다.

男 남자, 남성

□ **心配する** ▶[3자 · 타] 걱정하다, 염려하다

▶ 彼は子どもの将来を心配しています。
그는 아이의 장래를 걱정하고 있습니다.

将来 장래, 미래

▶ 明日のことは心配しない方がいいですよ。
내일 일은 걱정하지 않는 편이 좋습니다.

〜ない方がいい
〜(하)지 않는 편이 좋다

동사 **69** 의태어+する 1

MP3 듣기

☐ **スースーする** ▶[3자] 틈새로 바람이 솔솔 들어오다

▶ 首のまわりがスースーして寒いですね。
목 주변에 바람이 솔솔 들어와서 춥군요.

首	목
まわり	주변, 주위
寒い	춥다

☐ **ちくちくする** ▶[3자] 따끔따끔하다

▶ このセーターはちくちくします。
이 스웨터는 따끔따끔합니다.

セーター 스웨터

☐ **ずきずきする** ▶[3자] 욱신거리다

▶ 頭がずきずきします。
머리가 욱신거립니다(바늘로 찌르는 것처럼 아프다).

▶ 怪我をしたところがずきずきします。
상처가 난 곳이 욱신거립니다.

怪我をする
상처가 나다, 다치다

☐ **ひりひりする** ▶[3자] 얼얼하다, 따끔따끔하다

▶ すりむいたところがひりひりします。
찰과상을 입은 곳이 따끔따끔합니다.

すりむく 찰과상을 입다

☐ **がんがんする** ▶[3자] 지끈지끈하다, 욱신거리다

▶ 頭ががんがんします。
머리가 지끈지끈합니다(깨지는 것처럼 아프다).

□ **ざらざらする** ▶[3자] 까칠까칠하다, 꺼끌꺼끌하다

▶ この<ruby>紙<rt>かみ</rt></ruby>は<ruby>表面<rt>ひょうめん</rt></ruby>がざらざらしています。
이 종이는 표면이 까칠까칠합니다.

紙 종이
表面 표면

□ **つるつるする** ▶[3자] 매끈매끈하다, 반질반질하다

▶ <ruby>床<rt>ゆか</rt></ruby>がつるつるしていて<ruby>滑<rt>すべ</rt></ruby>りやすいです。
마루가 반질반질해서 미끄러지기 쉽습니다.

床 마루
滑りやすい 미끄러지기 쉽다

□ **ごつごつする** ▶[3자] ① 울퉁불퉁하다 ② 거칠고 세련되지 못하다

▶ <ruby>肉体労働<rt>にくたいろうどう</rt></ruby>をしている<ruby>彼<rt>かれ</rt></ruby>の<ruby>手<rt>て</rt></ruby>はごつごつしています。
육체노동을 하는 그의 손은 울퉁불퉁합니다.

肉体労働 육체노동

▶ <ruby>彼<rt>かれ</rt></ruby>の<ruby>文体<rt>ぶんたい</rt></ruby>はごつごつしていてちょっと<ruby>読<rt>よ</rt></ruby>みにくいです。
그의 문체는 세련되지 않고 조잡해서 좀 읽기 어렵습니다.

文体 문체
読みにくい 읽기 어렵다

□ **あっさりする** ▶[3자] 깨끗하다, 시원하다, 담백하다 ▶ ～している의 형태로

▶ <ruby>彼<rt>かれ</rt></ruby>の<ruby>返事<rt>へんじ</rt></ruby>はいつもあっさりしています。
그의 대답은 항상 쌀쌀합니다.

返事 대답, 응답

▶ このスープは<ruby>塩<rt>しお</rt></ruby>と<ruby>胡椒<rt>こしょう</rt></ruby>だけの<ruby>味付<rt>あじつ</rt></ruby>けで、あっさりしています。
이 수프는 소금과 후추로만 맛을 내서 담백합니다.

スープ 수프
塩 소금
胡椒 후춧가루
味付け 맛을 냄

□ **さっぱりする** ▶[3자] 담백하다, 산뜻하다 ▶ ～している의 형태로

▶ このスープはしょうがの<ruby>味<rt>あじ</rt></ruby>がさっぱりしています。
이 수프는 생강 맛이 산뜻합니다.

しょうが 생강
味 맛

동사 D70 의태어+する 2

MP3 듣기

☐ **ゆっくりする** ▶[3자] 천천히 하다, 푹 쉬다 ▶ p.331 참조

▶ どうぞゆっくりして行ってください。
부디 푹 쉬었다 가세요.

☐ **のんびりする** ▶[3자] 유유자적하게 보내다, 느긋하게 지내다

▶ 昨日は仕事がなかったので家でのんびりしていました。
어제는 일이 없었기 때문에 집에서 유유자적하게 보냈습니다.

▶ 私はのんびりした田舎の生活を送りたいです。
나는 한가로운 시골 생활을 하고 싶습니다.

～ので ～때문에
田舎 시골, 고향
生活 생활
送る (세월을) 보내다
～たい ～(하)고 싶다

☐ **ぴったりする** ▶[3자] 꼭 알맞은(들어맞는) 모양이다, 딱 맞다

▶ 高級レストランの雰囲気はどうも私にはぴったりしません。
고급 레스토랑의 분위기는 아무래도 나와는 맞지 않습니다.

高級レストラン
고급 레스토랑
雰囲気 분위기
どうも～ない
아무래도 ～(하)지 않다

☐ **どっしりする** ▶[3자] 묵직하다, 육중하다

▶ このかばんは大きくてどっしりしています。
이 가방은 크고 묵직합니다.

☐ **うろうろする** ▶[3자] 어정어정거리다, 어슬렁거리다, 허둥거리다

▶ 不審な男性が近所をうろうろしています。
수상한 남자가 근처를 어슬렁거리고 있습니다.

不審だ 수상하다, 의심스럽다
近所 근처

ぐずぐずする ▶[3자] 우물쭈물하다, 꾸물꾸물하다

▶ ぐずぐずしていないで早く出発しましょう。
우물쭈물하지 말고 어서 출발합시다.

~ないで
~(하)지 않고, ~(하)지 않고

ぐったりする ▶[3자] 녹초가 되다, 축 늘어지다

▶ 彼は一日中働いてぐったりしています。
그는 하루 종일 일해서 녹초가 되어 있습니다.

働く 일하다

うっかりする ▶[3자] 깜빡하다, 깜빡 잊다

▶ 家を出る時うっかりして鍵をかけないで来てしまいました。
집을 나올 때 깜빡 잊고 열쇠를 채우지 않고 와 버렸습니다.

鍵をかける 열쇠를 잠그다

ぼんやりする ▶[3자] ① 멍하다 ② 어렴풋하다

▶ 昨日は一日中何もしないでぼんやりしていました。
어제는 하루 종일 아무것도 하지 않고 멍하니 있었습니다.

▶ 彼はちょっとぼんやりしています。
그는 좀 멍하니 있습니다.

▶ 昔のことは記憶がぼんやりして正確に思い出せません。
옛날 일은 기억이 어렴풋해서 정확히 생각나지 않습니다.

昔のこと 옛날 일
記憶 기억
正確に 정확히
思い出す 생각나다

しっかりする ▶[3자] ① 견실하다 ② 확고하다, 확실하다

▶ 彼女は実にしっかりしています。
그녀는 정말 빈틈없이 잘 챙깁니다.

実に 실로, 참으로, 정말

▶ 彼の意見はしっかりしています。
그의 의견은 확실합니다.

意見 의견

동사 71 의태어 + する 3

☐ **がっかりする** ▶[3자] 실망하다, 낙담하다

▶ せっかくの日曜日に雨が降ってがっかりしました。
모처럼의 일요일에 비가 내려서 실망했습니다.

せっかくの 모처럼의

☐ **どきどきする** ▶[3자] 두근거리다

▶ 彼女の前にいると胸がどきどきする。
그녀 앞에 있으면 가슴이 두근거린다.

胸がどきどきする
가슴이 두근거리다

☐ **わくわくする** ▶[3자] 두근거리다, 마음이 설레다

▶ 明日は遠足なのでわくわくしています。
내일은 소풍이기 때문에 마음이 설렙니다.

遠足 소풍

☐ **はらはらする** ▶[3자] 조마조마하다

▶ 私たちは空中ブランコをはらはらしながら見ていました。
우리는 공중그네를 조마조마하면서 보고 있었다.

空中ブランコ 공중그네
～ながら ～하면서

☐ **むかむかする** ▶[3자] ① 메슥거리다 ② 울컥하다

▶ 脂っこい物を食べ過ぎて胃がむかむかします。
기름진 것을 너무 많이 먹어서 위가(속이) 메슥거립니다.

▶ 彼の外面のいい態度を見ているとむかむかしてきます。
그의 남에게 잘 보이려는 태도를 보고 있으면 울컥 화가 치밀어 옵니다.

脂っこい 기름기가 많다
食べ過ぎる 과식하다
胃 위
外面 외양, 겉모습
態度 태도

□ **うんざりする** ▸[3자] 지긋지긋하다, 넌더리 나다

▸ 先生はうんざりするほどたくさん宿題を出します。
선생님은 지긋지긋할 정도로 숙제를 많이 냅니다.

~ほど ~정도
宿題を出す 숙제를 내다

□ **いらいらする** ▸[3자] 안달하다, 초조해 하다

▸ 彼がいらいらしているのは禁煙しているからです。
그가 안달하고 있는 것은 금연하고 있기 때문입니다.

禁煙する 금연하다

□ **すっきりする** ▸[3자] ① 후련하다 ② 시원하다

▸ 言いたいことを全部話してすっきりしました。
하고 싶은 말을 다 해서 후련해졌습니다.

全部 전부

▸ トイレで用を足してすっきりしました。
화장실에서 일을 보고 시원해졌습니다.

トイレ 화장실
用を足す 용변을 보다

□ **ほっとする** ▸[3자] 안심하다, 한숨 돌리다

▸ 彼が無事だと聞いてほっとしました。
그가 무사하다는 소식을 듣고 한숨 돌렸습니다.

無事だ 무사하다

□ **はっとする** ▸[3자] 깜짝 놀라다

▸ 目の前を急にオートバイが飛び出してきたので
はっとした。
눈 앞에 갑자기 오토바이가 튀어나와서 깜짝 놀랐다(아찔했다).

目の前 눈 앞
急に 갑자기
オートバイ 오토바이
飛び出す 튀어나오다

동사

72 맛·냄새·소리·느낌+がする

MP3 듣기

□ **味_{あじ}がする** 맛이 나다

► この果物_{くだもの}はりんごと桃_{もも}が合_あわさったような味_{あじ}がします。
이 과일은 사과와 복숭아가 합쳐진 것 같은 맛이 납니다.

果物 과일
りんご 사과
桃 복숭아
合わさる 합쳐지다
～ようだ ～인 것 같다

□ **匂_{にお}いがする** 냄새가 나다

► 家_{いえ}の中_{なか}はカレーの匂_{にお}いがしています。
집 안은 카레 냄새가 나고 있습니다.

家の中 집 안
カレー 카레

□ **香_{かお}りがする** 향기가 나다

► この花_{はな}にはとてもいい香_{かお}りがします。
이 꽃에는 매우 좋은 향기가 납니다.

□ **音_{おと}がする** 소리가 나다

► どこかでテレビの音_{おと}がしています。
어딘가에서 텔레비전 소리가 나고 있습니다.

テレビ 텔레비전, TV

□ **声_{こえ}がする** 소리가 나다

► 遠_{とお}くで人_{ひと}の声_{こえ}がします。
멀리서 사람 소리가 납니다.

遠く 먼 곳

☐ **感じがする** 느낌이 들다

▶ この色の方が暖かい感じがします。
이 색이 더 따뜻한 느낌이 듭니다.

~の方 ~쪽, ~편
暖かい 따뜻하다

☐ **気がする** 생각이 들다

▶ 彼はもう帰ったような気がします。
그는 이미 돌아간 것 같은 생각이 듭니다.

☐ **思いがする** 생각이 들다

▶ 彼にそれを聞いてはいけないという思いがして
黙っていました。
그에게 그것을 물어서는 안 된다는 생각이 들어 가만히 있었습니다.

聞く 묻다, 듣다
~という ~라는
黙る 가만히 있다

☐ **予感がする** 예감이 들다

▶ 何だか嫌な予感がします。
왠지 이상한 예감이 듭니다.

何だか 왠지
嫌だ 싫다, 바라지 않다

☐ **寒気がする** 한기가 들다

▶ 熱が出て寒気がする。
열이 나서 한기가 든다.

熱が出る 열이 나다

☐ **めまいがする** 현기증이 나다

▶ 急に立ち上がったらめまいがした。
갑자기 일어났더니 현기증이 났다.

立ち上がる 일어서다

☐ **頭痛がする** 두통이 나다, 머리가 아프다

▶ 私は季節の変わり目になるとよく頭痛がします。
나는 환절기가 되면 자주 두통이 납니다.

季節 계절
変わり目 바뀔 때

☐ **吐き気がする** 구역질이 나다, 매스껍다

▶ 今日は二日酔いで、頭が痛くて吐き気がします。
오늘은 숙취로 머리가 아프고 구역질이 납니다.

二日酔い 숙취

☐ **耳鳴りがする** 귀가 울다, 이명이 나다

▶ ここ数日、頭がくらくらして耳鳴りがします。
요며칠 머리가 어찔어찔해서 귀가 웁니다.

ここ数日 요며칠
くらくらする 어찔어찔하다

☐ **胸焼けがする** 가슴이 쓰리다

▶ 油っこいものを食べ過ぎたら、胸焼けがしてきました。
기름진 것을 너무 많이 먹었더니 가슴이 쓰려졌습니다.

油っこい 기름기가 많다
食べ過ぎる 과식하다
~たら ~더니

 **동사 73** 명사+をしている(をした)

☐ **形をしている** 모양을 하고 있다

► あの家の屋根は変わった形をしています。
저 집 지붕은 색다른 모양을 하고 있습니다.

► あの乾電池みたいな形をした建物は彼の会社です。
저 건전지 같은 모양을 한 건물은 그의 회사입니다.

屋根 지붕
変わる 색다르다, 별나다

乾電池 건전지
〜みたいな 〜와 같은

☐ **模様をしている** 모양을 하고 있다

► アサリの殻はみんな違う模様をしています。
바지락의 껍질은 모두 다른 모양을 하고 있습니다.

アサリ 바지락, 모시 조개
殻 껍질
違う 다르다, 틀리다

☐ **格好をしている** 모습을 하고 있다

► 彼はカウボーイみたいな格好をして家を出ていきました。
그는 카우보이 같은 모습으로 하고 집을 나갔습니다.

カウボーイ 카우보이

☐ **姿をしている** 모습을 하고 있다

► 以前、宇宙人はタコのような姿をしていると考える人が多かったです。
이전 우주인은 문어와 같은 모습을 하고 있다고 생각한 사람이 많았습니다.

以前 이전
宇宙人 우주인
タコ 문어

□ **体をしている** 몸을 가지고 있다

▶ ダックスフントは長い体をしています。
다크스훈트는 긴 몸을 가지고 있습니다.

ダックスフント 다크스훈트
長い 길다

□ **体つきをしている** 체형을 가지고 있다

▶ 彼女は美しい体つきをしています。
그녀는 아름다운 몸매를 가지고 있습니다.

▶ あのスリムな体つきをした女性は彼の恋人です。
저 날씬한 몸매를 한 여자는 그의 애인입니다.

スリムだ 날씬하다
女性 여성, 여자
恋人 연인, 애인

□ **体格をしている** 체격을 갖고 있다

▶ 彼はなかなか立派な体格をしています。
그는 매우 훌륭한 체격을 갖고 있습니다.

なかなか 꽤, 상당히
立派だ 훌륭하다

□ **手をしている** 손을 가지고 있다

▶ 彼は大きい手をしています。
그는 큰 손을 가지고 있습니다.

□ **顔をしている** 얼굴을 하고 있다

▶ 彼女は丸い顔をしています。
그녀는 둥근 얼굴을 하고 있습니다.

丸い 둥글다

▶ あの外国人のような顔をした人は田中さんです。
저 외국인 같은 얼굴을 한 사람은 다나카 씨입니다.

外国人 외국인
～のような ～와 같은

□ **表情をしている** 표정을 짓고 있다

▶ 彼女はいつも悲しそうな表情をしています。
그녀는 항상 슬픈 표정을 짓고 있습니다.

悲しい 슬프다
～そうだ ～듯하다, ～모양이다

□ **目をしている** 눈을 하고 있다

▶ 彼は子どものような目をしています。
그는 아이와 같은 눈을 하고 있습니다.

▶ あのかわいい目をした女の子は彼の妹です。
저 귀여운 눈을 한 여자 아이는 그의 여동생입니다.

かわいい 귀엽다
女の子 여자 아이
妹 여동생

□ **鼻をしている** 코를 가지고 있다

▶ 彼は外国人のように高い鼻をしています。
그는 외국인과 같이 높은 코를 가지고 있습니다.

高い 높다, 비싸다

□ **色をしている** 색을 띠고 있다

▶ その花は赤い色をしています。
그 꽃은 붉은색을 띠고 있습니다.

동사 D74 とる 관련 어구

□ **ピザを取る** 피자를 주문하다

▶ **ピザ屋に電話をしてピザを取りましょう。**
피자집에 전화를 해서 피자를 주문합시다.

ピザ屋 피자집
電話をする 전화를 하다

□ **休暇を取る** 휴가를 얻다(내다)

▶ **先週は休暇を取って墓参りに行って来ました。**
지난주는 휴가를 얻어서 성묘를 다녀왔습니다.

先週 지난주
墓参り 성묘

□ **休みを取る** 휴가를 얻다(내다)

▶ **1週間休みを取って、大阪へ旅行に行きました。**
한 주간 휴가를 내서 오사카에 여행을 갔습니다.

1週間 한 주간
大阪 오사카(지명)
旅行 여행

□ **時間を取る** 시간을 내다

▶ **今日は午後時間を取って郊外へ行ってきました。**
오늘은 오후 시간을 내서 교외에 갔다 왔습니다.

郊外 교외
行ってくる 갔다 오다

□ **年を取る** 나이를 먹다

▶ **私たちは毎年一歳ずつ年を取ります。**
우리는 매년 1살씩 나이를 먹습니다.

▶ **年を取ると暗記が苦手になります。**
나이를 먹으면 암기가 어려워집니다.

毎年 매년
〜歳 〜살, 〜세
〜ずつ 〜씩
暗記 암기
苦手だ 잘 하지 못하다,
어려워하다

□ **連絡を取る** 연락을 취하다

▶ 彼と連絡を取って会う約束をしました。
그와 연락을 해서 만날 약속을 했습니다.

会う 만나다
約束 약속

□ **だしを取る** 국물을 (우려)내다

▶ 韓国のスープは牛肉でだしを取ります。
한국의 수프는 쇠고기로 국물을 우려냅니다.

牛肉 쇠고기

□ **新聞を取る** 신문을 구독하다

▶ 私は日本の新聞を取っています。
나는 일본 신문을 구독하고 있습니다.

□ **免許を取る** 면허를 따다

▶ 私は10年前に運転免許を取りました。
나는 10년 전에 운전면허를 땄습니다.

~年前 ~년 전
運転免許 운전면허

□ **睡眠を取る** 수면을 취하다

▶ 風邪の予防には十分な睡眠を取る必要があります。
감기 예방에는 충분한 수면을 취할 필요가 있습니다.

風邪 감기
予防 예방
十分だ 충분하다

□ **ねずみを捕る** 쥐를 잡다

▶ 最近のねこはねずみを捕らなくなりました。
요즘 고양이는 쥐를 잡지 않게 되었습니다.

最近 최근, 요즘
ねこ 고양이

파 ねずみ捕り 속도위반 단속

▶ この先でよくねずみ捕りをやっていますから、
気を付けてください。
이 앞에서 자주 속도위반 단속을 하고 있으니까 조심하세요.

この先 이 앞
やる 하다
気を付ける
조심하다, 주의하다

□ **仕事を取る** 일을 얻다

► 営業の使命は、仕事を取ってくることです。
영업의 사명은 일을 따오는 것입니다..

営業 영업
使命 사명

□ **手を取る** 손을 잡다

► 彼は妻の手を取って階段を降りました。
그는 아내의 손을 잡고 계단을 내려왔습니다.

妻 아내
階段 계단
降りる 내려오다, 내리다

□ **責任を取る** 책임을 지다

► 社長は事故の責任を取って辞職しました。
사장님은 사고의 책을 지고 사직했습니다.

社長 사장(님)
事故 사고
辞職する 사직하다

□ **写真を撮る** 사진을 찍다

► 旅行に行ったときたくさん写真を撮りました。
여행 갔을 때 사진을 많이 찍었습니다.

동사

75 ひく 관련 어구

◎ 2-75

MP3 듣기

☐ **くじを引く** 제비를 뽑다

▶ 誰が司会者になるかはくじを引いて決めましょう。
누가 사회자가 될지는 제비를 뽑아서 결정합시다.

司会者 사회자
決める 결정하다

☐ **カードを引く** 카드를 뽑다

▶ このカードを1枚引いてください。
이 카드를 1장 뽑아 주세요.

1枚 1장

☐ **辞書を引く** 사전을 찾다

▶ 分からない言葉は辞書を引いて調べます。
모르는 단어는 사전을 찾아서 조사합시다.

言葉 말, 단어
調べる 조사하다, 알아보다

☐ **言葉を引く** 말을 인용하다

▶ 校長先生は「狭き門より入れ」という聖書の言葉を
引いて話をしました。
교장 선생님은 "좁은 문으로 들어가라"라는 성서의 말을 인용해서 이야기를 했습니다.

校長先生 교장 선생님
狭き門 좁은 문
～より ～으로
入る 들어가다, 들어오다
聖書 성서

☐ **風邪を引く** 감기에 걸리다

▶ 風邪を引いて3日間寝ていました。
감기에 걸려서 3일간 누워 있었습니다.

3日間 3일간
寝る 눕다

□ **目を引く** 눈을 끌다

► **目を引く作品はなかなか出て来ません。**
눈을 끌만한 작품은 좀처럼 나오지 않습니다.

なかなか〜ない
좀처럼 〜(하)지 않다

□ **気を引く** 주의를 끌다, 마음을 끌다

► **彼女は彼の気を引こうとしておしゃれをしています。**
그녀는 그의 마음을 끌려고 멋을 내고 있습니다.

〜(よ)うとする
〜(하)려고 하다
おしゃれをする
멋을 내다, 치장을 하다

□ **尾を引く** ① 꼬리를 끌다 ② 여운을 남기다, 영향이 뒤따르다

► **彗星が長い尾を引いているのが見えます。**
혜성이 긴 꼬리를 끌고 있는 것이 보입니다.

► **彼は失恋のショックがいまだに尾を引いています。**
그는 실연의 충격이 아직까지 남아 있습니다.

彗星 혜성
見える 보이다
失恋 실연
ショック 쇼크, 충격
いまだに 아직(까지)도, 아직껏

□ **手を引く** ① (손을 잡고) 이끌다 ② 손을 떼다

► **母親が子どもの手を引いて階段を上っています。**
어머니가 아이의 손을 끌고 계단을 오르고 있습니다.

階段を上る 계단을 오르다

► **私はこの仕事から手を引こうと思います。**
나는 이 일에서 손을 떼려고 합니다.

〜(よ)うと思う
〜(하)려고 하다

□ **線を引く** 선을 긋다

► **定規で線を引きました。**
자로 선을 그었습니다.

定規 자

► **これとそれの間に線を引くのは難しいことです。**
이것과 저것 사이에 선을 긋는 것은 어려운 일입니다.

間 사이, 동안

□ **引き金を引く** 방아쇠를 당기다

► 彼は猛獣に向けてピストルの引き金を引きました。
그는 맹수를 향하여 권총의 방아쇠를 당겼습니다.

猛獣 맹수
向ける 향하다
ピストル 권총

□ **ピアノを弾く** 피아노를 치다

► 彼女は上手にピアノを弾いていました。
그녀는 능숙하게 피아노를 치고 있었습니다.

上手に 능숙하게

□ **水を引く** 물을 끌다

► この料理屋は裏山の泉から水を引いてきて炊事に使っています。
이 음식점은 뒷산의 샘에서 물을 끌어와 취사에 사용하고 있습니다.

料理屋 음식점, 요릿집
裏山 (집, 시가지의) 뒷산
泉 샘
炊事 취사

□ **糸を引く** (배후에서) 조종하다

► この事件は誰かが後ろで糸を引いているようです。
이 사건은 누군가가 뒤에서 조종하고 있는 것 같습니다.

後ろ 뒤
～ようだ ～인 것 같다

216

동사 **76**   だす 관련 어구

MP3 듣기

□ **手紙を出す** 편지를 부치다(보내다)

▶ 散歩に行くついでに手紙を出して来ました。
산책하러 가는 김에 편지를 부치고 왔습니다.

散歩 산책
〜ついでに
〜(하)는 김에, 〜(하)는 기회에

□ **本を出す** 책을 내다, 출판하다

▶ 彼は最近本を出しました。
그는 최근 책을 출판했습니다.

□ **顔を出す** 얼굴을 내밀다, 모습을 나타내다

▶ 彼は私のオフィスにちょくちょく顔を出しています。
그는 내 사무실에 가끔 얼굴을 내밉니다.

▶ その作家はめったに人前に顔を出しません。
그 작가는 다른 사람 앞에 거의 모습을 나타내지 않습니다.

オフィス 사무실
ちょくちょく 가끔, 이따금
作家 작가
めったに〜ない
거의(좀처럼) 〜(하)지 않다
人前 남의 앞, 다른 사람 앞

□ **口を出す** 말참견하다

▶ 彼は他人の仕事によく口を出します。
그는 다른 사람 일에 말참견을 잘 합니다.

他人 타인, 다른 사람

□ **結果を出す** 결과를 내다

▶ アドバイスは結果を出している人から受けるべきです。
충고는 결과를 내고 있는 사람으로부터 받아야 합니다.

アドバイス 어드바이스, 충고
受ける 받다
〜べきだ 그렇게 〜해야 한다

기본 회화 표현

동사

い형용사

な형용사

접속사

부사

복합어

명사

□ **ぼろを出す** 결점(흠)을 드러내다

▶ しゃべり過ぎてぼろを出してしまいました。
너무 말을 많이 해서 결점을 드러내고 말았습니다.

しゃべる 말하다, 수다 떨다
〜過ぎる 너무 〜하다

□ **店を出す** 가게를 내다, 개점하다

▶ 私は最近駅前にもうひとつ店を出しました。
나는 최근 역 앞에서 또 하나 가게를 냈습니다.

駅前 역 앞
もうひとつ 또 하나

□ **手を出す** ① 그 일에 관여하다 ② 때리다 ③ 손을 대다

▶ その会社はいろいろな事業に手を出しています。
그 회사는 여러 가지 사업에 관여하고 있습니다.

いろいろな 여러 가지
事業 사업

▶ けんかは先に手を出した方が負けです。
싸움은 먼저 때린 쪽이 집니다.

けんか 싸움
先に 먼저
負ける 지다, 패하다
男 남자, 남성
娘 딸

▶ あの男は社長の娘に手を出しました。
저 남자는 사장의 딸에게 손을 댔습니다.

□ **しっぽを出す** 꼬리를 드러내다, 속임수가 드러나다

▶ あの詐欺師もついにしっぽを出しました。
그 사기꾼도 마침내 꼬리를 드러냈습니다.

詐欺師 사기꾼
ついに 마침내, 드디어

□ **あごを出す** 지쳐 버리다, 몹시 지치다

▶ 彼は1キロ走っただけであごを出しました。
그는 1킬로미터를 달린 것만으로 몹시 지쳤습니다.

〜キロ 〜킬로미터
〜だけで 〜만으로

□ **元気を出す** 기운을 내다

▶ 元気を出してください。
기운 내세요.

□ **声を出す** 소리를 내다

► 電車の中で読んでいた話がおかしくて、思わず
声を出して笑ってしまいました。
전철 안에서 읽고 있던 이야기가 우스워 무심코 소리를 내서 웃고 말았습니다.

話 이야기
おかしい 우습다, 이상하다
思わず 무심코, 엉겁결에
笑う 웃다

□ **足を出す** ① 발을 뻗다 ② (예산을) 초과하다

► 暑かったので布団から足を出して寝ました。
더워서 이불에서 발을 내놓고 잤습니다.

► 買い物をするとき、なるべく足を出さないように
気をつけています。
장을 볼 때 가능한 한 예산이 초과되지 않도록 신경 쓰고 있습니다.

布団 이불과 요, 이부자리

買い物をする
쇼핑을 하다, 장을 보다
なるべく
될 수 있는 한, 가능한 한

D77 동사 たつ 관련 어구

MP3 듣기

☐ **煙が立つ** 연기가 나다

▶ 煙突から煙が立っています。
굴뚝에서 연기가 나고 있습니다.

煙突 굴뚝

☐ **湯気が立つ** 김이 나다

▶ やかんから湯気が立っています。
주전자에서 김이 나고 있습니다.

やかん 주전자

☐ **波が立つ** 파도가 일다

▶ 風が吹いて湖に波が立ち始めました。
바람이 불어서 호수에 파도가 일기 시작했습니다.

湖 호수
〜始める 〜(하)기 시작하다

☐ **ほこりが立つ** 먼지가 나다

▶ ほこりが立つから布団の上で跳ねないでください。
먼지가 나니까 이부자리 위에서 뛰지 말아 주세요.

跳ねる 뛰다

☐ **うわさが立つ** 소문이 나다

▶ あなたと彼女のことで変なうわさが立っていますよ。
당신과 그녀에 대해 이상한 소문이 나돌고 있어요.

変だ 이상하다

□ **気が立つ** 신경이 곤두서다, 흥분하다

▶ 課長はいま忙しくて気が立っているから、話しかけない方がいいですよ。
과장님은 지금 바빠서 예민하니까 말을 걸지 않는 게 좋습니다.

課長 과장(님)
話しかける 말을 걸다

□ **腹が立つ** 화가 나다

▶ 彼から言われたことを思い出すたびに腹が立ちます。
그가 나에게 한 말이 생각날 때마다 화가 납니다.

思い出す 생각해 내다, 떠오르다
〜たびに 〜할 때마다

□ **顔が立たない** 체면이 서지 않다

▶ 彼が来てくれなければ私の顔が立ちません。
그가 와 주지 않으면 내 체면이 서지 않습니다.

〜なければ 〜(하)지 않으면

□ **席を立つ** 자리를 뜨다

▶ 式が終わるまで席を立たないでください。
식이 끝날 때까지 자리를 뜨지 말아 주십시오.

式が終わる 식이 끝나다

□ **役に立つ** 도움이 되다 ▶ p.137 役立つ 참조

▶ NHK放送は日本語の勉強の役に立ちます。
NHK 방송은 일본어 공부에 도움이 됩니다.

放送 방송

□ **鳥肌が立つ** ① 닭살이 돋다 ② (깊은 감명을 받아) 소름이 끼치다

▶ セーター１枚で外に出たら、鳥肌が立つほど寒かったです。
스웨터 1장만 입고 밖에 나갔더니 닭살이 돋을 정도로 추웠습니다.

セーター 스웨터
外 밖, 바깥
〜ほど 〜정도, 〜만큼

▶ ピアニストの素晴らしい演奏に鳥肌が立ちました。
피아니스트의 훌륭한 연주에 소름이 끼쳤습니다.

ピアニスト 피아니스트
素晴らしい 훌륭하다, 멋지다
演奏 연주

동사 D78 つける 관련 어구

MP3 듣기

□ **実力を付ける** 실력을 기르다

▶ 私は1年後までに日本語の実力を付けたいと思って
います。
나는 1년 후까지 일본어 실력을 기르고 싶습니다.

~後 ~후
~までに ~까지(는)

□ **ボタンを付ける** 단추를 달다

▶ ボタンが取れてしまったので付けてください。
단추가 떨어져 버렸으니 달아 주세요.

ボタンが取れる
단추가 떨어지다

□ **カーテンを付ける** 커튼을 달다

▶ 窓にレースのカーテンを付けました。
창문에 레이스가 달린 커튼을 달았습니다.

窓 창, 창문
レース 레이스

□ **名前を付ける** 이름을 짓다, 작명하다 (＝名付ける)

▶ 子どもに変わった名前を付ける親が時々います。
아이에게 색다른 이름을 붙이는 부모가 때때로 있습니다.

変わる 다르다, 색다르다
親 부모
時々 가끔, 때때로

□ **日記を付ける** 일기를 쓰다(적다)

▶ 私は毎日日記を付けています。
나는 매일 일기를 쓰고 있습니다.

□ **気を付ける** 조심하다, 주의하다

▶ 外に行くときには車に気を付けてください。
밖에 갈 때는 차를 조심하세요.

□ **火を付ける** 불을 켜다, 불을 붙이다

▶ 彼はライターでたばこに火を付けました。
그는 라이터로 담배에 불을 붙였습니다.

ライター 라이터
たばこ 담배

□ **身に付ける** ① (옷을) 입다 ② (몸에) 지니다 ③ (학문·기술 등을) 습득하다, 익히다

▶ 彼女は高価な服を身に付けています。
그녀는 값비싼 옷을 입고 있습니다.

高価だ 고가이다, 값이 비싸다

▶ 彼は懐中時計を身に付けています。
그는 회중시계를 지니고 있습니다.

▶ 留学して進んだ知識と技術を身に付けたいです。
유학해서 선진 지식과 기술을 익히고 싶습니다.

懐中時計 회중시계
留学する 유학하다
進む 진보하다, 발달하다
知識 지식
技術 기술

□ **手を付ける** 착수하다

▶ あの弁護士は確実な仕事でなければ手を付けません。
저 변호사는 확실한 일이 아니면 착수하지 않습니다.

弁護士 변호사
確実だ 확실하다

□ **目を付ける** 주목하다, 눈여겨 보다

▶ 彼女は以前から彼の才能に目を付けていました。
그녀는 이전부터 그의 재능에 주목하고 있었습니다.

以前 이전
才能 재능

□ **理由を付ける** 이유를 달다, 이유를 대다

▶ 彼は何を頼んでも何かしら理由をつけて断ります。
그는 무엇을 부탁해도 뭔가 이유를 대고 거절합니다.

頼む 부탁하다, 청하다
何かしら 무엇인지, 뭔가
断る 거절하다

D79 なる 관련 어구

동사

□ **ためになる** 도움이 되다, 이익이 되다

▶ 彼はいつもためになる話を聞かせてくれます。
그는 항상 도움이 되는 이야기를 들려줍니다.

聞かせる 들려주다

▶ ここであきらめるのはあなたのためになりません。
여기에서 포기하는 것은 당신에게 도움이 되지 않습니다.

あきらめる
단념하다, 체념하다

□ **お金になる** 돈이 되다, 벌이가 되다

▶ その仕事はお金になります。
그 일은 돈이 됩니다.

▶ 何かお金になる話はありませんか。
뭔가 돈이 되는 이야기는 없습니까?

□ **薬になる** 약이 되다, 도움이 되다

▶ 今度の失敗は彼にとっていい薬になったと思います。
이번의 실패는 그에게 좋은 약이 되었다고 생각합니다.

失敗 실패
～にとって ～에 있어서

□ **邪魔になる** 방해가 되다

▶ 私が行ったらみんなの邪魔になりませんか。
내가 가면 모두에게 방해가 되지 않겠습니까?

□ **駄目になる** 할 수 없게 되다, 소용없게 되다

▶ カメラが水にぬれて駄目になってしまいました。
카메라가 물에 젖어서 못 쓰게 되어 버렸습니다.

カメラ 카메라
水にぬれる 물에 젖다

□ **ふいになる** 허사가 되다

▶ 急な残業のためにデートの約束がふいになって
しまいました。
갑작스런 잔업 때문에 데이트 약속이 허사가 되고 말았습니다.

急だ 갑작스럽다
残業 잔업
デート 데이트

□ **お世話になる** 신세 지다, 폐를 끼치다

▶ 日本では先生に本当にお世話になりました。
일본에서는 선생님께 정말로 신세를 많이 졌습니다.

本当に 정말로

□ **病気になる** 병이 들다

▶ 彼は働き過ぎて病気になってしまいました。
그는 너무 일을 많이 해서 병이 들어 버렸습니다.

働き過ぎる 과로하다

□ **火事になる** 불이 나다

▶ 昨夜近所の工場が火事になりました。
어젯밤 근처의 공장에 불이 났습니다.

昨夜 어젯밤
近所 근처
工場 공장

□ **何とかなる** 어떻게든 되다

▶ 何とかなるから心配しないでください。
어떻게든 될 테니까 걱정하지 말아 주세요.

心配する 걱정하다

□ **ものになる** 쓸 만한 것이 되다, 쓸 만한 사람이 되다

▶ 日本語がものになるまで、けっこう時間がかかり
ました。
일본어를 제대로 쓸 수 있게 될 때까지 제법 시간이 걸렸습니다.

けっこう 그런대로, 제법
時間がかかる 시간이 걸리다

© 2-80

동사 D80 気 관련 어구

MP3 듣기

☐ **気が付く** ① 생각이 미치다, 알아차리다 ② 정신이 들다

▶ 駅で財布がないのに気が付きました。
역에서 지갑이 없다는 것을 알아차렸습니다.

~のに ~것에

▶ あの人はよく気が付く人です。
저 사람은 매우 눈치가 빠른 사람입니다.

よく 매우, 아주

▶ 気が付いたら病院のベッドに寝ていました。
정신이 들었더니 병원의 침대에 누워 있었습니다.

ベッド 침대

☐ **気に入る** 마음에 들다 ▶ 시제에 주의

▶ 私はこのかばんが気に入りました。(×気に入ります)
나는 이 가방이 마음에 듭니다.

▶ 彼は彼女の態度が気に入りません。
그는 그녀의 태도가 마음에 들지 않습니다.

態度 태도

☐ **気になる** 걱정이 되다, 궁금하다

▶ 占いをするのは将来のことが気になるからです。
점을 보는 것은 장래의 일이 궁금하기 때문입니다.

占いをする 점을 보다

☐ **気にする** 걱정하다, 염려하다, 의식하다

▶ 彼は人の視線をいつも気にしています。
그는 다른 사람의 시선을 항상 의식하고 있습니다.

視線 시선

226

□ **気がする** 생각이 들다, 느낌이 들다, 마음이 들다

▶ **着信しない携帯が振動したような気がするなら、自律神経に問題が起きています。**
착신하지 않은 휴대폰이 진동한 것 같은 느낌이 든다면 자율신경에 문제가 발생했습니다.

着信する 착신하다
携帯 휴대폰
振動する 진동하다
〜なら 〜(라)면
自律神経 자율신경
問題が起きる 문제가 발생하다
こんなに 이렇게

▶ **こんなに少しじゃ、食べた気がしません。**
이렇게 조금으로는 먹은 느낌이 들지 않습니다.

▶ **こんなに厚い本は読み通せる気がしません。**
이렇게 두꺼운 책은 끝까지 읽을 수 있을 것 같지 않습니다.

厚い 두껍다
読み通す 끝까지 읽다

▶ **あんな怖いところには、行く気がしません。**
저런 무서운 곳에는 갈 마음이 들지 않습니다.

あんな 저런
怖い 무섭다, 두렵다

□ **気が短い** 성질이 거칠다, 참을성이 없다

▶ **彼は気が短くてよく人とけんかをします。**
그는 성질이 거칠어 자주 다른 사람과 싸움을 합니다.

よく 자주
けんかをする 싸움을 하다, 다투다

관 **短気だ** 성질이 거칠다

▶ **私の上司は短気ですぐ部下を怒鳴ります。**
저희 상사는 성질이 거칠어 바로 부하에게 호통칩니다.

上司 상사
部下 부하
怒鳴る 소리치다, 고함치다

관 **せっかちだ** 성질이 급하다

□ **気が長い** 성질이 늘쩡늘쩡하다, 성질이 너무 느긋하고 태평하다

▶ **N1を取るのに10年計画とは、ずいぶん気の長い話ですね。**
N1을 따는 데에 10년 계획이라니, 몹시 느긋하고 태평한 이야기군요.

取る 따다
計画 계획
〜とは 〜라고는, 〜하다니
ずいぶん 대단히, 몹시

□ **気が散る** 마음이 흐트러지다(산란해지다), 집중이 안 되다

▶ **テレビがついていると気が散って勉強できません。**
텔레비전이 켜져 있으면 마음이 산란해져서 공부할 수 없습니다.

テレビがつく 텔레비전이 켜지다

□ **気があるき** 마음이 있다, 관심이 있다

▶ 彼女はどうもあの男性に気があるようです。
그녀는 아무래도 저 남자에게 관심이 있는 것 같습니다.

どうも 아무래도
~ようだ ~인 것 같다

□ **気がないき** 마음이 없다, 관심이 없다

▶ 彼は彼女の誘いに気のない返事をしました。
그는 그녀의 권유에 마음에 없는 대답을 했습니다.

誘い 꾐, 권유, 유혹
返事をする 대답을 하다

□ **気が抜けるきぬ** ① 맥이 빠지다, 기운이 빠지다 ② 김이 빠지다

▶ 一生懸命練習したのに雨で試合が中止になり、気が抜けてしまいました。
열심히 연습했는데 비로 시합이 중지되어 맥이 빠져 버렸습니다.

一生懸命 열심히
練習する 연습하다
~のに ~는데
試合 시합
中止になる 중지되다
ビール 맥주

▶ このビールは気が抜けていておいしくありません。
이 맥주는 김이 빠져서 맛이 없습니다.

□ **気が済むきす** 마음이 홀가분해지다, 후련하다

▶ その問題について気が済むまで話してください。
그 문제에 대해서 마음이 홀가분ㄹ해질 때까지 이야기해 주세요.

~について ~에 대해서

▶ 彼女は自分のほしいものは手に入れないと気が済まない性格です。
그녀는 자신이 원하는 것은 가지지 않으면 못 배기는 성격입니다.

ほしい 원하다, 갖고 싶다
手に入れる 손에 넣다
性格 성격

□ **気が向くきむ** 할 마음이 들다, 기분이 내키다

▶ 気が向いたら遊びに来てください。
기분이 내키면 놀러 오세요.

~に来る ~(하)러 오다

い형용사

총 167개 단어를 13개 분야로 분류하였다.

PART

MP3 전체 듣기

◎ 3-01

い형용사 01 크기, 길이와 관련된 단어

MP3 듣기

☐ **大きい** 크다
<small>おお</small>

▶ あの大きいかばんをください。
　　저 큰 가방을 주세요.

かばん 가방
〜をください 〜을 주세요

☐ **小さい** ① 작다 ② 어리다
<small>ちい</small>

▶ 字が小さくて読みにくいです。
　　글자가 작아서 읽기 어렵습니다.

▶ 小さい頃私はよく友だちとけんかしました。
　　어린 시절 나는 친구와 자주 싸웠습니다.

字 글자
〜くて 〜(하)고, 〜(해)서
〜にくい 〜하기 어렵다
頃 무렵, 시절
よく 자주
けんかする 싸우다, 다투다

☐ **長い** ① (길이가) 길다 ② (시간이) 길다
<small>なが</small>

▶ あの髪の長い女性は私の彼女です。
　　저 긴 머리의 여성은 내 여자 친구입니다.

▶ 長い間立って仕事をしたので疲れてしまいました。
　　오랫동안 서서 일을 해서 피곤해졌습니다.

髪 머리카락
女性 여성, 여자
彼女 여자 친구
長い間 오랫동안
〜ので 〜때문에
疲れる 피곤해지다, 지치다

☐ **細長い** 가늘고 길다, 좁고 길다
<small>ほそ なが</small>

▶ 太刀魚は刀のような形をした細長い魚です。
　　갈치는 칼과 같은 모양을 한 가늘고 긴 물고기입니다.

▶ この町は、海岸に沿って南北に細長く伸びています。
　　이 마을은 해안을 따라 남북으로 가늘고 길게 뻗어 있습니다.

太刀魚 갈치
刀のような 칼과 같은
形 모양, 형태
魚 물고기, 생선
海岸に沿う 해안을 따르다
南北に伸びる 남북으로 뻗다

□ **短い** ① (길이가) 짧다 ② (시간이) 짧다

► 私は鉛筆を短くなるまで使います。
나는 연필을 짧아질 때까지 사용합니다.

► 彼の日本語は短い間にとても上手になりました。
그의 일본어는 짧은 동안에 많이 능숙해졌습니다.

鉛筆 연필
～くなる ～해지다
間 동안, 사이
とても 대단히, 매우
上手になる 능숙해지다

□ **高い** ① 높다 ② (가격이) 비싸다

► 日本でいちばん高い山は富士山です。
일본에서 가장 높은 산은 후지산입니다.

► 社長は彼を高く買っていました。
사장님은 그를 높이 평가하고 있었습니다.

► 株のポイントは安く買って高く売ることです。
주식의 포인트는 싸게 사서 비싸게 파는 것입니다.
관 安い (가격이) 싸다

いちばん 가장, 제일
富士山 후지산

社長 사장(님)
買う (높이) 평가하다
株 주식
ポイント 포인트, 요점
安い (가격이) 싸다

□ **低い** ① (높이가) 낮다, (소리가) 작다 ② (수준·위치·지위가) 낮다

► 飛行機が低く飛んでいます。
비행기가 낮게 날고 있습니다.

► もう少し低い声で話してください。
좀 더 낮은 목소리로 이야기해 주세요

► もう少し部屋の温度を低くしてください。
좀 더 방의 온도를 낮게 해 주세요.

飛行機が飛ぶ
비행기가 날다

もう少し 조금 더, 좀 더
声 (목)소리

温度 온도
～くする ～하게 하다

□ **多い** 많다

► 日本は温泉が多い国です。
일본은 온천이 많은 나라입니다.

► キムチは栄養の多い食品です。
김치는 영양이 많은 식품입니다.

温泉 온천
国 나라, 고향
キムチ 김치
栄養 영양
食品 식품

□ **少ない**(すく) 적다

▶ 私(わたし)の父(ちち)は口数(くちかず)の少(すく)ない人(ひと)です。
제 아버지는 말수가 적은 사람입니다.

▶ あの会社(かいしゃ)は給料(きゅうりょう)が少(すく)ないことで有名(ゆうめい)です。
저 회사는 임금이 적기로 유명합니다.

口数が少ない 말수가 적다

給料 급료, 봉급, 임금
~ことで ~것으로
有名だ 유명하다

□ **近い**(ちか) 가깝다, 시간적으로 멀지 않다

▶ 私(わたし)の学校(がっこう)はうちから近(ちか)いです。
나의 학교는 집에서 가깝습니다.

▶ テストの日(ひ)がだんだん近(ちか)くなってきました。
시험날이 점점 가까워지고 있습니다.

学校 학교
うち (우리) 집

テストの日 시험날
だんだん 점점

□ **遠い**(とお) 멀다

▶ 彼(かれ)は駅(えき)から遠(とお)いところに住(す)んでいます。
그는 역에서 먼 곳에 살고 있습니다.

駅 역
ところ 곳, 장소

232

い형용사 02

무게, 모양과 관련된 단어

MP3 듣기

□ **重い** ① 무겁다 ② 중대하다

▶ このかばんはちょっと重いですね。
이 가방은 좀 무겁군요.

かばん 가방

▶ テストのことを考えると気が重いです。
시험을 생각하면 마음이 무겁습니다.

〜のこと 〜에 관한 모든 것
気が重い 마음이 무겁다

▶ 彼女の病気は重いんですか。
그녀의 병은 중합니까?

病気 병

□ **重たい** 무겁다, 묵직하다

▶ 辞書を入れたらかばんが重たくなってしまいました。
사전을 넣었더니 가방이 무거워졌습니다.

辞書 사전
入れる (안에) 넣다

▶ このアプリは重たいですね。もっと軽快に動かせればいいんですけど。
이 앱은 무겁네요. 좀 더 경쾌하게 움직이면 좋을텐데.

アプリ 앱, 애플리케이션
もっと 좀 더
軽快に 경쾌하게
動かせる 작동할 수 있다

□ **軽い** 가볍다

▶ この靴は軽くて丈夫です。
이 구두는 가볍고 튼튼합니다.

靴 구두, 신발
丈夫だ 튼튼하다

▶ 軽い風邪ですから心配ありません。
가벼운 감기이기 때문에 걱정 없습니다.

〜ですから 〜이기 때문에
心配 걱정, 근심
ファーストフード
패스트푸드

▶ ファーストフードで軽い食事をとりました。
패스트푸드로 가벼운(간단한) 식사를 했습니다.

食事をとる 식사를 하다

□ 広い 넓다

▶ この近くに広い公園があります。
이 근처에 넓은 공원이 있습니다.

近く 근처, 부근
公園 공원

▶ 彼は顔が広いです。
그는 발이 넓습니다(교제 범위가 넓다).

顔が広い 발이 넓다

▶ 彼は心の広い人です。
그는 마음이 넓은 사람입니다.

心 마음

□ 狭い 좁다

▶ この部屋は狭くて暗いですね。
이 방은 좁고 어둡군요.

暗い 어둡다

▶ 彼は視野が狭いです。
그는 시야가 좁습니다.

視野が狭い 시야가 좁다

□ 太い 굵다

▶ もう少し太い字で書いてください。
좀 더 굵은 글자로 써 주세요.

~てください ~해 주세요

□ 細い 가늘다

▶ 指が細い人は文才があるそうです。
손가락이 가는 사람은 글재주가 있다고 합니다.

指 손가락
文才がある 글재주가 있다
~そうだ ~라고 하다 (전문)

▶ 彼は孫を見て目を細くしました。
그는 손자를 보고 흐뭇해했습니다.

孫 손자
目を細くする
(기쁘거나 귀여워서) 흐뭇해하다

▶ 彼女はいつも細い声で話します。
그녀는 항상 갸날픈 소리로 이야기합니다.

いつも 언제나, 항상

□ **細かい** ① 잘다 ② (금액이) 작다 ③ 사소하다 ④ 간간하다, 세심하다

▶ たまねぎを細かく刻みます。
양파를 잘게 썹니다.

たまねぎ 양파
刻む 잘게 썰다

▶ 細かいお金を持っていますか。
잔돈을 가지고 있습니까?

お金 돈

▶ うちの社長は細かい事にまで口を出します。
우리 사장은 하찮은 일에까지 참견합니다.

うち 우리
細かい事 하찮은 일
〜にまで 〜에까지
口を出す 말참견을 하다
一緒に 함께, 같이
疲れる 피로해지다, 지치다

▶ 細かい人と一緒にいると、疲れます。
간간한 사람과 같이 있으면 피곤합니다.

□ **厚い** 두껍다

▶ 私は薄いトンカツより厚いトンカツの方が好きです。
나는 얇은 돈가스보다 두꺼운 돈가스를 더 좋아합니다.

トンカツ 돈가스
〜より〜の方が〜です
〜보다 〜쪽이 〜입니다
好きだ 좋아하다

□ **薄い** ① 얇다 ② 정도가 적다 ▶ p.238 참조

▶ ハムを薄く切ってください。
햄을 얇게 잘라 주세요.

ハムを切る 햄을 자르다

▶ 最近私は髪が薄くなってきました。
나는 요즘 머리숱이 적어지고 있습니다.

最近 최근, 요즘
髪 머리, 머리카락

□ **まるい** ① 둥글다 ② 원만하다

▶ 地球は丸いです。
지구는 둥급니다.

地球 지구

▶ 四角いテーブルより円いテーブルを買いましょう。
네모난 테이블보다 둥근 테이블을 삽시다.

四角い 네모나다
テーブル 테이블
調停 조정
何とか 그럭저럭
おさまる 수습되다

▶ 彼の調停で何とかことは丸くおさまりました。
그의 조정으로 그럭저럭 일은 원만하게 수습되었습니다.

い형용사 **03** 미각과 관련된 단어

MP3 듣기

☐ **おいしい** 맛있다

▶ このラーメンはおいしいですね。
이 라면은 맛있군요.

ラーメン 라면

▶ このお酒は本当においしいです。
이 술은 정말 맛있습니다.

お酒 술
本当に 정말로

☐ **うまい** 맛있다 ▶ p.262 참조

▶ この酒は実にうまい。
이 술은 참 맛이 좋다.

実に 참으로, 실로

☐ **まずい** ① 맛없다 ② 거북하다

▶ あの店は高くてまずいです。
저 가게는 비싸고 맛없습니다.

店 가게

▶ 今そのことを言うのはまずいと思います。
지금 그 말을 하는 것은 거북할 것 같습니다.

～と思う ～라고 생각하다

☐ **しょっぱい** 짜다

▶ スープに塩を入れ過ぎてしょっぱくなってしまいました。
수프에 소금을 너무 넣어서 짜게 되어 버렸습니다.

スープ 수프
塩を入れる 소금을 넣다
～過ぎる 너무 ～하다

□ **塩辛い** <small>しお から</small> 짜다

► 海水が塩辛いのはナトリウムのためです。
바닷물이 짠 것은 나트륨 때문입니다.

<small>海水 해수, 바닷물
ナトリウム 나트륨
～のためだ ～때문이다</small>

□ **辛い** <small>から</small> ① 맵다 ② 박하다, (평가가) 짜다

► このとうがらしはとても辛いですね。
이 고추는 매우 맵군요.

<small>とうがらし 고추</small>

► あの先生は点数がとても辛いです。
저 선생님은 점수가 매우 짭니다.

<small>点数が辛い
점수가 짜다(박하다)</small>

□ **甘い** <small>あま</small> ① 달다 ② 무르다, 후하다

► 私は甘いものが大好きです。
나는 단것을 매우 좋아합니다.

<small>大好きだ 매우 좋아하다</small>

► あの先生は点数が甘いです。
저 선생님은 점수가 후합니다.

<small>点数が甘い 점수가 후하다</small>

► あの先生は女子学生に甘いです。
그 선생님은 여학생에게 엄하지 못합니다.

<small>女子学生 여학생</small>

□ **渋い** <small>しぶ</small> ① 떫다 ② (표정 등이) 떨떠름하다 ③ 수수하고 차분한 멋이 있다

► この柿はまだ渋いです。
이 감은 아직 떫습니다.

<small>柿 감
まだ 아직</small>

► 彼に頼んだら渋い顔をされました。
그에게 부탁했더니 떨떠름한 표정을 지었습니다.

<small>頼む 부탁하다
渋い顔をする
떨떠름한 표정을 짓다
俳優 배우
人気がある 인기가 있다</small>

► その俳優は渋い声で人気があります。
그 배우는 차분한 목소리로 인기가 있습니다.

□ **すっぱい** 시다

▶ このみかんはすっぱいですね。
이 귤은 시군요.

> みかん 귤

▶ 先生は口をすっぱくして学生たちに宿題をする
ように言いました。
선생님은 입에 신물이 나도록 학생들에게 숙제를 하라고 말했습니다.

> 口をすっぱくして言う
> 입에 신물이 나도록 말하다
> 宿題 숙제
> ～ように ～하도록

□ **苦い** ① 쓰다 ② (기분이) 씁쓸하다, 쓰라리다

▶ この薬はとても苦いですね。
이 약은 매우 쓰군요.

> 薬 약

▶ 高校時代は苦い思い出しかありません。
고교 시절은 쓰라린 추억밖에 없습니다.

> 高校時代 고교 시절
> 思い出 추억
> ～しかない ～밖에 없다

□ **濃い** ① (맛이) 진하다 ② (농도·밀도가) 높다, 짙다

▶ 田舎料理は味の濃い食べ物が多いです。
시골 요리는 맛이 진한(=짠) 음식이 많습니다.

> 田舎料理 시골 요리
> 味が濃い 맛이 진하다

▶ 私は濃いコーヒーが好きです。
나는 진한 커피를 좋아합니다.

> コーヒー 커피

▶ 濃い霧のために飛行機が離陸できませんでした。
짙은 안개 때문에 비행기가 이륙할 수 없었습니다.

> 霧 안개
> 離陸する 이륙하다

□ **薄い** (색·맛이) 싱겁다, 연하다 ▶ p.235 참조

▶ このスープは味が薄いですね。
이 수프는 맛이 싱겁군요.

> 味が薄い 맛이 싱겁다

□ **油っこい** 기름기가 많고 느끼하다

▶ 油っこい料理は胃がもたれます。
기름기가 많은 요리는 소화가 잘 안 됩니다.

> 胃がもたれる
> 소화가 잘 안 되다

い형용사 **04** 시각과 관련된 단어

□ **赤い** 붉다, 빨갛다

► 彼はお酒を飲むと顔がすぐ赤くなります。
  그는 술을 마시면 얼굴이 금방 붉어집니다.

> お酒を飲む 술을 마시다
> 顔が赤くなる 얼굴이 빨개지다

□ **青い** ① 파랗다 ② (열매 따위가) 덜 익다 ③ 창백하다

► 職員たちは青い服を着ています。
  직원들은 푸른 옷을 입고 있습니다.

> 職員たち 직원들
> 服を着る 옷을 입다

► そのりんごはまだ青いですね。
  그 사과는 아직 덜 익었군요.

> りんご 사과

► 彼はその話を聞いて青くなりました。
  그는 그 이야기를 듣고 파랗게 질렸습니다.

> 話を聞く 이야기를 듣다

□ **青白い** ① 푸르스름하다 ② 창백하다

► 満月が夜空に青白く光っていました。
  만월이 밤하늘에 푸르스름하게 빛나고 있습니다.

> 満月 만월
> 夜空 밤하늘
> 光る 빛나다

► 学生たちの中に一人、青白い顔をした少年がいました。
  학생들 중 한 사람, 창백한 얼굴을 한 소년이 있었습니다.

> 学生たち 학생들
> 顔をする 얼굴을 하다
> 少年 소년

□ **黄色い** 노랗다

► 畑に黄色い菜の花が咲いています。
  밭에 노란 유채꽃이 피어 있습니다.

> 畑 밭
> 菜の花が咲く 유채꽃이 피다

□ 黒い 검다

► 葬式の時には黒い服を着て行きます。
장례식에서는 검은 옷을 입고 갑니다.

葬式 장례식
時 때, 시기

□ 白い 희다, 하얗다

► 庭にモクレンの白い花が咲いています。
뜰에 흰 목련꽃이 피어 있습니다.

► 空に白い煙が上がっています。
하늘에 흰 연기가 피어오르고 있습니다.

庭 정원, 마당, 뜰
モクレン 목련
空 하늘
煙が上がる
연기가 피어오르다

□ 茶色い 갈색이다

► 彼女は髪を茶色く染めました。
그녀는 머리를 갈색으로 물들였습니다.

染める 물들이다, 염색하다

□ 明るい ① 밝다 ② 명랑하다 ③ 정통하다

► 明るい部屋に引っ越したいです。
밝은 방으로 이사하고 싶습니다.

引っ越す 이사하다
〜たい 〜(하)고 싶다

► 彼は明るい人です。
그는 명랑한 사람입니다.

► 彼は法律に明るいです。
그는 법률에 밝습니다.

法律 법률

□ 暗い ① 어둡다 ② 우울하다

► 暗い道を一人で歩くのは危険です。
어두운 길을 혼자서 걷는 것은 위험합니다.

► 彼女はいつも暗い顔をしています。
그녀는 항상 어두운 얼굴을 하고 있습니다.

道 길
一人で 혼자서
危険だ 위험하다
暗い顔をする
어두운 얼굴을 하다

240

□ **薄暗い** 어둑어둑하다

► 私たちは、まだ薄暗い時間に出発しました。
우리들은 아직 어둑어둑한 시간에 출발했습니다.

► 彼らは、日が沈んであたりが薄暗くなったころ、帰って来ました。
그들은 해가 져서 주변이 어둑어둑하게 되었을 때 돌아왔습니다.

私たち 우리들
時間 시간
出発する 출발하다
彼ら 그들
日が沈む 해가 지다
あたり 근처, 주변, 언저리
ころ 때, 쯤

□ **美しい** ① 아름답다 ② 곱다

► そこは湖の美しいところです。
그곳은 호수가 아름다운 곳입니다.

► 彼女は心の美しい人です。
그녀는 마음이 고운 사람입니다.

湖 호수

心が美しい 마음이 곱다

□ **眩しい** 눈부시다

► 眩しいですからカーテンをしめてください。
눈부시니까 커튼을 쳐 주세요.

► 彼女は笑顔がとても眩しかった。
그녀는 웃는 얼굴이 아주 눈부셨다.

カーテンをしめる
커튼을 닫다(치다)

笑顔 웃는 얼굴

청각·후각·촉각과 관련된 단어

□ **うるさい** ① 시끄럽다 ② 까다롭다

▶ 子供たちがうるさくて勉強できません。
아이들이 시끄러워서 공부할 수 없습니다.

勉強できる 공부할 수 있다

▶ うちの上司は言葉遣いにうるさいです。
우리 회사 상사는 말씨에 까다롭습니다.

上司 상사
言葉遣い 말투, 말씨

□ **やかましい** ① 시끄럽다 ② 까다롭다, 잔소리가 심하다

▶ 隣の犬が夜うるさいので注意したら、「やかましい」
と言われてしまいました。
이웃집 개가 밤에 시끄러워서 주의를 줬더니 '시끄럽다'고 들었습니다.

隣 이웃, 이웃집
注意する 주의를 주다
〜と言われる 〜라고 듣다

▶ 母は食事のマナーにやかましくて、一緒にいると
楽しく食べられません。
엄마는 식사 예절에 까다로워서 같이 있으면 즐겁게 식사할 수 없습니다.

食事 식사
マナー 매너, 예절
楽しい 즐겁다

□ **騒がしい** 시끄럽다, 소란스럽다

▶ 外が騒がしいので何があったのか見てみました。
바깥이 시끄러워서 무슨 일이 있는지 보았습니다.

□ **痒い** 가렵다

▶ 春になると花粉症で目が痒くなります。
봄이 되면 꽃가루 알레르기로 눈이 가려워집니다.

春になる 봄이 되다
花粉症 꽃가루 알레르기
目 눈

□ **臭**（くさ）**い** ① 구린내가 나다 ② (접미어적으로) ~냄새가 나다

▶ 彼（かれ）の口（くち）が臭（くさ）いのは歯（は）を磨（みが）かないからです。
그의 입에서 냄새가 나는 것은 이를 닦지 않기 때문입니다.

歯（は）を磨（みが）く 이를 닦다

▶ 梅雨時（つゆどき）は湿気（しっけ）が多（おお）くて服（ふく）が臭（くさ）くなりやすいです。
장마철에는 습기가 많아서 옷이 냄새가 나기 쉽습니다.

梅雨時（つゆどき） 장마철
湿気（しっけ） 습기
~やすい ~하기 쉽다
ネットカフェ PC방
~たら ~더니
タバコ臭い
담배 냄새가 나다

▶ ネットカフェへ行（い）ったら服（ふく）がタバコ臭（くさ）くなってしまった。
PC방에 갔더니 옷에서 담배 냄새가 난다.

□ **痛**（いた）**い** 아프다

▶ 風邪（かぜ）を引（ひ）いてのどが痛（いた）いです。
감기에 걸려서 목이 아픕니다.

風邪（かぜ）を引（ひ）く 감기에 걸리다
のどが痛（いた）い 목이 아프다

▶ 昨日（きのう）から歯（は）が痛（いた）くて何（なに）も食（た）べられません。
어제부터 이가 아파서 아무것도 먹을 수 없습니다.

歯（は）が痛（いた）い 이가 아프다
何（なに）も 아무것도

▶ それは頭（あたま）の痛（いた）い問題（もんだい）です。
그것은 머리 아픈 문제입니다.

頭（あたま）が痛（いた）い
머리가 아프다, 골치 아프다
問題（もんだい） 문제

🈁 具合（ぐあい）が悪（わる）い (병 등으로) 아프다

▶ 今日（きょう）は具合（ぐあい）が悪（わる）くて学校（がっこう）を休（やす）みました。
오늘은 아파서 학교를 쉬었습니다.

学校（がっこう）を休（やす）む 학교를 쉬다

□ **固**（かた）**い(＝堅**（かた）**い)** ① 딱딱하다, 단단하다, 견고하다 ② (입이) 무겁다

▶ この肉（にく）は固（かた）くてかみきれません。
이 고기는 질겨서 씹히지 않습니다.

肉（にく） 고기
かむ 씹다
~きれない
완전히 ~할 수 없다
タオルをしぼる 수건을 짜다

▶ タオルを固（かた）くしぼってください。
수건을 꽉 짜 주세요.

▶ 彼（かれ）の辞職（じしょく）の決心（けっしん）は固（かた）いようです。
그의 사직 결심은 굳어진 것같습니다.

辞職（じしょく） 사직
決心（けっしん） 결심
~ようだ ~인 것 같다

▶ 彼（かれ）は口（くち）の固（かた）い人（ひと）です。
그는 입이 무거운 사람입니다.

口（くち）が固（かた）い 입이 무겁다

□ **柔らかい** 부드럽다, 유연하다

▶ 麺は柔らかく茹でてください。
면은 부드럽게 삶아 주세요.

麺 면
茹でる 삶다

▶ 彼は頭の柔らかい人です。
그는 생각이 유연한 사람입니다.

頭が柔らかい
생각이 유연하다

□ **もろい** ① 부서지기 쉽다, 깨지기 쉽다, 무르다 ② (마음이) 여리다, 약하다

▶ おもちゃにガラスのようなもろい素材を使うのは
危険です。
장난감에 유리와 같은 깨지기 쉬운 소재를 사용하는 것은 위험합니다.

おもちゃ 장난감
ガラス 유리
素材 소재
危険 위험
情にもろい 정에 약하다
騙される 속다
性格 성격

▶ 彼女は情にもろくて騙されやすい性格です。
그녀는 정에 약해서 속기 쉬운 성격입니다.

□ **暑い** 덥다

▶ ソウルの夏はとても暑いです。
서울의 여름은 매우 덥습니다.

ソウル 서울
夏 여름

□ **蒸し暑い** 무덥다

▶ 東京の夏は湿度が高いのでとても蒸し暑いです。
도쿄의 여름은 습도가 높아 매우 무덥습니다.

湿度が高い 습도가 높다

□ **あたたかい** 따뜻하다

▶ ストーブをつけて部屋を暖かくしました。
난로를 켜서 방을 따뜻하게 했습니다.

ストーブをつける
난로를 켜다

▶ 彼は心の温かい人です。
그는 마음이 따뜻한 사람입니다.

心が温かい 마음이 따뜻하다

☐ **寒<ruby>さむ</ruby>い** 춥다

► 春<ruby>はる</ruby>といっても朝<ruby>あさ</ruby>はまだ寒<ruby>さむ</ruby>いです。
봄이라고 해도 아침은 아직 춥습니다.

~といっても ~라고 해도

☐ **涼<ruby>すず</ruby>しい** ① 시원하다, 서늘하다 ② 태연하게 모르는 체하다

► ９月<ruby>がつ</ruby>になってだんだん涼<ruby>すず</ruby>しくなってきました。
9월이 되어서 점점 서늘해졌습니다.

だんだん 점점
~てくる ~해지다

► 彼<ruby>かれ</ruby>は人<ruby>ひと</ruby>に迷惑<ruby>めいわく</ruby>をかけておいて涼<ruby>すず</ruby>しい顔<ruby>かお</ruby>をしています。
그는 남에게 폐를 끼쳐 놓고 태연한 얼굴을 하고 있습니다.

迷惑をかける 폐를 끼치다
涼しい顔をする
태연한 얼굴을 하다

☐ **熱<ruby>あつ</ruby>い** 뜨겁다

► このスープは熱<ruby>あつ</ruby>くて飲<ruby>の</ruby>めません。
이 수프는 뜨거워서 먹을 수 없습니다.

► 彼<ruby>かれ</ruby>の歴史<ruby>れきし</ruby>への熱<ruby>あつ</ruby>い思<ruby>おも</ruby>いがこの本<ruby>ほん</ruby>によく表<ruby>あらわ</ruby>れています。
그의 역사에 대한 뜨거운 관심이 이 책에 잘 나타나 있습니다.

歴史 역사
~への ~에 대한, ~를 향한
思い 생각, 마음, 관심
よく 잘
表れる 나타나다

☐ **温<ruby>ぬる</ruby>い** 미지근하다

► 私<ruby>わたし</ruby>はぬるいお湯<ruby>ゆ</ruby>につかるのが好<ruby>す</ruby>きです。
저는 미지근한 목욕물에 잠기는 것을 좋아합니다.

お湯 목욕물
つかる 잠기다

☐ **冷<ruby>つめ</ruby>たい** ① 차다 ② 냉정하다, 쌀쌀하다

► 風<ruby>かぜ</ruby>が冷<ruby>つめ</ruby>たくなりましたね。
바람이 차가워졌군요

► 冷<ruby>つめ</ruby>たいビールでも飲<ruby>の</ruby>みませんか。
시원한 맥주라도 마시지 않겠습니까?

ビール 맥주
~でも~ませんか
~라도 ~(하)지 않겠습니까?

► 彼女<ruby>かのじょ</ruby>はいつも私<ruby>わたし</ruby>に冷<ruby>つめ</ruby>たい態度<ruby>たいど</ruby>を取<ruby>と</ruby>ります。
그녀는 항상 나에게 쌀쌀한 태도를 취합니다.

態度を取る 태도를 취하다

い형용사 **06** 성격과 관련된 단어

☐ **勇ましい** 용감하다, 씩씩하다

▶ 兵士たちは勇ましく戦いました。
병사들은 용감하게 싸웠습니다.

兵士たち 병사들
戦う 싸우다

☐ **おとなしい** ① 얌전하다, 온순하다 ② 고분고분하다

▶ この子はおとなしいですね。
이 아이는 얌전하군요.

子 아이

▶ 上司の命令にはおとなしく従いましょう。
상사의 명령에는 고분고분하게 따릅시다.

命令に従う 명령에 따르다

☐ **優しい** 상냥하다, 다정하다, 부드럽다

▶ 私は優しい男性と結婚したいです。
나는 다정한 남자와 결혼하고 싶습니다.

男性 남성, 남자
結婚する 결혼하다

▶ あの子は気立ての優しい子です。
저 아이는 마음씨가 고운 아이입니다.

気立てが優しい
마음씨가 곱다

▶ 私は肌に優しい化粧品を使っています。
나는 자극이 없는 화장품을 사용하고 있습니다.

肌 피부
肌に優しい 자극이 없다
化粧品 화장품

☐ **荒い** ① 거칠다, 난폭하다 ② 헤프다

▶ 彼は言葉遣いが荒いのが欠点です。
그는 말씨가 거친 것이 단점입니다.

欠点 결점, 단점

▶ 彼は金遣いが荒いです。
그는 돈 씀씀이가 헤픕니다.

金遣いが荒い
돈 씀씀이가 헤프다

□ **頼もしい** 믿음직하다, 미덥다, 기대할 만하다

▶ 先生は日本語に関するどんな質問にも答えてくれる頼もしい人です。
선생님은 일본어에 관한 어떤 질문에도 대답해 주는 믿음직한 사람입니다.

~に関する ~에 관한
どんな 어떤
質問 질문

▶ 新入社員たちの実績を見て、とても頼もしく思いました。
신입사원들의 실적을 보고 매우 믿음직하게 생각했습니다.

新入社員たち 신입사원들
実績 실적

□ **厳しい** ① 엄하다, 엄격하다 ② 심하다, 가혹하다

▶ その先生は学生たちにとても厳しいです。
그 선생님은 학생들에게 매우 엄합니다.

▶ 9月になっても厳しい暑さが続いています。
9월이 되어서도 심한 더위가 계속되고 있습니다.

暑さ 더위
続く 계속되다

□ **図々しい** 뻔뻔스럽다

▶ 黙って人の家の冷蔵庫を開けるなんて図々しいですね。
말 없이 남의 집 냉장고를 열다니 뻔뻔스럽군요.

黙る 이해를 구하지 않다
冷蔵庫を開ける
냉장고를 열다
~なんて ~하다니

□ **厚かましい** 뻔뻔스럽다

▶ 彼は厚かましく色々なことを私に要求します。
그는 뻔뻔스럽게 여러 가지 일을 나에게 요구합니다.

色々な 여러 가지
要求する 요구하다

□ **しつこい** 끈덕지다, 집요하다

▶ 保険のセールスマンがしつこく勧誘するので困っています。
보험 설계사가 집요하게 권유해서 못 살겠어요.

保険のセールスマン
보험 설계사
勧誘する 권유하다
困る 곤란하다, 난처하다

□ **ずるい** 교활하다, 치사하다

▶ 横入りするなんてずるいですよ。
새치기하다니 치사하군요.

横入りする 새치기하다

□ **そそっかしい** 덜렁거리다, 부주의하다

▶ 彼はそそっかしい性格で、よく忘れ物をします。
그는 덜렁대는 성격이어서 자주 물건을 깜빡 두고 옵니다.

よく 자주
忘れ物をする 물건을 잊다

□ **だらしない** ① 야무지지 못하다 ② 깔끔하지 못하다

▶ ３０分勉強して疲れたなんて、だらしないですね。
고작 30분 공부하고 피곤하다니 말이 아니군요.

勉強する 공부하다
疲れる 피곤해지다, 지치다

▶ 彼は、ぼさぼさの髪にネクタイをだらしなく締め
ていた。
그는 부스스한 머리에 넥타이를 단정치 못하게 매고 있었다.

ぼさぼさ 부스스함
ネクタイを締める
넥타이를 매다

□ **我慢強い** 참을성이 있다, 인내심이 강하다

▶ 私は嫌なことがあるとすぐ逃げてしまうので、
我慢強い性格になりたいです。
나는 싫은 것이 있으면 바로 피해 버리기 때문에 인내심 강한 성격이 되고 싶습니다.

嫌だ 싫다, 하고 싶지 않다
～とすぐ ～(하)면 바로
逃げる 도망치다, 피하다

▶ このフィギュアは何時間も我慢強く並んで手に
入れたものです。
이 피규어는 몇 시간이나 참을성 있게 줄 서서 손에 넣은 것입니다.

フィギュア 피규어
何時間も 몇 시간이나
並ぶ 줄 서다, 늘어서다
手に入れる 손에 넣다

248

◎ 3-07

い형용사 **07** 정도, 상태와 관련된 단어 1

MP3 듣기

☐ **新しい** 새롭다

▶ パーティーがあるので新しい服を買いました。
파티가 있어서 새 옷을 샀습니다.

▶ 新しいアイデアを出してください。
새로운 아이디어를 내 주세요.

パーティー 파티	
アイデアを出す 아이디어를 내다	

☐ **古い** ① 오래되다 ② 시대에 뒤지다

▶ この牛乳はちょっと古いですよ。
이 우유는 좀 오래되었어요.

▶ 彼の考えはちょっと古いですね。
그의 생각은 좀 구식입니다.

牛乳 우유	
ちょっと 조금	
考え 생각	

☐ **強い** 강하다, (힘이) 세다

▶ ガスの火をもう少し強くしてください。
가스불을 좀 더 세게 해 주세요.

▶ このお酒は私には強くて飲めません。
이 술은 나에게는 너무 독해서 마실 수 없습니다.

ガスの火 가스불	
もう少し 좀 더	

☐ **弱い** 약하다

▶ 私の欠点は意志が弱いことです。
나의 단점은 의지가 약하다는 것입니다.

▶ 彼はお酒に弱いです。
나는 술에 약합니다. (1. 술을 많이 마시지 못합니다 2. 술을 매우 좋아합니다)

意志が弱い 의지가 약하다	
〜ことだ 〜것이다	

PART 3 **249**

□ **深い** 깊다

▶ 危ないですから、深いところで泳がないでください。
위험하니까 깊은 곳에서 수영하지 마세요.

▶ この問題についてはもう少し深く考える必要が
あります。
이 문제에 대해서는 좀 더 깊게 생각할 필요가 있습니다.

危ない 위험하다
泳ぐ 헤엄치다, 수영하다
〜ないでください
〜(하)지 말아 주세요
〜について 〜에 대해서
必要がある 필요가 있다

□ **浅い** ① 얕다 ② 정도가 덜하다

▶ ここの川は浅すぎて泳げません。
여기 강은 너무 얕아서 수영할 수 없습니다.

▶ 彼はまだ経験の浅い日本語教師です。
그는 아직 경험이 적은 일본어 교사입니다.

団 浅い眠り 얕은 잠
考えが浅い 생각이 얕다(모자라다)

川 강
〜すぎる 너무 〜하다

経験が浅い 경험이 적다
日本語教師 일본어 교사

□ **鋭い** ① 날카롭다 ② 예리하다

▶ 犯人は鋭いナイフを持っていました。
범인은 날카로운 나이프를 가지고 있었습니다.

▶ 彼は鋭いから私のうそを見破ったかも知れません。
그는 예리하기 때문에 내 거짓말을 간파했을지도 모릅니다.

犯人 범인
ナイフ 나이프
うそを見破る
거짓말을 간파하다
〜かも知れない
〜일지도 모른다

□ **鈍い** 둔하다, 무디다

▶ 眠いと頭の働きが鈍くなります。
졸리면 두뇌 활동이 무디어집니다.

▶ 彼は鈍くて困ります。
그는 눈치가 없어서 큰일입니다.

眠い 졸리다, 잠이 오다
頭の働き 두뇌 활동

□ **汚い** ① 더럽다, 지저분하다 ② 비열하다

▶ 汚い手で食事をしてはいけません。
더러운 손으로 식사를 해서는 안 됩니다.

▶ 彼は汚い手を使って勝ちました。
그는 비열한 수법을 써서 이겼습니다.

~てはいけない
~해서는 안 된다
汚い手を使う
비열한 수법을 쓰다
勝つ 이기다

□ **清い** 깨끗하다, 맑다

▶ シムチョンはいつも清い心を忘れませんでした。
심청은 언제나 맑은 마음을 잊지 않았습니다.
（※약간 문어적인 표현으로 きれいだ로 바꿀 수 있음）

忘れる 잊다, 잊어버리다

□ **幼い** 어리다

▶ 彼は幼い弟たちを養っています。
그는 어린 남동생들을 기르고 있습니다.

弟たち 남동생들
養う 기르다, 양육하다

□ **若い** 젊다

▶ その歌手は若い人たちに人気があります。
그 가수는 젊은이들에게 인기가 있습니다.

歌手 가수
人気がある 인기가 있다

□ **若々しい** 아주 젊다, 젊고 싱싱하다, 생기발랄하다

▶ 変化を拒まない人は、還暦を過ぎても若々しい。
변화를 거부하지 않는 사람은 환갑을 지나도 아주 젊다.

▶ いつまでも若々しくありたいですね。
언제까지나 젊고 생기발랄하게 있고 싶어요.

変化を拒む 변화를 거부하다
還暦 환갑
過ぎる (시간, 기한이) 지나다
いつまでも 언제까지나
ある 있다, 존재하다

□ **ない** 없다 ▶ 불규칙한 활용 = ありません, なさそうだ

▶ お金がないので、ほしいものが買えませんでした。
돈이 없어서 원하는 것을 살 수 없었습니다.

お金 돈
ほしい 원하다, 갖고 싶다

08 정도, 상태와 관련된 단어 2

い형용사

MP3 듣기

☐ **きつい** ① 고되다, (정도가) 심하다 ② (구두 따위가) 꼭 끼다

▶ この仕事は新入社員にはきついと思います。
이 일은 신입사원에게는 힘들다고 생각합니다.

> 仕事 일, 업무
> 新入社員 신입사원
>
> ちょっと 어지간히, 상당히

▶ この靴はちょっときついです。
이 구두는 너무 꽉 낍니다.

☐ **緩い** ① 완만하다 ② 느슨하다, 헐겁다

▶ 駅から学校までは緩い坂が続いています。
역에서 학교까지는 완만한 언덕길이 이어집니다.

> ～から～まで ～에서 ～까지
> 坂 언덕
> 続く 이어지다, 계속되다
> ズボン 바지

▶ このズボンはちょっと緩いです。
이 바지는 좀 헐겁습니다.

☐ **険しい** ① 험하다 ② 험준하다

▶ 私の一言で彼の表情が険しくなりました。
나의 한마디로 그의 표정이 험해졌습니다.

> 一言 한마디
> 表情 표정

▶ 登山隊員たちは険しい山を登っていきました。
등산대원들은 험준한 산을 올라갔습니다.

> 登山隊員たち 등산대원들
> 山を登る 산을 오르다

☐ **だるい** 나른하다, 노곤하다

▶ 熱があって体がだるいです。
열이 있어서 몸이 나른합니다.

> 熱がある 열이 있다
> 体がだるい 몸이 나른하다

□ **はやい** ① (시기·시각이) 이르다 ② (동작·과정이) 빠르다

► 朝早い時間から彼は勉強しています。
아침 일찍부터 그는 공부하고 있습니다

朝 아침

► 早く仕事を終わらせましょう。
빨리 일을 끝냅시다.

終わる 끝나다

► 私は速いリズムの曲が好きです。
나는 빠른 리듬의 곡을 좋아합니다.

リズム 리듬
曲 곡

□ **遅い** ① (시기·시간이) 늦다 ② (동작이) 느리다

► もう遅いのでこれで失礼します。
벌써 늦었기 때문에 이만 실례하겠습니다.

もう 이미, 벌써
失礼する 실례하다

► 彼は仕事が遅いので困ります。
그는 일하는 속도가 느리기 때문에 곤란합니다.

□ **鈍い** 굼뜨다, (동작이) 느리다

► あいつは鈍いから、一緒に仕事をするといらいら
してくる。
그 녀석은 느리니까 같이 일하면 신경질 나.

あいつ 저 녀석, 그놈
一緒に 함께, 같이
いらいらする
신경질 나다, 짜증 나다

□ **貧しい** ① 가난하다 ② 빈약하다, 부족하다

► 貧しい人を助けるのはすばらしいことです。
가난한 사람을 돕는 것은 훌륭한 일입니다.

助ける 돕다
すばらしい 훌륭하다

► 彼はお金持ちだけど心は貧しいです。
그는 부자이지만 마음은 빈곤합니다.

お金持ち 부자
～けど ～(이)지만

□ **足りない** ① 부족하다 ② (머리가) 둔하다 ▶ 동사 足りる의 부정형

▶ 日本旅行をしたいけど、貯金が足りない。
일본 여행을 하고 싶지만, 저금이 부족하다.

日本旅行 일본 여행
〜たい 〜(하)고 싶다
貯金 저금

▶ 取引先を怒らせてしまったのは、私の配慮が足りなかったからです。
거래처의 화를 돋운 것은 내 배려가 부족했기 때문입니다.

取引先 거래처
怒らせる 화를 돋우다
配慮 배려

▶ 彼はちょっと足りない人間なので、重要な仕事は任せられません。
그는 좀 아둔한 인간이기 때문에 중요한 일은 맡길 수 없습니다.

人間 인간, 사람
重要だ 중요하다
任せる 맡기다

□ **乏しい** 부족하다, 모자라다

▶ 日本は地下資源の乏しい国です。
일본은 지하자원이 부족한 나라입니다.

地下資源 지하자원
国 나라, 국가

□ **眠い** 졸리다

▶ 春になると眠くなります。
봄이 되면 졸립니다.

□ **眠たい** 졸리다

▶ 彼はいつも「眠たい、眠たい」って言っています。
그는 항상 "졸려, 졸려"라고 말합니다.

いつも 언제나, 항상
〜って 〜라고

▶ 授業中に眠たくなると、本当に困ります。
수업 중에 졸리게 되면 정말 난처합니다.

授業中 수업 중
本当に 정말로, 참으로

254

い형용사 09

감정 표현과 관련된 단어 1

MP3 듣기

□ **よろしい** 괜찮다 ▶ 흔히 승낙, 허가의 뜻으로 사용

▶ よろしかったらご案内いたしましょうか。
괜찮다면 안내해 드릴까요?

ご+동작성 명사+いたす
겸양 표현
案内 안내

▶ したくなければしなくてもよろしい。
하기 싫으면 안 해도 상관없다.

～なければ ～(하)지 않으면
～てもよろしい(いい)
～해도 좋다

□ **嬉しい** 기쁘다, 반갑다

▶ 私は彼女から手紙をもらってとてもうれしかった
です。
나는 그녀에게 편지를 받아서 매우 기뻤습니다.

手紙 편지
もらう 받다, 얻다

▶ うれしい知らせが届きました。
반가운 소식이 도착했습니다.

知らせ 소식, 알림
届く 도착하다

□ **楽しい** 즐겁다

▶ 私は日本でとても楽しい時間を過ごしました。
나는 일본에서 매우 즐거운 시간을 보냈습니다.

時間を過ごす
시간을 보내다

▶ テニスはとても楽しいスポーツです。
테니스는 상당히 재미있는 스포츠입니다.

テニス 테니스
スポーツ 스포츠

□ 悲しい 슬프다

▶ 彼女はいつも悲しそうな顔をしています。
그녀는 항상 슬픈 표정을 짓고 있습니다.

▶ 今日私は悲しい知らせを受け取りました。
오늘 나는 슬픈 소식을 받았습니다.

~そうだ ~인 듯하다
顔をする
얼굴을 하다, 표정을 짓다
受け取る 받다

□ 寂しい ① 쓸쓸하다 ② 호젓하다, 적적하다

▶ 彼は一人で寂しく暮らしています。
그는 혼자서 쓸쓸하게 살아가고 있습니다.

▶ 女の人が一人で寂しいところに行くのは危険です。
여자가 혼자서 호젓한 곳에 가는 것은 위험합니다.

一人で 혼자서
暮らす 살아가다

女の人 여자

□ 苦しい ① 괴롭다, 고통스럽다 ② 어렵다, 곤란하다

▶ 食べ過ぎて苦しいです。
과식해서 괴롭습니다.

▶ 物価が上がって生活が苦しくなりました。
물가가 올라서 생활이 어려워졌습니다.

食べ過ぎる 과식하다

物価が上がる 물가가 오르다
生活 생활

□ 辛い 괴롭다, 고통스럽다, 힘들다

▶ 毎朝早く起きるのはちょっと辛いです。
매일 아침 일찍 일어나는 것은 상당히 힘듭니다.

▶ 彼は何度も辛い経験をしています。
그는 몇 번이나 아픈 경험을 하고 있습니다.

毎朝 매일 아침
起きる 일어나다
ちょっと 꽤, 상당히
何度も 몇 번이나
経験 경험

□ うらやましい 부럽다, 샘이 나다

▶ 留学に行くなんてうらやましいですね。
유학 간다니 부럽군요.

留学に行く 유학 가다
~なんて ~이라니

☐ **恥ずかしい** 부끄럽다, 창피하다

▶ みんなの前で失敗して恥ずかしかったです。
모두의 앞에서 실수해서 부끄러웠습니다.

みんな 모두
失敗する 실패하다, 실수하다

☐ **憎い** ① 밉다 ② (반어적으로) 기특하다

▶ 私はあの殺人犯が憎いです。
나는 저 살인범이 밉습니다.

殺人犯 살인범

▶ なかなか憎いことを言いますね。
제법 기특한 소리를 하는군요.

なかなか 제법, 상당히

☐ **怖い** 무섭다, 두렵다, 겁나다

▶ 私は犬が怖いです。
나는 개가 무섭습니다.

犬 개

▶ あの先生はとても怖い人です。
그 선생님은 매우 무서운 사람입니다.

☐ **恐ろしい** 무섭다, 두렵다

▶ 私は今朝恐ろしい夢を見ました。
나는 오늘 아침 무서운 꿈을 꾸었습니다.

今朝 오늘 아침
夢を見る 꿈을 꾸다

▶ 恐ろしいスピードで車が通り過ぎていきました。
무서운 속도로 차가 지나쳐 갔습니다.

スピード 스피드
通り過ぎる 지나가다

☐ **ありがたい** 감사하다, 고맙다

▶ 何事に対しても「ありがたい」と思う気持ちが大切です。
무슨 일에 대해서나 '감사하다'고 생각하는 마음이 중요합니다.

何事 무슨 일, 모든 일
～に対して ～에 대해서
気持ち 마음
大切だ 중요하다

▶ お気持ちだけは、ありがたくいただきます。
마음만은 감사히 받겠습니다.

～だけ ～만
いただく 받다

◎ 3-10

い형용사 D10 감정 표현과 관련된 단어 2

MP3 듣기

☐ **惜しい** 아쉽다, 아깝다

▶ その画家は、この作品だけは人に売るのが惜しくて死ぬまで大切に持っていました。
그 화가는 이 작품만은 남에게 팔기가 아까워 죽을 때까지 소중하게 간직하고 있었습니다.

画家 화가
作品 작품
売る 팔다
死ぬ 죽다
大切に 소중하게

☐ **もったいない** ① 아깝다 ② 과분하다

▶ そんなことにお金を使うなんてもったいないです。
그런 일에 돈을 사용한다니 아깝습니다.

▶ 彼女は彼にはもったいないです。
그녀는 그에게는 과분합니다

お金を使う 돈을 쓰다

☐ **親しい** 친하다

▶ 彼は私のいちばん親しい友人です。
그는 나의 가장 친한 친구입니다.

いちばん 가장, 제일
友人 친구

☐ **懐かしい** ① 그립다 ② 반갑다

▶ それは私にとって懐かしい思い出です。
그것은 나에게 그리운 추억입니다.

▶ 懐かしい友人から久しぶりに電話をもらいました。
반가운 친구에게 오랜만에 전화를 받았습니다.

～にとって ～에게 (있어)
思い出 추억

久しぶりに 오랜만에
電話をもらう 전화를 받다

□ **恋しい** 그립다

▶ 外国に住んでいると、時々故郷が恋しくなります。
외국에 살고 있으면 때때로 고향이 그리워집니다.

住む 살다
時々 때때로, 가끔
故郷 고향
こんなに 이렇게
オンドル 온돌

▶ こんなに寒いとオンドルが恋しくなりますね。
이렇게 추우면 온돌이 그리워집니다.

□ **悔しい** 분하다, 억울하다

▶ みんなに誤解されてとても悔しかったです。
모든 사람들에게 오해를 받아서 너무나 억울했습니다.

みんなに 모두에게
誤解される 오해 받다

□ **もどかしい** 답답하다

▶ 日本へ行ったとき言葉が通じなくてもどかしい
思いをしました。
일본에 갔을 때 말이 통하지 않아 답답했습니다.

言葉が通じる 말이 통하다
思いをする 마음이 되다

□ **じれったい** 답답하다, 애타다

▶ 彼は言いたいことをはっきり言わないからじれっ
たいです。
그는 하고 싶은 말을 명확하게 말하지 않으니까 애가 탑니다.

はっきり 확실히, 분명히

□ **切ない** 애달프다

▶ 親の離婚は子供たちには切ないものです。
부모의 이혼은 아이들에게는 애달픈 법입니다.

親の離婚 부모의 이혼
〜ものだ 〜(한) 법이다

□ **むなしい** 허무하다, 공허하다

▶ その子を立派な人間に育てようというのはむなしい努力だった。

그 아이를 훌륭한 인간으로 키우려는 것은 헛된 노력이었다.

立派だ 훌륭하다
育てる 키우다, 양육하다
〜(よ)うというのは
〜하려는 것은
努力 노력

□ **情けない** 한심하다

▶ そんな問題も解けないとは情けないことです。

그런 문제도 풀 수 없다니 한심합니다.

解く 풀다
〜とは 〜다니

□ **面倒臭い** 아주 귀찮다, 아주 성가시다

▶ 単語を一生懸命覚えているのは、辞書を引くのが面倒くさいからです。

단어를 열심히 외우는 것은 사전을 찾는 것이 귀찮기 때문입니다.

単語を覚える 단어를 외우다
一生懸命 열심히
辞書を引く 사전을 찾다

□ **ほしい** 원하다, 갖고 싶다

▶ 何かほしいものはありませんか。

뭔가 원하는 것은 없습니까?

何か 뭔가

▶ 私は新しいスマートホンがほしいです。

나는 새 스마트폰을 갖고 싶습니다.

スマートホン 스마트폰

□ **申し訳ない** 미안하다

▶ みんな暑いところで働いているのに、私だけ涼しい部屋にいるのは申し訳ないです。

모두 더운 곳에서 일하고 있는데도, 나만 시원한 방에 있는 것이 미안합니다.

働く 일하다
〜のに 〜한데, 〜는데도

▶ 両親にたくさんの学費を使わせてしまって申し訳なく思っています。

부모님에게 많은 학비를 쓰게 해서 미안하게 생각하고 있습니다.

両親 양친, 부모님
たくさんの 많은
学費を使う 학비를 쓰다

11 평가와 관련된 단어 1

い형용사

MP3 듣기

☐ **正_{ただ}しい** 바르다, 곧다, 맞다

▶ この文_{ぶん}は、文法的_{ぶんぽうてき}には正_{ただ}しいですが不自然_{ふしぜん}です。
이 문장은 문법적으로는 맞지만 어색합니다.

文 문장, 글
文法的 문법적
不自然だ 부자연스럽다

☐ **いい(＝よい)** 좋다, 괜찮다 ▶ 불규칙 활용＝よく, よかった, よさそうだ

▶ 今日_{きょう}はいい天気_{てんき}ですね。
오늘은 날씨가 좋군요.

天気 날씨

▶ 私_{わたし}は紅茶_{こうちゃ}よりコーヒーの方_{ほう}がいいです。
나는 홍차보다 커피가 더 좋습니다.

紅茶 홍차
〜より〜の方がいい
〜보다 〜쪽이 좋다
体 몸

▶ りんごは体_{からだ}にいいです。
사과는 몸에 좋습니다.

▶ たばこは体_{からだ}によくないです。
담배는 몸에 좋지 않습니다.

たばこ 담배

☐ **悪_{わる}い** ① 나쁘다, 좋지 않다 ② 미안하다

▶ 悪_{わる}いことをするとばちがあたりますよ。
나쁜 짓을 하면 벌을 받습니다.

ばちがあたる 벌을 받다

▶ 彼_{かれ}は体_{からだ}のどこが悪_{わる}いんですか。
그는 몸의 어디가 안 좋습니까?

▶ 悪_{わる}いけど、頼_{たの}みには応_{おう}じられません。
미안하지만, 부탁을 들어드릴 수 없습니다.

頼み 부탁
応じる 응하다, 호응하다

□　**うまい** ① 솜씨가 좋다 ② (자기에게) 유리하다, 편리하다 ▶ p.236 참조

▶ 彼はずいぶん日本語がうまいですね。
그는 매우 일본어를 잘하는군요.

ずいぶん 매우, 상당히

▶ その株が十倍になるというのは話がうますぎます。
그 주식이 10배가 된다는 것은 이야기가 너무 달콤하군요.

株 주식
十倍 10배
話がうまい 이야기가 달콤하다

□　**面白い** ① 재미있다 ② 우습다

▶ 彼の話はとても面白いです。
그의 이야기는 매우 재미있습니다.

▶ この人形はおもしろい顔をしています。
이 인형은 우스꽝스런 얼굴을 하고 있습니다.

人形 인형

□　**つまらない** ① 재미없다 ② 사소하다, 시시하다

▶ 教科書はつまらなくても読まなければなりません。
교과서는 재미없더라도 읽어야 합니다.

▶ つまらないことで腹を立てないでください。
사소한 일로 화내지 말아 주십시오.

教科書 교과서
〜なければならない
〜(하)지 않으면 안 된다
腹を立てる 화를 내다
〜ないでください
〜(하)지 말아 주세요

□　**くだらない** 시시하다, 하찮다

▶ くだらない話で時間を潰すのはもったいないことです。
시시한 이야기로 시간을 보내는 것은 아까운 일입니다.

時間を潰す 시간을 보내다

□　**易しい** 쉽다

▶ 易しい問題から解いた方がいいですよ。
쉬운 문제부터 푸는 것이 좋습니다.

〜た方がいい
〜하는 것이 좋다

□ **たやすい** 쉽다, 용이하다

▶ 彼はたやすくその難問を解いてしまいました。
그는 쉽게 그 어려운 문제를 풀어 버렸습니다.

難問 어려운 문제

□ **難しい** 어렵다, 까다롭다

▶ テストはとても難しかったです。
테스트는 아주 어려웠습니다.

テスト 테스트, 시험

□ **珍しい** ① 진귀하다 ② 드물다, 희한하다

▶ 古本屋で珍しい本を手に入れました。
고서점에서 희귀한 책을 손에 넣었습니다.

古本屋 고서점, 헌책방
手に入れる 손에 넣다

▶ 彼がそんなに酔うなんて珍しいですね。
그가 그렇게 취하다니 희한하군요.

そんなに 그렇게
酔う (술에) 취하다

□ **詳しい** ① 상세하다 ② 정통하다 ▶ 조사 に를 취한다

▶ もう少し詳しく説明してください。
좀 더 자세하게 설명해 주세요.

説明する 설명하다

▶ 彼は日本の事情に詳しいです。
그는 일본 사정에 정통합니다.

事情 사정

□ **仕方ない** 할 수 없다, 어쩔 수 없다

▶ 彼が仕事をやめたのは、しかたないことです。
그가 일을 그만둔 것은 어쩔 수 없는 일입니다.

やめる 그만두다

▶ 他に食堂がなかったので、私たちはしかたなく
高い値段を払って食事をしました。
딴 곳에 식당이 없었기 때문에 우리들은 할 수 없이 비싼 값을 지불하고 식사를 했습니다.

他に 딴 곳에, 이외에
食堂 식당
値段 값, 가격
払う 지불하다

D12 평가와 관련된 단어 2

MP3 듣기

□ **賢い**〔かしこ〕 ① 현명하다 ② 영리하다

▶ それは賢いやり方ではありません。
それは賢〔かしこ〕いやり方〔かた〕ではありません。
그것은 현명한 방법이 아닙니다.

やり方 하는 방법

▶ 犬は賢い動物です。
犬〔いぬ〕は賢〔かしこ〕い動物〔どうぶつ〕です。
개는 영리한 동물입니다.

動物 동물

□ **ばからしい** 어리석다, 어처구니 없다

▶ 彼の言うとおりに行動するなんてばからしいこと
です。
彼〔かれ〕の言〔い〕うとおりに行動〔こうどう〕するなんてばからしいこと
です。
그가 말하는 대로 행동하다니 어리석은 짓이에요.

~とおりに ~(하는) 대로
行動する 행동하다

□ **かっこいい** 근사하다, 멋지다

▶ 即興でピアノが弾けたら、かっこいいでしょうね。
即興〔そっきょう〕でピアノが弾〔ひ〕けたら、かっこいいでしょうね。
즉흥으로 피아노를 칠 수 있다면 멋지겠죠.

即興 즉흥
ピアノを弾く 피아노를 치다

▶ 年を取ってもかっこよくありたいものです。
年〔とし〕を取〔と〕ってもかっこよくありたいものです。
나이를 먹어도 멋지게 있고 싶은 법입니다.

年を取る 나이를 먹다

관 かっこ悪い〔わる〕 꼴사납다, 멋이 없다

▶ 自分のかっこ悪い面を見せるのは、勇気が要ります。
自分〔じぶん〕のかっこ悪〔わる〕い面〔めん〕を見〔み〕せるのは、勇気〔ゆうき〕が要〔い〕ります。
자신의 꼴사나운 면을 보이는 것은 용기가 필요합니다.

面 면
見せる 보이다
勇気 용기
要る 필요하다

□ **かわいい** 귀엽다

▶ 彼女は赤ちゃんのとき、とてもかわいかったです。
彼女〔かのじょ〕は赤〔あか〕ちゃんのとき、とてもかわいかったです。
그녀는 아기였을 때 아주 귀여웠습니다.

赤ちゃん 아기

□ **可愛らしい** 귀엽다, 사랑스럽다

▶ 彼女は時々可愛らしい表情を見せるのが魅力です。
그녀는 때때로 귀여운 표정을 보이는 것이 매력입니다.

時々 때때로, 가끔
魅力 매력

□ **危ない** 위험하다

▶ 危ないですから、白線の内側に下がってお待ちください。
위험하므로 안전선 밖으로 물러서서 기다려 주세요.

白線 흰 선, (승강장의) 안전선
内側 (안전선의 승강장) 안쪽
下がる 뒤로 물러서다

□ **危うい** 위태롭다

▶ あの会社の経営状態はかなり危うくなっています。
그 회사의 경영 상태는 상당히 위태롭습니다.

経営状態 경영 상태
かなり 상당히, 꽤

□ **やばい** 위험하다 ▶ 속어

▶ あの人、やくざと絡んでかなりやばい仕事をしてるって噂だよ。
그 사람, 야쿠자와 관계해서 꽤 위험한 일을 하고 있다는 소문이야.

▶ 経済学でF取っちゃった。これじゃ卒業やばいよなあ。
경제학에서 F (학점을) 따고 말았어. 이것으론 졸업 위험하구나.

やくざ 야쿠자
絡む 얽히다, 얽매이다
〜てる(=ている)
〜(하)고 있다
噂 소문
経済学 경제학
取っちゃう(=取ってしまう)
따고 말다
卒業 졸업

□ **おかしい** ① 이상하다 ② 우습다

▶ エンジンの音がおかしいですよ。
엔진 소리가 이상한데요.

▶ 彼は本当におかしい冗談をよく言います。
그는 정말로 우스운 농담을 잘 합니다.

エンジン 엔진
音 소리

冗談 농담

□ 怪しい 수상하다, 의심스럽다

▶ 彼の話は本当かどうか怪しい。
그의 이야기는 사실인지 아닌지 의심스럽다.

本当 진실, 사실
~かどうか ~인지 아닌지

□ ひどい ① 심하다, 너무하다 ② 형편없다

▶ 毎週テストをするなんてひどいです。
매주 테스트를 한다니 너무합니다.

▶ 英語のテストでひどい点数を取ってしまいました。
영어 테스트에서 형편없는 점수를 받고 말았습니다.

毎週 매주
テストをする
테스트를 하다, 시험을 치다
点数を取る
점수를 따다(받다)

□ すごい ① 무섭다 ② 대단하다

▶ 台風のせいで外はすごい風が吹いています。
태풍 때문에 밖은 바람이 심하게 불고 있습니다.

▶ この問題を一人で解くなんてすごいですね。
이 문제를 혼자서 풀다니 대단하군요.

台風 태풍
~のせいで
~탓으로, ~때문에
風が吹く 바람이 불다

□ ものすごい 놀랄 만하다, 몹시 대단하다

▶ 暴走族はものすごい音を立てて夜の道を疾走した。
폭주족은 엄청나게 시끄러운 소리를 내며 밤길을 질주했다.

暴走族 폭주족
音を立てる 소리를 내다
夜の道 밤길
疾走する 질주하다

□ 著しい 현저하다, 뚜렷하다

▶ この国の産業は環境に著しい悪影響を与えています。
이 나라의 산업은 환경에 현저한 악영향을 끼치고 있습니다.

産業 산업
環境 환경
悪影響を与える
악영향을 주다

い형용사 **13** 평가와 관련된 단어 3

MP3 듣기

☐ _{いそが}
忙しい 바쁘다

▶ _{さいきんいそが} _{とも} _{でん わ} _{ひま}
最近忙しくて友だちに電話する暇もありません。
요즘 바빠서 친구에게 전화할 틈도 없습니다.

電話する 전화하다
暇 여유, 틈

☐ _{はげ}
激しい ① 심하다 ② 세차다, 과격하다

▶ _{かいだん} _{のぼ} _{ひざ} _{はげ} _{いた} _{おぼ}
階段を上ろうとしたとき、膝に激しい痛みを覚えた。
계단을 오르는 순간 무릎에 심한 통증을 느꼈다.

▶ _{はげ} _{かぜ} _ふ _{いえ} _{なか}
どんなに激しい風が吹いても、この家の中にいれ
_{だいじょう ぶ}
ば大丈夫です。
아무리 세찬 바람이 불어도 이 집 안에 있으면 괜찮습니다.

階段を上る 계단을 오르다
膝 무릎
痛みを覚える 통증을 느끼다
どんなに〜ても
아무리 〜해도
大丈夫だ 괜찮다

☐ _{えら}
偉い ① 위대하다 ② 큰일이다 ③ 심하다

▶ _{おお} _{だいとうりょう} _{えら} _{ひと}
大きくなったら大統領のような偉い人になりたい
です。
커서 대통령과 같은 위대한 사람이 되고 싶습니다.

▶ えらいことになってしまいました。
큰일났습니다.

▶ _{きょう} _{ひと} _{おお}
今日はえらく人が多いですね。
오늘은 꽤 사람이 많군요.

〜たら 〜(하)면
大統領 대통령
〜のような 〜와 같은

☐ _{す ば}
素晴らしい 훌륭하다, 멋지다

▶ _{かのじょ} _{す ば} _{うたごえ} _{も ぬし}
彼女は素晴らしい歌声の持ち主です。
그녀는 멋진 노랫소리의 소유자입니다.

歌声 노랫소리
持ち主 소유자

目覚しい 눈부시다, 놀랍다

▶ ここ数ヶ月で、彼の日本語は目覚しい進歩を見せた。
요 몇 달 사이에 그의 일본어는 놀라운 발전을 보였다.

ここ 요즘, 최근
数ヶ月 수개월
進歩 진보

好ましい 바람직하다

▶ 彼の発言は政治家として好ましくありません。
그의 발언은 정치인으로서 바람직하지 않습니다.

発言 발언
政治家 정치가, 정치인
～として ～로서

望ましい 바람직하다

▶ 規則に従うのは望ましいことです。
규칙에 따르는 것은 바람직합니다.

規則に従う 규칙에 따르다

ふさわしい 어울리다

▶ 彼の言動は社会人としてふさわしくないと思います。
그의 언동은 사회인답지 않다고 생각합니다.

言動 언동
社会人 사회인

とんでもない ① 터무니없다, 어처구니없다 ② 뜻밖이다

▶ 退職金で株を買うなんて、とんでもないことです。
퇴직금으로 주식을 사다니, 어처구니없는 일입니다.

退職金 퇴직금
株 주식

▶ そこは田舎だろうと思って行ったら、とんでもなくおしゃれな街でした。
거기는 시골일 것이라고 생각하고 갔더니 뜻밖에 멋진 동네였습니다.

田舎 시골
おしゃれな 멋진
街 시내, 번화한 거리

安い (가격이) 싸다

▶ この時計は安くて正確です。
이 시계는 싸고 정확합니다.

正確だ 정확하다

な형용사

총 157개 단어를 12개 분야로 분류하였다.

PART

4

MP3 전체 듣기

な형용사 01 정도, 상태와 관련된 단어 1

MP3 듣기

☐ **大変だ** ① 힘들다 ② 큰일이다

▶ 引っ越しは大変でした。
이사는 힘들었습니다.

引っ越し 이사

▶ ちょっとした不注意が大変な事故につながりました。
사소한 부주의가 엄청난 사고로 이어졌습니다.

ちょっとした 평범한, 사소한
不注意 부주의
事故につながる
사고로 이어지다(연결되다)

☐ **大丈夫だ** 괜찮다

▶ 普段から勉強しているから試験は大丈夫です。
평소에 공부하고 있으니까, 시험은 걱정없습니다.

普段 평소, 일상
〜から 〜이니까, 〜이므로

☐ **楽だ** ① 편하다 ② (생활이) 넉넉하다

▶ その仕事は楽ではありません。
그 일은 편하지 않습니다.

▶ 彼は生活が楽ではないようです。
그는 생활이 넉넉하지 않은 것 같습니다.

〜ようだ 〜인 것 같다

☐ **元気だ** 건강하다 ▶ 안부를 물을 때, 활력이 넘치다

▶ 私の家族はみんな元気です。
저의 가족은 모두 잘 있습니다.

家族 가족
みんな 모두

▶ 早く元気になってください。
빨리 건강해지시기 바랍니다.

早く 빨리
元気になる 건강해지다

☐ **丈夫だ** ① 건강하다 ② 견고하다, 튼튼하다

▶ 運動を始めてから体が丈夫になりました。
운동을 시작하고 나서 몸이 건강해졌습니다.

▶ この椅子は丈夫で簡単には壊れません。
이 의자는 튼튼해서 간단히는 부서지지 않습니다.

運動 운동
始める 시작하다
～てから ～(하)고 나서
椅子 의자
簡単だ 간단하다
壊れる 부서지다

☐ **盛んだ** ① 성하다, 성행하다 ② 열렬하다

▶ 最近ますます日韓の交流が盛んになってきました。
요즘 더욱더 한일 교류가 활발해졌습니다.

▶ 彼は盛んな拍手で迎えられました。
그는 열렬한 박수로 환영받았습니다.

ますます 더욱더
日韓 한국과 일본
交流 교류
拍手 박수
迎える 맞다, 마중하다

☐ **自然だ** 자연스럽다

▶ 彼は日本人のように自然な日本語を話します。
그는 일본인과 같이 자연스러운 일본어를 말합니다.

▶ 傷が自然に治りました。
상처가 저절로 나았습니다.

～のように ～와 같이, ～처럼

傷が治る 상처가 낫다

☐ **自動的だ** 자동적이다

▶ セキュリティソフトは、パソコンを起動したとき
自動的に立ち上がります。
보안 소프트웨어는 컴퓨터를 기동할 때 자동적으로 시작합니다.

▶ お金持ちが財産を外国に隠さないように、各国の
銀行は自動的な情報交換を行っている。
부자가 재산을 외국에 숨기지 않도록 각국의 은행은 자동적인 정보 교환을 하고 있다.

セキュリティソフト
보안 소프트웨어
起動する 기동하다
立ち上がる 시작하다, 나서다
財産 재산
隠す 숨기다
～ないように ～(하)지 않도록
各国 각국
情報交換 정보 교환
行う 행하다, 거행하다

☐ **ひまだ** 한가하다

▶ 明日はひまですか。
내일은 시간 있습니까?
配 暇がある / 暇がない 틈이 있다 / 틈이 없다

▶ 最近忙しくて本を読む暇もありません。
최근 바빠서 책을 읽을 틈도 없습니다.

☐ **主だ** 주를 이루다 ▶ 主な, 主に의 형태로만 사용

▶ 彼の主な仕事は電話の受け答えです。
그의 주된 일은 전화를 응대하는 것입니다.

受け答え 응답, 응대

▶ この歌手は主に若い女性に人気があります。
이 가수는 주로 젊은 여성에게 인기가 있습니다.

歌手 가수

☐ **新ただ** 새롭다

▶ 事態は新たな局面を迎えました。
사태는 새로운 국면을 맞이했습니다.

事態 사태
局面 국면
迎える
(어떤 상황에) 직면하다, 맞다

▶ 彼は新たに日本語の勉強を始めました。
그는 새롭게 일본어 공부를 시작했습니다.

☐ **色々だ** 여러 가지이다, 다양하다

▶ 台湾へ行ったら、色々なおいしいものを食べて
みたいです。
대만에 가면, 여러 가지 맛있는 것을 먹어 보고 싶습니다.

台湾 대만, 타이완
〜てみる 〜해 보다

☐ **がらがらだ** 텅 비어 있다

▶ 台風が来た日に遊園地へ行ったら、ガラガラでした。
태풍이 온 날에 유원지에 갔더니 텅 비어 있었다.

台風が来る 태풍이 오다
日 날, 일
遊園地 유원지

272

な형용사 D 02 정도, 상태와 관련된 단어 2

MP3 듣기

□ **大事だ** ① 중요하다 ② 소중하다

► **大事な話があります。**
중요한 이야기가 있습니다.

► **体を大事にしてください。**
몸을 소중히 해 주세요.

大事にする 소중히 하다

□ **大切だ** ① 소중하다 ② 중요하다

► **彼はその本をとても大切にしています。**
그는 그 책을 무척 아끼고 있습니다.

► **健康ほど大切なものはありません。**
건강만큼 중요한 것은 없습니다.

大切にする
소중히 하다, 아끼다
健康 건강
〜ほど〜ものはない
〜만큼 〜한 것은 없다

□ **重要だ** 중요하다

► **この記録は重要な点がぬけています。**
이 기록은 중요한 점이 빠져 있습니다.

記録 기록
点 점, 사항
ぬける 빠지다, 누락되다

□ **重大だ** 중대하다

► **そのソフトはセキュリティー上の重大な脆弱性が発見された。**
그 소프트웨어는 보안상의 중대한 결함이 발견되었다.

ソフト 소프트웨어
セキュリティー上 보안상
脆弱性 보안상의 위협이 될 수 있는 시스템 결함
発見する 발견하다

□ **肝心だ** 요긴하다, 핵심적이다

▶ 彼はいつも肝心な部分を間違えます。
  그는 항상 가장 중요한 부분을 틀립니다.

部分 부분
間違える 틀리게 하다, 잘못하다

□ **貴重だ** 귀중하다

▶ 彼は歴史のなぞを解く貴重な資料を発見した。
  그는 역사의 수수께끼를 푸는 귀중한 자료를 발견했다.

歴史 역사
なぞを解く 수수께끼를 풀다
資料 자료

□ **でたらめだ** 엉터리다

▶ あの人の言うことはでたらめです。
  그 사람이 하는 말은 엉터리입니다.

□ **粗末だ** ① (품질·됨됨이가) 변변치 못하다, 허술하다 ② 소홀하다

▶ 彼はいつも粗末な服を着ています。
  그는 항상 허술한 옷을 입고 있습니다.

服を着る 옷을 입다

▶ お粗末さまでした。
  (대접·선물 따위가) 변변치 않았습니다. (겸양 표현)

食べ物 먹을 것, 음식물
粗末にする 소홀히 하다
~ないでください
~(하)지 말아 주세요

▶ 食べ物を粗末にしないでください。
  음식을 소홀히 하지 말아 주세요.

□ **夢中だ** 한 곳에 열중하다, 몰두하다

▶ 弟はスマートホンに夢中です。
  남동생은 비디오 게임에 푹 빠져 있습니다.

スマートホン 스마트폰

▶ 彼は夢中になって研究をしています。
  그는 정신없이 연구에 몰두하고 있습니다.

夢中になる
열중하다, 몰두하다
研究 연구

□ **熱心だ** 열심이다

► 彼は私の話を熱心に聞いてくれました。
그는 내 이야기를 열심히 들어 주었습니다.

► 彼は私が熱心に勉強するのをほめてくれました。
그는 내가 열심히 공부하는 것을 칭찬해 주었습니다.

〜てくれる
(주로 남이 나에게) 〜해 주다

ほめる 칭찬하다

□ **基本的だ** 기본적이다

► プロが基本的な間違いを犯すのは、ありえない
ことです。
프로가 기본적인 실수를 범하는 것은 있을 수 없는 일입니다.

► 私は週末は基本的に家にいます。
나는 주말은 기본적으로 집에 있습니다.

プロ 프로, 프로페셔널
間違い 잘못, 틀림, 실수
犯す 범하다, 저지르다
ありえない 있을 수 없다

週末 주말

□ **速やかだ** 빠르다, 신속하다

► 書類を速やかに提出してください。
서류를 신속히 제출해 주세요.

書類を提出する
서류를 제출하다

□ **急激だ** 급격하다

► あまりに社会の変化が急激なので付いて行くのが
大変です。
사회 변화가 너무 급격하기 때문에 따라가기가 힘듭니다.

あまりに 너무, 지나치게
社会の変化 사회 변화
付いて行く 따라가다

□ **急だ** 급하다, 굴곡이 심하다, 빠르다

► 急な坂を上るのは、走るより大変です。
급한 언덕을 오르는 것은 달리는 것보다 힘듭니다.

► バスに乗っていたとき、急にトイレに行きたく
なってしまいました。
버스를 타고 있을 때 갑자기 화장실에 가고 싶어졌습니다.

坂を上る 언덕을 오르다
走る 달리다

〜に乗る 〜을(를) 타다
トイレ 화장실

03 정도, 상태와 관련된 단어 3

な형용사

MP3 듣기

☐ **無事^{ぶじ}だ** 무사하다

► 私^{わたし}たちは無事^{ぶじ}に目的地^{もくてきち}に到着^{とうちゃく}しました。
우리는 무사히 목적지에 도착했습니다.

目的地 목적지
到着する 도착하다

☐ **十分^{じゅうぶん}だ** 충분하다

► 健康^{けんこう}のためには十分^{じゅうぶん}な睡眠^{すいみん}が必要^{ひつよう}です。
건강을 위해서는 충분한 수면이 필요합니다.

～のためには
～을(를) 위해서는
睡眠 수면

☐ **豊^{ゆた}かだ** 풍요롭다, 풍부하다

► 彼^{かれ}は豊^{ゆた}かな生活^{せいかつ}をしてきました。
그는 풍요로운 생활을 해 왔습니다.

► あの子^こは想像力^{そうぞうりょく}の豊^{ゆた}かな子^こどもです。
그 아이는 상상력이 풍부한 아이입니다.

想像力が豊かだ
상상력이 풍부하다

☐ **貧乏^{びんぼう}だ** 가난하다

► 彼^{かれ}は貧乏^{びんぼう}な家^{いえ}に生^うまれました。
그는 가난한 집안에서 태어났습니다.

家 집, 가정, 집안
生まれる 태어나다

☐ **完全^{かんぜん}だ** 완전하다

► 彼女^{かのじょ}をデートに誘^{さそ}う計画^{けいかく}は、完全^{かんぜん}に失敗^{しっぱい}だった。
그녀를 데이트에 불러내는 계획은 완전히 실패했다.

► マンモスのミイラが完全^{かんぜん}な状態^{じょうたい}で発見^{はっけん}されました。
맘모스의 미이라가 완전한 상태로 발견되었습니다.

デート 데이트
誘う 불러내다, 권하다
失敗 실패
マンモス 맘모스
ミイラ 미이라
状態 상태

□ **僅かだ** 아주 적다

► この畑はわずかな野菜しかとれません。
이 밭은 아주 소량의 채소밖에 수확되지 않습니다.

🄟 わずか 불과, 겨우

► 彼らは知り合ってわずか一ヶ月後に結婚しました。
그들은 안 지 불과 1개월 후에 결혼했습니다.

畑 밭
~しか~ない
~밖에 ~(하)지 못하다
とれる 수확되다, 생산되다

知り合う 서로 알다
結婚する 결혼하다

□ **簡単だ** 간단하다

► 最近のコンピュータは操作が簡単になりました。
최신 컴퓨터는 조작이 간단해졌습니다.

コンピュータ(ー) 컴퓨터
操作が簡単になる
조작이 간단해지다

□ **単純だ** 단순하다

► パスワードは、単純だと破られやすく、複雑だと覚えられません。
패스워드는 단순하면 깨지기 쉽고, 복잡하면 외울 수 없습니다.

► 株で簡単に稼げるという話を信じるなんて、彼は単純な人ですね。
주식으로 간단히 돈을 벌 수 있다는 이야기를 믿다니 그는 단순한 사람이군요.

パスワード 패스워드, 암호
破る 깨다, 부수다
複雑だ 복잡하다
覚える 기억하다, 외우다

稼ぐ 돈을 벌다
信じる 믿다

□ **複雑だ** 복잡하다

► 複雑な計算はコンピュータに任せましょう。
복잡한 계산은 컴퓨터에 맡깁시다.

計算 계산
任せる 맡기다

□ **手軽だ** 간편하다, 간단하다

► 今朝はご飯とキムチで手軽に食事しました。
오늘 아침은 간단하게 밥과 김치로 식사했습니다.

キムチ 김치
食事する 식사하다

04 인식 및 진행 상황과 관련된 단어

MP3 듣기

□ **当たり前だ** 당연하다

▶ 人前で悪口を言われて腹を立てるのは当たり前です。
사람들 앞에서 욕을 듣고 화를 내는 것은 당연합니다.

人前 남의 앞, 사람들이 있는 곳
悪口を言われる 욕을 듣다
腹を立てる 화를 내다

□ **当然だ** 당연하다

▶ 私が自分の権利を守るのは当然です。
제가 저의 권리를 지키는 것은 당연합니다.

権利を守る 권리를 지키다

□ **様々だ** 다양하다, 여러 가지다

▶ 大都市には様々な人たちが暮らしています。
대도시에는 다양한 사람들이 살고 있습니다.

大都市 대도시
暮らす 살다

□ **平凡だ** 평범하다

▶ この漫画は、平凡な日常を描いたものです。
이 만화는 평범한 일상을 그린 것입니다.

漫画 만화
日常を描く 일상을 그리다

▶ 波乱万丈な人生も面白いでしょうが、平凡に暮らすのもいいものです。
파란만장한 인생도 재미있겠지만, 평범하게 사는 것도 좋은 법입니다.

波乱万丈な 파란만장한
人生 인생

□ **特別だ** 특별하다

▶ 彼女は私にとって特別な存在です。
그녀는 나에게 특별한 존재입니다.

～にとって ～에게 있어서
存在 존재

□ **別^{べつ}だ** 다르다

▶ ホテルでは税金^{ぜいきん}とは別^{べつ}にサービス料^{りょう}も払^{はら}わなければなりません。
호텔에서는 세금과는 별도로 서비스 요금까지 내야 합니다.

ホテル 호텔
税金 세금
サービス料 서비스 요금
払う 지불하다

□ **困難^{こんなん}だ** 곤란하다, 힘들다

▶ 人^{ひと}の心^{こころ}を理解^{りかい}するのは困難^{こんなん}です。
남의 마음을 이해하는 것은 어렵습니다.

理解する 이해하다

□ **邪魔^{じゃま}だ** 방해하다

▶ こんなところに看板^{かんばん}があると通行人^{つうこうにん}に邪魔^{じゃま}だ。
이런 곳에 간판이 있으면 행인들에게 방해가 된다.

看板 간판
通行人 통행인, 행인

□ **順調^{じゅんちょう}だ** 순조롭다

▶ 日本語^{にほんご}の勉強^{べんきょう}は順調^{じゅんちょう}に進^{すす}んでいますか。
일본어 공부는 순조롭게 진행되고 있나요?

順調に進む
순조롭게 진행되다

□ **物騒^{ぶっそう}だ** 뒤숭숭하다, 위험하다

▶ 物騒^{ぶっそう}な世^よの中^{なか}になったので、色々^{いろいろ}な安全^{あんぜん}サービスが人気^{にんき}を得^えている。
위험한 세상이 되어서 여러 가지 안전 서비스가 인기를 얻고 있다.

世の中 세상
安全サービス 안전 서비스
人気を得る 인기를 얻다

□ **めちゃくちゃだ** 엉망이다

▶ 彼^{かれ}の話^{はなし}は事実関係^{じじつかんけい}がめちゃくちゃです。
그의 이야기는 사실 관계가 엉망입니다.

事実関係 사실 관계

な형용사 05 감각과 관련된 단어

MP3 듣기

□ **きれいだ** ① 아름답다 ② 깨끗하다

▶ 彼の奥さんはきれいな人です。
그의 부인은 미인입니다.

奥さん
남의 아내의 높임말, 부인

▶ きれいに使ってください。
깨끗하게 사용해 주세요.

□ **華やかだ** 화려하다

▶ 彼女がいるだけで部屋の雰囲気が華やかになる。
그녀가 있는 것만으로 방의 분위기가 화려해진다.

~だけで ~만으로
雰囲気 분위기

□ **派手だ** ① (모습이) 화려하다 ② 야단스럽다

▶ 彼女は派手な格好でパーティーに行きました。
그녀는 화려한 옷차림으로 파티에 갔습니다.

格好 모습, 옷차림

▶ そんなに派手にお金を使うとあとで大変ですよ。
그렇게 요란스럽게 돈을 쓰면 나중에 힘들 거예요.

お金を使う 돈을 쓰다
あとで 나중에

□ **地味だ** ① 수수하다 ② 검소하다

▶ 彼女は地味な色の服を着ています。
그녀는 수수한 색깔의 옷을 입고 있습니다.

色 색, 색깔

▶ 彼は地味な生活をしています。
그는 검소한 생활을 하고 있습니다.

□ **贅沢だ** 사치스럽다
<ruby>贅<rt>ぜい</rt></ruby><ruby>沢<rt>たく</rt></ruby>だ

▶ あの<ruby>人<rt>ひと</rt></ruby>は<ruby>金<rt>かね</rt></ruby><ruby>持<rt>も</rt></ruby>ちでもないのにぜいたくな<ruby>生<rt>せい</rt></ruby><ruby>活<rt>かつ</rt></ruふりがな>をしています。
그 사람은 부자도 아닌데 사치스러운 생활을 하고 있습니다.

圖 ぜいたく<ruby>品<rt>ひん</rt></ruby> 사치품

~でもないのに
~가 아님에도 불구하고

□ **素敵だ** 멋지다, 근사하다
<ruby>素<rt>す</rt></ruby><ruby>敵<rt>てき</rt></ruby>だ

▶ <ruby>素<rt>す</rt></ruby><ruby>敵<rt>てき</rt></ruby>なネクタイですね。
멋진 넥타이군요.

ネクタイ 넥타이

□ **緩やかだ** 완만하다
<ruby>緩<rt>ゆる</rt></ruby>やかだ

▶ <ruby>私<rt>わたし</rt></ruby>たちは<ruby>緩<rt>ゆる</rt></ruby>やかな<ruby>坂<rt>さか</rt></ruby><ruby>道<rt>みち</rt></ruby>を<ruby>上<rt>のぼ</rt></ruby>っていきました。
우리는 완만한 비탈길을 올라갔습니다.

坂道を上る
비탈길을 오르다

□ **なだらかだ** (가파르지 않고) 완만하다

▶ <ruby>平<rt>へい</rt></ruby><ruby>地<rt>ち</rt></ruby>から<ruby>牧<rt>ぼく</rt></ruby><ruby>場<rt>じょう</rt></ruby>まではなだらかな<ruby>斜<rt>しゃ</rt></ruby><ruby>面<rt>めん</rt></ruby>が<ruby>続<rt>つづ</rt></ruby>いている。
평지에서 목장까지는 완만한 비탈이 이어져 있다.

平地 평지
牧場 목장
斜面 사면, 비탈

□ **平らだ** 평평하다, 평탄하다
<ruby>平<rt>たい</rt></ruby>らだ

▶ ブルドーザーが<ruby>地<rt>じ</rt></ruby><ruby>面<rt>めん</rt></ruby>を<ruby>平<rt>たい</rt></ruby>らにしています。
불도저가 지면을 평평하게 만들고 있습니다.

ブルドーザー 불도저
地面 지면

□ **静かだ** 조용하다
<ruby>静<rt>しず</rt></ruby>かだ

▶ このカフェは<ruby>静<rt>しず</rt></ruby>かですね。
이 카페는 조용하네요.

カフェ 카페, 커피숍

☐ 鮮やかだ ① 선명하다 ② 멋지다

▶ 彼と初めて会ったときのことは今も鮮やかに覚えています。

그와 처음 만났을 때의 일은 지금도 선명히 기억하고 있습니다.

初めて 처음으로
覚える 기억하다

▶ その選手の鮮やかなプレーに観客は驚きました。

그 선수의 멋진 플레이에 관객은 놀랐습니다.

選手 선수
プレー 플레이
観客 관객
驚く 놀라다

☐ 賑やかだ ① 번화하다 ② 떠들썩하다, 활기차다

▶ ソウルの明洞は賑やかなところです。

서울의 명동거리는 번화한 곳입니다.

ソウル 서울
明洞 명동

▶ 家の中から賑やかな笑い声が聞こえます。

집 안에서 활기찬 웃음소리가 들려옵니다.

笑い声 웃음소리
聞こえる 들리다

☐ 新鮮だ 신선하다, 싱싱하다

▶ あそこの店の魚は新鮮です。

저 가게의 생선은 신선합니다.

魚 물고기, 생선

☐ 快適だ 쾌적하다

▶ この車は乗り心地がとても快適です。

이 차는 승차감이 아주 쾌적합니다.

乗り心地 승차감

☐ 爽やかだ 상쾌하다, 시원하다

▶ 窓を開けると、朝のさわやかな風が部屋に入ってきました。

창문을 열자 아침의 상쾌한 바람이 방으로 들어왔습니다.

窓を開ける 창문을 열다
〜と 〜하자, 〜하니까
入ってくる 들어오다

□ **からからだ** 바싹바싹하다 ▶ 바싹 마른 모양

► 何ヶ月も日照りが続いたため、地面はカラカラに
乾いてひび割れていた。
몇 개월이나 가뭄이 계속되었기 때문에 지면은 바싹바싹 말라 금이 갔다.

何ヶ月 몇 개월
日照り 가뭄
乾く 마르다, 건조하다
ひび割れる 금이 가다

□ **代表的だ** 대표적이다

► 寿司は、日本の代表的な料理の一つです。
초밥은 일본의 대표적인 요리의 하나입니다.

► 日本の税金は、所得税と法人税、それから消費税
が、代表的です。
일본의 세금은 소득세와 법인세, 그리고 소비세가 대표적입니다.

寿司 스시, 초밥
料理 요리
税金 세금
所得税 소득세
法人税 법인세
それから 그리고, 그 다음에
消費税 소비세

06 감정 표현과 관련된 단어 1

MP3 듣기

□ **好きだ** 좋아하다

▶ あなたはどんなスポーツが好きですか。
당신은 어떤 스포츠를 좋아합니까?

スポーツ 스포츠

□ **大好きだ** 매우 좋아하다

▶ 私はカレーライスが大好きです。
나는 카레라이스를 매우 좋아합니다.

カレーライス 카레라이스

□ **嫌いだ** 싫어하다

▶ 私は豚肉がきらいです。
나는 돼지고기를 싫어합니다.

豚肉 돼지고기

▶ 嫌いな女の子からしつこく電話がかかってきます。
싫어하는 여자 아이로부터 끈질기게 전화가 걸려 옵니다.

しつこく 끈질기게
電話がかかってくる
전화가 걸려 오다

□ **嫌だ** ① 싫다 ② 불쾌하다

▶ 毎日ラーメンの生活はもう嫌です。
매일 라면 먹는 생활은 이제 싫습니다.

ラーメン 라면

▶ 私の頼みに彼は嫌な顔をしました。
내 부탁에 그는 불쾌한 표정을 지었습니다.

頼み 부탁
嫌な顔をする
불쾌한 표정을 짓다

□ **大嫌いだ** 매우 싫어하다

▶ 蒸し暑い夏は、私の大嫌いな季節です。
무더운 여름은 내가 매우 싫어하는 계절입니다.

▶ 自分自身のことが大嫌いだという人は、案外多い。
자기 자신이 매우 싫다고 하는 사람은 예상 외로 많다.

蒸し暑い 무덥다	
夏 여름	
季節 계절	
自分自身 자기 자신	
案外 뜻밖에도, 예상 외로	

□ **かわいそうだ** 불쌍하다

▶ あの子はみんなから仲間はずれにされてかわいそうです。
저 아이는 모두에게 따돌림을 당하고 있어서 불쌍합니다.

仲間はずれにされる
따돌림을 당하다

□ **気の毒だ** 불쌍하다, 가엾다

▶ 月収が５０万ウォンとは気の毒なことだ。
월수입이 50만 원이라니 안됐구나.

月収 월수입
～ウォン ～원
～とは ～(이)라니

□ **残念だ** 유감스럽다

▶ 一緒に行けなくて残念です。
같이 갈 수 없어서 유감입니다.

一緒に行く
함께 가다, 같이 가다

□ **面倒だ** 귀찮다, 번거롭다

▶ 本棚を整理するのは面倒です。
책장을 정리하는 것은 귀찮습니다.

▶ 早く解決しないと面倒なことになりますよ。
빨리 해결하지 않으면 번거로운 일이 돼요.
관 面倒を見る 보살펴 주다

本棚を整理する
책장을 정리하다

解決する 해결하다
～ことになる
～(한) 일이 되다

厄介だ ① 성가시다 ② 신세를 지다

▶ 厄介な話を持ち込まないでください。
성가신 이야기를 꺼내지 말아 주세요.

持ち込む 꺼내다

▶ 彼はまだ親のやっかいになっています。
그는 아직도 부모의 신세를 지고 있습니다.

親 부모
やっかいになる 신세를 지다

不思議だ ① 이상하다 ② 불가사의하다

▶ 事件が起きたとき誰も気付かなかったのは不思議です。
사건이 발생했을 때 아무도 깨닫지 못했다는 것은 이상합니다.

事件が起きる 사건이 발생하다
誰も 누구도, 아무도
気付く 알아차리다, 깨닫다
〜ことに 〜하게도
単語 단어
片っ端から 닥치는 대로
〜ようになる 〜(하)게 되다

▶ 不思議なことに、日本語の単語が片っ端から覚えられるようになった。
불가사의하게도 일본어 단어를 닥치는 대로 외울 수 있게 되었다.

本気だ 진심이다

▶ 本気で頑張れば誰でも試験に合格できます。
진심으로 열심히 하면 누구라도 시험에 합격할 수 있습니다.

頑張る 분발하다, 열심히 하다
〜ば 〜(하)면
試験に合格する 시험에 합격하다
本気にする 진심으로 받아들이다

▶ 彼は何でも本気にしてしまいます。
그는 뭐라도 진심으로 받아들입니다.

惨めだ 비참하다

▶ 彼女にふられて惨めな思いをしました。
그녀에게 차여서 비참한 경험을 했습니다.

ふられる 차이다
思いをする
일을 겪다, 경험을 하다

な형용사 07 감정 표현과 관련된 단어 2

MP3 듣기

□ **平気だ** ① 태연하다 ② 끄떡없다

▶ 彼は怒られても平気な顔をしています。
그는 꾸중을 들어도 태연한 얼굴을 하고 있습니다.

怒られる 꾸중을 듣다
平気な顔をする
태연한 얼굴을 하다

▶ 彼は焼酎を10本飲んでも平気です。
그는 소주를 10병을 마셔도 끄떡없습니다.

焼酎 소주

□ **気楽だ** 마음 편하다

▶ 私は彼となら気楽に話せます。
나는 그라면 마음 편히 이야기할 수 있습니다.

~となら ~(와) 라면

▶ 教師というのは気楽な仕事ではありません。
교사라는 것은 마음 편한 직업이 아닙니다.

教師 교사
~というのは ~라는 것은

□ **安心だ** 안심하다

▶ 市役所の企画部では、安全で安心なまちづくりのために努力しています。
시청 기획부에서는 안전하고 안심한 도시 개발을 위해 노력하고 있습니다.

市役所 시청
企画部 기획부
安全だ 안전하다
まちづくり 도시(마을) 개발

□ **退屈だ** ① 심심하다 ② 지루하다

▶ 雨の日に家でじっとしているのは退屈です。
비 오는 날 집 안에 가만히 있으면 심심합니다.

雨の日 비 오는 날
じっとする 가만히 있다

▶ 校長先生の話はとても退屈でした。
교장 선생님 이야기는 몹시 지루했습니다.

校長先生 교장 선생님

□ **心配だ** 걱정스럽다

> しんぱい
> 母親は軍隊に入る息子のことが心配になってきました。
> はは おや　　ぐんたい　　はい　むす こ　　　　　　　　しんぱい
> ました。
> 어머니는 군대에 들어가는 아들이 걱정스러워졌습니다.

母親 모친, 어머니
軍隊に入る 군대에 들어가다
息子 아들

□ **不安だ** 불안하다

> わたし　　　　　　 ふ あん　　　　　　　 せいかく　　　　　 もの ごと　　　どう
> 私はすぐ不安になる性格なので、物事に動じない
> ひと　 み
> 人を見るとうらやましいです。
> 나는 금방 불안해지는 성격이라서, 모든 일에 동요하지 않는 사람을 보면 부럽습니다.

すぐ 금방, 곧, 바로
物事 물건과 일, 모든 일
動じる 동하다, 동요하다
うらやましい 부럽다

> しょうらい　　 ふ あん　　　　　　　 わたし　 とも　　　　　　そう だん　　　　　 どくしょ
> 将来が不安なとき、私は友だちと相談するか読書
> をしています。
> 미래가 불안할 때 나는 친구와 상담하든지 독서를 하고 있습니다.

将来 장래, 미래
相談する 상담하다
~か ~든지
読書 독서

□ **窮屈だ** ① (비좁거나 꼭 끼어) 갑갑하다 ② 답답하다

> わたし　 いえ　 せま　　きゅうくつ
> 私の家は狭くて窮屈です。
> 저희 집은 비좁아서 갑갑합니다.

狭い 좁다

> かれ　 ま じ め　　　　　　 きゅうくつ　　かん　　ひと
> 彼は真面目ですが、窮屈な感じの人です。
> 그는 성실하지만, 답답한 느낌을 주는 사람입니다.

真面目だ 성실하다
感じ 느낌, 인상

□ **不気味だ** (어쩐지) 기분이 나쁘다, 으스스하다

> とつぜん ぶ き み　　　 わら　　 ごえ
> 突然不気味な笑い声がしました。
> 갑자기 기분 나쁜 웃음소리가 났습니다.

突然 갑자기
笑い声がする
웃음소리가 나다

> あた　　　 ぶ き み　　 しず
> 辺りは不気味に静まりかえっていました。
> 일대는 으스스하게 아주 조용했습니다.

辺り 주변, 일대
静まりかえる
아주 조용해지다

□ **変^{へん}だ** 이상하다, 수상하다

▶ 外^{そと}で変^{へん}な音^{おと}がしませんか。
밖에서 이상한 소리가 나지 않습니까?

音がする 소리가 나다

▶ 家^{いえ}の前^{まえ}を変^{へん}な男^{おとこ}がうろついています。
집 앞을 수상한 남자가 배회하고 있습니다..

男 남자, 남성
うろつく 배회하다

□ **迷惑^{めいわく}だ** 곤란하다

▶ 彼女^{かのじょ}がこんな時間^{じかん}に電話^{でんわ}をかけてくるのは迷惑^{めいわく}です。
그녀가 이런 시간에 전화를 걸어오는 것은 곤란합니다.

電話をかける
전화를 걸다

파 迷惑^{めいわく}をかける 폐를 끼치다

▶ 人^{ひと}に迷惑^{めいわく}をかけるのはよくありません。
다른 사람에게 폐를 끼치는 것은 좋지 않습니다.

よくない 좋지 않다

□ **幸^{しあわ}せだ** 행복하다

▶ 彼女^{かのじょ}は彼^{かれ}と結婚^{けっこん}して幸^{しあわ}せな日々^{ひび}を送^{おく}っています。
그녀는 그와 결혼해서 행복한 나날을 보내고 있습니다.

日々 나날
送る (세월을) 보내다, 지내다

□ **深刻^{しんこく}だ** 심각하다

▶ 自然破壊^{しぜんはかい}が深刻^{しんこく}になってきました。
자연 파괴가 심각해졌습니다.

自然破壊 자연 파괴

な형용사 **08** 평가와 관련된 단어 1

MP3 듣기

□ **上手だ**〔じょう ず〕 능숙하다, 잘하다

▶ **日本語が上手ですね。**〔に ほん ご　　じょう ず〕
일본어를 잘하네요.

□ **下手だ**〔へ た〕 서툴다, 잘 못하다

▶ **私は歌が下手です。**〔わたし　うた　へ た〕
저는 노래를 잘 못 부릅니다.

🔳 **下手に**〔へ た〕 섣불리

▶ **他人のことには下手に口を出さない方がいいですよ。**〔た にん　　　　へ た　くち　だ　　　　　　ほう〕
다른 사람 일에는 섣불리 참견하지 않는 편이 좋아요.

🔳 **下手をすると**〔へ た〕 자칫하면

▶ **今度の台風は下手をすると犠牲者が出るかもしれ**〔こん ど　たい ふう　へ た　　　　　ぎ せい しゃ　で〕
ません。
이번 태풍은 자칫하면 희생자가 나올지도 모른다.

歌 노래

他人 타인, 다른 사람
口を出す 참견하다
〜ない方がいい
〜(하)지 않는 편이 좋다

犠牲者 희생자
〜かもしれない
〜일지도 모른다

□ **得意だ**〔とく い〕 ① 자신 있다, 장기다 ② 의기양양하다

▶ **彼は料理が得意です。**〔かれ　りょう り　とく い〕
그는 요리가 자랑거리입니다.

▶ **彼はほめられるとすぐ得意になります。**〔かれ　　　　　　　　　　　　とく い〕
그는 칭찬받으면 곧 우쭐해집니다.

🔳 **得意先**〔とく い さき〕 단골 거래처
得意の店〔とく い　みせ〕 단골집
お得意さん〔とく い〕 단골 손님

料理 요리

〜とすぐ 〜하면 곧

☐ **苦手だ** 잘 못해서 자신이 없다, 거북하고 싫다

▶ 私は数学が苦手です。
저는 수학을 잘 못합니다.

数学 수학

▶ 私は辛い食べ物が苦手です。
저는 매운 음식을 잘 못먹습니다.

辛い 맵다

☐ **立派だ** 훌륭하다, 당당하다

▶ 彼は言うことだけは立派です。
그는 말하는 것만은 잘합니다.

~だけ ~만

▶ あの立派な建物は市役所です。
저 훌륭한 건물은 시청입니다

建物 건물
市役所 시청

☐ **見事だ** ① 볼 만하다 ② 멋지다

▶ 韓国選手の活躍は見事なものでした。
한국 선수의 활약은 볼 만했습니다.

活躍 활약

▶ 私たちは彼の嘘に見事にだまされました。
우리는 그의 거짓말에 멋지게 속았습니다.

嘘 거짓말
だます 속이다

☐ **結構だ** 훌륭하다, 괜찮다

▶ 小説を書くのも結構だけど、学校の勉強はどうするつもり？
소설을 쓰는 것도 좋으나, 학교 공부는 어떻게 할 생각이지?

小説 소설
つもり 생각, 작정, 의도

☐ **器用だ** ① 솜씨가 좋다 ② 요령이 좋다

▶ 姉は手先が器用です。
언니(누나)는 손재주가 좋습니다.

手先が器用だ 손재주가 좋다

▶ 父は、学歴はないけれど、今まで世の中を器用に渡ってきました。
아버지는 학력이 없으시지만 지금까지 세상을 요령 있게 살아 오셨습니다.

学歴 학력
世の中 세상
渡る 살아가다

□ 上品だ 품위가 있다

▶ 彼女は言葉遣いが上品です。

그녀는 품위 있는 말씨를 씁니다.

言葉遣い 말투, 말씨

□ 下品だ 품위가 없다

▶ 口の中に食べ物を入れたまま話すのは下品ですよ。

입 안에 음식을 넣은 채로 이야기하는 것은 품위가 없어요.

口の中 입안
入れる (안에) 넣다
～たまま ～한 채(로)

□ 失礼だ 실례되다, 무례하다, 예의가 없다

▶ 彼はとても冷静で、相手の失礼な態度にも決して
腹を立てません。

그는 매우 냉정해서 상대방의 무례한 태도에도 결코 화를 내지 않습니다.

▶ 敬語は必要ですが、使いすぎるとかえって失礼に
なることがあります。

경어는 필요하지만, 너무 사용하면 오히려 실례가 될 때가 있습니다.

冷静だ 냉정하다
相手 상대, 상대방
態度 태도
決して 결코
腹を立てる 화를 내다
敬語 경어
使いすぎる 너무 사용하다
かえって 오히려

□ 清潔だ 청결하다

▶ 清潔な職場を維持するため、彼女は心をこめて
掃除しています。

청결한 직장을 유지하기 위해 그녀는 정성을 다해 청소하고 있습니다.

▶ 健康のためには、体を清潔に保つことも必要です。

건강을 위해서는 몸을 청결하게 유지하는 것도 필요합니다.

職場 직장
維持する 유지하다
心をこめる 정성을 다하다
掃除する 청소하다

保つ 유지하다, 지키다

□ ソフトだ 부드럽다, 소프트하다

▶ このお菓子は、ソフトな食感とさわやかな味が
特徴です。

이 과자는 부드러운 식감과 상쾌한 맛이 특징입니다..

お菓子 과자
食感 식감
味 맛
特徴 특징

な형용사 # 09   평가와 관련된 단어 2

MP3 듣기

□ **便利だ** 편리하다

▶ この辞書は小さくて便利です。
이 사전은 작고 편리합니다.

▶ ここは交通の便利なところです。
여기는 교통이 편리한 곳입니다.

交通 교통

□ **不便だ** 불편하다

▶ 携帯電話を忘れてとても不便な思いをしました。
휴대전화를 두고 가서 매우 불편했습니다.

携帯電話 휴대전화, 휴대폰
忘れる 잊다, 잊고 두고 가다

□ **無理だ** 무리하다

▶ そんな無理な要求をされても困ります。
그런 무리한 요구를 하면 곤란합니다.

要求をする 요구를 하다
困る 곤란하다, 힘들다

▶ 彼が怒るのも無理はありません。
그가 화내는 것도 무리는 아닙니다.

怒る 화내다

□ **駄目だ** ① 안 된다 ② 소용없다 ③ 못쓰게 되다

▶ ここでたばこを吸ったらだめですよ。
여기서 담배를 피우면 안 됩니다.

たばこを吸う 담배를 피우다

▶ いくら努力してもだめでした。
아무리 노력해도 허사였습니다.

いくら～ても 아무리 ～해도
努力する 노력하다

▶ 僕の自動車はもうだめになった。
내 자동차는 이제 쓰지 못하게 되었다.

だめになる
망가지다, 쓰지 못하다

□ **無駄だ** 쓸데없다, 헛되다, 보람없다

▶ 無駄な努力はしたくありません。
쓸데없는 노력은 하고 싶지 않습니다.

🔲 無駄遣いする 낭비하다

~たい ~(하)고 싶다

□ **余計だ** 불필요하다, 쓸모없다

▶ 余計な心配をおかけして申し訳ありません。
불필요한 심려를 끼쳐 드려 죄송합니다.

心配をかける 심려를 끼치다
申し訳ない 죄송하다

□ **必要だ** 필요하다

▶ 必要なものだけを持って家を出ました。
필요한 것만 가지고 집을 나왔습니다.

家を出る
집을 나오다, 가출하다

□ **確かだ** 확실하다

▶ もっと確かな情報がほしいです。
좀 더 확실한 정보를 원합니다.

🔲 確かに 물론, 확실히

▶ 確かに値段は高いですが、品質はいいです。
확실히 가격은 비싸지만, 품질은 좋습니다.

もっと 좀 더
情報 정보
ほしい 원하다, 갖고 싶다

値段 가격
品質 품질

□ **明確だ** 명확하다

▶ 何かを達成するためには、まず明確な目標を立てることが必要です。
뭔가를 달성하기 위해서는 먼저 명확한 목표를 세우는 것이 필요합니다.

▶ 彼らは責任の所在を明確にしようとしないので、困ります。
그들은 책임의 소재를 명확히 하려고 하지 않기 때문에 난처합니다.

達成する 달성하다
まず 먼저
目標を立てる 목표를 세우다

彼ら 그들
責任 책임
所在 소재

□ **明^{あき}らかだ** 명확하다, 분명하다

▶ たばこの吸殻^{すいがら}があるのを見^みれば、彼^{かれ}がここに来^きたのは明^{あき}らかだ。
담배 꽁초가 있는 것을 보니 그가 여기에 온 것은 분명하다.

吸殻 담배 꽁초

□ **明白^{めいはく}だ** 명백하다

▶ 韓国^{かんこく}の生産可能人口^{せいさんかのうじんこう}が減^へり始^{はじ}めていることは、明白^{めいはく}な事実^{じじつ}です。
한국의 생산 가능 인구가 줄어들기 시작한 것은 명백한 사실입니다.

生産可能人口 생산 가능 인구
減り始める
줄어들기 시작하다
事実 사실

□ **正確^{せいかく}だ** 정확하다

▶ この時計^{とけい}は狂^{くる}っているので、正確^{せいかく}な時間^{じかん}を教^{おし}えてもらえますか。
이 시계는 고장이 났기 때문에 정확한 시간을 가르쳐 주실 수 있나요?.

時計 시계
狂う 고장 나다
~てもらえる ~해 줄 수 있다

□ **正常^{せいじょう}だ** 정상이다

▶ 本^{ほん}サイトは、ブラウザによっては正常^{せいじょう}に表示^{ひょうじ}されないことがあります。
본 사이트는 브라우저에 따라서는 정상적으로 표시되지 않을 수가 있습니다.

本サイト 본 사이트
ブラウザ 브라우저
~によって
~에 의해, ~에 따라서
表示する 표시하다

□ **意外^{いがい}だ** 의외다

▶ 意外^{いがい}な所^{ところ}で彼^{かれ}に会^あいました。
생각지도 못한 곳에서 그를 만났습니다.

▶ テストは意外^{いがい}にやさしかったです。
시험은 의외로 쉬웠습니다.

やさしい 쉽다

な형용사 **10** 평가와 관련된 단어 3

MP3 듣기

□ **安全だ** 안전하다
あん ぜん

▶ 飛行機は安全な乗り物です。
ひ こう き   あん ぜん   の   もの
비행기는 안전한 교통수단입니다.

乗り物 교통수단, 탈것

▶ その方法なら安全です。
ほう ほう   あん ぜん
그 방법이라면 안전합니다.

方法 방법
~なら ~(이)라면

□ **危険だ** 위험하다
き けん

▶ 彼の考えは破壊的で危険です。
かれ   かんが   は かいてき   き けん
그의 생각은 파괴적이고 위험합니다.

破壊的 파괴적

□ **自由だ** 자유롭다
じ ゆう

▶ 自由に意見を述べてください。
じ ゆう   い けん   の
자유롭게 의견을 말씀해 주십시오.

意見を述べる
의견을 말하다

□ **不自由だ** 부자유스럽다, 불편하다
ふ じ ゆう

▶ ここは体の不自由な人のための優先席です。
からだ   ふ じ ゆう   ひと   ゆうせんせき
여기는 몸이 불편한 사람을 위한 우선석(노약자석)입니다.

~のための ~을 위한
優先席 우선석, 노약자석

□ **容易だ** 용이하다
よう い

▶ 父を説得するのは容易なことではありません。
ちち   せっとく   よう い
아버지를 설득하는 것은 쉬운 일이 아닙니다.

説得する 설득하다

□ **安易だ** あんい 안이하다

▶ 売り上げを伸ばすためとはいっても、安易な値下げはよくない。
매상을 늘리기 위해서라고 하더라도 안이한 가격 인하는 좋지 않다.

売り上げ 매상
伸ばす 늘리다
〜とはいっても 〜라고 하더라도
値下げ 가격 인하

□ **適当だ** てきとう ① 적당하다 ② (요령을 부려) 적당히 하다

▶ このゲームは子どもには適当ではありません。
이 게임은 아이에게는 적절하지 않습니다.

▶ 彼は適当な人間だから信用できません。
그는 일을 적당히 하는 인간이므로 신용할 수 없습니다.

ゲーム 게임

人間 인간
〜だから 〜이므로
信用できる 신용할 수 있다

□ **手ごろだ** て (가격·크기·무게 등이) 적당하다

▶ 持ち歩くのに手ごろな辞書がほしいです。
가지고 다니기에 적당한 사전을 갖고 싶습니다.

▶ 手ごろだと思って買ったのですが、ちょっと小さいですね。
적당하다고 생각해서 샀는데 좀 작군요.

持ち歩く 가지고 다니다

〜と思う 〜라고 생각하다

□ **皮肉だ** ひにく 얄궂다

▶ 癌の名医が癌で死ぬとは皮肉なことです。
암의 명의가 자기도 암으로 죽다니 얄궂은 일입니다.

파 皮肉 빈정거림, 비아냥거림

彼はよく皮肉を言います。
그는 자주 빈정거립니다.

癌 암
名医 명의
死ぬ 죽다
〜とは 〜하다니
よく 자주, 잘
皮肉を言う
빈정거리다, 비아냥거리다

□ **有名だ** 유명하다

▶ スイスは景色の美しい国として有名です。
스위스는 경치가 아름다운 나라로 유명합니다.

スイス 스위스
景色 경치
〜として 〜로서

□ **可能だ** 가능하다

▶ 人類が生き残るには、持続可能な社会を目指す必要があります。
인류가 살아남으려면 지속 가능한 사회를 목표로 할 필요가 있습니다.

▶ ３ヶ月で日本語をマスターするなんて、本当に可能ですか。
3개월에 일본어를 마스터한다니 정말 가능합니까?

人類 인류
生き残る 살아남다
〜には 〜려면
持続 지속
目指す 목표로 하다
マスターする 마스터하다

□ **不可能だ** 불가능하다

▶ 砂漠を巨大な太陽光発電所にすることは、不可能ではありません。
사막을 거대한 태양광발전소로 하는 것은 불가능하지 않습니다.

砂漠 사막
巨大だ 거대하다
太陽光発電所 태양광발전소

□ **同じだ** 같다 ▶ 불규칙 활용 : 同じ, 同じく, 同じで, 同じに

▶ 彼と私は同じ日に同じ病院で生まれました。
그와 나는 같은 날 같은 병원에서 태어났습니다.

▶ あの人が食べているのと同じものをください。
저 사람이 먹고 있는 것과 같은 것을 주세요.

▶ 今日の昼食は昨日と同じくカレーでした。
오늘의 점심은 어제와 같이 카레였습니다.

▶ 日本語は韓国語と語順が同じで覚えやすいです。
일본어는 한국어와 어순이 같아서 기억하기 쉽습니다.

▶ 春分は昼と夜の長さが同じになる日です。
춘분은 낮과 밤의 길이가 같아지는 날입니다

日 날, 일
病院 병원
生まれる 태어나다
ください 주세요

昼食 중식, 점심
〜と同じく 〜와 같이
カレー 카레, 카레라이스
語順 어순
〜やすい 〜(하)기 쉽다
春分 춘분
昼と夜 낮과 밤
長さ 길이
同じになる 같아지다

な형용사 **11** 성격과 관련된 단어 1

MP3 듣기

□ **真面目だ** ① 성실하다, 착실하다 ② 진지하다

▶ 彼は真面目に働かなくて困ります。
그는 성실하게 일하지 않아서 곤란합니다.

働く 일하다

▶ 彼はひどく真面目な性格で、冗談も通じません。
그는 너무 진지한 성격으로, 농담도 통하지 않습니다

ひどく 매우, 몹시
冗談 농담
通じる 통하다

□ **真剣だ** 진지하다, 진정이다 ▶ 어원 : 진검

▶ 彼は結婚のことを真剣に考えています。
그는 결혼에 관해 진지하게 생각하고 있습니다.

〜のこと 〜에 관한 모든 것

▶ 先生は彼の真剣な態度に打たれて、入門を許しました。
선생님은 그의 진지한 태도에 감동 받아 입문을 허락했습니다.

態度 태도
打たれる 감동 받다
入門を許す 입문을 허락하다

□ **丁寧だ** ① 정중하다 ② 주의 깊고 깍듯하다

▶ あの人の言葉づかいはいつも丁寧です。
저 사람은 언제나 정중한 말을 씁니다.

▶ 先輩は業務手順を丁寧に説明してくれました。
선배는 업무 절차를 정성껏 설명해 주었습니다.

先輩 선배
業務 업무
手順 순서, 절차
説明する 설명하다

□ **親切だ** 친절하다

▶ 一般に韓国人は外国人に親切です。
일반적으로 한국사람은 외국인에게 친절합니다.

一般に 일반적으로

□ **正直だ** 정직하다

► 彼は正直な人です。
그 사람은 정직한 사람입니다.

► 私の質問に正直に答えてください。
내 질문에 솔직하게 답해 주세요.

質問に答える
질문에 대답하다

□ **率直だ** 솔직하다

► 彼の率直な態度が気に入りました。
그의 솔직한 태도가 마음에 들었습니다.

気に入る 마음에 들다

□ **慎重だ** 신중하다

► コップを割らないように慎重に扱ってください。
컵이 깨지지 않도록 신중하게 다루어 주세요.

コップを割る 컵을 깨다
～ないように ～(하)지 않도록
扱う 다루다, 취급하다

□ **冷静だ** 냉정하다

► 災害が起こったときは、慌てず冷静に行動する必要があります。
재해가 발생했을 때는 당황하지 말고 냉정하게 행동할 필요가 있습니다..

► 彼は冷静な性格で、緊急事態になっても決して慌てません。
그는 냉정한 성격으로 긴급사태가 되더라도 결코 당황하지 않습니다.

災害 재해
起こる 일어나다, 발생하다
慌てる (놀라서) 당황하다
～ず ～(하)지 않고, ～(하)지 말고
行動する 행동하다
緊急事態 긴급사태

□ **朗らかだ** 명랑하다, 쾌활하다

► 彼は笑顔が魅力的で朗らかな人です。
그는 웃는 얼굴이 매력적이고 명랑한 사람이다.

笑顔 웃는 얼굴
魅力的 매력적

□ **穏やかだ** ① 온화하다, 차분하다 ② 평온하다

▶ 私の先生は穏やかで優しい人でした。
저희 선생님은 온화하고 친절한 사람이었습니다.

優しい 상냥하다, 친절하다

□ **純粋だ** 순수하다

▶ いくつになっても純粋な心を持っていたいと思います。
몇 살이 돼도 순수한 마음을 가지고 있겠습니다.

いくつ 몇 살

□ **素直だ** ① 고분고분하다 ② 순수하다

▶ 彼女は先生の忠告を素直に聞いていました。
그녀는 선생님의 충고를 고분고분하게 듣고 있었습니다.

忠告 충고

▶ ありのままを素直に観察することが大事です。
있는 그대로를 순수하게 관찰하는 것이 중요합니다.

ありのまま 있는 그대로
観察する 관찰하다

□ **無邪気だ** ① 순진하다 ② 천진난만하다

▶ みんなが助けてくれると思うのは無邪気な考えだ。
모두가 도와줄 거라고 생각하는 것은 순진한 생각이다.

助けてくれる 도와주다

▶ 無邪気な子どもの笑顔に心がなごむ。
천진난만한 아이의 웃는 얼굴에 마음이 누그러진다.

心がなごむ
마음이 누그러지다

な형용사 D12 성격과 관련된 단어 2

MP3 듣기

☐ **積極的だ** 적극적이다
せっきょくてき

▶ 何にでも積極的に行動してください。
なん　　　　　せっきょくてき　　こうどう
무슨 일이든 적극적으로 행동해 주세요.

何にでも 무슨 일이든

☐ **消極的だ** 소극적이다
しょうきょくてき

▶ 女性差別の改善に消極的な会社が多いです。
じょせいさべつ　かいぜん　しょうきょくてき　かいしゃ　おお
여성 차별 개선에 소극적인 회사가 많습니다.

女性差別 여성 차별
改善 개선

☐ **生意気だ** 건방지다
なまいき

▶ 初心者がプロに意見を言うとは生意気です。
しょしんしゃ　　　　いけん　い　　　　なまいき
초심자가 프로에게 의견을 말하는 것은 건방집니다.

初心者 초심자, 초보자
プロ 프로, 전문가
意見を言う 의견을 말하다

☐ **勝手だ** 제멋대로다
かって

▶ 自分の都合で予定を変えるなんて、ずいぶん勝手
じぶん　つごう　よてい　か　　　　　　　　　かって
ですね。
자기 사정으로 예정을 바꾸다니 상당히 제멋대로군요.

都合 사정
予定を変える 예정을 바꾸다
～なんて ～하다니
ずいぶん 상당히, 꽤

▶ 勝手に人のものを使わないでください。
かって　ひと　　　　　つか
제멋대로 남의 물건을 사용하지 말아 주세요.

もの 것, 물건

□ **わがままだ** 제멋대로다

► 彼^{かれ}はわがままな性格^{せいかく}でいつも周^{まわ}りに迷惑^{めいわく}をかけています。
그는 방자한 성격이어서 언제나 주위에 폐를 끼치고 있습니다.

周り 주위, 주변 사람
迷惑をかける 폐를 끼치다

□ **呑気^{のんき}だ** 태평스럽다

► 明日^{あした}試験^{しけん}なのに映画^{えいが}を見^みに行^いくなんて、のんきな人^{ひと}です。
내일 시험인데 영화 보러 가다니 태평스러운 사람입니다.

～なのに
～인데, ～임에도 불구하고

□ **意地悪^{いじわる}だ** 심술궂다

► 道^{みち}を聞^きく人^{ひと}にわざと違^{ちが}う道^{みち}を教^{おし}えるのは意地悪^{いじわる}だ。
길을 묻는 사람에게 일부러 틀린 길을 가르치는 것은 심술궂다.

道を聞く 길을 묻다
わざと 일부로, 고의로
違う 다르다, 틀리다

□ **頑固^{がんこ}だ** 완고하다

► 彼^{かれ}は頑固^{がんこ}だから絶対^{ぜったい}に自分^{じぶん}の意見^{いけん}を曲^まげません。
그는 완고하니까 절대로 자신의 의견을 굽히지 않습니다.

絶対に 절대로
意見を曲げる 의견을 굽히다

□ **せっかちだ** 성급하다

► 彼^{かれ}はせっかちな性格^{せいかく}で、何^{なん}でもすぐに終^おわらせようとします。
그는 급한 성격으로 뭐든지 빨리 끝내려고 합니다.

すぐに 곧, 즉시
終わる 끝나다
～(よ)うとする
～(하)려고 하다

□ **短気^{たんき}だ** 성질이 거칠다, 참을성이 없다

► 短気^{たんき}な人^{ひと}と同僚^{どうりょう}になると本当^{ほんとう}に苦労^{くろう}します。
화를 잘 내는 사람과 동료가 되면 정말 고생합니다.

同僚になる 동료가 되다
苦労する 고생하다

□ **大雑把だ** 대강하다, 대충하다

▶ 彼が仕事を早く片付けるのは大雑把だからです。
그가 일을 빨리 하는 것은 대충하기 때문입니다.

片付ける
정리하다, 마무리하다

□ **いい加減だ** ① 무책임하다, 엉터리다 ② 적당히 ▶ いい加減にの 형태로

▶ 彼はいい加減な人だから、あんまり信用しない
ほうがいいですよ。
그는 무책임한 사람이므로 그다지 신용하지 않는 편이 좋아요.

あんまり〜ない
그다지(별로) 〜(하)지 않다
信用する 신용하다

▶ 悪い冗談を言うのはいい加減にしてください。
좋지 않은 농담을 하는 것은 적당히 해 주세요.

悪い 좋지 않다, 나쁘다
冗談を言う 농담을 하다

파 いい加減 꽤, 어지간히

▶ 話を聞かない部下たちを一々説得するのは、いい
加減疲れてくることだ。
이야기를 듣지 않는 부하들을 일일이 설득하는 것은 꽤 피곤해지는 일이다.

部下たち 부하들
一々 일일이, 하나하나
説得する 설득하다
疲れる 피로해지다, 지치다

□ **利口だ** 영리하다

▶ 失敗した分ひとつ利口になりました。
실패한 부분만큼 조금 영리해졌습니다.

失敗する 실패하다
分 부분, 몫
ひとつ 조금

□ **けちだ** 인색하다, 쩨쩨하다

▶ バス代も貸してくれないなんて本当にけちですね。
버스 요금도 빌려 주지 않다니 정말로 인색하군요.

バス代 버스 요금
貸してくれる 빌려 주다

접속사

총 55개 단어를 5개 분야로 분류하였다.

PART

◎ 5-01

01 순접을 나타내는 단어

접속사

MP3 듣기

□ **そして** 그리고

▶ 当ブログでは、本と映画、そして音楽について、
書いていきたいと思います。
이 블로그에서는 책과 영화 그리고 음악에 대해서 쓰겠습니다.

▶ 彼は深呼吸をし、そしてドアをノックしました。
그는 심호흡을 하고 그리고 문을 노크했습니다.

当～ 당～, 이～
ブログ 블로그
音楽 음악
～について ～에 대해서
深呼吸をする 심호흡을 하다
ドア 도어, 문
ノックする 노크하다

□ **それから** ① 그리고 ② 그 다음에 ▶ 열거

▶ 映画を見て、それから食事をしました。
영화를 보고 그리고 식사를 했습니다.

▶ この白い花と、それからあの赤いのをください。
이 흰 꽃과 그리고 저 빨간 꽃을 주세요.

食事をする 식사를 하다

～と～をください
～와 ～을 주세요

□ **で** 그래서

▶ A : 今日、新製品のプレゼンがありました。
오늘 신제품 프레젠테이션이 있었습니다.

B : で、みんなの反応はどうでしたか。
그래서 모두의 반응은 어땠습니까?

新製品 신제품
プレゼン 프레젠테이션 (프레
젠테이션의 줄임말)
反応 반응

□ **すると** 그러자

▶ 窓を開けました。すると、虫が入ってきました。
창문을 열었습니다. 그러자 벌레가 들어왔습니다.

虫が入ってくる
벌레가 들어오다

それで　그래서

► 事故で道が渋滞していました。それで遅刻して
しまいました。
사고로 길이 정체되어 있었습니다. 그래서 지각하고 말았습니다.

事故 사고
渋滞する 정체되다
遅刻する 지각하다

そこで　(바로 앞의 말을 받아서) 그래서

► 財布をなくしてしまいました。そこでお願いなん
ですが、千円だけ貸してくださいませんか。
지갑을 잃어버렸습니다. 그래서 부탁입니다만, 천 엔만 빌려 주시지 않겠습니까?

なくす 잃어버리다
貸す 빌려 주다
～てくださいませんか
～해 주시지 않겠습니까?

そのため　그 때문에

► 昨夜から今朝にかけて大雪が降り、そのため列車
ダイヤが乱れました。
어젯밤부터 오늘 아침에 걸쳐서 많은 눈이 내려, 그 때문에 열차 운행표가 뒤죽박죽
되었습니다.

昨夜 어젯밤
～から～にかけて
～부터 ～에 걸쳐서
大雪 대설, 큰 눈
列車ダイヤ 열차 운행표
乱れる 흐트러지다

それゆえ　그러므로, 그러니까

► 会社の抱えている問題は深刻だった。それゆえ
社長の心労は大変なものだった。
회사가 안고 있는 문제는 심각했다. 그래서 사장의 마음 고생은 어마어마했다.

抱える 안다
深刻だ 심각하다
心労 심려, 걱정, 정신적 피로
大変だ 대단하다, 굉장하다

ゆえに　그러므로, 그래서(＝だから)

► 我思う、故に我あり。
나는 생각한다, 고로 존재한다.

我 나, 자신(1인칭 대명사)
あり 있다, 존재하다

□ したがって 따라서

▶ あしたは午後から先生方の会議があります。
したがって、授業は午前中までです。

내일은 오후부터 선생님들의 회의가 있습니다. 따라서 수업은 오전까지입니다.

~方 ~님들, ~분들
会議 회의
授業 수업
午前中 오전 중

□ だから 그러니까, 그래서

▶ 雨になりそうですよ。だから、ピクニックはやめ
ましょう。

비가 올 것 같습니다. 그러니까 피크닉은 그만둡시다.

▶ 朝食を抜いているんですか。だから太るんです。

아침 식사를 거르고 있습니까? 그러니까 살찌지요.

雨になる 비가 오다
~そうだ ~인 것 같다
ピクニック 피크닉
やめる 그만두다
朝食を抜く
아침 식사를 거르다
太る 살찌다

□ そういうわけで 그래서(=それで)

▶ 食堂はどこも高く、財布にはお金があまりありま
せんでした。そういうわけで、お昼はコンビニ弁
当で我慢しました。

식당은 어디든 비싸고, 지갑에는 돈이 별로 없었습니다. 그래서 점심은 편의점 도시
락으로 참았습니다.

財布 지갑
あまり~ない
그다지(별로) ~(하)지 않다
お昼 점심, 점심 식사
コンビニ弁当 편의점 도시락
我慢する 참다, 견디다

□ そうすると 그렇다면, 그렇게 되면

▶ そちらが4個2千円で、こちらが1個6百円ですか。
そうすると、こちらの方が高いというわけですね。

그쪽이 4개 2천 엔이고, 이쪽이 1개 6백 엔입니까? 그렇다면 이쪽이 비싸다는 얘기네요.

▶ 彼が犯人でないことは分かりました。でも、そう
すると、誰が犯人でしょうか。

그가 범인이 아니라는 것은 알았습니다. 그런데 그렇다면 누가 범인일까요?

~個 ~개
~で ~이고
方 쪽, 편
~というわけ ~라는 뜻(의미)

犯人 범인
~でない ~이 아니다
でも 그런데

◎ 5-02

접속사 D02   역접을 나타내는 단어

MP3 듣기

☐ **しかし** 그러나

► 私は３時間待ちました。しかし彼は来ませんでした。
나는 3시간 기다렸습니다. 그러나 그는 오지 않았습니다.

待つ 기다리다

☐ **でも** 하지만, 그래도

► いいソフトですね。でも10万円は高すぎます。
좋은 소프트웨어군요. 하지만 10만 엔은 너무 비쌉니다.

ソフト 소프트웨어
〜すぎる 너무 〜하다

► 行きたくはありません。でも行かなくてはならないのです。
가고 싶지는 않습니다. 그래도 가지 않으면 안 됩니다.

〜なくてはならない
〜(하)지 않으면 안 된다

☐ **けれども** 그렇지만

► お金はありました。けれどもそれは私のものではありませんでした。
돈은 있었습니다. 그렇지만 그것은 제 것이 아니었습니다.

お金 돈

파 〜けれども 〜는데, 〜지만(접속조사)

► ご相談したいことがあるんですけれども、今うかがってもよろしいでしょうか。
의논하고 싶은 게 있습니다만, 지금 찾아뵈어도 될까요?

ご＋동작성 명사＋する
겸양 표현
相談 상담, 의논
うかがう 찾아뵙다
〜てもよろしい 〜해도 좋다

PART 5 **309**

だが　그러나

▶ それは正論ではある。だが現実味に乏しい。
그것은 정론이긴 하다. 하지만 현실성이 결여되어 있다.

正論 정론
〜ではある 〜이긴 하다
現実味 현실미
乏しい 부족하다, 모자라다

ところが　그런데, 그러나

▶ もう帰ったろうと思っていました。ところが彼は
待っていてくれました。
벌써 돌아갔으리라 생각했습니다. 그러나 그는 (나를) 기다리고 있었습니다.

〜たろう 〜하였을 것이다

それなのに　그런데도, 그럼에도 불구하고

▶ 彼は一生懸命勉強している。それなのに成績が
伸びない。
그는 열심히 공부하고 있다. 그런데도 성적이 오르지 않는다.

一生懸命 열심히
成績が伸びる
성적이 오르다(향상되다)

それにもかかわらず　그럼에도 불구하고

▶ 山田さんはお酒の飲みすぎで病気になった。それ
にもかかわらず、まだ毎晩お酒を飲んでいる。
야마다 씨는 과음해서 병이 났다. 그럼에도 불구하고 아직 매일 밤 술을 마시고 있다.

お酒の飲みすぎ 과음
病気になる 병이 나다
毎晩 매일 밤

それにしては　그런 것치고는

▶ 彼は英語が嫌いだといっていますが、それにしては
よくできます。
그는 영어가 싫다고 말합니다만, 그런 것치고는 잘 합니다.

嫌いだ 싫다, 싫어하다
よくできる 잘 하다

▶ 銀座のレストランは高いです。それにしては、あの
店は安いです。
긴자의 레스토랑은 비쌉니다. 그런 것치고는 저 가게는 쌉니다.

銀座 긴자(지명)
レストラン 레스토랑

□ **それにしても** ① 그건 그렇다 하더라도 ② 그건 그렇고

► 彼は遅くなると電話で言ってきたけど、それにしても遅いですね。

그는 늦어진다고 전화로 말했지만, 그렇다 하더라도 너무 늦는군요.

遅い 늦다
～けど(=～けれども)
～이지만

► 最近はうちもなかなか大変です。それにしても、今日は寒いですね。

요새는 우리도 꽤 어렵습니다. 그건 그렇고, 오늘은 날씨가 춥군요.

うち 우리 (집)
なかなか 꽤, 상당히
大変だ 힘들다, 어렵다

□ **そのくせ** 그런데도, 그러면서도

► 彼は自分では何もしません。そのくせほかの人のやったことには文句を言うんです。

그는 자기는 아무것도 하지 않습니다. 그러면서도 다른 사람이 한 것에 대해서는 불평을 합니다.

ほかの 다른
やる 하다
文句を言う 불평하다

□ **それが** 그것이, 그러던 것이, 그랬는데

► 朝はいい天気だったのに、それが午後から急に雨になってしまった。

아침에는 날씨가 좋았는데, 그러던 것이 오후부터 갑자기 비가 내리기 시작했다.

天気 날씨
～のに ～는데
午後 오후
急に 갑자기

◎ 5-03

접속사 03 열거, 첨가를 나타내는 단어

MP3 듣기

☐ **それに** 게다가, 더욱이

▶ 風も強いし、それに雨も降り出した。
바람도 세고, 게다가 비도 내리기 시작했다.

~し ~(하)고, ~(해)서
降り出す 내리기 시작하다

☐ **そのうえ** 게다가

▶ 先生のお宅でごちそうになって、その上おみやげ
までいただきました。
선생님 댁에서 맛있는 요리를 대접받고, 게다가 선물까지 받았습니다.

お宅 댁
ごちそうになる
맛있는 음식을 대접받다
おみやげ 선물
いただく 받다
足りない 부족하다

▶ お金が足りない。そのうえ人も足りない。
돈이 모자란다. 게다가 사람도 부족하다.

☐ **しかも** 그 위에, 더구나

▶ あの店はおいしくて、しかも安いです。
저 식당은 맛있고, 더구나 쌉니다.

☐ **また** 또, 또한 ▶ p.327 참조

▶ 彼は医者であり、また作家でもある。
그는 의사이며 또한 작가이기도 하다.

~である ~이다
~でもある ~이기도 하다
作家 작가

☐ **あと** 그리고, 그 다음에(=それから)

▶ 明日は遅刻しないでくださいね。あと、準備物も
忘れないでください。
내일은 지각하지 말아 주세요. 그리고 준비물도 잊지 말아 주세요.

遅刻する 지각하다
準備物 준비물
忘れる 잊다, 잊어버리다

☐ **それと** 그리고, 그 다음에 (＝それから)

▶ ハンバーガーとチキンナゲットください。ああ、それとアイスコーヒーもお願いします。
햄버거와 치킨 너겟 주세요. 아아, 그리고 아이스커피도 부탁합니다.

> ハンバーガー 햄버거
> チキンナゲット 치킨 너겟
> アイスコーヒー 아이스커피

☐ **おまけに** 게다가

▶ 彼女は頭が良い。おまけに美人ときている。
그녀는 머리가 좋다. 게다가 미인이기도 하다.

▶ 外は大雨が降っていて、おまけに雷まで鳴っています。
밖은 큰비가 내리고 있고, 게다가 천둥까지 울리고 있습니다.

> 頭が良い 머리가 좋다
> 美人 미인
> ～ときている ～이기도 하다
> 外 밖, 바깥
> 大雨が降る 큰비가 내리다
> 雷 천둥, 우레
> 鳴る 소리가 나다, 울리다

☐ **それどころか** 그렇기는 커녕 (오히려)

▶ 漢字を書けるかですって？それどころか、ひらがなも書けないんです。
한자를 쓸 수 있겠냐고요? 그건 고사하고 히라가나도 못 씁니다.

> 漢字 한자
> ～かですって？ ～냐고요?
> ひらがな 히라가나

☐ **もしくは** 혹은

▶ ボールペン、もしくは万年筆で記入してください。
볼펜 혹은 만년필로 기입해 주십시오.

> ボールペン 볼펜
> 万年筆 만년필
> 記入する 기입하다

☐ **ないし** 내지

▶ 地下鉄の工事は3年ないし5年はかかります。
지하철 공사는 3년 내지 5년은 걸립니다.

▶ 両親ないしは保証人の許可が必要です。
부모 내지는 보증인의 허가가 필요합니다.

> 地下鉄 지하철
> 工事 공사
> かかる (시간이) 걸리다
> 両親 양친, 부모
> 保証人 보증인
> 許可 허가

□ **または** 또는

▶ SNSまたはテキストメッセージでご連絡します。
SNS 또는 문자 메시지로 연락 드리겠습니다.

テキストメッセージ
문자 메시지
連絡する 연락하다

□ **かつ** 동시에, 한편, 또

▶ ニュースは迅速かつ正確に報道されなければならない。
뉴스는 신속하고 정확하게 보도되지 않으면 안 된다.

ニュース 뉴스
迅速だ 신속하다
報道する 보도하다

□ **および** 및

▶ 国語・数学および英語は必修科目です。
국어·수학 및 영어는 필수과목입니다.

国語 국어
数学 수학
必修科目 필수과목

□ **それとも** 아니면

▶ コーヒーにしますか。それとも紅茶にしますか。
커피로 하시겠습니까? 아니면 홍차로 하시겠습니까?

～にする ～(으)로 하다
紅茶 홍차

□ **あるいは** ① 혹은 ② 어쩌면 (＝もしかしたら)

▶ その仕事は彼かあるいは私が担当すると思います。
그 일은 그 또는 제가 담당할 것입니다.

担当する 담당하다

▶ 彼が未来から来た？あるいはそうかも知れませんね。
그가 미래에서 왔다고? 어쩌면 그럴지도 모르겠네요.

～かも知れない
～일지도 모른다

□ **なお** 또한, 덧붙여 말하면

▶ 来月の十日に打ち合わせをします。なお、時間はのちほどお知らせします。
다음 달 10일에 협의를 하겠습니다. 또한 시간은 나중에 알려 드리겠습니다.

打ち合わせ 협의
のちほど 나중에
知らせる 알리다

접속사 D04 설명을 나타내는 단어

MP3 듣기

☐ **すなわち** 즉, 곧, 다시 말하면, 이를테면

▶ 日本は四季、すなわち春・夏・秋・冬がはっきり
している。
일본은 사계절, 즉 봄·여름·가을·겨울이 뚜렷하다.

四季 사계, 사계절
はっきりする
분명하다, 뚜렷하다

☐ **つまり** 즉

▶ この症状は流行性感冒、つまり、インフルエンザ
です。
이 증상은 유행성 감기, 즉 독감입니다.

症状 증상
流行性感冒 유행성 감기
インフルエンザ
인플루엔자, 독감

☐ **要するに** 요컨데, 결국

▶ あなたが言いたいことは、要するに、お金をもっと
くれということですか。
당신이 말하고자 하는 것은, 요컨데 돈을 더 달라는 말씀인가요?

もっと 좀 더, 더
くれる (내가 남에게) 주다

☐ **ちなみに** 덧붙여서 (말하면)

▶ 当店は火曜日が定休日です。ちなみに、これは
商店街の決まりです。
당점은 화요일이 정기 휴일입니다. 덧붙이자면 이것은 상점가의 규칙입니다.

当店 당점
定休日 정기 휴일
商店街 상점가
決まり 규칙, 규정

▶ 企画書を明日までに書き直してきてください。
ちなみに、これが最後のチャンスです。
기획서를 내일까지 다시 써 오세요. 그런데 이것이 마지막 기회입니다.

企画書 기획서
書き直す 다시 쓰다
最後 최후, 마지막
チャンス 찬스, 기회

☐ **なぜなら** 왜냐하면

▶ 出かけるのはやめました。なぜなら、大雨になり
そうだったからです。
나가는 것은 그만두었습니다. 왜냐하면 비가 많이 내릴 것 같았기 때문입니다.

出かける 나가다, 외출하다
大雨になる 비가 많이 내리다

☐ **どうしてかっていうと** 왜냐하면(＝なぜなら)

▶ 彼は犯人じゃないと思います。どうしてかっていう
と、私はそのとき彼と偶然街で会ったんです。
그는 범인이 아니라고 생각합니다. 왜냐하면 나는 그 때 그와 우연히 거리에서 만났습니다.

偶然 우연히
街 거리

☐ **何でかっていうと** 왜냐하면(＝なぜなら)

▶ 私は彼の意見に賛成できません。何でかっていう
と、実現可能だとは思えないからです。
나는 그의 의견에 찬성할 수 없습니다. 왜냐하면 실현 가능하다고는 생각할 수 없기
때문입니다.

意見 의견
賛成できる 찬성할 수 있다
実現可能 실현 가능
～とは思えない
～라고는 생각할 수 없다

☐ **というのは** 왜냐하면, 그것은, 그렇게 된 것은

▶ ちょっと予定を変更しました。というのは都合の
悪い人が多そうだったものですから。
예정을 조금 변경하였습니다. 왜냐하면 사정이 여의치 않은 사람이 많을 것 같아서요.

予定を変更する
예정을 변경하다
都合が悪い 사정이 나쁘다

☐ **だって** 하지만, 왜냐하면

▶ A : どうして会社やめるの。
왜 회사를 그만두니?

B : だって、給料が安いんだもん。
왜냐하면 임금이 싼 걸.

どうして 왜, 어째서
～の ～니?(물음)

給料 급료, 임금
～もん ～한 걸(요)

접속사 D05 화제 전환을 나타내는 단어

MP3 듣기

□ **それでは** 그러면, 그럼

▶ A : ちょっと暑いです。
좀 덥습니다.

B : それでは窓を開けましょう。
그러면 창문을 엽시다.

▶ それでは、これから会合を開きます。
그럼, 이제부터 회합을 시작하겠습니다.

これから 이제부터, 앞으로
会合を開く 회합을 열다

□ **では** 그러면, 그럼 ▶ 회화체에서는 じゃ로 줄여 쓴다.

▶ A : 日曜日は時間がありません。
일요일은 시간이 없습니다.

B : では、土曜日はどうですか。
그럼, 토요일은 어떻습니까?

日曜日 일요일
時間がない 시간이 없다

土曜日 토요일

▶ では、またあした。
그럼, 내일 또 봅시다.

□ **ところで** 그런데, 그건 그렇고

▶ 寒くなりましたねえ。ところで、お父さんの具合
はいかがですか。
날씨가 추워졌네요. 그런데 아버님의 상태는 어떠십니까?

具合 몸의 상태, 건강 상태
いかがですか 어떠십니까?

□ さて　그런데, 자

► このへんで仕事の話は終わります。さて、次に
秋の社員旅行の件です。
이쯤에서 업무 이야기는 마치겠습니다. 자, 다음으로 가을에 있을 사원 여행에 대한
건입니다.

このへんで 이쪽에서
次に 다음으로
社員旅行 사원 여행
件 건, 사건

□ ただし　단, 다만

► 当店は年中無休です。ただし元旦は休みです。
당점은 연중무휴입니다. 단, 1월 1일은 쉽니다.

年中無休 연중무휴
元旦 1월 1일
休み 휴일, 휴무

□ もっとも　그렇다고는 하지만, 하기는, 다만

► 私は毎日5時まで会社で働いています。もっとも
土日は休みですが。
저는 매일 5시까지 회사에서 일하고 있습니다. 하기는 토요일, 일요일은 휴일이지만.

土日 토요일과 일요일, 주말

부사

총 263개 단어를 20개 분야로 분류하였다.

PART

MP3 전체 듣기

부사 D01 시간적 시점을 나타내는 단어 1

MP3 듣기

☐ **まだ** 아직

▶ 今日の新聞はまだ読んでいません。
오늘 신문은 아직 읽지 않았습니다.

新聞 신문

▶ 勤務中ですから、まだ食事はしません。
근무 중이어서 아직 식사는 하지 않습니다.

勤務中 근무 중
食事 식사

☐ **まだまだ** 아직, 아직도

▶ 私は今年70歳ですが、まだまだ現役で働けますよ。
나는 올해 70세지만, 아직도 현역에서 일할 수 있어요.

今年 금년, 올해
現役 현역
働ける 일할 수 있다

☐ **もう** ① 이미, 벌써, 이제 ② (조금) 더

▶ お昼を食べたばかりなのに、もうおなかがすいて
しまいました。
점심을 먹은 지 얼마 안 됐는데, 벌써 배가 고픕니다.

お昼 점심
〜たばかり 막 〜한
〜なのに 〜인데도
おなかがすく 배가 고프다

▶ 彼女はもう韓国にはいません。
그녀는 이제 한국에는 없습니다.

▶ すいません、もう一度言っていただけますか。
미안합니다, 한 번 더 말해 주실 수 있습니까?

すいません 미안합니다
もう一度 한 번 더
〜ていただけますか
〜해 주실 수 있습니까?
もう少し 조금 더
声 (목)소리

▶ もう少し大きい声で話していただけますか。
좀 더 큰 소리로 말해 주시겠습니까?.

☐ **すでに** 이미, 벌써

▶ 警察が来たとき犯人はすでに逃走したあとでした。
けいさつ き はんにん とうそう
경찰이 왔을 때 범인은 이미 도주한 후였습니다.

警察 경찰
逃走する 도주하다
〜たあと 〜한 후

☐ **さっき** 아까, 조금 전

▶ さっき山田さんという方がお見えになりました。
やま だ かた み
조금 전에 야마다 씨라는 분이 오셨습니다.

〜という 〜라는
方 분
お見えになる 오시다

☐ **今に** 머지않아
いま

▶ 今に誰でも宇宙へ行けるようになるでしょう。
いま だれ う ちゅう い
머지않아 누구나 우주에 갈 수 있게 되겠지요.

宇宙 우주
〜ようになる 〜(하)게 되다

파 今にも 당장이라도
いま

▶ 空は今にも雨が降りそうな天気です。
そら いま あめ ふ てん き
하늘은 당장이라도 비가 내릴 것 같은 날씨입니다.

空 하늘
〜そうだ 〜할 것 같다

☐ **やがて** 곧, 머지않아, 이윽고

▶ 空が曇り始め、やがて雨が降り出しました。
そら くも はじ あめ ふ だ
하늘이 흐리기 시작하고, 곧 비가 내리기 시작했습니다.

曇り始める 흐리기 시작하다
降り出す 내리기 시작하다
努力 노력

▶ あなたの努力もやがては実を結ぶでしょう。
ど りょく み むす
당신의 노력도 머지않아 결실을 맺을 겁니다.

実を結ぶ
열매를 맺다, 결실을 맺다

☐ **間もなく** 곧, 머지않아
ま

▶ 彼は大学を卒業してまもなく日本へ留学に行きました。
かれ だいがく そつぎょう に ほん りゅうがく い
그는 대학을 졸업하고 곧 일본에 유학 갔습니다.

卒業する 졸업하다
留学 유학
〜に行く 〜(하)러 가다

▶ まもなく試合が始まります。
し あい はじ
곧 시합이 시작됩니다.

試合 시합
始まる 시작되다

□ **早速**(さっそく) 곧, 즉시, 바로

▶ 国(くに)から送(おく)られてきた小包(こづつみ)をさっそく開(あ)けてみました。
고향에서 보내 온 소포를 바로 열어 보았습니다.

国 고향, 나라
送る 보내다
小包を開ける 소포를 열다

□ **すぐ** 곧, 당장, 바로

▶ 帰(かえ)ったらすぐメールを送(おく)ってください。
집에 돌아가면 바로 메일을 보내 주십시오.

メールを送る 메일을 보내다

▶ 彼(かれ)は短気(たんき)ですぐ怒(おこ)ります。
그는 성질이 거칠어 쉽게 화를 냅니다.

短気だ 성질이 거칠다, 참을성이 없다
怒る 화내다, 성내다

□ **ただいま** (바로) 지금, 방금

▶ 課長(かちょう)はただいま席(せき)を外(はず)しております。
과장님은 지금 자리에 계시지 않습니다.

課長 과장(님)
席を外す 자리를 비우다

□ **あっという間(ま)に** 눈 깜짝 할 사이에, 순식간에

▶ 新学期(しんがっき)が始(はじ)まったと思(おも)ったら、あっという間(ま)に学期末(がっきまつ)になってしまいました。
신학기가 시작되었다고 생각했더니 순식간에 학기말이 되어 버렸습니다.

新学期 신학기
学期末 학기말

□ **早(はや)めに** 일찌감치

▶ 飛行機(ひこうき)のチケットは早(はや)めに買(か)っておいた方(ほう)がいいですよ。
비행기 티켓은 빨리 사 두는 것이 좋아요.

飛行機 비행기
チケット 티켓
~ておく ~해 두다, ~해 놓다

□ **同時(どうじ)に** 동시에

▶ 両選手(りょうせんしゅ)は同時(どうじ)にゴールインしました。
양 선수는 동시에 골인했습니다.

両選手 양 선수
ゴールインする 골인하다

부사 D 02 시간적 시점을 나타내는 단어 2

☐ **初めて** 처음(으로), 비로소

▶ 私は二十歳のとき初めて日本へ行きました。
저는 스무 살 때 처음으로 일본에 갔습니다.

二十歳 스무 살, 20세

☐ **そもそも** 처음, 애초, 무릇, 애당초

▶ そもそもこの事件は人種問題に端を発しています。
원래 이 사건은 인종문제에서 비롯되었습니다.

人種問題 인종문제
端を発する 비롯되다

☐ **かつて** 일찍이, 옛부터, 전에, 이제껏

▶ 彼はかつて作家として知られていた。
그는 일찍이 작가로서 알려져 있었다.

作家 작가
〜として 〜로서
知られる 알려지다

☐ **予め** 사전에, 미리

▶ 休むときは予め連絡してください。
쉴 때는 미리 연락해 주십시오.

休む 쉬다
連絡する 연락하다

☐ **そろそろ** 슬슬, 천천히, 이제 곧

▶ そろそろ帰りましょうか。
이제 슬슬 돌아갈까요?

☐ **そのうち** 일간, 가까운 시일 안에, 조만간에

▶ そのうち、また伺います。
일간 또 찾아뵙겠습니다.

伺う 찾아뵙다

いつか 언젠가, 조만간에

▶ 私もいつか北海道を旅行してみたいです。
나는 언젠가 홋카이도를 여행해 보고 싶습니다.

北海道 홋카이도(지명)

ちょうど ① 꼭, 딱 ② 마침

▶ 今、5時ちょうどです。
지금 5시 정각입니다.

▶ そのとき私はちょうど席を外していました。
그때 저는 마침 자리를 비우고 있었습니다.

あいにく 공교롭게도

▶ 私が訪ねたとき、あいにく先生は留守でした。
제가 방문했을 때 공교롭게도 선생님은 부재중이었습니다.

訪ねる 방문하다
留守 부재중

今更 이제 와서

▶ いまさら嫌だとは言えません。
이제 와서 싫다고는 할 수 없습니다.

～とは言えない
～라고는 할 수 없다

いつの間にか 어느샌가, 어느덧

▶ いつの間にか外は暗くなりました。
어느새 밖은 어두워졌습니다.

暗くなる 어두워지다

これから 이제부터

▶ これからどうやって生活していくつもりですか。
앞으로 어떻게 살아갈 생각이에요?

これから 앞으로
どうやって 어떻게
生活する 생활하다
つもり 생각, 작정

부사 03 빈도를 나타내는 단어

MP3 듣기

□ **全然** 전혀, 전연 ▶ 부정 수반

▶ フランス語は全然分かりません。
프랑스어는 전혀 모릅니다.

フランス語 프랑스어

□ **めったに** 좀처럼, 거의 (~않다) ▶ 부정 수반

▶ 彼はめったに笑いません。
그는 좀처럼 웃지 않는다.

笑う 웃다

□ **あまり** ① 별로, 그다지 ▶ 부정 수반 ② 너무 ▶ 긍정 수반

▶ 私はお酒はあまり飲みません。
저는 술을 그다지 마시지 않습니다.

▶ あまり高いと商品は売れません。
너무 비싸면 상품은 팔리지 않습니다.

商品 상품
売れる 팔리다

□ **たまに** 드물게, 가끔

▶ 山田さんとはたまに道で会うことがあります。
야마다 씨와는 드물게 길에서 만날 때가 있습니다.

道 길
~ことがある ~(하는) 일이
있다, ~(할) 때가 있다

□ **時々** 때때로, 가끔

▶ 私はときどき映画を見に行きます。
나는 때때로 영화를 보러 갑니다.

映画を見る 영화를 보다

□ **しばしば** 자주, 여러 번, 종종

▶ 私はしばしば判断を誤ります。
저는 종종 판단을 잘못합니다.

判断 판단
誤る 잘못하다, 실수하다

□ **たびたび** 자주, 여러 번

▶ 彼はたびたび私の部屋を訪れた。
그는 자주 내 방을 찾아왔다.

訪れる 방문하다, 찾아오다

□ **よく** ① 자주 ② 잘 ③ 좋게

▶ 彼はよく約束を忘れます。
그는 자주 약속을 잊어버립니다.

約束を忘れる 약속을 잊다

▶ よく考えてから答えてください。
잘 생각하고 나서 대답해 주세요.

～てから ～(하)고 나서
答える 대답하다

▶ 彼は私のことをよく思っていません。
그는 나를 좋게 생각하지 않습니다.

□ **絶えず** 끊임없이

▶ 彼は絶えず不平を並べています。
그는 끊임없이 불평을 늘어놓고 있습니다.

不平を並べる
불평을 늘어놓다

□ **いつも** 언제나, 늘, 항상

▶ 彼はいつも図書館で勉強しています。
그는 언제나 도서관에서 공부하고 있습니다.

図書館 도서관

□ **常に** 늘, 항상

▶ 海外旅行では、常に警戒を怠らないことが大切です。
해외 여행에서는 항상 경계를 게을리 하지 않는 것이 중요합니다.

海外旅行 해외 여행
警戒 경계
怠る 게을리 하다, 소홀히 하다

☐ **相変わらず** 여전히, 변함없이
^{あい}^か

► 私は相変わらず元気です。
^{わたし}　　^{あい}^か　　^{げん}^き
저는 여전히 잘 있습니다.

元気だ 건강하다

► 本年も相変わらずよろしく。
^{ほん}^{ねん}　^{あい}^か
올해도 변함없이 잘 부탁드립니다.

本年 올해, 금년
よろしく 잘, 잘 부탁합니다

☐ **再び** 다시, 재차
^{ふたた}

► 社長は昼に外でお客さんに会ったあと、再び会社
^{しゃちょう}　^{ひる}　^{そと}　　^{きゃく}　　^あ　　　　　^{ふたた}　^{かいしゃ}
に戻ります。
^{もど}
사장님은 낮에 밖에서 손님을 만난 후 다시 회사로 돌아옵니다.

昼 낮
お客さん 손님
会社に戻る 회사로 돌아오다

► 彼とは二度と再び会うことはないでしょう。
^{かれ}　　^に^ど　^{ふたた}　^あ
그와는 두 번 다시 만나는 일은 없을 것입니다.

二度と再び 두 번 다시
~ことはない
~(하는) 일은 없다

☐ **また** ① 또, 다시 ② 똑같이, 또한 ► p.312 참조

► またどうぞお越しくださいませ。
^こ
또 오십시오.

お越し 오심, 가심
くださいませ 주십시오 (경의)

► 田中君は大変な秀才ですが、弟もまた学業優秀です。
^た^{なか}^{くん}　^{たいへん}　^{しゅうさい}　　　^{おとうと}　　　^{がくぎょうゆうしゅう}
다나카 군은 대단한 수재이지만, 남동생도 똑같이 학업이 우수합니다.

秀才 수재
学業 학업
優秀 우수

☐ **一気に** 단숨에
^{いっ}^き

► 京都駅では１９９段の階段を一気に駆け上がる
^{きょう}^と^{えき}　　^{ひゃくきゅうじゅうきゅうだん}　^{かいだん}　^{いっ}^き　^か　^あ
大会を毎年開いています。
^{たいかい}　^{まいとし}^{ひら}
교토역에서는 199단의 계단을 단숨에 뛰어오르는 대회를 매년 개최하고 있습니다.

駆け上がる 뛰어오르다
大会 대회
毎年 매년
開く 열다, 개최하다

☐ **一斉に** 일제히
^{いっ}^{せい}

► 春になって、桜や木蓮などの花が一斉に咲き出し
^{はる}　　　　^{さくら}　^{もくれん}　　　^{はな}　^{いっせい}　^さ　^だ
ました。
봄이 되어, 벚꽃이나 목련 등의 꽃이 일제히 피기 시작했습니다.

桜 벚꽃
木蓮 목련
~や~など ~이나 ~등
咲き出す 피기 시작하다

부사 04 시간의 경과, 결과를 나타내는 단어

MP3 듣기

□ **はじめに** 우선, 먼저

▶ アプリを起動すると、はじめにこの画面が表示されます。
앱이 기동하면 우선 이 화면이 표시됩니다.

アプリ 앱, 어플
起動する 기동하다
画面 화면
表示する 표시하다

□ **いよいよ** ① 마침내 ② 더욱더

▶ いよいよ別れの時が来ました。
마침내 헤어질 때가 왔습니다.

別れ 이별, 작별

▶ 戦争はいよいよ激しくなる一方ですね。
전쟁은 더욱더 심해지기만 하는군요.

戦争 전쟁
〜一方 오로지 〜뿐임, 〜만 함

□ **ついに** ① 마침내, 드디어, 결국 ② 끝끝내, 끝까지

▶ 橋はついに完成しました。
다리는 마침내 완성되었습니다.

橋 다리
完成する 완성되다

▶ 彼はついに姿を見せませんでした。
그는 끝내 모습을 보이지 않았습니다.

姿を見せる 모습을 보이다

□ **とうとう** 드디어, 결국

▶ その動物はとうとう死んでしまいました。
그 동물은 결국 죽고 말았습니다.

死ぬ 죽다

□ **ようやく** 겨우, 드디어

▶ 私たちはようやく目的地にたどりつきました。
우리는 겨우 목적지에 당도했습니다.

目的地 목적지
たどりつく 겨우 도착하다

□ **やっと** 겨우, 간신히

▶ 彼は去年やっと試験に受かりました。
그는 작년에 겨우 시험에 합격했습니다.

去年 작년
試験に受かる
시험에 합격하다

관 **やっとのことで** 어렵사리

▶ やっとのことで試験にパスしました。
가까스로 시험에 합격했습니다.

試験にパスする
시험에 합격하다

□ **ふと** 문득, 돌연

▶ 本を読んでいたとき、ふと昔のことを思い出した。
책을 읽고 있었을 때, 문득 옛날 생각이 났다.

昔 옛날
思い出す 생각나다

□ **急に** 갑자기

▶ 昨日から急に寒くなりました。
어제부터 갑자기 추워졌습니다.

□ **突然** 돌연, 갑자기 (＝いきなり)

▶ 足もとから突然うさぎが飛び出しました。
발밑에서 돌연 토끼가 튀어나왔습니다.

足もと 발밑, 발치
うさぎ 토끼
飛び出す 튀어나오다

□ **いきなり** 갑자기, 돌연 (＝突然)

▶ 日本語の勉強を続けていると、あるときいきなり
分かるようになります。
일본어 공부를 계속하면 어느날 갑자기 이해할 수 있게 됩니다.

続ける 계속하다
あるとき 어느날, 어느 때
～ようになる ～하게 되다

□ **さっさと** 빨랑빨랑 ▶ 망설이거나 지체하지 않는 모양

▶ こんなところに長くいてもしかたないから、さっさと帰りましょう。
이런 곳에 오래 있어도 어쩔 수 없으니까 빨랑빨랑 돌아갑시다.

ところ 곳
長い (세월, 시간이) 오래다
しかたない 할 수 없다, 어쩔 수 없다

□ **次第に** 차츰, 점점

▶ 午後から天気は次第に回復する見込みです。
오후부터 날씨는 차츰 회복할 전망입니다.

回復する 회복하다
見込み 예상, 전망

□ **ばったり** ① 딱 ▶ 뜻밖에 마주치는 모양 ② 뚝 ▶ 갑자기 끊어지는 모양

▶ 道で田中さんとばったり会いました。
길에서 다나카 씨와 딱 만났습니다.

▶ 事件のあと、彼らはばったり来なくなりました。
사건 후 그들은 뚝 오지 않게 되었습니다.

道 길

事件 사건
あと 후, 이후, 다음
彼ら 그들

□ **たまたま** (마침 그때) 우연히, 때마침

▶ 犯人は、たまたま現場を通りかかった警察官に現行犯で逮捕されました。
범인은 때마침 현장을 우연히 지나가던 경찰관에게 현행범으로 체포되었습니다.

現場 현장
通りかかる 우연히 지나가다
警察官 경찰관
現行犯 현행범
逮捕する 체포하다

부사 **05** 상태를 나타내는 단어

MP3 듣기

☐ **一生懸命** 열심히
いっ しょう けん めい

▶ 彼は資格試験のために一生懸命勉強しています。
かれ し かく し けん   いっしょうけんめいべんきょう
그는 자격시험을 위해서 열심히 공부하고 있습니다.

資格試験 자격시험
〜のために 〜을 위해서

☐ **こつこつ** 꾸준히, 열심히 ▶ 꾸준히 노력하는 모양

▶ 彼女は海外旅行のためにこつこつ貯金しています。
かのじょ かいがいりょこう   ちょきん
그녀는 해외 여행을 위해서 꾸준히 저금하고 있습니다.

貯金する 저금하다

▶ こつこつ勉強してとうとう司法試験に合格した。
べんきょう   し ほう し けん   ごう かく
꾸준히 공부하여 마침내 사법시험에 합격했다.

とうとう 마침내, 드디어
司法試験 사법시험
合格する 합격하다

☐ **せっせと** 부지런히, 열심히 ▶ 쉴 새 없이 열심히 하는 모양

▶ 母は朝からせっせと働いています。
はは あさ   はたら
어머니는 아침부터 부지런히 일하고 있습니다.

☐ **ゆっくり** 천천히, 느긋하게 ▶ p.201 참조

▶ もう少しゆっくり話してください。
すこ   はな
좀 더 천천히 말해 주세요.

파 **ゆっくりする** 푹 쉬다

▶ 今日はゆっくりして行ってください。
きょう   い
오늘은 푹 쉬다 가세요.

□ **のんびり** 유유히, 한가로이, 느긋하게

▶ 昨日は一日のんびり過ごしました。
어제는 하루 종일 느긋하게 지냈습니다.

一日 하루, 하루 종일
過ごす 지내다

□ **徐々に** 서서히, 차차

▶ 春になって山の雪が徐々にとけてきました。
봄이 되어 산에 있던 눈이 서서히 녹기 시작했습니다.

雪がとける 눈이 녹다
~てくる ~(하)기 시작하다

□ **しっかり** ① 단단히, 꽉 ② 똑똑히, 확실히 ③ 착실히

▶ ひもをしっかり結んでください。
끈을 꽉 매 주세요.

ひもを結ぶ 끈을 매다

▶ しっかり気をつけてやってください。
똑똑히 정신 차려서 해 주세요.

気をつける
정신 차리다, 주의하다
やる 하다
若い 젊다
しっかりする
견실하다, 똑똑하다

▶ 彼は若いですがしっかりした人です。
그는 젊지만 견실한 사람입니다.

□ **きちんと** ① 잘 정리된 모양, 깔끔히 ② 정확히

▶ 彼女の部屋はいつもきちんと片付いています。
그녀의 방은 항상 정리가 잘 되어 있습니다.

片付く 정리되다

▶ 締め切りをきちんと守ってください。
마감(일)을 정확히 지켜 주십시오.

締め切り 마감
守る 지키다

□ **ちゃんと** 확실히, 분명히, 제대로

▶ 仕事だけはちゃんとしてください。
일만큼은 제대로 해 주세요.

~だけ ~만큼

▶ 彼は家賃をちゃんと支払っています。
그는 집세를 어김없이 치르고 있습니다.

家賃 집세
支払う 지불하다

□ **長々と** 길게, 장황하게

▶ 姉は電話で学校の友だちと長々と話していました。
언니(누나)는 전화로 학교 친구와 길게 이야기하고 있었습니다..

姉 언니, 누나

□ **はきはき(と)** 시원시원 ▶ 기질이 활발하고 똑똑한 모양

▶ あの店員はいつもはきはきと受け答えしてくれるので、気持ちがいいです。
저 점원은 언제나 시원시원하게 응답을 해 주기 때문에 기분이 좋습니다.

店員 점원
受け答えする 응답하다
気持ちがいい 기분이 좋다

□ **まっすぐ** 똑바로, 곧장

▶ 地下鉄の駅は、この道をまっすぐ行くとあります。
지하철 역은 이 길을 똑바로 가면 있습니다.

地下鉄の駅 지하철 역

□ **わざと** 고의로, 일부러

▶ 彼はわざと私の名前を間違えて呼びました。
그는 일부러 내 이름을 틀리게 불렀습니다.

名前 이름
間違える 잘못하다, 틀리다
呼ぶ 부르다

□ **わざわざ** 일부러

▶ お忙しいところをわざわざお越しくださり恐縮です。
바쁘신 데도 불구하고 일부러 찾아주셔서 송구합니다.

お忙しいところ 바쁘신데도
お越しくださる 찾아주시다
恐縮 송구함, 황송함, 죄송함

□ **いかが** 어떻게 ▶ どう의 정중한 말

▶ 暑さが厳しくなってきましたが、いかがお過ごしですか。
더위가 심해지고 있는데, 어떻게 지내십니까?

暑さ 더위
厳しくなる 심해지다
お過ごしですか
지내십니까?

부사 06 정도를 나타내는 단어 1

MP3 듣기

☐ **もっと** 더, 더욱, 좀 더

▶ もっとください。
더 주세요.

▶ 彼にはもっと頑張ってほしいです。
(나는) 그가 더 분발해 주었으면 합니다.

ください 주세요

頑張る 분발하다, 열심히 하다
〜てほしい 〜하길 바란다,
〜해 주었으면 한다

☐ **さらに** 더욱더, 한층 더

▶ 雨がさらに激しく降ってきました。
비가 더욱더 세차게 내리기 시작했습니다.

激しく 세차게
〜てくる 〜하기 시작하다

☐ **いっそう** 한층 더, 더욱

▶ ２月に入ってから寒さがいっそう厳しくなりました。
2월에 접어들면서 추위가 한층 심해졌습니다.

▶ 彼女は結婚していっそう美しくなりました。
그녀는 결혼한 후 더욱 아름다워졌습니다.

入る (시기에) 접어들다
寒さ 추위
厳しくなる 심해지다
結婚する 결혼하다
美しくなる 아름다워지다

☐ **どんどん** 부쩍부쩍, 자꾸자꾸

▶ おいしいお店にはお客さんがどんどん集まってきます。
맛있는 가게에는 손님이 자꾸 모여듭니다.

お客さん 손님
集まる 모이다

☐ **だんだん** 점점

▶ 問題がだんだん難しくなってきました。
문제가 점점 어려워지고 있습니다.

☐ **ますます** 더욱더

▶ 夜中になって、風はますます激しくなりました。
한밤중이 되자 바람은 더욱더 거세졌습니다.

夜中 한밤중

☐ **一番** 가장, 제일

▶ 私は果物の中でりんごがいちばん好きです。
나는 과일 중에서 사과를 가장 좋아합니다.

果物 과일
〜の中で〜がいちばん〜
〜중에서 〜을(를) 가장 〜

☐ **最も** 가장, 제일

▶ これは今まで読んだ中で最もおもしろい本です。
이것은 지금까지 읽은 가운데에서 가장 재미있는 책입니다.

中 (범위) 내, 중

☐ **かなり** 꽤, 상당히

▶ 彼の英語は完璧ではありませんが、かなり上手です。
그의 영어는 완벽(유창)하지는 않지만 꽤 잘합니다.

完璧 완벽

☐ **相当** 상당히

▶ 彼に解けないということは、この問題は相当難しいんでしょう。
그가 풀 수 없다고 하는 것은, 이 문제는 상당히 어렵다는 것이겠지요.

解ける (문제를) 풀 수가 있다

□ **一般に** 일반적으로, 대체적으로 ▶ 一般的に로도 사용한다.

▶ 「芋」といえば、一般にジャガイモのことを言います。
　'芋'라고 하면, 일반적으로 감자를 말합니다.

芋 감자·고구마·토란 등의 총칭
～といえば ～라고 하면
ジャガイモ 감자

□ **割合に** 비교적

▶ 今日のテストは前回と比べて割合に易しかったです。
　오늘 시험은 지난번에 비해 비교적 쉬웠습니다.

前回 지난번
～と比べて ～와 비교해서
易しい 쉽다

□ **こんなに** 이렇게, 이토록

▶ 日本の物価がこんなに安いとは知りませんでした。
　일본의 물가가 이렇게 싸다는 것은 몰랐습니다.

物価 물가
～とは ～하다니, ～라고는
知る 알다

□ **そんなに** 그렇게(까지)

▶ ソウルの冬は寒いって聞いてたけど、そんなに
　寒くありませんでした。
　서울의 겨울은 춥다고 들었는데, 그렇게까지 춥지 않았습니다.

冬 겨울
～って ～라고
～てた(＝ていた)
～(하)고 있었다

□ **あんなに** 그렇게, 저렇게

▶ A : あの山が雪岳山です。
　　저 산이 설악산입니다.
　B : へえ、雪岳山ってあんなに険しいんですか。
　　이야, 설악산은 저렇게 험준한가요?

雪岳山 설악산
険しい 험하다, 험준하다

▶ A : 昨日は大変でしたね。
　　어제는 힘들었습니다.
　B : ええ、あんなに大変だとは思いませんでした。
　　네, 그렇게 힘들거라고는 생각하지 않았습니다.

大変だ 힘들다, 큰일이다

D07 부사

정도를 나타내는 단어 2

MP3 듣기

☐ **そっくり** 몽땅, 고스란히

▶ 彼は詐欺師に財産をそっくり持っていかれました。
그는 사기꾼에게 재산을 몽땅 빼앗겼습니다.

詐欺師 사기꾼
財産 재산

파 そっくりだ 꼭 닮았다

▶ 彼女は母親にそっくりです。
그녀는 어머니를 빼닮았습니다.

母親 모친, 어머니

☐ **せいぜい** ① 될 수 있는 한 ② 겨우, 기껏

▶ せいぜい頑張ってみますが、結果は期待できません。
할 수 있는 한 노력해 보겠지만, 결과는 기대할 수 없습니다.

結果 결과
期待する 기대하다

▶ 駅まで歩いてもせいぜい10分ぐらいです。
역까지 걸어도 겨우 10분 정도입니다.

〜ぐらい 〜정도

☐ **なるべく** 될 수 있는 대로, 가능한 한, 되도록

▶ なるべく早く仕上げたいと思います。
될 수 있는 대로 빨리 일을 끝내고 싶습니다.

仕上げる 일을 끝내다

▶ なるべくたばこは吸わない方がいいですよ。
되도록 담배는 피우지 않는 게 좋아요.

たばこを吸う 담배를 피다
〜ない方がいい
〜(하)지 않는 편이 좋다

☐ **できるだけ** 가능한 한, 되도록

▶ SNSを安全に使うには、できるだけ個人情報をさらさないようにすることです。
SNS를 안전하게 사용하는 데는 가능한 한 개인 정보를 눈에 띄지 않도록 해야 한다.

安全に 안전하게
〜には 〜에는
個人情報 개인 정보
さらす 여러 사람의 눈에 띄다

□ **ごく** 극히

▶ それはごく一部（いちぶ）です。
그것은 극히 일부입니다.

一部 일부

□ **たいてい** ① 대개 ② 아마

▶ 私（わたし）はたいてい日曜日（にちようび）はうちにいます。
나는 대개 일요일에는 집에 있습니다.

うち (우리) 집

▶ 12時（じゅうにじ）にそこへ行（い）けばたいてい彼女（かのじょ）に会（あ）えるでしょう。
12시에 그곳에 가면 아마 그녀를 만날 수 있을 겁니다.

~ば ~(하)면

□ **だいたい** ① 대충 ② 도대체, 도시

▶ 彼（かれ）が言（い）っている内容（ないよう）はだいたい分（わ）かります。
그가 말하고 있는 내용은 대강 알겠습니다.

内容 내용

▶ だいたいあの男（おとこ）は怠（なま）け者（もの）なんだ。
도시 저 남자는 게으름뱅이야.

怠け者 게으름뱅이

□ **およそ** ① 대략, 대강 ② 전혀, 도무지

▶ サーバーがハッキングに遭（あ）い、およそ1万人分（いちまんにんぶん）の個人情報（こじんじょうほう）が流出（りゅうしゅつ）しました。
서버가 해킹을 당해서 대략 1만 명분의 개인 정보가 유출되었습니다.

サーバー 서버
ハッキング 해킹
~に遭う (어떤 일을) 당하다
流出する 유출되다

▶ インターネットのない生活（せいかつ）なんて、およそ見当（けんとう）もつきません。
인터넷 없는 생활이라니 도무지 짐작도 가지 않습니다.

インターネット 인터넷
生活 생활
~なんて ~라니
見当がつく 짐작이 가다

□ **ほとんど** 거의

▶ 彼（かれ）の言（い）っていることはほとんど理解（りかい）できません。
그가 말하고 있는 것은 거의 이해할 수 없습니다.

理解する 이해하다

□ **一緒に** 함께, 같이

▶ 昨日は彼女と一緒に映画を見に行きました。
어제는 여자 친구와 함께 영화를 보러 갔습니다.

彼女 여자 친구

□ **すべて** 모두, 전부

▶ 仕事はすべて終わりました。
일은 전부 끝났습니다.

仕事が終わる 일이 끝나다

□ **全部** 전부

▶ 彼はその作家の小説を全部日本語で読みました。
그는 그 작가의 소설을 모두 일본어로 읽었습니다.

□ **(お)互いに** 서로

▶ 社員がお互いに感謝し合えるような職場を作っていきたいと思います。
사원이 서로 감사할 수 있는 직장을 만들어 가고 싶습니다.

社員 사원
感謝し合う 서로 감사하다
職場 직장

□ **それぞれ** (제)각각, 각자

▶ 日本語ができる人が勉強してきた方法は、それぞれ違います。
일본어를 잘하는 사람이 공부해 온 방법은 각자 다릅니다.

できる 잘하다, 가능하다
方法 방법
違う 다르다, 틀리다

□ **別々に** 각각, 따로따로

▶ これとこれは別々に包んでください。
이것과 이것은 각각 포장해 주세요.

包む 싸다, 포장하다

부사 08 정도를 나타내는 단어 3

MP3 듣기

□ **なかなか** ① 좀처럼 ▶ 부정 수반 ② 제법 ▶ 긍정 수반

▶ バスがなかなか来ませんね。
　버스가 좀처럼 오지 않네요.

▶ このドラマはなかなかおもしろいです。
　이 드라마는 제법 재미있습니다.

なかなか～ない
좀처럼 ～(하)지 않다

ドラマ 드라마

□ **とても** ① 아주, 대단히 ② 도저히 ▶ 부정 수반

▶ 今日はとても暑いです。
　오늘은 대단히 덥습니다.

▶ こんな重い物を一人ではとても持てません。
　이런 무거운 것을 혼자서는 도저히 들 수 없습니다.

重い 무겁다
物 것, 물건
一人で 혼자서
持つ 들다, 쥐다

□ **たいへん** 대단히, 매우

▶ たいへん失礼いたしました。
　대단히 실례했습니다.

失礼する 실례하다
いたす 하다 (する의 겸양어)

□ **ずいぶん** 꽤, 몹시, 퍽, 상당히

▶ 今日はずいぶん寒いですね。
　오늘은 꽤 춥네요.

▶ 彼もずいぶん変わりました。
　그도 많이 변했습니다.

変わる 변하다, 바뀌다

□ **意外に** 의외로 (=意外と)

► のこぎり演奏って、意外に美しい音なんですね。
　톱 연주는 의외로 아름다운 소리네요.

のこぎり 톱
演奏 연주

□ **案外** 의외로, 예상 외로

► 納豆は、食べてみたら案外おいしかった。
　낫토는 먹어 봤더니 예상 외로 맛있었다.

納豆 낫토(일본 음식)
〜てみたら 〜해 봤더니

□ **けっこう** 상당히, 꽤, 제법

► 本棚の整理をするのはけっこう大変です。
　책장을 정리하는 것은 상당히 힘듭니다.

本棚 책장
整理 정리

□ **だいぶ** 꽤, 상당히, 제법, 어지간히

► もうだいぶ時間が経ちました。
　벌써 시간이 많이 지났습니다.

時間が経つ 시간이 지나다

□ **非常に** 매우, 대단히

► 所得格差の拡大は非常に重大な問題です。
　소득 격차의 확대는 매우 중대한 문제입니다.

所得格差 소득 격차
拡大 확대
重大だ 중대하다

□ **すっかり** 완전히, 몽땅

► 風邪がすっかり治りました。
　감기가 말끔히 나았습니다.

風邪が治る 감기가 낫다

□ **まったく** 완전히, 참으로

► それはこれとはまったく違います。
　그것은 이것과는 완전히 다릅니다.

大いに 대단히, 크게, 매우

▶ 日本語の知識は、仕事にも実生活にも大いに
役立っています。
일본어 지식은 일에도 실생활에도 매우 도움이 되고 있습니다.

知識 지식
実生活 실생활
役立つ 도움이 되다, 쓸모 있다

▶ 今年のフェスティバルは大いに盛り上がりました。
올해 페스티벌은 크게 대단히 고조되었습니다.

フェスティバル 페스티벌
盛り上がる
(분위기 등이) 고조되다

ぎりぎり 빠듯하게 (=ぎりぎりで)

▶ もう駄目かと思いましたが、走って行ったら終電
にぎりぎり間に合いました。
이제 소용없다고 생각했지만, 달려갔더니 마지막 전철 시간에 빠듯하게 맞췄습니다.

駄目 소용없음
走って行く 달려가다
終電 막차, 마지막 전철
間に合う 시간에 대다

ぴったり(と) 꼭, 딱

▶ 彼の言った話は事実とぴったり合っています。
그가 말한 이야기는 사실과 딱 맞습니다.

事実 사실
合う 맞다, 일치하다
呼吸 호흡
素晴らしい 훌륭하다, 멋지다
演技 연기

▶ 呼吸がぴったりと合って素晴らしい演技でした。
호흡이 딱 맞는 훌륭한 연기였습니다.

それほど ① 그 만큼, 그 정도로 ② 그다지, 별로 ▶ 부정 수반 (=そんなに)

▶ キムさんは日本語の小説を一晩で読んでしまい
ました。日本語ができるとは聞いていましたが、
それほどできるとは知りませんでした。
김씨는 일본어 소설을 하룻밤에 읽었습니다. 일본어를 잘한다고는 들었지만, 그 정도로 잘할 줄은 몰랐습니다.

小説 소설
一晩 하룻밤, 밤새
できる 잘하다

▶ 試験は難しいと聞いていたけれど、実際にはそれ
ほど難しくありませんでした。
시험은 어렵다고 들었는데, 실제로는 그다지 어렵지 않았습니다.

実際 실제

◎ 6-09

09 부사 정도를 나타내는 단어 4

MP3 듣기

□ **ちょっと** ① 좀(=少し) ② 잠깐 ③ 좀 ▶ 거절이나 부탁의 뜻

▶ この店はちょっと値段が高いです。
이 집은 가격이 좀 비쌉니다.

値段 값, 가격

▶ ちょっと待ってください。
잠깐 기다려 주세요.

▶ それはちょっと困ります。
그건 좀 곤란합니다.

困る 곤란하다, 난처하다

□ **しばらく** ① 잠시, 잠깐 ② 한동안

▶ しばらくお待ちください。
잠시 기다려 주십시오.

▶ しばらく会わないうちにきれいになりましたね。
한동안 만나지 않는 사이에 예뻐졌군요.

~うちに
~하는 동안에, ~하는 사이에
きれいになる 예뻐지다

□ **少し** 조금, 약간

▶ 塩を少し入れてください。
소금을 조금 넣어 주세요.

塩を入れる 소금을 넣다

▶ もう少しはやく歩けないんですか。
좀 더 빨리 걸을 수 없습니까?

□ **少々** 조금, 잠시, 잠깐

▶ 部長は最近少々過労気味で、集中力も落ちている
ようです。
부장님은 요즘 좀 과로한 기색으로 집중력도 떨어져 있는 것 같습니다.

部長 부장(님)
過労気味 과로한 기색(기미)
集中力が落ちる
집중력이 떨어지다

□ たくさん 많이

▶ 机の上にノートがたくさんあります。
책상 위에 노트가 많이 있습니다.

机 책상
ノート 노트

파 たくさんだ 충분하다, 질색이다

▶ もうたくさんです。
이제 충분합니다(질색입니다).

□ いっぱい ① 가득 ② ~껏

▶ あの先生は宿題をいっぱい出します。
그 선생님은 숙제를 많이 냅니다.

宿題を出す 숙제를 내다

▶ ラーメンを二杯食べてお腹がいっぱいになりました。
라면을 두 그릇 먹어서 배가 불렀습니다.

二杯 두 그릇
お腹がいっぱいになる
배가 부르다

▶ 私は力いっぱい綱を引きました。
나는 힘껏 밧줄을 당겼습니다.

力いっぱい 힘껏
綱を引く 밧줄을 당기다

□ たっぷり 듬뿍, 푹, 넉넉

▶ この味噌汁は、具がたっぷり入っていて、おいしいですね。
이 된장국은 건더기가 듬뿍 들어가 있어 맛있네요.

味噌汁 된장국
具 (어육, 야채 등의) 건더기, 속
入る (안에) 들어가다

□ ぎっしり(と) 가득, 꽉

▶ お弁当箱の中には、ご飯とおかずがぎっしりと詰まっていました。
도시락통 안에는 밥과 반찬이 꽉 차 있었습니다.

お弁当箱 도시락(통)
おかず 반찬
詰まる 가득 차다

□ 大勢 여럿, 많이 ▶ 사람에게만 씀

▶ 駅の前に人が大勢います。
역 앞에 사람이 많이 있습니다.

駅の前 역 앞

□ いろいろ(と) 여러 가지로, 여러 모로

▶ いろいろとお世話になりました。
여러 모로 신세를 졌습니다.

お世話になる 신세 지다

□ あれこれ(と) 이것저것, 여러 가지로

▶ 将来のことをあれこれ考えているうちに、心配になってしまった。
장래 문제를 이것저것 생각하는 동안에 걱정이 되고 말았다.

将来のこと 장래 문제
心配になる 걱정되다

□ わずか 불과

▶ わずか一秒差で負けました。
불과 1초 차로 졌습니다.

一秒差 1초 차
負ける 지다, 패하다

파 わずかに 살짝, 약간

▶ 車体がわずかに右へ傾いています。
차체가 오른쪽으로 살짝 기울어 있습니다.

車体 차체
右 오른쪽
傾く 기울다

□ やや 약간, 좀

▶ この模擬試験は実際よりやや難易度が高いです。
이 모의시험은 실제보다 약간 난이도가 높습니다.

模擬試験 모의시험
～より ～보다
難易度 난이도

□ 多少 좀, 약간, 다소, 얼마쯤

▶ 少し寝たら、多少疲れが取れました。
좀 잤더니 약간 피로가 풀렸습니다.

疲れが取れる 피로가 풀리다

▶ 誰でも多少は精神的な問題を抱えているものです。
누구라도 약간은 정신적인 문제를 안고 있는 법입니다.

誰でも 누구라도
精神的な 정신적인
抱える 떠안다, 껴안다

D10 감정, 기분을 나타내는 단어 1

MP3 듣기

□ **どうも** ① 아무래도 ② 대단히

▶ 彼女はどうもどこかで見たことがある人です。
그녀는 아무래도 어디선가 본 적이 있는 사람입니다.

~たことがある
~한 적이 있다 (경험)

▶ 彼はどうも統合失調症のようです。
그는 아무래도 정신분열증인 것 같습니다.

統合失調症 정신분열증
~のようだ
~인 것 같다, ~인 듯하다

▶ どうもありがとうございます。
대단히 고맙습니다.

□ **本当に** 정말로

▶ 通報を受けて駆けつけたら本当に湖の水がなくなっていた。
신고를 받고 달려갔더니 정말 호수의 물이 사라졌다.

通報を受ける 신고를 받다
駆けつける 달려가다
湖 호수
なくなる 없어지다

▶ 彼女と話をする時間は本当に楽しかった。
그녀와 이야기하는 시간은 정말 즐거웠다.

話をする 이야기를 하다

□ **特に** 특별히, 특히, 딱히

▶ これは特に目の悪い人のために作った眼鏡です。
특별히 이것은 눈이 나쁜 사람을 위해서 만든 안경입니다.

目が悪い 눈이 나쁘다
作る 만들다
眼鏡 안경
留意する 유의하다
~べき ~해야 할
点 점
今のところ
지금으로서는, 아직은

▶ 特に留意すべき点はここです。
특히 유의해야 할 점은 이 부분입니다.

▶ 今のところ特に問題はありません。
아직은 딱히 문제 없습니다.

別に 특별히, 딱히

► 別に何も言いたいことはありません。
하고 싶은 말은 딱히 없습니다.

► A : どうしたの？ 왜 그래?

► B : いや、別に。 아니 그냥(뭐 아무것도 아니야).

いや 아니

必ず 꼭, 반드시, 틀림없이

► 食後には必ず歯を磨いてください。
식사 후에는 반드시 이를 닦아 주세요.

食後 식후
歯を磨く 이를 닦다

► 二人は会うと必ず口げんかをします。
두 사람은 만나면 꼭 말다툼을 합니다.

口げんかをする
말다툼을 하다

絶対 반드시, 절대(로)

► やると言ったらぜったいやります。
한다고 했으면 반드시 합니다.

やる 하다
～と言ったら ～라고 했으면

► ぜったいそんなことはあり得ません。
절대 그런 일은 있을 수 없습니다.

あり得ない 있을 수 없다

きっと 꼭 ► 추측을 나타냄

► きっと彼は来ると思います。
그는 꼭 올 거라고 생각합니다.

ぜひ 꼭 ► 희망을 나타냄

► ぜひ一度来てください。
꼭 한 번 와 주세요.

一度 한 번

► ぜひお会いしたいんですが。
꼭 만나뵙고 싶습니다만.

□ **なるほど** 과연, 정말, 참으로

▶ なるほど、彼の言ったとおりこの問題はとても難しい。
정말 그가 말한 대로 이 문제는 아주 어렵다.

~たとおり ~한 대로

□ **何となく** 왠지 모르게, 어쩐지 (＝何となく)

▶ 私は春になると何となくうれしい気分になります。
나는 봄이 되면 왠지 기분이 즐거워집니다.

気分 기분

□ **とにかく** 어쨌든, 여하튼

▶ とにかく昼まで待ってみましょう。
여하튼 정오까지 기다려 봅시다.

昼 정오, 낮
~てみる ~해 보다

D11 부사 감정, 기분을 나타내는 단어 2

MP3 듣기

□ **せっかく** 모처럼, 일껏

▶ せっかく来たんだから、もう少し見て帰りましょう。
모처럼 왔으니까 좀 더 보고 갑시다.

□ **一体** 도대체, 대관절

▶ いったいどうしたのですか。
도대체 어떻게 된 것입니까?

□ **たとえ** 설령, 설사

▶ たとえ冗談だとしても、そんなことは言っては
いけません。
설사 농담이라고 해도 그런 말은 해서는 안 됩니다.

たとえ~ても
설사(설령) ~해도
冗談 농담
~とする ~라고 하다

□ **ただ** 단지, 그저, 오로지

▶ ただ文章を覚えるだけでは会話の役に立ちません。
단지 문장을 외우는 것만으로는 회화에 도움이 되지 않습니다.

▶ 事故現場で彼がただ一人生き残った。
사고 현장에서 단 한 사람 그만 살아남았다.

文章 문장
覚える 외우다
会話 회화
役に立つ 도움이 되다
事故現場 사고 현장
生き残る 살아남다

기본 회화 표현 / 동사 / い형용사 / な형용사 / 접속사 / 부사 / 복합어 / 명사

□ **単_{たん}に** 단지, 단순히 (~일 뿐)

► この問題_{もんだい}は、単_{たん}に複雑_{ふくざつ}なだけで、決_{けっ}して難_{むずか}しくは
ありません。
이 문제는 단지 복잡할 뿐이고, 결코 어렵지는 않습니다.

> 関 単純_{たんじゅん}に 단순하게, 복잡하지 않게

► 私_{わたし}は物事_{ものごと}を単純_{たんじゅん}に考_{かんが}えすぎる癖_{くせ}があります。
나는 모든 일을 너무 단순하게 생각하는 버릇이 있습니다.

複雑_{ふくざつ}だ 복잡하다
だけ 뿐, 따름
決_{けっ}して~ない
결코 ~(하)지 않다

物事_{ものごと} 일체의 사물, 모든 일
考_{かんが}えすぎる 너무 생각하다
癖_{くせ} 버릇

□ **いざ** 막상, 정작, 드디어

► いざとなると彼_{かれ}はすぐにしりごみしてしまいます。
막상 때가 되면 그는 바로 꽁무니를 빼 버립니다.

いざとなると
막상 중요한 경우가 되면
すぐに 곧, 바로
しりごみする
꽁무니를 빼다, 뒷걸음질 치다

□ **せめて** 적어도, 하다못해 (＝少_{すく}なくとも)

► せめて国語_{こくご}ぐらいは満点_{まんてん}を取_とりたいです。
적어도 국어 정도는 만점을 받고 싶습니다.

► せめて葉書_{はがき}でもくれれば安心_{あんしん}するのに。
하다못해 엽서라도 보내 주면 안심할 텐데.

国語_{こくご} 국어
満点_{まんてん}を取_とる 만점을 받다
葉書_{はがき} 엽서
くれる (남이 나에게) 주다
安心_{あんしん}する 안심하다
~のに ~할 텐데(문말)

□ **さすが** 과연, 역시

► さすが選手_{せんしゅ}だけあって彼_{かれ}が一番速_{いちばんはや}いです。
과연 선수인만큼 그가 제일 빠릅니다.

> 파 さすがの 자타가 공인하는, 대단한

► さすがの彼_{かれ}もまいったようです。
내로라 하는 그도 손 든 모양입니다.

さすが~だけあって
역시 ~인만큼
速_{はや}い 빠르다

まいる 지다, 항복하다
~ようだ ~인 것 같다

□ **むしろ** 오히려, 차라리

► 彼は賢いというより、むしろずるいといった方がいいです。

그는 영리하다고 하기보다 오히려 교활하다고 하는 편이 낫습니다.

賢い 영리하다, 현명하다
～というより ～라고 하기보다
ずるい 교활하다

► あれは議論というよりはむしろ口げんかだ。

저것은 토론이라기보다는 차라리 말다툼이다.

議論 토론, 논의
口げんか 말다툼

□ **かえって** 오히려

► 叱られるどころか、かえって褒められてしまいました。

꾸중 듣기는커녕 오히려 칭찬받았습니다.

叱られる 꾸중 듣다
～どころか ～하기는커녕
褒められる 칭찬받다

□ **やはり** 역시 (＝やっぱり)

► やはり思った通りでした。

역시 생각한 대로였습니다.

～た通り ～한 대로

► 私もやはり彼と同じ考えです。

나도 역시 그와 같은 생각입니다.

同じだ 같다

부사 12 강조를 나타내는 단어

MP3 듣기

☐ **何より** 무엇보다(도), 더없이
なに

▶ **何より**うれしいのは私の日本語が通じたことです。
なに　　　　　　　　　わたし　に ほん ご　　つう

　무엇보다 기쁜 것은 내 일본어가 통했다는 것입니다.

通じる 통하다

☐ **何といっても** 뭐니 뭐니 해도
なん

▶ **何といっても**この店が一番おいしいです。
なん　　　　　　　　　みせ　いち ばん

　뭐니 뭐니 해도 이 가게가 가장 맛있습니다.

☐ **いくら** 아무리 (~해도), 아무리 (~라도)

▶ 彼は私が**いくら**聞いても教えてくれません。
かれ　わたし　　　　　き　　　　おし

　그는 내가 아무리 물어도 가르쳐 주지 않습니다.

▶ これは**いくら**子どもでも分かりそうなものです。
わ

　이것은 아무리 어린애라 해도 알 만한 일입니다.

いくら~て(で)も
아무리 ~해도, 아무리 ~라도
聞く 묻다
~そうだ ~일 것 같다

☐ **もっぱら** 오로지

▶ 彼は**もっぱら**勉強ばかりしています。
かれ　　　　　　　　べんきょう

　그는 오로지 공부만 하고 있습니다.

~ばかり ~만

☐ **まさに** 바로, 마땅히

▶ これは**まさに**私の求めていたものでした。
わたし　もと

　이것은 바로 제가 찾고 있던 것이었습니다.

求める 구하다, 찾다

□ **ずっと** ① 훨씬 ② 줄곧, 쭉

► 彼女はあの女の人よりずっと美しいです。
그녀는 저 여자보다 훨씬 더 아름답습니다.

► 夏休みの間、ずっと外国へ行っていました。
여름방학 동안 쭉 외국에 가 있었습니다.

~は~より~です
~은(는) ~보다 ~입니다
夏休み 여름방학, 여름 휴가
間 동안, 사이
行っている 가 있다

□ **もちろん** 물론, 말할 것도 없이

► あなたのお話はもちろんよく分かります。
물론 당신의 말씀은 잘 알겠습니다.

► 英語はもちろん、ドイツ語もできます。
영어는 물론이고 독일어도 할 줄 압니다.

お話 말씀, 이야기
~はもちろん~も
~은(는) 물론 ~도
ドイツ語 독일어
できる 할 수 있다, 가능하다

□ **まず** ① 먼저, 우선 ② 어쨌든 간에

► 家に帰ったら、まず宿題をしてから遊びなさい。
집에 돌아오면 먼저 숙제를 하고 놀아라.

► ソウルで大地震が起こることはまずないでしょう。
서울에서 큰 지진이 일어날 일은 어쨌든 간에 없을 것입니다.

宿題をする 숙제를 하다
~てから ~(하)고 나서
~なさい ~하세요, ~하거라
大地震 대지진
起こる 일어나다, 발생하다

□ **お先に** 먼저

► お先に失礼します。/ お先にどうぞ。
먼저 실례하겠습니다. 〈먼저 돌아갈 때〉 / 먼저 하세요. 〈순서를 양보할 때〉

□ **実は** 실은, 사실은

► 私はあのとき分かった顔をしていましたが、実は
何も分からなかったのです。
저는 그때 알고 있는 듯한 얼굴을 하고 있었지만, 실은 아무것도 몰랐습니다.

► 実はお願いがあって伺いました。
사실은 부탁이 있어서 찾아뵈었습니다

顔をする 얼굴을 하다

お願いがある 부탁이 있다
伺う 찾아뵙다

13 일정한 서술어와 호응하는 단어 1

MP3 듣기

□ **どうぞ** ① 어서 ② 부디, 제발

▶ どうぞお話しください。
어서 말씀하세요.

お＋동사 ます형＋ください
존경 표현

▶ どうぞお召し上がりください。
어서 잡수세요.

召し上がる 드시다

▶ どうぞおあがりください。
어서 들어오세요.

あがる (집으로) 들어오다

▶ どうぞお構いなく。
신경 쓰지 마세요. 〈사양하는 표현〉

お構いなく 개의치 마시고,
상관하지 마시고

▶ どうぞよろしくお願いします。
아무쪼록 잘 부탁합니다.

よろしく 잘
お願いする 부탁하다

□ **どうか** 제발, 부디, 아무쪼록

▶ どうかこのことは人に話さないでください。
부디 이 일은 다른 사람에게 말하지 말아 주세요.

～ないでください
～(하)지 말아 주세요

□ **たぶん** 아마

▶ 彼もたぶん旅行に行くだろうと思います。
그도 아마 여행을 갈 것입니다.

たぶん～だろう
아마 ～일 것이다

□ **おそらく** 아마

▶ 彼はおそらく家にいると思います。
그는 아마 집에 있을 겁니다.

おそらく～と思う
아마 ～라고 생각하다

□ **確か** 아마, 내 기억으로는 ▶ 기억을 더듬으면서 말할 때

▶ 物音がしたのは確か 5 時ごろだったと思います。
소리가 난 것은 아마 5시경이었던 것 같습니다.

物音がする (무슨) 소리가 나다
確か〜と思う
아마 〜인 것 같다
確か〜はずだ
내 기억으로는 〜일 겁니다

▶ 彼は確か結婚したはずです。
그는 아마 결혼했을 겁니다.

□ **少しも** 조금도

▶ 彼は自分のしたことを少しも悪いと思っていません。
그는 자기가 저지른 일을 조금도 미안하게 생각하지 않습니다.

少しも〜ない
조금도 〜(하)지 않다
悪い 미안하다, 나쁘다

□ **ちっとも** 전혀, 조금도

▶ この漫画はちっともおもしろくありません。
이 만화는 하나도 재미없습니다.

ちっとも〜ない
조금도 〜(하)지 않다

□ **決して** 결코 ▶ 부정 수반

▶ もう決していたずらはしません。
이제 결코 장난은 치지 않겠습니다.

いたずら 장난

□ **必ずしも** 반드시, 꼭

▶ 名選手が必ずしも名監督とは限りません。
명선수가 반드시 명감독이라고는 할 수 없습니다.

必ずしも〜ない
반드시 〜(하)지 않다
〜とは限らない
〜라고는 할 수 없다

□ **大して** 그다지, 별로 ▶ 부정 수반

▶ この店は、有名なわりには大しておいしくありませんね。
이 가게는 유명한 것에 비해서는 그다지 맛있지 않네요.

有名だ 유명하다
わり 비함
大して〜ない
그다지(별로) 〜(하)지 않다

부사 D14 일정한 서술어와 호응하는 단어 2

MP3 듣기

☐ **もし** 만약(에), 혹시

▶ もし来られない場合はご連絡ください。
만일 올 수 없는 경우에는 연락을 주십시오.

場合 경우
ご＋동작성 명사＋ください
존경 표현

☐ **もしかして** 혹시, 만약

▶ もしかして彼に会えるかもしれないと期待して
パーティーに来ました。
혹시 그를 만날 수 있을지도 모른다는 기대를 갖고 파티에 왔습니다.

〜かもしれない
〜일지도 모른다
期待する 기대하다
パーティー 파티

☐ **もしかすると・もしかしたら** 어쩌면

▶ もしかすると彼は来ないかも知れません。
어쩌면 그는 안 올지도 모릅니다.

▶ もしかしたら彼は死んだのかも知れません。
어쩌면 그는 죽었을지도 모릅니다.

死ぬ 죽다

☐ **どうして** 어째서, 왜

▶ どうしてあんないい仕事を断ったんですか。
왜 그렇게 좋은 일을 거절했어요?

あんな 그렇게
断る 거절하다

☐ **なぜ** 왜

▶ なぜ人間は言葉が話せるのだろうか。
사람은 왜 언어를 사용할 수 있는 것일까?

人間 인간, 사람
言葉 언어, 말

☐ **なんで** 왜

▶ なんで来(こ)なかったんですか。
왜 안 왔어요?

☐ **まるで** ① 마치, 꼭, 흡사 ② 전혀, 전연

▶ あの女(おんな)の人(ひと)はまるで男(おとこ)みたいです。
저 여자는 마치 남자같습니다.

▶ 彼(かれ)の言(い)い訳(わけ)はまるで話(はなし)になりません。
그의 변명은 전혀 말이 되지 않습니다.

まるで〜みたいだ
마치 〜같다
言い訳 변명
話にならない
이야기(말)가 되지 않다

☐ **少(すく)なくとも** 적어도

▶ この本(ほん)を読(よ)みきるには、少(すく)なくとも1(いっ)ヶ月(かげつ)はかかり
そうです。
이 책을 다 읽는 데에는 적어도 1개월은 걸릴 것 같습니다.

読みきる
끝까지 읽다, 독파하다

☐ **つまり** 즉, 결국

▶ この人(ひと)は私(わたし)の父(ちち)の兄(あに)、つまり伯父(おじ)です。
이 분은 제 아버지의 형님, 즉 큰아버지입니다.

伯父 백부, 숙부

☐ **いわば** 말하자면, 이를테면

▶ 富士山(ふじさん)はいわば日本(にほん)のシンボルです。
후지산은 말하자면 일본의 상징입니다.

富士山 후지산
シンボル 심벌, 상징

☐ **いわゆる** 소위, 이른바

▶ これがいわゆる民主主義(みんしゅしゅぎ)です。
이것이 이른바 민주주의입니다.

民主主義 민주주의

□ **たとえば** 예를 들면, 예를 들어, 예컨대

▶ ２０世紀には、たとえば電話のような通信手段が
発達しました。
20세기에는 예를 들면 전화와 같은 통신수단이 발달했습니다.

▶ 私は彫刻が好きです。たとえばロダンは私の大好
きな彫刻家です。
나는 조각이 좋습니다. 예를 들어 로댕은 내가 아주 좋아하는 조각가입니다.

20世紀 20세기
たとえば～のような
예를 들면 ～와 같은
通信手段 통신수단
発達する 발달하다
彫刻 조각
ロダン 로댕 (화가)
彫刻家 조각가

□ **いちおう** 일단, 우선

▶ 彼はあれでもいちおう大学を出ているのです。
그는 저래도 일단 대학을 나오긴 나왔습니다.

あれでも 저래도
大学を出る
대학을 나오다(졸업하다)

□ **まさか** 설마, 아무리 그렇다고 하더라도

▶ まさか実験が失敗するとは思ってもいませんでした。
설마 실험이 실패한다고는 생각지도 않았습니다.

実験 실험
失敗する 실패하다

□ **どう** ① 어떻게 ② 아무리 (~해도)

▶ この漢字はどう読むんですか。
이 한자는 어떻게 읽습니까?

▶ どう考えても、彼の意見は変だと思います。
아무리 생각해도 그의 생각은 이상한 것 같습니다.

漢字 한자
どう～て (で)も
아무리 ～해도
意見 의견
変だ 이상하다

□ **どんなに** 아무리 (~해도)

▶ どんなに頼んでも、彼はまったく首を縦に振りませ
んでした。
아무리 부탁해도 그는 전혀 승낙하지 않았습니다.

どんなに～て (で)も
아무리 ～해도
頼む 부탁하다
まったく 완전히, 전혀
首を縦に振る
승낙하다, 찬성하다

15 사람의 동작이나 모습을 나타내는 단어 1

MP3 듣기

□ **しくしく(と)** 훌쩍훌쩍 ▶ 코를 훌쩍이며 힘없이 우는 모양

▶ 彼女は失恋してしくしく泣いています。
그녀는 실연해서 훌쩍훌쩍 울고 있습니다.

失恋する 실연하다
泣く 울다

□ **おいおい(と)** 엉엉 ▶ 소리 내어 몹시 우는 모양

▶ 彼はその話を聞くとおいおい泣き出した。
그는 그 이야기를 듣더니 엉엉 울기 시작했다.

泣き出す 울기 시작하다

□ **めそめそ(と)** 훌쩍훌쩍 ▶ 소리 없이 우는 모양, 우는 것을 못 마땅해 하는 느낌

▶ いつまでめそめそ泣いているんですか。
언제까지 훌쩍훌쩍 울고 있을 겁니까?

いつまで 언제까지

▶ そんなことぐらいでめそめそしないでください。
그만한 일 정도로 훌쩍거리지 마세요.

～ぐらいで ～정도로
めそめそする 훌쩍거리다

□ **にっこり(と)** 생긋, 방긋

▶ 彼は私の顔を見るとにっこり微笑みました。
그는 나의 얼굴을 보자 방긋 미소 지었습니다.

微笑む 미소 짓다

▶ おばさんは私を見るとウィンクをしてにっこりと笑いました。
아주머니는 나를 보자 윙크를 하며 생긋 웃었습니다.

おばさん 아주머니
ウィンクをする 윙크를 하다
笑う 웃다

□ **にこにこ(と)** 싱글벙글

► 彼^{かれ}はいつもにこにこしています。
그는 항상 싱글벙글하고 있습니다.

□ **くすくす(と)** 킥킥, 킬킬 ► 소리 죽여 웃는 모양

► 彼^{かれ}らは私^{わたし}を見^みるといつもくすくす笑^{わら}っていて嫌^{いや}な
感^{かん}じです。
그들은 나를 보면 항상 킥킥 웃고 있어서 기분이 나쁩니다.

笑う 웃다
嫌だ 싫다
感じ 느낌

□ **くすりと** 킥 ► 참고 있다가 나오는 웃음

► 彼女^{かのじょ}は彼^{かれ}の冗談^{じょうだん}にくすりと笑^{わら}いました。
그녀는 그의 농담에 킥 웃었습니다.

□ **にやにや(と)** 히죽히죽

► 何^{なん}でにやにやしているんですか。
왜 히죽거리고 있습니까?

► 彼^{かれ}は私^{わたし}が彼女^{かのじょ}といるのを見^みてにやにやしていました。
그는 내가 그녀와 있는 것을 보고 히죽거리고 있었습니다.

にやにやする 히죽거리다

□ **げらげら(と)** 껄껄 ► 거리낌 없이 큰 소리로 웃는 모양

► 彼^{かれ}は漫画^{まんが}を読^よみながらげらげら笑^{わら}っています。
그는 만화를 보면서 껄껄 웃고 있습니다.

漫画を読む 만화를 보다
～ながら ～하면서

□ うとうと(と) 꾸벅꾸벅 ▶ 조는 모양

▶ 仕事中眠くてうとうとしてしまいました。
일하는 중에 잠이 와서 꾸벅꾸벅 졸고 말았습니다.

▶ テレビを見ているうちに、うとうと眠ってしまいました。
텔레비전을 보고 있는 사이에 꾸벅꾸벅 자고 말았습니다.

眠い 잠이 오다, 졸리다
うとうとする 꾸벅꾸벅 졸다

〜うちに 〜사이에, 〜동안에
眠る 자다, 잠이 들다

□ ぐっすり(と) 푹

▶ 新しい家は静かで朝までぐっすり眠れます。
새 집은 조용해서 아침까지 푹 잘 수 있습니다.

静かだ 조용하다

□ すやすや(と) 쌔근쌔근

▶ 赤ちゃんがすやすや眠っています。
아기가 쌔근쌔근 자고 있습니다.

□ ぐうぐう(と) ① 쿨쿨 ② 쪼르륵쪼르륵

▶ 彼はぐうぐういびきをかいています。
그는 쿨쿨 코를 골고 있습니다.

▶ お腹が空いてぐうぐう鳴ってしまいました。
배가 고파서 쪼르륵쪼르륵 소리가 나고 말았습니다.

いびきをかく 코를 골다

お腹が空く 배가 고프다
鳴る 소리가 나다

□ 一々 ① 일일이, 하나하나 ② 전부

▶ ものすごい量の質問が来るので、いちいち答えていられません。
어마어마한 양의 질문이 와서 일일이 대답할 수 없었습니다.

▶ あの人は、いちいちうるさいですね。
저 사람은 전부 시끄럽네요.

ものすごい 어마어마하다
量 양, 분량
質問 질문

うるさい 시끄럽다

부사 D16 사람의 동작이나 모습을 나타내는 단어 2

MP3 듣기

☐ **うろうろ** 어슬렁어슬렁

► 不良少年が盛り場をうろうろ歩きまわっています。
불량소년이 유흥가를 어슬렁어슬렁 돌아다니고 있습니다.

► 怪しい男が近所をうろうろしています。
수상한 남자가 근처를 어슬렁거리고 있습니다.

不良少年 불량소년
盛り場 유흥가, 번화가
歩きまわる 돌아다니다
怪しい 수상하다
うろうろする 어슬렁거리다

☐ **ぶらぶら** ① 어슬렁어슬렁 ② 빈둥빈둥 ③ 흔들흔들, 대롱대롱

► 私は街をぶらぶら歩くのが好きです。
나는 거리를 어슬렁어슬렁 걷는 것을 좋아합니다.

街を歩く 거리를 걷다

► 彼は大学を卒業したあとぶらぶらしています。
나는 대학을 졸업한 후 빈둥빈둥 놀고 있습니다.

卒業する 졸업하다
ぶらぶらする 빈둥빈둥 놀다

► 椅子が高いので彼女は足をぶらぶらさせています。
의자가 높아서 그녀는 다리를 대롱대롱 흔들고 있습니다.

足をぶらぶらさせる
다리를 대롱거리다

☐ **ふらふら** 휘청휘청, 비틀비틀

► 熱で体がふらふらして仕事に行けそうにない。
열 때문에 몸을 가누기가 어려워 일하러 갈 수 없을 것 같다.

熱 열
〜そうにない(＝〜そうも
ない, 〜そうにもない)
〜할 것 같지 않다

☐ **ぐずぐず** ① 꾸물꾸물 ▶ 결심이나 행동이 느린 모양 ② 투덜투덜

► ぐずぐずしていると汽車に遅れるよ。
꾸물거리다가는 기차(시간)에 늦어요.

ぐずぐずする 꾸물거리다
汽車に遅れる
기차(시간)에 늦다

► ぐずぐず言わないで早くやってください。
투덜거리지 말고 빨리 해 주세요.

〜ないで 〜(하)지 말고

のろのろ 느릿느릿, 꾸물꾸물 ▶ 동작이 굼뜬 모양(부정적인 의미)

▶ 前の車がのろのろ運転しているのでいらいらしました。

앞차가 느릿느릿 운전을 해서 짜증이 났습니다.

運転する 운전하다
いらいらする 짜증이 나다

▶ 彼は動作がのろのろしていて仕事も不正確です。

그는 동작이 느릿느릿하고 일도 부정확합니다.

動作 동작
不正確だ 부정확하다

ぺこぺこ 굽실굽실

▶ 彼はいつも上司にぺこぺこしています。

그는 항상 상사에게 굽실거리고 있습니다.

上司にぺこぺこする
상사에게 굽실거리다

파 ぺこぺこだ 배가 몹시 고프다

▶ お腹がぺこぺこです。

배가 몹시 고픕니다.

お腹 배

くたくた 기진맥진 ▶ 움직일 수 없을 정도로 몹시 지쳐 있는 모양

▶ 一日中働いてくたくたになりました。

하루 종일 일해서 녹초가 되었습니다.

働く 일하다
くたくたになる 녹초가 되다

がたがた ① 덜덜 ▶ 추위나 두려움에 떠는 모양
② 덜컹덜컹 ▶ 단단한 물체끼리 부딪히는 소리나 모양

▶ その子は寒くて歯をがたがた鳴らせています。

그 아이는 추워서 이를 덜덜 떨고 있습니다. (이를 딱딱 부딪히는 소리)

歯 이, 이빨
鳴らす 소리를 내다, 울리다

▶ 風で窓ががたがた鳴っています。

바람으로 창문이 덜컹덜컹 소리를 내고 있습니다.

窓 창, 창문
鳴る 소리가 나다, 울리다

ぴりっと 얼얼, 찌릿찌릿 ▶ 맵거나 전기의 강한 자극을 받았을 때의 느낌

▶ 私はぴりっとした辛い料理が大好きです。

나는 얼얼하게 매운 요리를 매우 좋아합니다.

ぴりっとする
얼얼하다, 찌릿찌릿하다

□ ぴりぴり ① 얼얼 ② 몹시 신경이 예민해져 있는 모양

► このキムチは辛くて舌がぴりぴりします。
이 김치는 매워서 혀가 얼얼합니다.

► 試験の前には受験生の親はぴりぴりしています。
시험 전에는 수험생의 부모는 신경이 예민해져 있습니다.

舌がぴりぴりする
혀가 얼얼하다
受験生 수험생
親 부모
ぴりぴりしている
신경이 날카로워져 있다

□ 生き生きと 생생히

► この資料からは、当時の人たちの暮らしが生き生きと伝わってきます。
이 자료에서는 당시 사람들의 생활이 생생히 전해져 왔습니다..

資料 자료
当時 당시
暮らし 생활, 일상생활
伝わる 전해지다, 전달되다

□ しみじみ(と) 절실히, 곰곰히 ► 마음속에 깊이 느끼는 모양

► 昔商店街だったところが住宅地になっているのを見て、時代の変化をしみじみと感じました。
옛날 상점가였던 곳이 주택지가 된 것을 보고, 시대의 변화를 절실히 느꼈습니다.

昔 옛날
商店街 상점가, 상점 거리
住宅地 주택지
時代の変化 시대의 변화
感じる 느끼다

D17 사람의 동작이나 모습을 나타내는 단어 3

부사

MP3 듣기

□ **ざっと** 대충, 건성건성 ▶ 정성을 들이지 않고 대충 하는 모양

▶ 私は朝起きてから新聞にざっと目を通します。
나는 아침에 일어나서 신문을 대충 훑어봅니다.

目を通す 훑어보다

▶ 掃除はざっとやればいいですよ。
청소는 대충 하면 돼요.

掃除 청소
やる 하다

□ **こっそり** 몰래, 살짝

▶ 彼は出欠を取ったあと、後ろのドアからこっそり
抜け出しました。
그는 출석을 체크한 후 뒷문을 통해서 몰래 빠져 나갔습니다.

出欠を取る 출결을 조사하다
後ろのドア 뒷문
抜け出す 빠져 나가다

▶ 後ろの人がこっそり答えを教えてくれました。
뒷사람이 살짝 답을 가르쳐 주었습니다.

答え 해답, 답

□ **そっと** ① 가만히 ② 살그머니

▶ どうか彼女をそっとしておいてください。
부디 그녀를 가만히 내버려 두세요.

どうか 부디, 제발
そっとしておく
가만히 내버려 두다
家族 가족
毎朝 매일 아침

▶ 家族が寝ているので私は毎朝そっと家を出ます。
가족이 자고 있기 때문에 나는 매일 아침 살그머니 집을 나옵니다.

□ **うっかり** 깜빡, 무심코 ▶ 넋을 놓고 있거나 부주의하거나 생각없이 무슨 일을 하는 모양

▶ 彼はうっかり秘密をしゃべってしまいました。
그는 무심코 비밀을 말해 버렸습니다.

秘密 비밀
しゃべる 말하다
うっかりする 깜빡하다
逆方向 역방향, 반대 방향
電車に乗る 전철을 타다

▶ うっかりして逆方向の電車に乗ってしまいました。
깜빡하고 반대 방향의 전철을 타 버렸습니다.

□ **思わず** 엉겁결에, 무의식 중에

▶ ドローンを買うつもりはなかったのに、あまりに
おもしろそうだったので、思わず買ってしまいま
した。
트론을 살 생각은 없었는데, 너무 재미있어 보여서 엉겁결에 사고 말았습니다.

ドローン 트론
つもり 생각, 작정
〜のに 〜한데, 〜는데
あまりに 너무나, 몹시

□ **つい** 무의식 중에, 무심결에, 그만 ▶ 충동

▶ 私は、ついクリックしたくなるバナーの作成を
指導しています。
나는 자신도 모르게 클릭하고 싶어지는 배너의 작성을 지도하고 있습니다.

クリックする 클릭하다
バナー 배너 (컴퓨터)
作成 작성
指導する 지도하다

□ **ぺらぺら** 술술 ▶ 유창하게 말하는 모양

▶ 彼は日本語をぺらぺらと話していた。
그는 일본어를 술술 말하고 있었다.

□ **すらすら** 술술, 척척 ▶ 이야기나 말 따위가 도중에 막힘이 없이 잘 진행되는 모양

▶ 日本語の新聞がすらすら読めるようになりました。
일본어 신문을 술술 읽을 수 있게 되었습니다.

〜ようになる 〜하게 되다

▶ 彼女は先生の質問にすらすら答えました。
그녀는 선생님의 질문에 척척 대답했습니다.

質問に答える
질문에 대답하다

□ **たらたら** ① 줄줄 ▶ 액체가 방울져 떨어지는 모양
　　　　　　② 중얼중얼 ▶ 달갑지 않은 말을 장황하게 늘어놓는 모양

▶ 彼は汗をたらたら流していました。
그는 땀을 줄줄 흘리고 있었습니다.

汗を流す 땀을 흘리다

▶ 彼はいつも不平たらたらです。
그는 항상 불평을 중얼거립니다.

不平たらたら
불평을 장황하게 늘어놓음

기본 회화 표현

동사

い형용사

な형용사

접속사

● 부사

복합어

명사

□ **ぶるぶる** 벌벌, 오돌오돌, 부들부들 ▶ 추위나 두려움 등으로 가늘게 떠는 모양

▶ 彼は寒くてぶるぶる震えています。
그는 추워서 오돌오돌 떨고 있습니다.

震える 떨리다

□ **じろじろ** 빤히, 뚫어지게 ▶ 남의 모습을 빤히 쳐다보는 모양 (부정적인 의미로 사용)

▶ 変な男が遠くから彼女をじろじろ見ています。
이상한 남자가 멀리서 그녀를 빤히 보고 있습니다.

変だ 이상하다
遠く 먼 곳

▶ そんなに私の顔をじろじろ見ないでください。
그렇게 내 얼굴을 뚫어지게 보지 말아 주세요.

□ **じっと** ① 꼼짝 않고, 지긋이 ② 가만히 ▶ 몸이나 시선을 움직이지 않는 모양

▶ 子猫の前でしゃがむと、子猫は私をじっと見つめ
ました。
새끼 고양이 앞에서 몸을 웅크리자 새끼 고양이는 나를 지긋이 응시했습니다.

子猫 새끼 고양이
しゃがむ 웅크리다, 쭈그리다
見つめる 응시하다, 주시하다

▶ 彼は1時間の間ソファーにじっと座っていました。
그는 1식간 동안 소파에 가만히 앉아 있었습니다.

1時間の間 1시간 동안
ソファー 소파
座る 앉다

□ **ごしごし** 북북, 싹싹 ▶ 세게 문지르는 모양

▶ 彼は床をごしごし磨いています。
그는 마룻바닥을 북북 닦고 있습니다.

床を磨く 마룻바닥을 닦다

▶ 彼は汚れた下着をごしごし洗いました。
그는 때묻은 내의를 싹싹 빨았습니다.

汚れる 더러워지다, 때묻다
下着 내의, 속옷
洗う 빨다

부사 D18 사물의 모양을 나타내는 단어 1

□ **ぴかぴか** 번쩍번쩍, 반짝반짝 ▶ 윤이 나며 반짝이는 모양

▶ 靴をぴかぴかに磨きました。
번쩍번쩍 광이 나게 구두를 닦았습니다.

▶ 遠くでパトカーのランプがぴかぴか光っています。
멀리서 경찰 순찰차 램프가 반짝반짝 빛나고 있습니다.

靴を磨く 구두를 닦다

パトカー 경찰 순찰차
ランプ 램프
光る 빛나다

□ **きらきら** 반짝반짝 ▶ 계속해서 빛나는 모양

▶ 夜空に星がきらきら光っています。
밤하늘에 별이 반짝반짝 빛나고 있습니다.

▶ 太陽の光で波がきらきらかがやいています。
햇빛에 파도가 반짝반짝 빛나고 있습니다.

夜空 밤하늘
星 별
太陽の光 햇빛
波 파도
かがやく (눈부시게) 빛나다,
반짝이다

□ **かんかん** ① 쨍쨍 ▶ 햇볕이 강하게 내리쬐는 모양 ② 몹시 화내는 모양

▶ 太陽がかんかん照りつけています。
태양이 쨍쨍 내리쬐고 있습니다.

▶ 先生はかんかんに怒っていました。
선생님이 불같이 화내고 있었습니다.

照りつける 내리쬐다

怒る 화를 내다

□ **しとしと** 부슬부슬 ▶ 비가 조용히 내리는 모양

▶ 朝から雨がしとしと降っています。
아침부터 비가 부슬부슬 내리고 있습니다.

□ **ざあざあ** 좍좍, 콸콸 ▶ 비가(물이) 내리 쏟아지는 소리

▶ 雨^{あめ}がざあざあ降^ふっています。
비가 좍좍 내리고 있습니다.

□ **ぽつぽつ** 똑똑 ▶ 비 등이 내리기 시작하는 모양

▶ ぽつぽつ雨^{あめ}が降^ふり出^だしました。
비가 똑똑 내리기 시작했습니다.

降り出す 내리기 시작하다

□ **ぽたぽた** 똑똑 ▶ 물·땀이 방울져 계속 떨어지는 모양

▶ 天井^{てんじょう}から雨水^{あまみず}がぽたぽた落^おちています。
천장에서 빗물이 똑똑 떨어지고 있습니다.

▶ 洗濯物^{せんたくもの}から水^{みず}がぽたぽた垂^たれています。
빨래에서 물이 똑똑 떨어지고 있습니다.

天井 천장
雨水 빗물
落ちる 떨어지다
洗濯物 세탁물, 빨랫감
水が垂れる 물이 떨어지다

□ **ばらばら** ① 뿔뿔이, 제각각 ② (비·우박 등이) 후두둑

▶ 戦争^{せんそう}で家族^{かぞく}がばらばらになってしまいました。
전쟁으로 가족이 뿔뿔이 흩어져 버렸습니다.

▶ 大粒^{おおつぶ}の雨^{あめ}がばらばらと降^ふってきました。
굵은 빗방울이 후두둑 쏟아지기 시작했습니다.

戦争 전쟁
ばらばらになる
뿔뿔이 흩어지다
大粒 큰(굵은) 방울

□ **くるくる** 뱅글뱅글

▶ 天井^{てんじょう}で扇風機^{せんぷうき}がくるくる回^{まわ}っている。
천장에서 선풍기가 뱅글뱅글 돌고 있다.

扇風機が回る
선풍기가 돌다

□ **ちらちら** ① 팔랑팔랑 ▶ 작은 것이 팔랑이며 흩날리는 모양

② 반짝반짝, 깜박깜박

▶ いつの間にか雪がちらちらし始めました。
어느샌가 눈이 흩날리기 시작했습니다.

▶ 遠くに家の明りがちらちらと見えます。
멀리 인가의 등불이 깜박깜박 보입니다.

いつの間にか 어느샌가
雪がちらちらする
눈이 흩날리다
明り 불빛, 등불
見える 보이다

□ **はっきり** 똑똑히, 명확히, 확실히, 분명히

▶ 天体望遠鏡で月を見ると、クレーターがはっきり
見えます。
천체망원경으로 달을 보면 분화구가 똑똑히 보입니다.

▶ まだ調査中ですので、原因についてははっきり
申し上げられません。
아직 조사 중이기 때문에 원인에 대해서는 명확히 말씀드릴 수 없습니다.

天体望遠鏡 천체망원경
月 달
クレーター 크레이트, 분화구

調査中 조사 중
原因 원인
申し上げる 말씀드리다

부사 19

사물의 모양을 나타내는 단어 2

MP3 듣기

□ **ゆらゆら** 흔들흔들

► ろうそくの炎がゆらゆら揺れています。
촛불이 흔들거리고 있습니다.

► 湖にボートがゆらゆら揺れています。
호수에 보트가 흔들거리고 있습니다.

ろうそくの炎 촛불
揺れる 흔들리다

ボート 보트

□ **ぐらぐら** ① 흔들흔들 ② 부글부글

► 地震で家がぐらぐら揺れました。
지진으로 집이 흔들렸습니다.

► この椅子はぐらぐらしています。
이 의자는 흔들리고 있습니다.

► 歯がぐらぐらになってしまいました。
이가 흔들거리게 되었습니다.

► 鍋に熱湯がぐらぐら煮えています。
냄비에 뜨거운 물이 부글부글 끓고 있습니다.

地震 지진

ぐらぐらする 흔들거리다

鍋 냄비
熱湯 열탕, 뜨거운 물
煮える (물이) 끓다

□ **さらさら** ① 보들보들 ② 술술

► この服は生地がさらさらしていて着心地がいいです。
이 옷은 옷감이 보들보들해서 옷을 입었을 때 감촉이 좋습니다.

► 彼女はさらさらと日本語でメモしました。
그녀는 술술 일본어로 메모했습니다.

服 옷
生地 옷감
着心地がいい 착용감이 좋다
メモする 메모하다

□ **びりびり** 짝짝, 찌릿찌릿

▶ 子どもが新聞紙をびりびり破っています。
아이가 신문지를 짝짝 찢고 있습니다.

新聞紙 신문지
破る 찢다, 째다

□ **ぶくぶく** 부글부글

▶ お風呂から泡がぶくぶく出ています。
욕조에서 거품이 부글부글 나오고 있습니다.

お風呂 목욕탕, 욕조
泡 거품

□ **ころころ** 대굴대굴 ▶ 작은 것이 구르는 모양

▶ 小さな石がころころ転がって来ました。
작은 돌이 대굴대굴 굴러 왔습니다.

小さな 작은
石 돌
転がる 구르다

□ **ごろごろ** ① 대굴대굴 ▶ 큰 물체가 구르는 모양 ② 빈둥빈둥 ③ 우르르

▶ この海岸は岩がごろごろしています。
이 해안은 바위가 대굴대굴 구르고 있습니다.

海岸 해안
岩 바위

▶ 彼は一日中家でごろごろしています。
그는 하루 종일 집에서 빈둥거리고 있습니다.

ごろごろしている
빈둥거리고 있다

▶ 雷がごろごろ鳴っています。
천둥이 우르르 치고 있습니다.

雷が鳴る 천둥이 치다

□ **どろどろ** 질척질척

▶ アイスクリームがどろどろに溶けてしまいました。
아이스크림이 녹아 곤죽이 되었습니다.

アイスクリームが溶ける
아이스크림이 녹다

□ **ぼろぼろ** ① (밥·알갱이 따위가) 부슬부슬 ② (물건이나 옷 따위가) 너덜너덜

▶ こすったら垢がぼろぼろ落ちました。
문질렀더니 때가 부슬부슬 빠졌습니다.

こする 문지르다
垢が落ちる 때가 빠지다

▶ 毎日ぼろぼろの麦飯ばかり食べています。
매일 흐슬부슬한 보리밥만 먹고 있습니다.

麦飯 보리밥

▶ 彼はぼろぼろの帽子をかぶっています。
그는 너덜너덜한 모자를 쓰고 있습니다.

帽子をかぶる 모자를 쓰다

▶ 都会の生活で身も心もぼろぼろになりました。
도시 생활로 몸도 마음도 엉망이 되었습니다.

都会 도시
身も心も 몸도 마음도

□ **こちこち** ① 꽁꽁 ② (긴장해서 동작이) 굳어짐

▶ 肉がこちこちに凍っています。
고기가 꽁꽁 얼어 있습니다.

肉 고기
こちこちに凍る 꽁꽁 얼다

▶ 面接のとき緊張してこちこちになってしまいました。
면접 때 긴장해서 몸이 굳어 버렸습니다.

面接 면접
緊張する 긴장하다

□ **しいんと** 쥐 죽은 듯이 ▶ しんと, シーンと, しーんと으로도 표기

▶ 校長先生が登場すると、学生たちはシーンと静まり
返りました。
교장 선생님이 등장하자 학생들은 쥐 죽은 듯이 아주 조용해졌습니다.

校長先生 교장 선생님
登場する 등장하다
静まり返る 아주 조용해지다

□ **ぐんぐん** 쭉쭉, 부쩍부쩍, 무럭무럭 ▶ 기세 좋게 자라거나 진행되는 모양

▶ 彼はぐんぐん成績が伸びています。
그는 성적이 쭉쭉 올라가고 있습니다.

成績が伸びる
성적이 오르다

부사 **D20** 사물의 모양을 나타내는 단어 3

□ **ねばねば** 끈적끈적

▶ 駅で何かねばねばしたものを踏んでしまいました。
역에서 뭔가 끈적끈적한 것을 밟아 버렸습니다.

踏む 밟다

▶ 口の中がねばねばして気持ち悪いです。
입 안이 끈적끈적해서 기분이 나쁩니다.

気持ち(が)悪い
기분이 나쁘다

□ **べたべた** ① 끈적끈적 ② 덕지덕지

▶ 汗でズボンがべたべたします。
땀으로 바지가 끈적끈적합니다.

汗 땀
ズボン 바지

▶ 壁にポスターがベタベタ貼ってあります。
벽에 포스터가 덕지덕지 붙어 있습니다.

ポスター 포스터
貼る 붙이다, 바르다

□ **ぬるぬる** 미끈미끈

▶ 川の石はぬるぬるして滑りやすいです。
강의 돌은 미끈미끈해서 미끄러지기 쉽습니다.

滑りやすい 미끄러지기 쉽다

▶ 手が油でぬるぬるしています。
손이 기름으로 미끈거리고 있습니다.

油 기름

□ **じめじめ** ① 축축, 눅눅, 구질구질 ② 음울하게

▶ 梅雨で部屋がじめじめしています。
장마로 방이 눅눅합니다.

梅雨 장마

▶ もうじめじめした話はやめてください。
이제 우울한 얘기는 그만둬 주세요.

じめじめした話
우울한 이야기
やめる 그만두다

びしょびしょ 흠뻑

▶ 雨の中を歩いて来たので靴がびしょびしょです。
빗속을 걸어왔기 때문에 신발이 흠뻑 젖었습니다.

▶ 車に水を跳ねられてスカートがびしょびしょに
なってしまいました。
차가 물을 튀겨서 스커트가 흠뻑 젖어 버렸습니다.

車に水を跳ねられる
차가 물을 튀기다
スカート 스커트

あっさり ① 담백하게 ② 깨끗이

▶ 塩と胡椒だけであっさりした味にしてください。
소금과 후추만으로 담백한 맛을 내 주세요.

▶ 彼はその計画をあっさりあきらめました。
그는 그 계획을 깨끗이 포기했습니다.

塩 소금
胡椒 후추
味にする 맛을 내다
計画 계획
あきらめる 포기하다

さっぱり ① 담백한 ② 영, 통

▶ この料理は油を使っていないのでさっぱりして
います。
이 요리는 기름을 사용하지 않아서 담백합니다.

▶ この問題は難しすぎてさっぱり分かりません。
이 문제는 너무 어려워서 전혀 모르겠습니다.

難しすぎる 너무 어렵다

どんどん ① 척척 ▶ 일이 순조롭게 진행되는 모양, 계속해서

② 탕탕, 둥둥 ▶ 두드리는 모양

▶ 遠慮なくどんどん食べてください。
사양치 말고 많이 드세요.

▶ 誰かがドアをどんどん叩いています。
누군가가 문을 탕탕 두드리고 있습니다.

遠慮なく 사양치 않고

ドアを叩く 문을 두드리다

□　からっと ① 바싹 ② 활짝

▶ このてんぷらはからっと揚がっていておいしいです。
이 튀김은 바싹 튀겨서 맛있습니다.

▶ 今日はからっとしたいい天気です。
오늘은 활짝 갠 좋은 날씨입니다.

てんぷら 튀김
揚がる (기름에) 튀기다
天気 날씨

□　からから 칼칼, 바짝, 바싹 ▶ 물기가 없이 바짝 마른 모양

▶ 喉がからからに渇いています。
목이 칼칼하게 마릅니다.

▶ 一日中干して布団はからからに乾きました。
하루 종일 말려서 이불은 바짝 말랐습니다.

喉が渇く 목이 마르다
干す 말리다
布団 이불, 요, 이부자리
乾く 마르다, 건조하다

□　こってり ① 진함 ② 실컷, 흠씬

▶ 料理にバターを使うとこってりした味になります。
요리에 버터를 사용하면 진한 맛이 됩니다.

▶ いたずらをして先生にこってり油をしぼられました。
장난을 쳐서 선생님에게 실컷 꾸중을 들었습니다.

バター 버터
こってりした味
기름진 맛, 진한 맛
いたずらをする 장난을 치다
油をしぼる 꾸짖다

□　続々(と) 속속, 잇따라

▶ 会場に選手たちが 続々と登場しています。
회장에 선수들이 속속 등장하고 있습니다.

会場 회장, 행사장
登場する 등장하다

□　次々と 연이어, 계속해서

▶ 研究するにつれ、新しい事実が次々と出てきました。
연구를 함에 따라 새로운 사실이 연이어 나왔습니다.
🔑 次々に 잇따라, 연달아, 계속해서

▶ 事故が次々に起こりました。
사고가 잇달아 일어났습니다.

研究する 연구하다
～につれ ～함에 따라
事実 사실
事故が起こる
사고가 일어나다

복합어

총 234개 단어를 28개 분야로 분류하였다.

PART

7

MP3 전체 듣기

복합어 01 동사의 ます형 + 始める
= ~하기 시작하다

동사의 ます형에 「始める」를 붙이면 '~하기 시작하다'라는 뜻이 되며, 시점을 나타낼 때 주로 쓰인다.

MP3 듣기

☐ **使い始める** ▶ [使う + 始める] 사용하기 시작하다

▶ 機械音痴の父がついにパソコンを使い始めました。
기계를 못 만지는 아버지가 드디어 PC를 사용하기 시작했습니다.

機械 기계
音痴 특정 감각이 둔함
또는 그런 사람
パソコン 퍼스널 컴퓨터, PC

☐ **動き始める** ▶ [動く + 始める] 움직이기 시작하다

▶ 相次ぐ失踪事件に警察が動き始めた。
잇따른 실종 사건에 경찰이 움직이기 시작했다.

相次ぐ 잇따르다
失踪事件 실종 사건
警察 경찰

☐ **降り始める** ▶ [降る + 始める] 내리기 시작하다

▶ 午後からぽつりぽつりと雨が降り始めました。
오후부터 비가 뚝뚝 내리기 시작했습니다.

ぽつりぽつり(と)
뚝뚝, 방울방울

☐ **咲き始める** ▶ [咲く + 始める] 피기 시작하다

▶ あちこちで桜の花が咲き始めました。
여기저기에서 벚꽃이 피기 시작했습니다.

あちこち 여기저기, 이곳저곳
桜の花 벚꽃

☐ **歩き始める** ▶ [歩く + 始める] 걷기 시작하다

▶ 彼は少し休んでからまた歩き始めました。
그는 조금 쉬고 나서 또 걷기 시작했습니다.

休む 쉬다
~て(で)から ~(하)고 나서

☐ **話し始める** ▸ [話す + 始める] 말하기 시작하다

▸ 彼女は少しずつ自分の気持ちを話し始めました。
그녀는 조금씩 자신의 기분을 말하기 시작했습니다.

~ずつ ~씩
気持ち 기분, 마음

☐ **作り始める** ▸ [作る + 始める] 만들기 시작하다

▸ 彼は家に帰るとすぐに夕食を作り始めました。
그는 집에 돌아오자마자 저녁 식사를 만들기 시작했습니다.

~とすぐに ~하자마자
夕食 저녁, 저녁 식사

☐ **書き始める** ▸ [書く + 始める] 쓰기 시작하다

▸ 先生はなかなか原稿を書き始めません。
선생님은 좀처럼 원고를 쓰지 못했습니다.

なかなか~ない
좀처럼 ~(하)지 않다
原稿 원고

☐ **感じ始める** ▸ [感じる + 始める] 느끼기 시작하다

▸ いろいろな問題が起こるので、みんなもこの計画に疑問を感じ始めました。
여러 가지 문제가 발생하기 때문에 모두 다 이 계획에 의문을 느끼기 시작했습니다.

起こる 일어나다, 발생하다
みんなも 모두 다
計画 계획
疑問 의문

☐ **考え始める** ▸ [考える + 始める] 생각하기 시작하다

▸ そんな心配事を考え始めたらきりがありません。
그런 걱정거리를 생각하기 시작하면 끝이 없습니다.

心配事 걱정거리
きりがない 끝이 없다

☐ **食べ始める** ▸ [食べる + 始める] 먹기 시작하다

▸ 彼は「いただきます」も言わないで食べ始めました。
그는 "잘 먹겠습니다"도 말하지 않고 먹기 시작했습니다.

~ないで ~(하)지 않고

복합어 # D02 동사의 ます형 + 出す 1
= ~하기 시작하다

동사의 ます형에 「出す」를 붙이면 '~하기 시작하다'라는 뜻이 된다. 「始める」와 달리 「出す」는
시점보다는 동작성·움직임의 느낌이 강조된다.

MP3 듣기

☐ **動き出す** ▶ [動く + 出す] 움직이기 시작하다

> ▶ ドアが閉まると電車は動き出しました。
> 문이 닫히자 전철은 움직이기 시작했습니다.

ドアが閉まる 문이 닫히다

☐ **降り出す** ▶ [降る + 出す] 내리기 시작하다

> ▶ 空が曇ってきたかと思うと急に雨が降り出しました。
> 하늘이 점차 흐려진다고 생각하자 갑자기 비가 내리기 시작했습니다.

空が曇る 하늘이 흐리다
~てくる ~하기 시작하다,
점차 ~하게 되다
急に 갑자기

☐ **泣き出す** ▶ [泣く + 出す] 울기 시작하다

> ▶ その女の子は母親の顔を見るなり泣き出しました。
> 그 여자 아이는 어머니의 얼굴을 보자마자 울기 시작했습니다.

~なり ~하자마자

☐ **笑い出す** ▶ [笑う + 出す] 웃기 시작하다

> ▶ 彼はその話を聞くと急に笑い出しました。
> 그는 그 이야기를 듣자 갑자기 웃기 시작했습니다.

□ しゃべり出す ▸ [しゃべる + 出す] 말하기 시작하다

▸ 彼は友だちの顔を見るやいなやしゃべり出しました。
그는 친구의 얼굴을 보자마자 말하기 시작했습니다.

~やいなや ~하자마자

□ 怒り出す ▸ [怒る + 出す] 화내기 시작하다

▸ 父は私の言葉を聞き終わらないうちに怒り出しました。
아버지는 내 말을 다 듣기도 전에 화내기 시작했습니다.

言葉 말
聞き終わる 다 듣다
~ないうちに ~하기 전에

복합어 D 03 동사의 ます형 + 出す 2 = 밖으로 ~하다

동사의 ます형에 「出す」를 붙이면 밖으로 나가는 이동의 뜻을 나타낸다.

MP3 듣기

☐ **思い出す** ▶ [思う + 出す] 생각나다, 회상하다

▶ この写真を見ると昔のことを思い出します。
이 사진을 보면 옛날 생각이 납니다.

写真 사진
昔 옛날

☐ **飛び出す** ▶ [飛ぶ + 出す] 튀어나오다, 별안간 나타나다

▶ ここは車が飛び出して来るから十分気をつけて
ください。
여기는 차가 튀어나오기 때문에 충분히 주의해 주세요.

十分 충분히
気をつける
조심하다, 주의하다

☐ **取り出す** ▶ [取る + 出す] 꺼내다, 끄집어 내다

▶ 私は辞書をかばんから取り出しました。
나는 사전을 가방에서 꺼냈습니다.

☐ **持ち出す** ▶ [持つ + 出す] 가지고 나오다(나가다), 반출하다

▶ 辞書は図書室から持ち出さないでください。
사전을 도서실에서 가지고 나가지 말아 주세요.

図書室 도서실

파 持ち出し 반출

▶ この資料室からの資料の持ち出しは禁止されて
います。
이 자료실에서의 자료 반출은 금지되어 있습니다.

資料室 자료실
禁止する 금지하다

□ **抜け出す** ▶[抜ける + 出す] (몰래) 빠져 나가다

▶ 彼は授業中に教室を抜け出して映画を見に行きました。
그는 수업 중에 교실을 빠져 나가서 영화를 보러 갔습니다.

授業中 수업 중
教室 교실

□ **放り出す** ▶[放る + 出す] ① 내던지다, 내팽개치다 ② 집어치우다

▶ 彼は読んでいた雑誌を放り出してベッドに寝転がりました。
그는 읽고 있던 잡지를 내팽개치고 침대에 뒹굴었습니다.

ベッド 침대
寝転がる 누워 뒹굴다, 아무렇게나 드러눕다

▶ 彼女は仕事を放り出してデートに行きました。
그녀는 일을 내팽개치고 데이트하러 갔습니다.

デート 데이트

□ **打ち出す** ▶[打つ + 出す] ① 내세우다 ② 프린트하다

▶ 顧客を集めるにはサービスの良さを打ち出したらどうでしょうか。
고객을 모으는 데는 서비스의 좋은 점을 내세우면 어떨까요?

顧客を集める 고객을 모으다
サービス 서비스
良さ 좋음, 좋은 점

▶ この書類を3部打ち出してください。
이 서류를 3부 프린트해 주세요.

書類 서류

□ **はみ出す** ▶[はむ + 出す] 비어져 나오다, 밀려나다, 초과하다

▶ カーブを曲がるとき中央線をはみ出す車が多いので怖いです。
커브를 돌 때 중앙선을 비어져 나오는 차가 많아서 무섭습니다.

カーブを曲がる 커브를 돌다
中央線 중앙선
怖い 무섭다

□ **溢れ出す** ▶[溢れる + 出す] 흘러넘치다

▶ うっかり見るのを忘れてしまい、浴槽のお湯が溢れ出してしまいました。
깜빡 보는 것을 잊어 버려서 욕조의 뜨거운 물이 흘러 넘치고 말았습니다.

うっかり 깜빡
忘れる 잊다, 잊어버리다
浴槽 욕조
お湯 뜨거운 물

복합어 D04 동사의 ます형 + 続ける = 계속해서 ~하다

동사의 ます형에 「続ける」를 붙이면 '계속해서 ~하다'라는 뜻이 된다.

MP3 듣기

☐ **守り続ける** ▶ [守る + 続ける] 계속해서 지키다

▶ 彼は友人との約束を生涯守り続けた。
　そ는 친구와의 약속을 평생토록 지켰다.

友人 친구
約束 약속
生涯 평생

☐ **見続ける** ▶ [見る + 続ける] 계속해서 보다

▶ 昨日は5時間もテレビを見続けてしまいました。
　어제는 5시간이나 텔레비전을 계속 보고 말았습니다.

~も ~이나

☐ **話し続ける** ▶ [話す + 続ける] 계속해서 이야기하다

▶ 彼は電話で2時間も話し続けています。
　그는 전화로 2시간이나 계속해서 이야기하고 있습니다.

電話 전화

☐ **考え続ける** ▶ [考える + 続ける] 계속해서 생각하다

▶ 私はその問題を一日中考え続けました。
　나는 그 문제를 하루 종일 계속해서 생각했습니다.

一日中 하루 종일

☐ **愛し続ける** ▶ [愛する + 続ける] 계속해서 사랑하다

▶ 彼女は夫を一生の間愛し続けました。
　그녀는 남편을 평생 동안 사랑했습니다.

夫 남편
一生の間 평생 동안

□ **働き続ける** ▶ [働く + 続ける] 계속해서 일하다

▶ 一日中働き続けて体がくたくたです。
하루 종일 계속 일을 해서 몸이 녹초가 되었습니다.

くたくただ
녹초가 되다, 기진맥진하다

□ **愛され続ける** ▶ [愛される + 続ける] 계속해서 사랑 받다

▶ この商品は、50年のあいだ消費者に愛され続けて
きました。
이 상품은 50년 동안 소비자에게 사랑 받아 왔습니다.

商品 상품
〜のあいだ 〜동안
消費者 소비자

□ **住み続ける** ▶ [住む + 続ける] 계속해서 살다

▶ 土地を借りている人は、何年住み続けてもその土
地を取得できません。
토지를 빌린 사람은 몇 년 계속 살더라도 그 토지를 습득할 수 없습니다.

土地 토지
借りる 빌리다
取得できる 습득할 수 있다

복합어 D05 동사의 ます형 + 上げる 1 =다 ~하다, ~해 내다

동사의 ます형에 「上げる」를 붙이면 '완성하다'라는 뜻을 나타낸다.

MP3 듣기

☐ **切り上げる** ▶[切る + 上げる] 일단락 짓다

▶ この辺で作業を切り上げて食事に行きませんか。
이쯤 해서 작업을 일단락 짓고 식사하러 가지 않겠습니까?

この辺 이쯤, 이 정도
作業 작업
~ませんか
~(하)지 않겠습니까?

☐ **書き上げる** ▶[書く + 上げる] 다 쓰다, 탈고하다

▶ 彼は千ページもある本を一年で書き上げました。
그는 1000페이지나 되는 책을 일년에 다 썼습니다.

ページ 페이지
~もある ~나 되다

☐ **読み上げる** ▶[読む + 上げる] ① 다 읽어내다, 독파하다 ② 소리 내어 목록을 읽다

▶ 彼は三日で英語の原書を読み上げました。
그는 3일만에 영어 원서를 다 읽었습니다.

原書 원서

▶ 先生は学生たち一人一人の名前を読み上げました。
선생님은 학생들 한 명 한 명의 이름을 소리 내어 읽었습니다.

名前 이름

☐ **作り上げる** ▶[作る + 上げる] 만들어 내다, (거짓으로) 꾸며 내다

▶ マスコミは存在しないものを作り上げてしまうことがあります。
매스컴은 존재하지 않는 것을 만들어 낼 수 있습니다.

マスコミ 매스컴
存在する 존재하다
~ことがある ~할 수가 있다

☐ **仕上げる** ▶ [仕事 + 上げる] 마무리하다

▶ 明日までにスピーチの原稿を仕上げなければなりません。
내일까지(는) 연설 원고를 마무리해야 합니다.

~までに ~까지(는)
スピーチ 스피치, 연설
原稿 원고
~なければならない
~(하)지 않으면 안 된다,
~해야 한다

☐ **育て上げる** ▶ [育てる + 上げる] 길러 내다

▶ 彼女は一人で三人の子どもを立派に育て上げました。
그녀는 혼자서 세 자녀를 훌륭하게 길러 냈습니다.

一人で 혼자서
立派に 훌륭하게

☐ **磨き上げる** ▶ [磨く + 上げる] 연마하여 완성하다, 갈고 닦다

▶ このスマートフォンはさらに性能を磨き上げました。
이 스마트폰은 더욱 성능을 높여 완성했습니다.

スマートフォン 스마트폰
さらに 더욱더
性能 성능

☐ **立ち上げる** ▶ [立つ + 上げる] ① (조직, 기업 등을) 새롭게 시작하다 ② 기동하다

▶ 彼はその会社を大学生のときに立ち上げました。
그는 그 회사를 대학생 때 시작했습니다.

▶ スタートアップを設定すると、パソコンを立ち上げたときプログラムも一緒に起動します。
스타트 업을 설정하면 컴퓨터를 부팅했을 때 프로그램도 함께 기동합니다.

スタートアップ
스타트 업, 시작 프로그램
設定する 설정하다
パソコンを立ち上げる
컴퓨터를 켜다(부팅하다)
プログラム 프로그램
起動する 기동하다

복합어 06 동사의 ます형 + 上げる 2
=위로 ～하다

동사의 ます형에 「上げる」를 붙이면 '위로 ～하다'라는 뜻이 된다.

MP3 듣기

☐ **打ち上げる** ▶ [打つ + 上げる] 쏘아 올리다

▶ 宇宙開発事業団は新しいロケットを打ち上げました。
우주개발사업단은 새로운 로켓을 쏘아 올렸습니다.

宇宙開発事業団
우주개발사업단
ロケット 로켓

🈁 打ち上げ ① 쏘아 올림 ② 뒷풀이

▶ その国はロケットの打ち上げに成功しました。
그 나라는 로켓 발사에 성공했습니다.

成功する 성공하다

▶ 学園祭が終わってからみんなで打ち上げパーティー
をしました。
학교 축제가 끝나고 나서 모두 함께 뒷풀이 파티를 했습니다.

学園祭 학교 축제
みんなで 모두 함께

☐ **持ち上げる** ▶ [持つ + 上げる] ① 들어올리다 ② 치켜세우다

▶ この机は重くて一人では持ち上げられません。
이 책상은 무거워서 혼자서는 들어올릴 수 없습니다.

重い 무겁다

▶ 彼は人を持ち上げるのが上手です。
그는 사람을 치켜세우는 것을 잘합니다.

上手だ 능숙하다, 잘하다

☐ **見上げる** ▶ [見る + 上げる] 올려다 보다

▶ 空を見上げると飛行機雲が伸びていくのが見えま
した。
하늘을 올려다 보자 비행기 구름이 늘어져 가는 것이 보였습니다.

飛行機雲 비행기 구름
伸びる 퍼지다
見える 보이다

☐ **込み上げる** ▶ [込む + 上げる] 치밀어 오르다, 북받치다

▶ 彼の態度を見て怒りが込み上げてきました。
그의 태도를 보고 화가 치밀어 올랐습니다.

態度 태도
怒り 노여움, 분노

☐ **取り上げる** ▶ [取る + 上げる] ① 문제 삼다 ② 빼앗다

▶ 私たちはその問題を取り上げて論議しました。
우리는 그 문제를 받아들여서 논의했습니다.

論議する 논의하다

▶ 子どもからおもちゃを取り上げないでください。
아이에게서 장난감을 빼앗지 말아 주세요.

おもちゃ 장난감

☐ **拾い上げる** ▶ [拾う + 上げる] 주워 올리다, 줍다

▶ 彼は脱ぎ捨てた服を拾い上げて洗濯場へ持って行きました。
그는 벗어 던진 옷을 주워서 세탁장으로 가지고 갔습니다.

脱ぎ捨てる 벗어 던지다
服 옷
洗濯場 세탁장
持って行く 갖고 가다

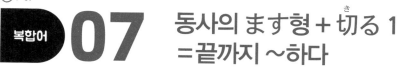

◎ 7-07

복합어 D07 동사의 ます형 + 切る 1 = 끝까지 ~하다

동사의 ます형에 「切る」를 붙이면 '끝까지 ~하다, 마지막까지 ~하다'라는 뜻이 된다.

MP3 듣기

□ **乗り切る** ▶ [乗る + 切る] 극복하다

▶ 彼はその精神力で苦難を乗り切りました。
그는 그 정신력으로 고난을 극복했습니다.

精神力 정신력
苦難 고난

□ **使い切る** ▶ [使う + 切る] 끝까지 사용하다

▶ 歯磨き粉をまだ使い切らないうちに捨てたら
もったいないですよ。
치약을 아직 다 쓰기 전에 버린다면 아깝습니다.

歯磨き粉 치약
~ないうちに ~하기 전에
捨てる 버리다
もったいない 아깝다

□ **読み切る** ▶ [読む + 切る] 끝까지 읽다, 독파하다

▶ この小説は長過ぎて最後まで読み切れませんでした。
이 소설은 너무 길어서 마지막까지 다 읽을 수 없었습니다.

長過ぎる 너무 길다
最後 최후, 마지막

□ **打ち切る** ▶ [打つ + 切る] 중지하다, 중단하다

▶ 証拠が得られる見込みがないので、彼らは調査を
打ち切りました。
증거를 얻을 수 있는 가능성이 없었기 때문에 그들은 조사를 중지했습니다.

▶ 警察では本日午後6時をもって行方不明者の捜索
を打ち切りました。
경찰에서는 금일 오후 6시로써 행방불명자의 수색을 중단했습니다.

証拠 증거
得る 얻다
見込み 전망, 가망
調査 조사
警察 경찰
本日 금일, 오늘
~をもって ~로써, ~으로
行方不明者 행방불명자
捜索 수색

□ **締め切る** ▶ [締める + 切る] 마감하다

▶ 定員がいっぱいになったので募集を締め切ります。
정원이 다 찼기 때문에 모집을 마감했습니다.

🔁 締め切り 마감, 마감 날짜

▶ 原稿の締め切りは来週の水曜日です。
원고의 마감은 다음 주 수요일입니다.

定員 정원
いっぱいになる 가득 차다
募集 모집

□ **数え切る** ▶ [数える + 切る] 끝까지 헤아리다, 계산을 끝내다

▶ 成功するまでに失敗した経験は数え切れません。
성공하기까지 실패한 경험은 다 헤아릴 수도 없습니다.

失敗する 실패하다
経験 경험

□ **待ち切る** ▶ [待つ + 切る] 끝까지 기다리다

▶ 食事が始まるのが待ちきれなくて、料理をつまみ食いしてしまいました。
식사가 시작되는 것을 끝까지 기다릴 수 없어서 요리를 손가락으로 집어 먹었습니다.

食事 식사
始まる 시작되다
つまみ食いする 손가락으로 집어 먹다, 몰래 훔쳐 먹다

□ **食べ切る** ▶ [食べる + 切る] 다 먹다

▶ この店の炒飯は量が多すぎて、私には食べ切れません。
이 식당의 볶음밥은 양이 너무 많아 저는 다 먹을 수 없습니다.

店 가게, 식당
炒飯 볶음밥
量 양, 분량
多すぎる 너무 많다

복합어 08 동사의 ます형 + 切る 2 = 완전히 ~하다, 다 ~하다

동사의 ます형에 「切る」를 붙이면 '완전히 ~하다, 다 ~하다'라는 뜻이 된다.

MP3 듣기

☐ **振り切る** ▶ [振る + 切る] 뿌리치다

▶ 彼らは親の反対を振り切って結婚しました。
그들은 부모님의 반대를 뿌리치고 결혼했습니다.

反対 반대
結婚する 결혼하다

☐ **言い切る** ▶ [言う + 切る] 단언하다, 잘라 말하다

▶ 今回のことで彼が悪いと言い切ることはできません。
이번 일로 그가 나쁘다고 단언할 수는 없습니다.

悪い 나쁘다

☐ **割り切る** ▶ [割る + 切る] 단순·명쾌하게 결론을 짓다

▶ 私はこれは仕事と割り切って考えています。
나는 이것은 일이라고 딱 잘라 생각하고 있습니다.

☐ **入り切る** ▶ [入る + 切る] 다 넣다

▶ プレゼントが大きくて靴下に入り切りません。
선물이 커서 양말에 다 들어가지 않습니다.

プレゼント 선물
靴下 양말

☐ **疲れ切る** ▶ [疲れる + 切る] 완전히 지쳐 있다

▶ 私と初めて会ったとき、彼は人生に疲れ切って
いました。
나와 처음 만났을 때 그는 인생에 완전히 지쳐 있었습니다.

初めて 최초로, 처음으로
人生 인생

□ **分かり切る** ▶ [分かる + 切る] 자명하다, 뻔하다, 당연하다 ▶ 과거형으로 사용

▶ そんな分かり切ったことを質問しないでください。
そんな分かり切ったことを質問しないでください。
그런 당연한 것을 질문하지 말아 주세요.

質問する 질문하다

□ **澄み切る** ▶ [澄む + 切る] 매우 쾌청하다

▶ 最近は澄み切った青空を見ることも少なくなりました。
요즘 매우 맑은 파란 하늘을 보는 것도 적어졌습니다.

最近 최근, 요즘
青空 파란 하늘, 맑게 갠 하늘

□ **思い切る** ▶ [思う + 切る] ① 단념하다 ② 대담한 일을 하다 ▶ 思い切った로 사용

▶ 古い漫画本を思い切って捨てたら、あとで無性に読みたくなってしまいました。
옛날 만화책을 과감히 버렸더니 나중에 몹시 읽고 싶어졌습니다.

▶ 会社を辞めて海外旅行に行くなんて、ずいぶん思い切ったことをしますね。
회사를 그만두고 해외여행을 가다니, 꽤 간 큰 일을 하는군요!

古い 오래되다
漫画本 만화책
捨てる 버리다
あとで 나중에, 후에
無性に 몹시, 까닭없이
辞める 그만두다
海外旅行 해외여행
~なんて ~하다니

□ **なりきる** ▶ [なる + 切る] 완전히 그것이 되다, 완전히 몰입하다

▶ 演劇をするときは、その役になりきることが大切です。
연극을 할 때는 그 역에 완전히 몰입하는 것이 중요하다.

演劇 연극
役 역, 역할
大切だ 중요하다

복합어 D 09　동사의 ます형＋合う ＝서로 ～하다

동사의 ます형에 「合う」를 붙이면 '서로 ～하다'라는 뜻이 된다.

MP3 듣기

☐ **話し合う** ▶ [話す＋合う] 의논하다, 서로 이야기하다

▶ この問題についてみんなで話し合いましょう。
이 문제에 대해서 모두 함께 의논합시다.

～について ～에 대해서

☐ **助け合う** ▶ [助ける＋合う] 서로 돕다, 힘을 합치다

▶ 私たちはお互いに助け合って生きています。
우리는 서로 도우며 살아갑니다.

お互いに 서로
生きる 살다

☐ **付き合う** ▶ [付く＋合う] ① 사귀다 ② 행동을 같이 하다

▶ 彼とはもう７年間も付き合っています。
그와는 이미 7년간이나 사귀고 있습니다.

～とは ～와는

▶ 先生に会いに行くんですが、ちょっと付き合ってくれませんか。
선생님을 만나러 가는데, 같이 좀 가 주시지 않겠습니까?

～に会う ～을(를) 만나다
～てくれませんか
～해 주시지 않겠습니까?

☐ **見合う** ▶ [見る＋合う] 걸맞다, 균형을 이루다

▶ 収入に見合った暮らしをすることが大切です。
수입에 걸맞는 생활을 하는 것이 중요합니다.

🔁 お見合い 맞선, 맞선을 봄

収入 수입
暮らし 생활

▶ 最近はお見合い結婚より恋愛結婚の方が増えています。
요즘은 중매 결혼보다 연애 결혼 쪽이 늘어나고 있습니다.

お見合い結婚 중매 결혼
～より～方が～
～보다 ～쪽이 ～
恋愛結婚 연애 결혼
増える 늘어나다, 증가하다

□ **釣り合う** ▸ [釣る + 合う] 균형이 잡히다, 어울리다

▸ その小さなクリスマスツリーに大きな飾りは釣り合いませんね。
그 작은 크리스마스 트리에 큰 장식은 어울리지 않는군요.

🔄 釣り合い 균형 (=バランス)

小さな 작은	
クリスマスツリー 크리스마스 트리	
大きな 큰, 커다란	
飾り 장식	

▸ 食事を取るときは肉と野菜の釣り合いを取ることが大切です。
식사를 할 때 고기와 야채의 균형을 잡는 것이 중요합니다.

食事を取る 식사를 하다	
肉 고기	
野菜 야채, 채소	
釣り合いを取る 균형을 잡다	

□ **似合う** ▸ [似る + 合う] 잘 맞다, 어울리다

▸ そのネクタイ、よく似合っていますよ。
그 넥타이, 잘 어울리는군요.

よく 잘

□ **込み合う** ▸ [込む + 合う] 붐비다, 북적거리다

▸ 通勤時間には電車の中は非常に込み合っています。
출퇴근 시간에는 전철 안은 대단히 붐빕니다.

通勤時間 통근 시간, 출퇴근 시간	
非常に 대단히, 매우	

□ **向かい合う** ▸ [向かう + 合う] 마주 보다

▸ インタビューのとき、先生と向かい合って座りました。
인터뷰를 할 때 선생님과 마주 보고 앉았습니다.

インタビュー 인터뷰	
座る 앉다	

복합어 10 동사의 ます형 + かえる = 바꿔 ~하다, 갈아 ~하다

동사의 ます형에 「換える・替える」를 붙이면 '바꿔 ~하다, 갈아 ~하다'라는 뜻이 된다.

MP3 듣기

☐ **言い換える** ▶ [言う + 換える] 바꿔 말하다

▶ 彼は私の父の妹の子、言い換えれば私のいとこです。
그는 우리 아버지의 여동생의 아이, 바꾸어 말하면 내 사촌입니다.

~ば ~(하)면
いとこ 사촌

☐ **切り替える** ▶ [切る + 替える] 전환하다, 변환하다

▶ 考え方を切り替える必要がありますよ。
사고방식을 전환할 필요가 있습니다.

考え方 사고방식
必要 필요

🈁 切り替え 변환, 전환

▶ 彼は頭の切り替えがとても速いです。
그는 사고 전환이 매우 빠릅니다.

頭 사고력, 생각
速い (동작·속도가) 빠르다

☐ **取り替える** ▶ [取る + 替える] 교체하다, 대체하다

▶ 毎朝花瓶の水を取り替えてください。
매일 아침 꽃병의 물을 교체해 주세요.

花瓶 꽃병
~てください ~해 주세요

☐ **着替える** ▶ [着る + 替える] 갈아입다 ▶ 着替える로도 사용

▶ 彼女は学校から帰ると制服を私服に着替えました。
그녀는 학교에서 돌아오면 교복을 사복으로 갈아입습니다.

~と ~(하)면
制服 제복, 교복
私服 사복

🈁 着替え ① 여벌 옷, 갈아입을 옷 ② 갈아입기

▶ 旅行に行くときは着替えを持っていかないと困りますよ。
여행 갈 때는 여벌 옷을 가지고 가지 않으면 곤란하게 될 겁니다.

困る 곤란하다

□ **乗り換える** ▶ [乗る + 換える] 갈아타다, 환승하다

▶ 銀座へ行くには池袋で乗り換えてください。
긴자로 가려면 이케부쿠로에서 갈아타 주세요.

🔁 乗り換え 갈아탐, 환승

▶ 千葉方面へは向かいホームで乗り換えです。
치바 방면으로는 맞은편 승강장에서 갈아탑니다.

銀座 긴자(지명)	
〜には 〜려면	
池袋 이케부쿠로(지명)	
千葉 치바(지명)	
方面 방면	
向かい 맞은편	
ホーム 플랫폼, 승강장	

□ **入れ替える** ▶ [入れる + 替える] 갈아 넣다, 바꿔 넣다

▶ 窓を開けて空気を入れ替えたほうがいいですよ。
창문을 열고 공기를 바꿔 넣는 것이 좋아요.

窓を開ける 창문을 열다	
空気 공기	

복합어 **11** 동사의 ます형 + 直^{なお}す
= 고쳐서 ～하다, 다시 ～하다

동사의 ます형이나 명사에 「直^{なお}す」를 붙이면 '고쳐서 ～하다, 다시 ～하다'라는 뜻이 된다.

MP3 듣기

☐ 見^み直^{なお}す ▶ **[見る + 直す]** ① 재검토하다 ② 재평가하다

▶ 私^{わたし}は答案^{とうあん}を提出^{ていしゅつ}する前^{まえ}にもう一度^{いちど}見^み直^{なお}しました。
　나는 답안을 제출하기 전에 다시 한 번 검토했습니다.

▶ 今度^{こんど}のことで私^{わたし}は彼^{かれ}を見^み直^{なお}しました。
　이번 일로 나는 그를 다시 보았습니다.

答案 답안
提出する 제출하다
もう一度 다시 한 번

☐ 書^かき直^{なお}す ▶ **[書く + 直す]** 고쳐 쓰다, 다시 쓰다

▶ この報告書^{ほうこくしょ}はもう一度^{いちど}書^かき直^{なお}してください。
　이 보고서는 다시 한 번 써 주세요.

報告書 보고서

☐ やり直^{なお}す ▶ **[やる + 直す]** 다시 하다, 새로이 하다

▶ 彼^{かれ}は人生^{じんせい}をやり直^{なお}そうと決心^{けっしん}しました。
　그는 인생을 다시 시작하려고 결심했습니다.

～(よ)うと ～하려고
決心する 결심하다

☐ 読^よみ直^{なお}す ▶ **[読む + 直す]** 다시 읽다

▶ 私^{わたし}は彼^{かれ}の手紙^{てがみ}をもう一度^{いちど}読^よみ直^{なお}しました。
　나는 그의 편지를 다시 한 번 읽었습니다.

手紙 편지

□ **考え直す** ▶ [考える + 直す] 다시 생각하다, 재고하다

▶ そのことについてもう一度考え直してもらえませんか。
그것에 대해서 다시 한 번 생각해 주시지 않겠습니까?

~てもらえませんか
~해 주시지 않겠습니까?

□ **出直す** ▶ [出る + 直す] ① 다시 찾아오다 ② 다시 시작하다

▶ 申し込み用紙を忘れたので明日また出直してきます。
신청용지를 잃어버렸기 때문에 내일 다시 찾아오겠습니다.

▶ 彼は社会人をやめて学生として一から出直した。
그는 사회인을 그만두고 학생으로서 처음부터 다시 시작했다.

申し込み用紙 신청용지
忘れる 잊다, 잊어버리다

社会人 사회인
やめる 그만두다
一から 처음부터

복합어 D12
동사의 ます형 + 回る
=여기저기 ~하다

동사의 ます형이나 명사에 「回る」를 붙이면 '여기저기 ~하다'라는 뜻이 된다.

MP3 듣기

□ **歩き回る** ▶ [歩く + 回る] 여기저기 돌아다니다

▶ 彼は一日中街を歩き回っていました。
그는 하루 종일 거리를 여기저기 돌아다녔습니다.

一日中 하루 종일
街 거리

□ **動き回る** ▶ [動く + 回る] 여기저기 돌아다니다

▶ コンサートの舞台裏ではスタッフたちが忙しそうに
動き回っていました。
콘서트 무대 뒤에서는 스탭들이 바쁜 듯이 여기저기 돌아다니고 있었습니다.

コンサート 콘서트
舞台裏 무대 뒤
スタッフたち 스탭들

□ **走り回る** ▶ [走る + 回る] 뛰어다니다

▶ 子犬が雪の上を走り回っています。
강아지가 눈 위를 뛰어다니고 있습니다.

子犬 강아지
雪 눈

□ **駆け回る** ▶ [駆ける + 回る] (이리저리) 뛰어다니다

▶ 私たちは寄付金集めに駆け回りました。
우리는 기부금을 모으러 이리저리 뛰어다녔습니다.

寄付金 기부금
集める 모으다

□ **逃げ回る** ▶ [逃げる + 回る] 피해 다니다, 도망쳐 다니다

▶ 彼はいつも借金取りから逃げ回っています。
그는 항상 빚쟁이로부터 이리저리 피해 다니고 있습니다.

借金取り 빚쟁이

기본 회화 표현
동사

□ **飛び回る** ▶[飛ぶ + 回る] ① 날아다니다 ② (이리저리) 뛰어다니다

▶ 鳥が木の枝から枝へと飛び回っています。
새가 나뭇가지에서 나뭇가지로 날아다니고 있습니다.

▶ 彼は大学の講義や放送に忙しく飛び回っています。
그는 대학 강의나 방송에 바쁘게 뛰어다니고 있습니다.

鳥 새
木の枝 나뭇가지
講義 강의
~や ~이나, ~이랑
放送 방송

□ **上回る** ▶[上 + 回る] 웃돌다, 상회하다

▶ 支出が収入を上回ってしまいました。
지출이 수입을 넘어 버렸습니다.

支出 지출
収入 수입

□ **下回る** ▶[下 + 回る] 밑돌다, 하회하다

▶ 今夜の試合の観客数は予想を下回ってしまいました。
오늘밤 시합의 관객수는 예상에 밑돌고 말았습니다.

今夜 오늘밤
試合 시합
観客数 관객수
予想 예상

□ **出回る** ▶[出る + 回る] 출회하다, 나돌다

▶ その本はベストセラーでしたが、今では古本屋にも
ほとんど出回っていません。
그 책은 베스트셀러였지만, 이제는 헌책방에서도 거의 나돌지 않습니다.

ベストセラー 베스트셀러
古本屋 헌책방, 고서점
ほとんど 거의, 대부분

복합어 D13 동사의 ます형 + 込む 1 = 안으로 ~하다

동사의 ます형에 「込む」를 붙이면 '안으로 넣다'와 같은 느낌이 가세되면서 뜻이 강조된다.

MP3 듣기

□ **持ち込む** ▶ [持つ + 込む] ① 가지고 들어가(오)다 ② (사건·용건 등을) 가져오다

▶ 今回のテストは辞書を持ち込んではいけません。
이번 시험은 사전을 가지고 들어가서는 안 됩니다.

テスト 테스트, 시험
~て(で)はいけない
~해서는 안 된다
難問 어려운 문제

▶ 彼はいつも難問を持ち込んできます。
그는 항상 어려운 문제를 가지고 (의논하러) 옵니다.

圓 持ち込み 가지고 들어옴, 지참

▶ 当店への飲食物の持ち込みはご遠慮ください。
당점으로 음식물을 가지고 들어오는 것은 삼가해 주세요.

当店 당점
飲食物 마실 것이나 먹을 것
ご遠慮 삼감, 사양함

□ **読み込む** ▶ [読む + 込む] 읽어 들이다 ▶ 컴퓨터에서 외부 기억장치로 데이터를 읽어 내다

▶ アプリケーションがデータを読み込んでいます。
애플리케이션이 데이터를 읽어 내고 있습니다.

アプリケーション
애플리케이션
データ 데이터

□ **吸い込む** ▶ [吸う + 込む] 안으로 빨아들이다, 흡입하다

▶ 彼は新鮮な空気を思い切り吸い込みました。
그는 신선한 공기를 마음껏 들이마셨습니다.

新鮮だ 신선하다
思い切り 마음껏, 실컷

▶ このスポンジは水をよく吸い込みます。
이 스폰지는 물을 잘 빨아들입니다.

スポンジ 스폰지

□ **組み込む** ▶ [組む + 込む] 짜 넣다, 편입시키다

▶ この機械にはコンピュータが組み込まれています。
이 기계에는 컴퓨터가 들어가 있습니다.

機械 기계

巻き込む ▶ [巻く + 込む] ① 휩쓸리게 하다 ② 연루되게 하다 ③ 끌어들이다

▶ たくさんの車が竜巻に巻き込まれていきました。
많은 차가 회오리바람에 휩쓸려 갔습니다.

たくさんの 많은
竜巻 회오리바람

▶ 彼はどうやら事件に巻き込まれたらしい。
그는 아무래도 사건에 말려든 것 같다.

どうやら 어쩐지, 아무래도
事件 사건

▶ 大きな目的を達成するには、周りの人たちを巻き込んでいく必要があります。
큰 목적을 달성하는 데는 주위 사람들을 끌어들일 필요가 있습니다.

目的 목적
達成する 달성하다
周りの人たち 주위 사람들

飛び込む ▶ [飛ぶ + 込む] 뛰어들다, 뛰어들어가다

▶ 子供たちは水着に着替えるとプールに飛び込みました。
아이들은 수영복을 갈아입자마자 수영장으로 뛰어들어갔습니다.

📺 飛び込み 뛰어듦, 다이빙

水着 수영복
~と ~하자(마자)
プール 풀, 수영장

▶ 最近列車に飛び込み自殺する人が増えています。
최근 열차에 투신자살하는 사람이 늘어나고 있습니다.

列車 열차
飛び込み自殺 투신자살
増える 늘다, 늘어나다

差し込む ▶ [差す + 込む] 끼워 넣다, 꽂다

▶ USBメモリをパソコンに差し込んでください。
USB 메모리를 컴퓨터에 꽂아 주세요.

USBメモリ USB 메모리

取り込む ▶ [取る + 込む] ① 거두어 들이다 ② 일이 한꺼번에 겹쳐 바쁘다

▶ 日が陰ってきたので、洗濯物を取り込んでください。
해가 저물기 시작했으니 세탁물을 거두어 들여 주세요.

日が陰る 해가 지다, 저물다
洗濯物 세탁물, 빨래감

▶ いま取り込んでいますので、後日こちらからご連絡差し上げます。
지금 바쁘기 때문에 후일 저희 쪽에서 연락 드리겠습니다.

後日 후일, 뒷날
ご連絡 연락
差し上げる
드리다(与える의 높임말)

복합어 14 동사의 ます형 + 込む 2
= 깊숙이 ~하다

동사의 ます형에 「込む」가 붙으면 '깊숙이 ~하다'와 같은 느낌이 가세되면서 뜻이 강조된다.

MP3 듣기

□ **思い込む** ▶ [思う + 込む] 깊이 마음먹다, 꼭 믿다

▶ 彼はアメリカの初代大統領がコロンブスだと思い
込んでいました。
그는 미국의 초대 대통령이 콜럼부스라고 믿고 있었습니다.

アメリカ 미국
初代大統領 초대 대통령

□ **書き込む** ▶ [書く + 込む] 적어 넣다, (컴퓨터에서) 정보를 기억 장치에 저장하다

▶ このディスクはデータを書き込めないようになっ
ています。
이 디스크는 데이터를 저장할 수 없도록 되어 있습니다.

ディスク 디스크
データ 데이터
~ないようになる
~(하)지 않도록 되다

□ **使い込む** ▶ [使う + 込む] ① 횡령하다 ② 오래 써서 길들다

▶ 彼は会社のお金を使い込んで首になりました。
그는 회사 돈을 써서 해고되었습니다.

首になる 해고되다

▶ 彼は使い込んでぼろぼろになった辞書を見せて
くれました。
그는 오래 사용해서 너덜너덜해진 사전을 보여 주었습니다.

ぼろぼろになる
너덜너덜해지다
見せる 보이다

□ **煮込む** ▶ [煮る + 込む] 푹 끓이다

▶ このカレーはよく煮込んでいるのでとてもおいし
いです。
이 카레는 잘 끓여져 있어서 매우 맛있습니다.

カレー 카레

□ **絞り込む** ▶[絞る + 込む] 대상의 범위를 좁혀 한정하다

▶ キーワードを絞り込んで検索するときは、ここを
クリックしてください。
키워드를 한정해서 검색할 때는 여기를 클릭해 주세요.

キーワード 키워드
検索する 검색하다
クリックする 클릭하다

□ **打ち込む** ▶[打つ + 込む] ① 쳐 넣다 ② (데이터 등을) 입력하다 ③ 몰두하다

▶ キム選手はレフト外野席へホームランを打ち込み
ました。
김 선수는 왼쪽 야외석으로 홈런을 쳐 넣었습니다.

レフト外野席 왼쪽 야외석
ホームラン 홈런

▶ 今コンピュータにデータを打ち込んでいます。
지금 컴퓨터에 데이터를 입력하고 있습니다.

コンピュータ(一) 컴퓨터

▶ 彼は今仕事に打ち込んでいます。
그는 지금 일에 몰두하고 있습니다.

□ **とけ込む** ▶[とける + 込む] 융화하다, 동화하다

▶ 長い間外国で生活すると自国の生活になかなか
とけ込めないそうです。
오랫동안 외국에서 생활하면 자국의 생활에 좀처럼 융화되지 않는다고 합니다.

長い間 오랫동안
生活する 생활하다
自国 자국
～そうだ ～라고 한다(전문)

□ **落ち込む** ▶[落ちる + 込む] ① (업적 따위가) 뚝 떨어지다 ② 의기소침해지다, 침울해지다

▶ テロ事件のせいで店の売り上げが落ち込んでしま
いました。
테러 사건 때문에 가게의 매상이 뚝 떨어져 버렸습니다.

テロ事件 테러 사건
～のせいで ～탓으로
売り上げ 매상

▶ 彼は彼女にふられてすっかり落ち込んでいます。
그는 여자 친구에게 차여서 완전히 침울해져 있습니다.

ふられる 차이다
すっかり 완전히, 아주

복합어 15 동사의 ます형 + 過ぎる 1 = 너무 ~하다

동사의 ます형에 '지나치다, 과하다'라는 뜻의 「過ぎる」를 붙이면 '너무 ~하다'라는 뜻이 된다.

MP3 듣기

☐ **考え過ぎる** ▶ [考える + 過ぎる] 너무 생각을 많이 하다

▶ あまり深刻に考え過ぎない方がいいですよ。
그다지 심각하게 생각하지 않는 편이 좋습니다.

🔤 考え過ぎ 지나친 생각

▶ それは考え過ぎですよ。
그것은 지나친 생각입니다.

あまり~ない
그다지(별로) ~(하)지 않다
深刻に 심각하게
~ない方がいい
~(하)지 않는 편이 좋다

☐ **食べ過ぎる** ▶ [食べる + 過ぎる] 과식하다

▶ 晩ご飯を食べ過ぎて胃がもたれてしまいました。
저녁 식사를 과식해서 속이 거북해졌습니다.

🔤 食べ過ぎ 과식

▶ 食べ過ぎは健康によくありません。
과식은 건강에 좋지 않습니다.

晩ご飯 저녁밥, 저녁 식사
胃がもたれる 속이 거북하다

健康 건강
よくない 좋지 않다

☐ **飲み過ぎる** ▶ [飲む + 過ぎる] 과음하다

▶ 夕べお酒を飲み過ぎて今日は頭が痛いです。

어젯밤 술을 과음해서 오늘은 머리가 아픕니다.

🔤 飲み過ぎ 과음

▶ 飲み過ぎは体に毒です。
과음은 몸에 독입니다.

夕べ 어젯밤
頭が痛い 머리가 아프다

体 몸
毒 독

□ **働き過ぎる** ▶ [働く + 過ぎる] 과로하다

► 彼は働き過ぎて健康を害しました。
  그는 과로해서 건강을 해쳤습니다.
  파 働き過ぎ 과로

害する 해치다, 상하게 하다

► 働き過ぎは過労死につながります。
  과로는 과로사로 이어집니다.

過労死 과로사
つながる 이어지다, 연결되다

□ **やり過ぎる** ▶ [やる + 過ぎる] 도가 지나치게 하다

► 昨日は仕事をやりすぎて、今日は体中が痛いです。
  어제는 일을 너무 많이 해서 오늘은 온몸이 아픕니다.
  파 やり過ぎ 도가 지나침

体中 온몸

► 胸ぐらを摑まれたぐらいで１１０番するのはやり
  すぎです。
  멱살 잡힌 정도로 경찰에 신고하는 것은 도가 지나칩니다.

むなぐらを摑まれる
멱살을 잡히다
ぐらい 정도
110番する 110번(범죄 등의
신고 번호)에 신고하다

D16 형용사 어간 + 過ぎる 2 = 너무 ~하다

복합어

い형용사, な형용사의 어간에 「過ぎる」를 붙여도 '너무 ~하다'라는 뜻이 된다.

MP3 듣기

☐ **高過ぎる** ▶ [高い + 過ぎる] 너무 비싸다

▶ この本が千円だなんて高過ぎます。
이 책이 천 엔이라니 너무 비쌉니다.

~なんて ~이라니, ~하다니

☐ **大き過ぎる** ▶ [大きい + 過ぎる] 너무 크다

▶ 辞書が大き過ぎてかばんに入りません。
사전이 너무 크기 때문에 가방에 들어가지 않습니다.

入る 들어가다

☐ **難し過ぎる** ▶ [難しい + 過ぎる] 너무 어렵다

▶ この問題は私には難し過ぎます。
이 문제는 나에게는 너무 어렵습니다.

☐ **甘過ぎる** ▶ [甘い + 過ぎる] 너무 달다

▶ このコーヒーは甘過ぎて私には飲めません。
이 커피는 너무 달아서 나는 마실 수 없습니다.

☐ **美し過ぎる** ▶ [美しい + 過ぎる] 너무 아름답다

▶ 彼女は彼の相手としては美しすぎると思います。
그녀는 그의 상대로서는 너무 아름답다고 생각합니다.

相手 상대, 상대방
~として ~의 자격으로서

□ **真面目過ぎる** ▶ [真面目だ + 過ぎる] 너무 성실하다, 너무 진지하다

▶ 彼は真面目でいいのですが、真面目過ぎるところ
   が短所です。
   그는 성실해서 좋지만, 너무 성실한 것이 단점입니다.

短所 단점

□ **正直過ぎる** ▶ [正直だ + 過ぎる] 너무 정직하다

▶ 彼は正直過ぎるくらい裏表のない人です。
   그는 너무 정직할 정도로 표리가 없는 사람입니다.

くらい 정도
裏表 표리, 겉과 속이 다름

□ **勝手過ぎる** ▶ [勝手だ + 過ぎる] 너무 마음대로다, 너무 제멋대로다

▶ 相談しないで自分で決めるなんて勝手過ぎます。
   의논하지 않고 스스로 결정하다니 너무 제멋대로입니다.

相談する 상담하다, 의논하다
自分で 스스로
決める 정하다, 결정하다

복합어 **D 17** 引く의 ます형 + 동사 = 당겨서(끌어서) ~하다

동사 引く(당기다, 끌다)의 ます형 「引き」에 동사가 붙어 한 단어를 이루면 '당겨서 ~하다, 끌어서 ~하다'라는 의미가 된다.

MP3 듣기

☐ **引き受ける** ▶[引く + 受ける] 맡다, 떠맡다

▶ 私はその仕事を二つ返事で引き受けました。
나는 그 일을 쾌히 승낙하고 맡았습니다.

二つ返事
쾌히 승낙함, 두말없이 승낙함

☐ **引き起こす** ▶[引く + 起こす] 일으키다, 야기하다

▶ 彼の不注意が大変な事件を引き起こしてしまいました。
그의 부주의가 큰 문제를 일으키고 말았습니다.

不注意 부주의
大変だ 엄청나다, 중대하다
事件 사건

☐ **引き締める** ▶[引く + 締める] ① 긴장시키다 ② 긴축하다

▶ 大事な交渉ですから気を引き締めて臨んでください。
중요한 협상이기 때문에 마음을 다잡아서 임해 주세요.

▶ 旅行資金を貯めるために家計を引き締めています。
여행 자금을 모으기 위해 가계를 긴축하고 있습니다.

交渉 교섭, 협상
気を引き締める
마음을 다잡다
臨む 임하다
旅行資金 여행 자금
貯める (금품을) 모으다
家計 가계

☐ **引き続く** ▶[引く + 続く] 계속 이어지다, 계속되다, 잇달다

▶ 結婚式に引き続いて披露宴が行われました。
결혼식에 이어서 피로연이 거행되었습니다.

結婚式 결혼식
披露宴 피로연
行う 거행하다

□ **引き下がる** ▶ [引く + 下がる] 물러나다, (일에서) 손을 떼다

▶ 私にも立場がありますから、簡単に引き下がる
わけにはいきません。
나에게도 입장이 있기 때문에 간단히 물러날 수는 없습니다.

立場 입장
〜わけにはいかない
〜할 수는 없다

□ **引き出す** ▶ [引く + 出す] ① 꺼내다, (예금 등을) 찾아내다 ② 끌어내다

▶ その鉄道会社では、駅の券売機からも銀行預金を
引き出せるサービスを計画しています。
그 철도회사에서는 역의 매표기에서도 은행 예금을 찾을 수 있는 서비스를 계획하고
있습니다.

鉄道会社 철도회사
券売機 매표기
銀行預金 은행 예금
サービス 서비스
計画する 계획하다

▶ 教育者の仕事は子どもの才能を引き出すことです。
교육자의 일은 아이의 재능을 끌어내는 것입니다.

教育者 교육자
才能 재능

□ **引きこもる** ▶ [引く + こもる] 틀어박히다

▶ 彼は会社を辞めたあと、ずっと自宅に引きこもって
います。
그는 회사를 그만둔 후, 쭉 자택에 틀어박혀 있습니다.

会社を辞める
회사를 그만두다
ずっと 쭉
自宅 자택

□ **引き取る** ▶ [引く + 取る] ① 인수하다, 맡다 ② (숨을) 거두다 ③ 원 위치로 되돌아가다

▶ 彼は姉の娘を引き取って育てました。
그는 누나의 딸을 맡아서 키웠습니다.

娘 딸
育てる 키우다, 양육하다

▶ 寝たきりだった祖父が今朝息を引き取りました。
죽 자리보전 하고 있던 할아버지가 오늘 아침 숨을 거두셨습니다.

寝たきり 죽 자리보전 함
祖父 조부, 할아버지
今朝 오늘 아침
息を引き取る 숨을 거두다

▶ どうぞお引取りください。
어서 돌아가 주세요.

복합어 D18 取(と)るの ます형+단어 =집어서 ~하다

동사 取(と)る(집다, 취하다)의 ます형 「取(と)り」에 동사나 기타 명사 따위가 붙어 한 단어를 이루면 '집어서 ~하다'는 의미가 된다.

MP3 듣기

☐ **取(と)り除(のぞ)く** ▶[取る + 除く] 제거하다, 없애다, 치우다

▶ 勉強(べんきょう)に集中(しゅうちゅう)するにはまず不安(ふあん)を取(と)り除(のぞ)くことが
大切(たいせつ)です。
공부에 집중하려면 먼저 불안을 없애는 것이 중요합니다.

集中(しゅうちゅう)する 집중하다
不安(ふあん) 불안

☐ **取(と)り戻(もど)す** ▶[取る + 戻す] 되찾다, 회복하다, 탈환하다

▶ 彼(かれ)は健康(けんこう)を取(と)り戻(もど)しました。
그는 건강을 회복했습니다.

☐ **取(と)り組(く)む** ▶[取る + 組む] 몰두하다, ~과 씨름하다

▶ 彼(かれ)は日本語(にほんご)に取(と)り組(く)んで3年(さんねん)になります。
그는 일본어에 몰두한 지 3년이 되었습니다.

☐ **取(と)り消(け)す** ▶[取る + 消す] 취소하다

▶ さっきの注文(ちゅうもん)を取(と)り消(け)してもいいでしょうか。
조금 전 주문을 취소해도 괜찮겠습니까?
파 取(と)り消(け)し 취소

▶ 当日(とうじつ)の予約(よやく)取(と)り消(け)しはできません。
당일 예약 취소는 할 수 없습니다.

さっき 아까, 조금 전
注文(ちゅうもん) 주문
~てもいい
~해도 좋다(괜찮다)
当日(とうじつ) 당일
予約(よやく) 예약
できる 할 수 있다, 가능하다

☐ **取り上げる** ▶ [取る + 上げる] ① 빼앗다, 몰수하다 ② 채택하다, 받아들이다

▶ 試験監督は、カンニングしていた学生からスマートフォンを取り上げました。
시험 감독은 커닝하고 있던 학생으로부터 스마트폰을 빼앗았습니다.

試験監督 시험 감독
カンニングする 커닝하다
スマートフォン 스마트폰

▶ ニュースが私たちの村の祭りを取り上げてくれました。
뉴스가 우리 마을의 축제를 다루어 주었습니다.

ニュース 뉴스
村の祭り 마을 축제

☐ **取り入れる** ▶ [取る + 入れる] ① 거두어 들이다, 안에 넣다 ② 받아들이다, 도입하다

▶ この部屋のインテリアは自然の光を取り入れています。
이 방의 인테리어는 자연의 빛을 받아들이고 있습니다

インテリア 인테리어
自然 자연
光 빛

▶ 日本語の勉強にマルチメディアを取り入れたらどうでしょうか。
일본어 공부에 멀티미디어를 도입하면 어떨까요?

マルチメディア 멀티미디어
〜たらどうでしょうか
〜(하)면 어떨까요?

☐ **取引** ▶ [取る + 引く] 거래

▶ その会社は外国とも取引をしています。
그 회사는 외국과도 거래하고 있습니다.

☐ **取り敢えず** ▶ [取る + 敢えず] 우선

▶ 買い物に行く時間がなかったので、取り敢えず残り物で食事をしました。
쇼핑하러 갈 시간이 없었기 때문에 우선 남은 음식으로 식사를 했습니다.

時間がない 시간이 없다
残り物 남은 물건, 남은 음식
食事をする 식사를 하다

복합어 D19 かける의 ます형+단어 / 단어+かける

동사 かける의 ます형 「かけ」 뒤에 동사나 명사가 오기도 하고, 동사 뒤에 「かける」가 붙기도 하는데,
그 뜻은 다양하다.

MP3 듣기

☐ **掛け算** ▸ [掛ける + 算] 곱셈

▸ 私は掛け算が苦手です。
나는 곱셈을 잘 못합니다.

苦手だ 서툴다, 잘 못하다

관 足し算 덧셈
引き算 뺄셈
割り算 나눗셈

☐ **掛け声** ▸ [掛ける + 声] 격려하는 소리, 구호, 장단소리

▸ 選挙の公約は掛け声に終わりました。
선거 공약은 구호로 끝났습니다.

選挙 선거
公約 공약

☐ **掛け値** ▸ [掛ける + 値] ① 에누리 ② 과장

▸ これは掛け値なしの値段です。
이것은 에누리 없는 가격입니다.

なし 없음, 없는 상태
値段 값, 가격

▸ 彼の演技は掛け値なしにすばらしかったです。
그의 연기는 과장 없이 훌륭했습니다.

演技 연기
すばらしい 훌륭하다

☐ **掛け離れる** ▸ [掛ける + 離れる] 동떨어지다, (차이가) 현격하다

▸ 彼の予想は現実とずいぶんかけ離れています。
그의 예상은 현실과 너무 동떨어져 있습니다.

予想 예상
現実 현실

□ **引っ掛ける** ▸ [引く + 掛ける] 걸다, 걸려서 찢기게 하다

▸ うっかりズボンをくぎに引っ掛けて破ってしまいました。
무심코 바지가 못에 걸려 찢어져 버렸습니다.

うっかり 무심코
くぎ 못
破る 찢다

□ **腰掛ける** ▸ [腰 + 掛ける] 걸터앉다

▸ 彼は肘掛け椅子にゆったりと腰掛けて本を読んでいました。
그는 팔걸이 의자에 편히 앉아서 책을 읽고 있었습니다.

肘掛け椅子 팔걸이 의자
ゆったり(と)
편안히, 느긋하게

파 腰掛け ① 걸상 ② 일시적인 일자리

▸ 庭でバーベキューをしますから腰掛けを人数分用意してください。
뜰에서 바베큐를 하므로 걸상을 사람 수 분량만큼 준비해 주세요.

バーベキュー 바베큐
人数分 인원수 분량
用意する 준비하다

▸ 彼女は職場を腰掛け程度にしか考えていません。
그녀는 직장을 일시적인 일자리 정도로밖에 생각하고 있지 않습니다.

職場 직장
程度 정도
〜にしか 〜로밖에

□ **仕掛ける** ▸ [仕事 + 掛ける] 걸다, 장치하다, 준비하다

▸ 海辺の住人たちは磯に罠を仕掛けて魚を獲っていました。
바닷가 주민들은 바위너설이 있는 물가에 덫을 놓아 고기를 잡곤 했습니다.

海辺 해변, 바닷가
住人たち 주민들
磯 바위너설이 있는 물가, 둔치
罠 덫, 올가미
魚を獲る 물고기를 잡다

파 仕掛け 장치, 구조

▸ このボタンを押すと水が出る仕掛けになっています。
이 버튼을 누르면 물이 나오는 장치로 되어 있습니다.

ボタン 버튼, 단추
押す 누르다

복합어 **D20** うつの ます형＋단어 / 단어＋うつ

동사 うつ의 ます형「うち」에 동사나 명사가 붙으면 친다는 의미나 강한 행위를 나타낸다. 명사 뒤에 「うつ」가 붙을 때도 있다.

MP3 듣기

□ **打ち消す** ▶ [打つ＋消す] 부정하다

▶ 彼は自分がそれをやったということを打ち消しました。
그는 자신이 그것을 했다는 것을 부정했습니다.

やる 하다
〜ということ 〜라는 것

□ **打ち込む** ▶ [打つ＋込む] 몰두하다

▶ 彼は一生懸命研究に打ち込んでいます。
그는 열심히 연구에 몰두하고 있습니다.

一生懸命 열심히
研究 연구

□ **打ち明ける** ▶ [打つ＋明ける] (비밀·고민 등을) 털어놓다

▶ 彼は私に心の内を打ち明けました。
그는 나에게 마음속을 털어놓았습니다.

心の内 마음속

□ **打ち解ける** ▶ [打つ＋解ける] 마음을 터놓다, 허물없이 사귀다

▶ 彼はなかなか私たちと打ち解けてくれません。
그는 좀처럼 우리에게 마음을 열어 주지 않습니다.

なかなか〜ない
좀처럼 〜(하)지 않다

□ **打ち上げる** ▶ [打つ＋上げる] 쏘아 올리다

▶ 宇宙開発事業団は新型ロケットを打ち上げた。
우주개발사업단은 신형 로켓을 쏘아 올렸다.

宇宙開発事業団
우주개발사업단
新型 신형
ロケット 로켓

□ **打ち合わせる** ▶ [打つ + 合わせる] ① 상의하다, 협의하다 ② 맞부딪치다

▶ 昨日打ち合わせた内容を確認いたします。
어제 상의한 내용을 확인하겠습니다.

内容 내용
確認いたす 확인하겠다

▶ 石と石を打ち合わせたら火花が散った。
돌과 돌을 맞부딪쳤더니 불꽃이 튀었다.

火花 불티, 불꽃
散る 흩어지다

□ **撃ち落とす** ▶ [撃つ + 落とす] 쏘아 떨어뜨리다

▶ その戦闘機は誤って旅客機を撃ち落としてしまいました。
그 전투기는 실수로 여객선을 실수로 쏘아 떨어뜨렸습니다.

戦闘機 전투기
誤る 실수하다, 잘못하다
旅客機 여객기

関 叩き落とす 쳐서 떨어뜨리다

▶ 彼は不意を突いて犯人の手から拳銃を叩き落とした。
그는 허를 찔러서 범인의 손에서 권총을 쳐서 떨어뜨렸습니다.

不意を突く 허를 찌르다
犯人 범인
拳銃 권총

□ **値打ち** ▶ [値 + 打つ] 가치, 값어치, 값

▶ この宝石は値打ちのあるものです。
이 보석은 가치 있는 것입니다.

宝石 보석

▶ 人の値打ちは外見からでは分かりません。
사람의 가치는 겉모습에서는 알 수 없습니다.

外見 외견, 겉모습

복합어 21 동사의 ます형 + やすい = ~하기 쉽다, ~하기 좋다

동사의 ます 형에 「やすい」를 붙이면 '~하기 쉽다, ~하기 좋다'라는 い형용사가 된다.

MP3 듣기

□ **分かりやすい** ▶ [分かる + やすい] 알기 쉽다

▶ 彼の説明はとても分かりやすいです。
　그의 설명은 매우 알기 쉽습니다.

説明 설명

□ **使いやすい** ▶ [使う + やすい] 쓰기 좋다, 사용하기 쉽다

▶ このコンピュータは使いやすいです。
　이 컴퓨터는 사용하기 쉽습니다.

□ **食べやすい** ▶ [食べる + やすい] 먹기 좋다, 먹기 쉽다

▶ 羊の肉はやわらかくて食べやすいです。
　양고기는 연해서 먹기 좋습니다.

羊の肉 양고기
やわらかい 부드럽다, 연하다

□ **飲みやすい** ▶ [飲む + やすい] ① 마시기 좋다 ② 복용하기 좋다

▶ このお酒は甘くて飲みやすいです。
　이 술은 단맛이 있어서 마시기 좋습니다.

甘い 달다

▶ この薬は苦くないので飲みやすいです。
　이 약은 쓰지 않기 때문에 먹기 좋습니다.

薬を飲む 약을 먹다
苦い 쓰다

□ **読みやすい** ▶ [読む + やすい] 읽기 쉽다

▶ この本は字が大きくて読みやすいです。
이 책은 글자가 커서 읽기 쉽습니다.

字 글자

□ **書きやすい** ▶ [書く + やすい] 쓰기 좋다, 쓰기 편하다

▶ このペンは書きやすいです。
이 펜은 쓰기 편합니다.

ペン 펜

□ **壊れやすい** ▶ [壊れる + やすい] 고장 나기 쉽다

▶ 複雑な機械は壊れやすいです。
복잡한 기계는 고장 나기 쉽습니다.

複雑だ 복잡하다
機械 기계

□ **覚えやすい** ▶ [覚える + やすい] 외우기 쉽다

▶ 短い文は覚えやすいですが、思い出しやすいのは
長い文です。
짧은 문장은 외우기 쉽지만, 생각나기 쉬운 것은 긴 문장입니다.

文 문, 글, 문장
思い出す 생각나다, 기억나다

□ **忘れやすい** ▶ [忘れる + やすい] 잊기 쉽다

▶ 単語だけを覚えると忘れやすいので文章で覚えま
しょう。
단어만을 외우면 잊어버리기 쉽기 때문에 문장으로 외웁시다.

単語 단어
文章 문장

□ **間違いやすい** ▶ [間違う + やすい] 틀리기 쉽다

▶ 間違いやすいところはチェックして繰り返す必要
があります。
틀리기 쉬운 곳은 체크해서 반복할 필요가 있습니다.

チェックする 체크하다
繰り返す 반복하다

복합어 D22 동사의 ます형 + にくい = ~하기 어렵다

동사의 ます형에 「にくい」를 붙이면 '~하기 어렵다'라는 い형용사가 된다.

MP3 듣기

☐ **使いにくい** ▶ [使う + にくい] 쓰기 불편하다, 사용하기 어렵다

▶ このカメラは操作が複雑で使いにくいです。
이 카메라는 조작이 복잡해서 쓰기 불편합니다.

> カメラ 카메라
> 操作 조작

☐ **覚えにくい** ▶ [覚える + にくい] 기억하기 어렵다

▶ 初めて勉強する外国語の単語は覚えにくいものです。
처음 공부하는 외국어 단어는 기억하기 어려운 법입니다.

> 外国語 외국어
> 単語 단어
> ~ものだ ~하는 법이다

☐ **言いにくい** ▶ [言う + にくい] 말하기 어렵다

▶ 彼は言いにくいことも相手の気分を害せず上手に言います。
그는 하기 어려운 말도 상대방의 기분을 상하지 않게 능숙하게 말합니다.

> 相手 상대방
> 気分を害する 기분을 해치다
> ~ず ~(하)지 않고

☐ **分かりにくい** ▶ [分かる + にくい] 알기 어렵다, 이해하기 어렵다

▶ この本の説明は分かりにくくて頭が痛いです。
이 책의 설명은 알기 어려워서 머리가 아픕니다.

> 説明 설명

☐ **理解しにくい** ▶ [理解する + にくい] 이해하기 어렵다

▶ この本は理解しにくい理論も分かりやすく説明しています。

이 책은 이해하기 어려운 이론도 알기 쉽게 설명하고 있습니다.

理論 이론

☐ **なりにくい** ▶ [なる + にくい] 되기 어렵다

▶ 日本語の中には韓国語になりにくい言葉が時々あります。

일본어 중에는 한국어로 되기 어려운 말이 가끔 있습니다.

言葉 말, 단어
時々 가끔, 때때로

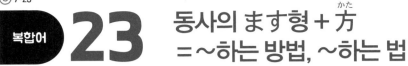

MP3 듣기

□ **仕方** ▶ [仕 + 方] 하는 방법, 수단

▶ 彼の成績が伸びないのは勉強の仕方に問題がある
からです。
그의 성적이 향상되지 않는 것은 공부하는 방법에 문제가 있기 때문입니다.

成績が伸びる
성적이 향상되다
問題がある 문제가 있다

▶ それは仕方がないことです。
그것은 어쩔 수 없습니다.

仕方がない 어쩔 수 없다

□ **やり方** ▶ [やる + 方] ① 하는 방식 ② 하는 방법

▶ 彼は汚いやり方でお金を儲けました。
그는 더러운 수법으로 돈을 벌었습니다.

汚い 더럽다, 야비하다
お金を儲ける 돈을 벌다

▶ このゲームのやり方はとても複雑です。
이 게임을 하는 방법은 너무 복잡합니다.

ゲーム 게임

□ **書き方** ▶ [書く + 方] ① 쓰는 태도 ② 쓰는 법

▶ 彼は相手にとても失礼な手紙の書き方をします。
그는 상대방에게 매우 실례되게 편지를 썼습니다.

失礼だ 무례하다, 실례되다
手紙 편지

▶ 日本語の手紙の書き方を教えてください。
일본어 편지를 쓰는 방법을 가르쳐 주세요.

教える 가르치다

기본 회화 표현

동사

い형용사

な형용사

접속사

부사

복합어

명사

PART 7 423

読み方 ▶ [読む + 方] ① 읽는 방식 ② 읽는 법

▶ 彼の日本語の読み方は不自然です。
그는 일본어를 부자연스럽게 읽습니다.

不自然だ 부자연스럽다

▶ この漢字の読み方が分かりません。
이 한자의 읽는 법을 모르겠습니다.

漢字 한자

使い方 ▶ [使う + 方] ① 사용하는 방식 ② 사용법

▶ 彼は道具の使い方が乱暴です。
그는 도구를 거칠게 사용합니다.

道具 도구
乱暴だ 거칠다, 난폭하다

▶ 新しいコピー機の使い方を教えてください。
새로운 복사기의 사용법을 가르쳐 주세요.

コピー機 복사기

考え方 ▶ [考える + 方] 사고방식

▶ 彼と私とでは考え方が違います。
그와 나와는 사고방식이 다릅니다.

違う 다르다, 틀리다

▶ この問題の考え方を教えてください。
이 문제를 어떻게 풀어야 하는지 가르쳐 주세요.

作り方 ▶ [作る + 方] 만드는 법

▶ このサイトではおいしいチャーシューの作り方を
紹介しています。
이 사이트에서는 맛있는 차슈 만드는 법을 소개하고 있습니다.

サイト 사이트
チャーシュー
차슈(중국식의 돼지고기 구이)
紹介する 소개하다

食べ方 ▶ [食べる + 方] 먹는 법

▶ 握り寿司の正しい食べ方をご説明いたします。
니기리즈시의 올바른 먹는 법을 설명하겠습니다.

握り寿司
니기리즈시(초밥의 한 종류)
正しい 올바르다, 맞다
ご説明いたす 설명하다

教え方 ▶[教える + 方] 교수법

▶ あの先生は教え方がとてもいいです。
저 선생님은 교수법이 매우 좋습니다.

▶ 私は日本語の教え方を勉強しています。
나는 일본어 교수법을 공부하고 있습니다.

あり方 ▶[ある + 方] ① 양상 ② 본연의 상태, 바람직한 상태

▶ 男女関係のあり方は昔と比べるとずいぶん変わりました。
남녀관계는 옛날과 비교하면 상당히 바뀌었습니다.

男女関係 남녀관계
比べる 비교하다
変わる 바뀌다, 변하다

▶ 私たちは社会のあり方について真面目に考える必要があります。
우리는 사회의 본연의 모습에 대해 진지하게 생각할 필요가 있습니다.

~について ~에 대해서
真面目だ 진지하다

복합어 D24 동사의 ます형 + 物(もの) = ~하는 물건, ~하는 것

동사의 ます형에 「物(もの)」를 붙이면 그 동사와 관계되는 물건을 나타내게 된다.

MP3 듣기

☐ **食(た)べ物(もの)** ▶ [食べる + 物] 먹을 것, 음식

▶ 私(わたし)は辛(から)い食(た)べ物(もの)は苦手(にがて)です。
　나는 매운 음식은 잘 못 먹습니다.

辛い 맵다

☐ **飲(の)み物(もの)** ▶ [飲む + 物] 마실 것, 음료

▶ 喉(のど)が渇(かわ)いたので何(なに)か飲(の)み物(もの)をください。
　목이 마른데 뭔가 마실 것을 주세요.

喉が渇く 목이 마르다
~をください ~을 주세요

☐ **着(き)物(もの)** ▶ [着る + 物] 양복에 대한 일본옷, 옷, 의복

▶ 成人式(せいじんしき)に女(おんな)の人(ひと)は着物(きもの)を着(き)ることが多(おお)いです。
　성인식에서 여자는 기모노를 많이 입습니다.

成人式 성인식
着る 입다

☐ **持(も)ち物(もの)** ▶ [持つ + 物] 소지품, 소유물

▶ 出国手続(しゅっこくてつづ)きをする前(まえ)に持(も)ち物(もの)の検査(けんさ)があります。
　출국 수속을 하기 전에 소지품 검사가 있습니다.

出国手続き 출국 수속
検査 검사

☐ **忘(わす)れ物(もの)** ▶ [忘れる + 物] ① 물건을 잊고 옴 ② 깜빡 두고 온 물건

▶ 家(いえ)に忘(わす)れ物(もの)をしてきました。
　집에 물건을 깜빡 두고 왔습니다.

忘れ物をする 물건을 잊다

▶ 公園(こうえん)のベンチに財布(さいふ)の忘(わす)れ物(もの)がありました。
　공원의 벤치에 잊어버린 지갑이 있었습니다.

公園 공원
ベンチ 벤치
財布 지갑

□ **読み物** ▶ [読む + 物] 읽을거리

▶ この入門書は巻末にやさしい読み物が付いています。
이 입문서는 권말에 쉬운 읽을거리가 붙어 있습니다.

入門書 입문서
巻末 권말
やさしい 쉽다
付く 붙다, 딸리다

□ **焼き物** ▶ [焼く + 物] 도자기

▶ イチョンやクァンジュは焼き物で有名です。
이천이나 광주는 도자기로 유명합니다.

イチョン 이천(지명)
クァンジュ 광주(지명)
有名だ 유명하다

□ **買い物** ▶ [買う + 物] 쇼핑, 장보기

▶ 昨日はデパートへ買い物に行きました。
어제는 백화점으로 쇼핑하러 갔습니다.

デパート 백화점

▶ 私は買い物をするのが好きです。
나는 쇼핑하는 것을 좋아합니다.

□ **見物** ▶ [見る + 物] 볼 만한 것, 볼거리

▶ その二人の対決は見物だった。
그 두 사람의 대결은 볼 만했다.

対決 대결

□ **漬物** ▶ [漬ける + 物] 소금·초·된장·지게미 등에 절인 저장 식품의 총칭, 절임

▶ 私は、自分が食べる漬物は自分で漬けています。
나는 내가 먹는 절임은 스스로 담그고 있습니다.

自分で 스스로
漬ける 담그다, 절이다

□ **洗濯物** ▶ [洗濯 + 物] 세탁물, 빨랫감

▶ 梅雨になると洗濯物がなかなか乾かなくなります。
장마가 되면 세탁물이 좀처럼 마르지 않게 됩니다.

梅雨になる 장마가 되다
乾く 마르다

복합어 D25 口 + 단어 / 단어 + 口
くち ぐち

口는 다른 명사나 동사의 앞뒤에 붙어서 복합어를 만들며, 특히 뒤에 붙을 때는 「ぐち」가 되는 것이 보통이다.
くち

MP3 듣기

□ **口直し** ▶[口 + 直す] 입가심
くち なお

▶ 口直しにコーヒーを飲みましょう。
くち なお　　　　　　　　　の
입가심으로 커피를 마십시다.

□ **口げんか** ▶[口 + けんか] 말다툼
くち

▶ あの夫婦はいつも口げんかをしています。
ふう ふ　　　　　　　　　くち
저 부부는 항상 말다툼을 합니다.

夫婦 부부

□ **口出し** ▶[口 + 出す] 말참견
くち だ

▶ 私たちの議論に口出ししないでください。
わたし　　　　ぎ ろん　くち だ
우리의 토론에 말참견하지 말아 주세요.

議論 토론, 논의

□ **口笛** ▶[口 + 笛] 휘파람
くち ぶえ

▶ 彼は口笛を吹きながら道を歩いていました。
かれ　くちぶえ　ふ　　　　　　みち　ある
그는 휘파람을 불면서 길을 걷고 있었습니다.

口笛を吹く 휘파람을 불다
〜ながら 〜(하)면서
道を歩く 길을 걷다

□ **口コミ** ▶[口 + コミ] 입소문, 입에서 입으로 전해지는 소문
くち

▶ この店の評判は口コミで伝わりました。
みせ　ひょうばん　くち　　　つた
이 가게의 평판은 입에서 입으로 전해졌습니다.

評判 평판
伝わる 전해지다

□ **口癖** ▶[口 + 癖] 말버릇

▶ 母はいつも「早く」と言うのが口癖になっています。
어머니는 항상 "빨리"라고 말하는 것이 말버릇이 되었습니다.

□ **口ひげ** ▶[口 + ひげ] 콧수염

▶ 日本では口ひげを生やしている人をよく見かけます。
일본에서는 콧수염을 기르고 있는 사람을 자주 발견합니다.

生やす (수염 등을) 기르다
よく 자주
見かける 눈에 띄다, 보다

□ **口紅** ▶[口 + 紅] 입술연지

▶ 彼女は鏡も見ずに口紅を付けています。
그녀는 거울도 보지 않고 입술연지를 바르고 있습니다.

鏡 거울
～ずに ～(하)지 않고
口紅を付ける 입술연지를 바르다

□ **出口** ▶[出る + 口] 출구

▶ 出口に荷物を置かないでください。
출구에 짐을 두지 말아 주세요.

荷物も置く 짐을 놓다(두다)

파 出入口 출입구

□ **入口** ▶[入る + 口] 입구

▶ デパートの入口で友だちと待ち合わせをしました。
백화점 입구에서 친구와 만나기로 했습니다.

待ち合わせをする
(시간, 장소 등을 정해서) 만나기
로 하다

D26 복합어 手＋단어 / 단어＋手

手는 복합어 뒤에서 「で」가 되는 경우가 있다.

MP3 듣기

□ **手軽だ** ▶ [手 + 軽い] 간편하다, 손쉽다, 간단하다

▶ 一人暮らしだから手軽な食事をとっています。
혼자서 생활하기 때문에 간단한 식사를 하고 있습니다.

一人暮らし 독신 생활

□ **手頃だ** ▶ [手 + 頃] 손에 알맞다, 적당하다

▶ 手頃な値段で家を買いました。
적당한 가격으로 집을 샀습니다.

値段 값, 가격

□ **手入れ** ▶ [手 + 入れる] 손질, 손봄

▶ ひげを伸ばすと手入れが面倒です。
수염을 기르면 손질이 번거롭습니다.

ひげを伸ばす 수염을 기르다
面倒だ 번거롭다, 귀찮다

□ **手数** ▶ [手 + 数] 수고

▶ お手数ですが、こちらの書類に記入していただけますか。
수고스럽지만, 이쪽 서류에 기입해 주시겠습니까?

書類 서류
記入する 기입하다
～ていただけますか
～해 주실 수 있습니까?

파 手数料 수수료

▶ この試験の申し込みには手数料がかかります。
이 시험의 신청에는 수수료가 듭니다.

申し込み 신청
かかる 소요되다, 들다

▶ 手数料込みで六百円です。
수수료를 포함해 6백 엔입니다.

～込み ～을(를) 포함(해서)

기초 회화 표현 | 동사 | い형용사 | な형용사 | 접속사 | 부사 | **복합어** | 명사

□ **手作り** ▶ [手 + 作る] 손으로 만듦, 수제, 손수 만듦

▶ 早く家に帰って妻の手作りの料理が食べたいです。
빨리 집에 가서 아내가 손수 만든 요리를 먹고 싶습니다.

妻 아내

□ **手荷物** ▶ [手 + 荷物] 수하물

▶ 手荷物は椅子の下に入れてください。
수하물은 의자 아래에 넣어 주세요.

椅子 의자
入れる 넣다

□ **手振り** ▶ [手 + 振る] 손짓, 손놀림

▶ 言葉が通じないので身振り手振りで説明しました。
말이 통하지 않기 때문에 몸짓 손짓으로 설명했습니다.

言葉が通じる 말이 통하다
身振り 몸짓

□ **手当て** ▶ [手 + 当てる] ① 응급처치, 치료, 조처 ② 급여, 수당

▶ 私が腕を怪我したとき彼女が手当てをしてくれました。
내가 팔을 다쳤을 때 그녀가 응급처치를 해 주었습니다.

腕 팔
怪我する 다치다

▶ 転勤するとき引っ越し手当てが出ました。
전근할 때 이사 수당이 나왔습니다.

転勤する 전근하다
引っ越し 이사

□ **手袋** ▶ [手 + 袋] 장갑

▶ 風が冷たいので手袋をはめて家を出ました。
바람이 차기 때문에 장갑을 끼고 집을 나갔습니다.

冷たい 차갑다
手袋をはめる 장갑을 끼다

□ **人手** ▶ [人 + 手] 일손, 남의 손, 남의 힘

▶ 今人手が足りなくて困っています。
지금 일손이 부족해서 곤란을 겪고 있습니다.

人手が足りない
일손이 부족하다

□ **話し手** ▶ [話す + 手] 말하는 사람, 화자

はな　て

▶ **会話には話し手と聞き手が必要です。**
かい わ　　　 はな　 て　　　 き　 て　　　 ひつよう
회화에는 말하는 사람과 듣는 사람이 필요합니다.

会話 회화
聞き手 듣는 사람, 청자

□ **聞き手** ▶ [聞く + 手] 듣는 사람, 청자

き　て

▶ **いい聞き手になるのはなかなか難しいです。**
き　て　　　　　　　　　　　　　むずか
좋은 듣는 사람이 되는 것은 상당히 어렵습니다.

なかなか 상당히, 꽤

복합어 D27 　真 / 真っ / 真ん + 단어
ま　　ま　　　ま

단어 앞에 「ま, まっ, まん」이 붙으면 단어의 느낌이 강조된다.

□ **真夏** ▶[真 + 夏] 한여름, 성하
　 まなつ

▶ 真夏の暑さで仕事をする気力も出ません。
　 まなつ あつ しごと きりょく で

　 한여름의 더위로 일을 할 기력도 나오지 않습니다.

暑さ 더위
気力 기력

□ **真冬** ▶[真 + 冬] 한겨울, 엄동
　 まふゆ

▶ 常緑樹は真冬でも青々と葉が茂っています。
　 じょうりょくじゅ まふゆ あおあお は しげ

　 상록수는 한겨울에도 잎이 푸르게 우거져 있습니다.

常緑樹 상록수
青々(と) 푸르디푸른 모양
葉が茂る 잎이 우거지다

□ **真昼** ▶[真 + 昼] 한낮
　 まひる

▶ 彼は真昼の炎天下を駅まで歩いて行きました。
　 かれ まひる えんてんか えき ある い

　 그는 한낮의 뙤약볕 아래에서 역까지 걸어갔습니다.

炎天下 염천하, 뙤약볕 아래

□ **真夜中** ▶[真 + 夜中] 한밤중
　 まよなか

▶ 真夜中に知らない人から電話がかかってきました。
　 まよなか し ひと でんわ

　 한밤중에 모르는 사람으로부터 전화가 걸려왔습니다.

知る 알다
電話がかかってくる
전화가 걸려오다

☐ **真っ白だ** ▶ [真 + 白い] 새하얗다

▶ 汚れたハンカチを洗ったら真っ白になりました。
더러워진 손수건을 빨았더니 새하얗게 되었습니다.

▶ 舞台に上がったとき緊張して目の前が真っ白になりました。
무대에 올랐을 때 긴장해서 눈 앞이 새하얗게 되었습니다.

汚れる 더러워지다
ハンカチ 손수건
洗う 빨다, 씻다
舞台に上がる 무대에 오르다
緊張する 긴장하다
目の前 눈 앞

☐ **真っ黒だ** ▶ [真 + 黒い] 새까맣다

▶ パンが真っ黒に焦げてしまいました。
빵이 새까맣게 타 버렸습니다.

パン 빵
焦げる 눋다, 타다

☐ **真っ赤だ** ▶ [真 + 赤い] 새빨갛다

▶ 彼は恥ずかしくて顔が真っ赤になりました。
그는 부끄러워서 얼굴이 새빨갛게졌습니다.

▶ 彼女の話は真っ赤な嘘です。
그녀의 이야기는 새빨간 거짓말입니다.

恥ずかしい
부끄럽다, 창피하다

真っ赤な嘘 새빨간 거짓말

☐ **真っ青だ** ▶ [真 + 青い] 새파랗다

▶ 今朝は風も涼しく空も真っ青に晴れ渡っていました。
오늘 아침은 바람도 시원하고 하늘도 새파랗게 개었습니다.

▶ 彼はその知らせを聞くと真っ青になりました。
그는 그 소식을 듣자 새파래졌습니다.

涼しい 시원하다
晴れ渡る 하늘이 활짝 개다

知らせ 소식, 알림

☐ **真っ暗だ** ▶ [真 + 暗い] 아주 캄캄하다

▶ 急に電気が消えて部屋の中が真っ暗になりました。
갑자기 전등이 꺼져서 방 안이 아주 캄캄해졌습니다.

急に 갑자기
電気が消える 전등이 꺼지다

□ **真っ直ぐ** ▶[真 + 直ぐ] 곧장, 똑바로

▶ 私は今日はまっすぐ家に帰りました。
나는 오늘은 곧바로 집에 돌아갔습니다.

파 真っ直ぐだ 쪽 곧다

▶ 私は地面に真っ直ぐな線を引きました。
나는 땅바닥에다 쪽 곧은 선을 그었습니다.

地面 지면, 땅바닥
線を引く 선을 긋다

□ **真っ最中** ▶[真 + 最中] 한창 때, 한창 ~할 때

▶ 試験の真っ最中に外で選挙の演説が始まりました。
시험이 한창일 때 밖에서 선거 연설이 시작되었습니다.

外 밖
演説 연설
始まる 시작되다

□ **真ん中** ▶[真 + 中] 한가운데, 한복판

▶ 50円玉は真ん中にあながあいています。
50엔 주화는 한가운데 구멍이 뚫어져 있습니다.

あながあく 구멍이 나다

▶ 道の真ん中を歩いてはいけません。
길 한가운데를 걸어가서는 안 됩니다.

~てはいけない
~해서는 안 된다

D28 복합어 生 + 단어

□ **生クリーム** ▶ [生 + クリーム] 생크림

▶ 彼女は生クリームのショートケーキが大好きです。
그녀는 생크림 쇼트케이크를 매우 좋아합니다.

ショートケーキ 쇼트케이크
大好きだ 매우 좋아하다

□ **生ビール** ▶ [生 + ビール] 생맥주

▶ 昨日はビアガーデンで生ビールを飲みました。
어제는 비어가든에서 생맥주를 마셨습니다.

ビアガーデン 비어가든

□ **生放送** ▶ [生 + 放送] 생방송

▶ この番組は生放送でお送りしています。
이 프로그램은 생방송으로 보내고 있습니다.

番組 (연예·방송 등의)
프로(그램)
お送りする 보내다

□ **生中継** ▶ [生 + 中継] 생중계

▶ この放送は生中継でお送りします。
이 방송은 생중계로 보냅니다.

□ **生卵** ▶ [生 + 卵] 생달걀, 날계란

▶ 日本ではよくご飯に生卵をかけて食べます。
일본에서는 흔히 밥에 날계란을 올려서 먹습니다.

よく 자주, 흔히
かける 뿌리다, 치다

□ **生水** ▶[生 + 水] 생수 ▶ 끓이지 않은 물

▶ 旅行中は生水を飲むのはやめましょう。
여행 중에는 끓이지 않은 물을 마시지 맙시다.

旅行中 여행 중

□ **生物** ▶[生 + 水] 날것 ▶ 주로 생선을 말함

▶ 生物ですのでお早めにお召し上がりください。
날것이므로 빨리 드십시오.

⚟ 生物 생물

早めに 조금 빨리
召し上がる 드시다

□ **生臭い** ▶[生 + 臭い] 비린내가 나다

▶ 魚を触ったら手が生臭くなってしまいました。
물고기를 만졌더니 손에서 비린내가 났습니다.

触る 만지다
〜たら 〜더니

□ **生ごみ** ▶[生 + ごみ] 젖은 쓰레기, 음식물 쓰레기

▶ 最近生ごみを肥料にする開発が盛んです。
최근 음식물 쓰레기를 비료로 만드는 개발이 활발합니다.

▶ 生ごみは月曜日と木曜日に捨ててください。
음식물 쓰레기는 월요일과 목요일에 버려 주세요.

肥料にする 비료로 만들다
開発 개발
盛んだ 한창이다, 활발하다
捨てる 버리다

436

명사

총 1740개 단어를 41개 분야로 분류하였다.

PART

8

MP3 전체 듣기

명사 D01 숫자와 관련된 단어

ひとつ	[一つ]	하나	ひゃく	[百]	백
ふたつ	[二つ]	둘	にひゃく	[二百]	이백
みっつ	[三つ]	셋	さんびゃく	[三百]	삼백
よっつ	[四つ]	넷	よんひゃく	[四百]	사백
いつつ	[五つ]	다섯	ごひゃく	[五百]	오백
むっつ	[六つ]	여섯	ろっぴゃく	[六百]	육백
ななつ	[七つ]	일곱	ななひゃく	[七百]	칠백
やっつ	[八つ]	여덟	はっぴゃく	[八百]	팔백
ここのつ	[九つ]	아홉	きゅうひゃく	[九百]	구백
とお	[十]	열	せん	[千]	천
いち	[一]	일, 하나	にせん	[二千]	이천
に	[二]	이, 둘	さんぜん	[三千]	삼천
さん	[三]	삼, 셋	よんせん	[四千]	사천
し(＝よん)	[四]	사, 넷	ごせん	[五千]	오천
ご	[五]	오, 다섯	ろくせん	[六千]	육천
ろく	[六]	육, 여섯	ななせん	[七千]	칠천
しち(＝なな)	[七]	칠, 일곱	はっせん	[八千]	팔천
はち	[八]	팔, 여덟	きゅうせん	[九千]	구천
きゅう(＝く)	[九]	구, 아홉	いちまん	[一万]	일만
じゅう	[十]	십, 열	いちおく	[一億]	억

명사 **02** 시간과 관련된 단어

じかん	[時間]	시간	むいか	[六日]	6일, 엿새
じ	[時]	시	なのか	[七日]	7일, 이레
ふん	[分]	분	ようか	[八日]	8일, 여드레
びょう	[秒]	초	ここのか	[九日]	9일, 아흐레
にち	[日]	일	とおか	[十日]	10일, 열흘
ひ	[日]	일, 날, 해	じゅういちにち	[十一日]	11일
しゅう	[週]	주	じゅうににち	[十二日]	12일
げつ	[月]	월	じゅうよっか	[十四日]	14일
つき	[月]	달, 월	はつか	[二十日]	20일
とし	[年]	나이, 해	にじゅうよっか	[二十四日]	24일
きょう	[今日]	오늘	いちがつ	[一月]	1월
ほんじつ	[本日]	금일, 오늘	にがつ	[二月]	2월
きのう	[昨日]	어제	さんがつ	[三月]	3월
おととい	[一昨日]	그저께	しがつ	[四月]	4월
さきおととい		그끄저께	ごがつ	[五月]	5월
あした(=あす)	[明日]	내일	ろくがつ	[六月]	6월
あさって	[明後日]	모레	しちがつ	[七月]	7월
しあさって		글피	はちがつ	[八月]	8월
こんしゅう	[今週]	이번 주	くがつ	[九月]	9월
せんしゅう	[先週]	지난주	じゅうがつ	[十月]	10월
らいしゅう	[来週]	다음 주	じゅういちがつ	[十一月]	11월
さらいしゅう	[再来週]	다다음 주	じゅうにがつ	[十二月]	12월
せんげつ	[先月]	지난달	にちようび	[日曜日]	일요일
らいげつ	[来月]	다음 달	げつようび	[月曜日]	월요일
さらいげつ	[再来月]	다다음 달	かようび	[火曜日]	화요일
ついたち	[一日]	1일, 초하루	すいようび	[水曜日]	수요일
ふつか	[二日]	2일, 이틀	もくようび	[木曜日]	목요일
みっか	[三日]	3일, 사흘	きんようび	[金曜日]	금요일
よっか	[四日]	4일, 나흘	どようび	[土曜日]	토요일
いつか	[五日]	5일, 닷새			

가족과 관련된 단어

かぞく	[家族]	가족
しんせき	[親戚]	친척
りょうしん	[両親]	양친
おや	[親]	부모(님)
おやこ	[親子]	부모와 자식
きょうだい	[兄弟]	형제
しまい	[姉妹]	자매
せんぞ	[先祖]	조상, 선조
そふ	[祖父]	(나의) 할아버지
そぼ	[祖母]	(나의) 할머니
おじいさん	[お祖父さん]	할아버지
おばあさん	[お祖母さん]	할머니
ちち	[父]	(나의) 아버지
はは	[母]	(나의) 어머니
おとうさん	[お父さん]	아버지
おかあさん	[お母さん]	어머니
むすこ	[息子]	아들
むすめ	[娘]	딸, 아가씨
あに	[兄]	(나의) 형, 오빠
あね	[姉]	(나의) 언니, 누나
おにいさん	[お兄さん]	형, 오빠
おねえさん	[お姉さん]	언니, 누나
いもうと	[妹]	여동생
おとうと	[弟]	남동생
こども	[子ども]	아이, 자식
まご	[孫]	손자
いとこ		사촌
おい		남자 조카
めい		여자 조카, 조카딸

명사 04 학교와 관련된 단어

ようちえん	［幼稚園］	유치원
しょうがっこう	［小学校］	초등학교
ちゅうがっこう	［中学校］	중학교
こうこう	［高校］	고등학교
こうとうがっこう	［高等学校］	고등학교
だいがく	［大学］	대학교
たんだい	［短大］	전문대학
たんきだいがく	［短期大学］	전문대학
こくりつ	［国立］	국립
こうりつ	［公立］	공립
しりつ・わたくしりつ	［私立］	사립
よびこう	［予備校］	입시학원
じゅぎょう	［授業］	수업
せんせい	［先生］	선생님
がくせい	［学生］	(대학교의) 학생
せいと	［生徒］	(중・고등학교의) 학생
きょうし	［教師］	교사
きょうゆ	［教諭］	(초・중・고등학교의) 교사
こうし	［講師］	강사
きょうじゅ	［教授］	교수
きょうかしょ	［教科書］	교과서
ほん	［本］	책
テキスト		텍스트, 교과서
しゅうがくりょこう	［修学旅行］	수학여행
りょう	［寮］	기숙사
どうそうかい	［同窓会］	동창회
どうきゅうせい	［同級生］	동급생
にゅうがく	［入学］	입학
そつぎょう	［卒業］	졸업
こくばん	［黒板］	칠판
うんどうじょう	［運動場］	운동장

みせ	[店]	가게, 상점
うりば	[売り場]	매장
いちば	[市場]	시장
デパート		백화점
てんいん	[店員]	점원
おきゃくさん	[お客さん]	손님
はんばい	[販売]	판매
しょうばい	[商売]	장사
おろしうり	[卸売り]	도매
こうり	[小売]	소매
かいもの	[買い物]	쇼핑
ちゅうもん	[注文]	주문
つうしんはんばい	[通信販売]	통신판매
ほうそうし	[包装紙]	포장지
ビニールぶくろ	[ビニール袋]	비닐 봉지
かみぶくろ	[紙袋]	쇼핑 백
はいたつ	[配達]	배달
しょくりょうひん	[食料品]	식료품
おもちゃ	[玩具]	완구, 장난감
ぶんぼうぐ	[文房具]	문방구
ぶんぐ	[文具]	문구, 문방구
かていようひん	[家庭用品]	가정용품
でんきせいひん	[電気製品]	전기제품
スポーツようひん	[スポーツ用品]	스포츠 용품
アクセサリー		액세서리
ハンドバッグ		핸드백
かばん	[鞄]	가방
さいふ	[財布]	지갑
ほうせき	[宝石]	보석
けしょうひん	[化粧品]	화장품

おみやげ	[お土産]	(여행지 등에서 사 오는) 선물
ほんもの	[本物]	진짜
にせもの	[偽物]	가짜
コピーしょうひん	[コピー商品]	위조상품
みほん	[見本]	견본
カタログ		카탈로그
とりあつかいせつめいしょ	[取扱説明書]	사용설명서
アフターサービス		애프터서비스, A/S
かいけい	[会計]	계산
かんじょう	[勘定]	계산
おつり	[お釣り]	거스름돈
(～えんの)おかえし	[(～円の)お返し]	거스름, 거스름돈
せいきゅうしょ	[請求書]	청구서
りょうしゅうしょ	[領収書]	(손으로 쓴) 영수증
レシート		(찍어낸) 영수증
げんきん	[現金]	현금, 현찰
クレジットカード		신용 카드
こぎって	[小切手]	수표
まえばらい	[前払い]	선불
あとばらい	[後払い]	후불
しょうひんけん	[商品券]	상품권
としょけん	[図書券]	도서상품권
わりびき	[割引]	할인
ねびき	[値引き]	값을 깎음
おおうりだし	[大売り出し]	매출, 바겐세일
(バーゲン)セール		바겐세일
ねあげ	[値上げ]	가격 인상
ねさげ	[値下げ]	가격 인하

명사 06 술과 관련된 단어

8-06

MP3 듣기

(お)さけ	[(お)酒]	술
アルコール		알코올
アルちゅう	[アル中]	알코올 의존증
アルコールちゅうどく	[アルコール中毒]	알코올 의존증
いんしゅ	[飲酒]	음주
いっきのみ	[一気飲み]	원샷, 술을 한 번에 마심
さかや	[酒屋]	주류판매점
のみや	[飲み屋]	술집
いざかや	[居酒屋]	선술집
やたい	[屋台]	포장마차
さかな	[肴]	안주
(お)つまみ		마른안주
ようしゅ	[洋酒]	양주
しょうちゅう	[焼酎]	소주
ウイスキー		위스키
ブランデー		브랜디
ビール		맥주
なまビール	[生ビール]	생맥주
ぶどうしゅ	[葡萄酒]	포도주
ワイン		와인
にほんしゅ	[日本酒]	일본술, 정종
カクテル		칵테일
にごり(ざけ)	[濁り(酒)]	막걸리
どぶろく	[濁酒]	막걸리
みずわり	[水割り]	물을 타서 묽게 한 술
はしござけ	[はしご酒]	2차, 3차
さけぐせ	[酒癖]	술버릇
ふつかよい	[二日酔い]	숙취
のんべえ		술꾼, 술고래
しゅらん	[酒乱]	술주정

명사 07 결혼과 관련된 단어

プロポーズ		프로포즈
けっこん	[結婚]	결혼
けっこんしき	[結婚式]	결혼식
れんあいけっこん	[恋愛結婚]	연애 결혼
みあいけっこん	[見合い結婚]	중매 결혼
こんかつ	[婚活]	결혼 활동
しんろう	[新郎]	신랑
はなむこ	[花婿]	신랑
しんぷ	[新婦]	신부
はなよめ	[花嫁]	신부
タキシード		턱시도
なこうど	[仲人]	중매인, 중매
しんこんりょこう	[新婚旅行]	신혼여행
しょうたいじょう	[招待状]	청첩장
こうふく	[幸福]	행복
しあわせ	[幸せ]	행복
おいわい	[お祝い]	축하 (선물)
ひきでもの	[引き出物]	답례품
けっこんゆびわ	[結婚指輪]	결혼반지
ひろうえん	[披露宴]	피로연, 축하연
いわいきゃく	[祝い客]	하객
しゅくじ	[祝辞]	축사
ごしゅうぎ	[御祝儀]	축의(금)
ばいしゃくにん	[媒酌人]	주례
ししき	[司式]	(주로 교회에서) 주례
ブーケ		부케, 꽃다발
はなたば	[花束]	부케, 꽃다발
つきそい(にん)	[付添い(人)]	들러리
おいろなおし	[お色直し]	혼례복에서 다른 옷으로 갈아입음

08 호텔, 선물과 관련된 단어

ホテル		호텔
フロント		프런트
ダブル(ベッド)		더블, 2인용 침대
シングル(ベッド)		싱글, 1인용 침대
ツイン(ベッド)		1쌍의 1인용 침대
パスポート		여권, 패스포트
チェックイン		체크인
チェックアウト		체크아웃
あきべや	[空き部屋]	빈 방
よやく	[予約]	예약
とりけし	[取り消し]	취소
まんしつ	[満室]	객실이 다 참
りょうがえ	[両替]	환전
ロビー		로비
あんない	[案内]	안내
れんらくさき	[連絡先]	연락처
おくりもの	[贈り物]	선물
プレゼント		선물
おみやげ	[お土産]	(여행지 등에서 사 오는) 선물
てみやげ	[手土産]	방문할 때의 간단한 선물
おちゅうげん	[お中元]	(7월 초~중순경의) 백중날에 하는 선물
おせいぼ	[お歳暮]	연말연시에 하는 선물
おいわい	[お祝い]	축하 선물
たんじょういわい	[誕生祝い]	생일 선물
にゅうがくいわい	[入学祝い]	입학 선물
そつぎょういわい	[卒業祝い]	졸업 선물
かいぎょういわい	[開業祝い]	개업 축하 선물
けっこんいわい	[結婚祝い]	결혼 선물

명사 09 화재, 지진과 관련된 단어

ひ	[火]	불
かじ	[火事]	화재
かさい	[火災]	화재
けむり	[煙]	연기
はい	[灰]	재
ほうか	[放火]	방화(불을 지름)
しょうか	[消火]	소화
ぼうか	[防火]	방화(불을 막음)
かさいほうちき	[火災報知機]	화재 경보기
しょうぼう	[消防]	소방
しょうぼうし	[消防士]	소방관, 소방수
しょうぼうしょ	[消防署]	소방서
しょうぼうしゃ	[消防車]	소방차
はしごしゃ	[はしご車]	사다리차
しょうかき	[消火器]	소화기
しょうかせん	[消火栓]	소화전
じしん	[地震]	지진
しんげんち	[震源地]	진원지
きょうしん	[強震]	강진
じゃくしん	[弱震]	약진
しんど	[震度]	진도
つなみ	[津波]	해일
かっかざん	[活火山]	활화산
しかざん	[死火山]	사화산
きゅうかざん	[休火山]	휴화산
かざん	[火山]	화산
かざんばい	[火山灰]	화산재
ばくはつ	[爆発]	폭발

명사 **10** 요리와 관련된 단어

りょうり	[料理]	요리
なべもの	[鍋物]	냄비요리
にもの	[煮物]	찜요리
サラダ		샐러드
コック		요리사
シェフ		주방장
ざいりょう	[材料]	재료
しょくざい	[食材]	(요리의) 재료
にく	[肉]	육류, 고기
さかな	[魚]	생선, 물고기
かい	[貝]	조개
たまご	[卵]	달걀, 계란
やさい	[野菜]	야채, 채소
こめ	[米]	쌀
もちごめ	[もち米]	찹쌀
ごま	[胡麻]	참깨
かたくりこ	[片栗粉]	녹말가루
こむぎこ	[小麦粉]	밀가루
パンこ	[パン粉]	빵가루
ふくらしこ		베이킹 파우더
ベーキングパウダー		베이킹 파우더
あぶら	[油]	기름
ごまあぶら	[ごま油]	참기름
だし	[出汁]	(음식의 맛을 내는 우린) 국물
ちょうみりょう	[調味料]	조미료
しお	[塩]	소금
しょうゆ	醤油	간장
みそ	[味噌]	된장
ソース		소스
スパイス		스파이스

こうしんりょう	[香辛料]	향신료
ドレッシング		드레싱
マヨネーズ		마요네즈
ケチャップ		케첩
さとう	[砂糖]	설탕
みりん	[味醂]	미림
す	[酢]	초, 식초
とうがらしみそ	[唐辛子味噌]	고추장
あじ	[味]	맛
しおかげん	[塩加減]	간
あじみ	[味見]	맛 보기
ほうちょう	[包丁]	부엌칼
くだものナイフ	[果物ナイフ]	과도
まないた	[まな板]	도마
なべ	[鍋]	냄비
フライパン		후라이팬
ひ	[火]	불
さら	[皿]	접시
はし	[箸]	젓가락
スプーン		숟가락
フォーク		포크
ナイフ		나이프

11 피부와 관련된 단어

MP3 듣기

はだ	[肌]	피부
ひふ	[皮膚]	피부
にきび		여드름
そばかす		주근깨
しみ		기미, 검버섯
いぼ		사마귀
しわ		주름, 구김살
ふきでもの	[吹き出物]	부스럼
あざ		점, 반점, 멍
きずあと	[傷跡]	흉터, 상흔
できもの	[出来物]	종기
アレルギー		알레르기
アトピー		아토피, 알레르기 체질
みずむし	[水虫]	무좀
しっしん	[湿疹]	습진
じんましん		두드러기
マッサージ		마사지
けしょうひん	[化粧品]	화장품
なんこう	[軟膏]	연고
クリーム		크림
パック		팩
とうしょう	[凍傷]	동상
しもやけ	[霜焼け]	가벼운 동상
とりはだ	[鳥肌]	소름
やけど	[火傷]	화상
はだあれ		피부가 거칠어짐

명사 D12 겉모습과 관련된 단어

MP3 듣기

すがた	[姿]	모습
がいけん	[外見]	외모
スタイル		스타일
みなり	[身なり]	차림새
ふくそう	[服装]	복장, 옷차림
たいかく	[体格]	체격
たいけい	[体型]	체형
からだつき	[体つき]	몸매
しせい	[姿勢]	자세
かおだち	[顔立ち]	얼굴 생김새
かおつき	[顔付き]	얼굴 표정
ようぼう	[容貌]	용모
びぼう	[美貌]	미모
にんそう	[人相]	인상
めはなだち	[目鼻立ち]	이목구비
めつき	[目つき]	눈매, 눈초리
ひとえ	[一重]	홑눈꺼풀
ふたえ	[二重]	쌍꺼풀
かみがた	[髪型]	머리 모양
ヘアスタイル		헤어 스타일
ひんい	[品位]	품위
きひん	[気品]	기품
いげん	[威厳]	위엄
みりょく	[魅力]	매력
いろけ	[色気]	성적 매력
わかさ	[若さ]	젊음

명사 **13** 성격과 관련된 단어

MP3 듣기

せいかく	[性格]	성격
じんかく	[人格]	인격
きしつ	[気質]	기질
ほんしょう	[本性]	본성
にんげんせい	[人間性]	인간성
ひとがら	[人柄]	성품
にんげんみ	[人間味]	인간미
しゃこうせい	[社交性]	사교성
ちせい	[知性]	지성
こせい	[個性]	개성
たいど	[態度]	태도
こんじょう	[根性]	근성
くせ	[癖]	버릇
しゅうかん	[習慣]	습관
ちょうしょ	[長所]	장점
たんしょ	[短所]	단점, 결점
けってん	[欠点]	결점
じゃくてん	[弱点]	약점
そしつ	[素質]	소질
てきせい	[適性]	적성
とくぎ	[特技]	특기
このみ	[好み]	기호, 취향
しゅみ	[趣味]	취미
よわむし	[弱虫]	겁쟁이
はずかしがりや		부끄럼을 잘 타는 사람
さびしがりや		외로움을 많이 타는 사람
がんばりや		잘 버티는 사람
よくばり	[欲張り]	욕심쟁이

명사 **14**	날씨와 관련된 단어	

きこう	[気候]	기후
てんき	[天気]	날씨, 일기
はれ	[晴れ]	맑게 갬
そら	[空]	하늘
あおぞら	[青空]	푸른 하늘
かいせい	[快晴]	쾌청
くもり	[曇り]	흐림
くも	[雲]	구름
きおん	[気温]	기온
さいていきおん	[最低気温]	최저 기온
さいこうきおん	[最高気温]	최고 기온
おんどけい	[温度計]	온도계
つらら	[氷柱]	고드름
しつど	[湿度]	습도
きり	[霧]	안개
しも	[霜]	서리
つゆ	[露]	이슬
きあつ	[気圧]	기압
こうきあつ	[高気圧]	고기압
ていきあつ	[低気圧]	저기압
あめ	[雨]	비
こうすい	[降水]	강수
こさめ	[小雨]	가랑비
おおあめ	[大雨]	큰비, 호우, 폭우
ごうう	[豪雨]	호우
どしゃぶり	[土砂降り]	억수같이 쏟아지는 비
こうずい	[洪水]	홍수
ゆうだち	[夕立]	여름철 오후에 한차례 내리는 소나기
どしゃくずれ	[土砂崩れ]	산사태
かみなり	[雷]	천둥, 벼락

いなずま	[稲妻]	번개
いなびかり	[稲光]	번개
にじ	[虹]	무지개
つゆ	[梅雨]	장마
ばいう	[梅雨]	장마
つゆあけ	[梅雨明け]	장마가 갬
ばいうぜんせん	[梅雨前線]	장마전선
おんだんぜんせん	[温暖前線]	온난전선
かんれいぜんせん	[寒冷前線]	한랭전선
かさ	[傘]	우산
あまがさ	[雨傘]	우산
ひがさ	[日傘]	양산
あまぐ	[雨具]	우비
かぜ	[風]	바람
かざむき	[風向き]	풍향
あらし	[嵐]	광풍, 폭풍
たいふう	[台風]	태풍
なみ	[波]	파도
はろう	[波浪]	파랑, 파도
ゆき	[雪]	눈
ふぶき	[吹雪]	눈보라
なだれ	[雪崩]	눈사태
みぞれ		진눈깨비
あられ	[霰]	싸라기눈
ひょう	[雹]	우박
てんきよほう	[天気予報]	일기예보
きしょうちょう	[気象庁]	기상청

명사 15 전화와 관련된 단어

でんわ	[電話]	전화
けいたい(でんわ)	[携帯(電話)]	휴대폰, 휴대전화
スマートホン		스마트폰
スマホ		스마트폰
つうわ	[通話]	통화
でんわちょう	[電話帳]	전화번호부
でんわばんごう	[電話番号]	전화번호
もしもし		여보세요
とりつぎ	[取り次ぎ]	연결
ないせん	[内線]	내선, 교환번호
こんせん	[混線]	혼선
がいしゅつ	[外出]	외출
そとまわり	[外回り]	외근
るすばんでんわ	[留守番電話]	자동응답전화
こうしゅうでんわ	[公衆電話]	공중전화
こくさいでんわ	[国際電話]	국제전화
テレホンカード		전화 카드
でんごん	[伝言]	메모, 전언
れんらくさき	[連絡先]	연락처
メッセージ		메시지
まちがいでんわ	[間違い電話]	잘못 걸려 온 전화
いたずらでんわ	[いたずら電話]	장난 전화
ちゃくメロ	[着メロ]	착신 멜로디
マナーモード		진동
けいたいメール	[携帯メール]	문자 메시지
しゅっしゃ	[出社]	출근
たいしゃ	[退社]	퇴근, 퇴사
ようけん	[用件]	용건
どちらさま		어느 분
かいぎちゅう	[会議中]	회의 중

16 사고, 범죄와 관련된 단어

しょうとつ	[衝突]	충돌
ついとつ	[追突]	추돌
せっしょくじこ	[接触事故]	접촉사고
てんらく	[転落]	(사람 등의) 추락
ついらく	[墜落]	(비행기의) 추락
てんぷく	[転覆]	전복
ばくはつ	[爆発]	폭발
だっせん	[脱線]	탈선
こうつうじこ	[交通事故]	교통사고
しぼう	[死亡]	사망
じゅうしょう	[重傷]	중상
けいしょう	[軽傷]	경상
けが	[怪我]	상처, 부상
じゅうたい	[重態]	중태
ふしょう	[負傷]	부상
ぜんしんだぼく	[全身打撲]	전신타박
ぼうこう	[暴行]	폭행
さんじ	[惨事]	참사
はっせい	[発生]	발생
じさつ	[自殺]	자살
しんじゅう	[心中]	동반자살
ぼうりょく	[暴力]	폭력
あんらくし	[安楽死]	안락사
しぜんし	[自然死]	자연사
じこし	[事故死]	사고사
ちっそくし	[窒息死]	질식사
きゅうきゅうしゃ	[救急車]	구급차
とびおり	[飛び降り]	투신
はんにん	[犯人]	범인
はんざい	[犯罪]	범죄

どろぼう	[泥棒]	도둑
あきす	[空巣]	빈집털이
すり		소매치기
まんびき	[万引き]	(상점에서 상품을) 훔치기
らんぼう	[乱暴]	난폭, 폭행
しんにゅう	[侵入]	침입
るす	[留守]	부재, 외출 중
パトカー		순찰차, 경찰차
パトロールカー		순찰차, 경찰차
ばっきん	[罰金]	벌금
さぎ	[詐欺]	사기
さぎし	[詐欺師]	사기꾼
ちし	[致死]	치사
さつがい	[殺害]	살해
つみ	[罪]	죄
ちかん	[痴漢]	치한
ごうとう	[強盗]	강도
たいほ	[逮捕]	체포
わいろ	[賄賂]	뇌물
さつじん	[殺人]	살인
ゆうかい	[誘拐]	유괴, 납치
らち	[拉致]	납치
みすい	[未遂]	미수
かしつ	[過失]	과실
ようぎしゃ	[容疑者]	용의자
ひがいしゃ	[被害者]	피해자
かがいしゃ	[加害者]	가해자
ひゃくとおばん	[百十番]	110번(긴급 경찰 호출 번호)

명사 17 교통, 수송, 여행과 관련된 단어

しゃどう	[車道]	차도
こうそくどうろ	[高速道路]	고속도로
くるま	[車]	차
じどうしゃ	[自動車]	자동차
じょうようしゃ	[乗用車]	승용차
じかようしゃ	[自家用車]	자가용차
トラック		트럭
シートベルト		안전벨트
オートバイ		오토바이
こうつういはん	[交通違反]	교통위반
うんてんめんきょしょう	[運転免許証]	운전면허증
まんタン	[満タン]	(연료 따위를) 가득 채움
こしょう	[故障]	고장, 이상
ほどう	[歩道]	인도, 보도
おうだんほどう	[横断歩道]	횡단보도
じてんしゃ	[自転車]	자전거
ほこうしゃ	[歩行者]	보행자
ほうこうおんち	[方向音痴]	길치
バス		버스
うんてんしゅ	[運転手]	운전자
でんしゃ	[電車]	전철
きしゃ	[汽車]	기차
きゅうこうれっしゃ	[急行列車]	급행열차
とっきゅうれっしゃ	[特急列車]	특급열차
しんかんせん	[新幹線]	신칸센
じょうきゃく	[乗客]	승객
くうせき	[空席]	공석
まんせき	[満席]	만원, 자리가 다 참
じゆうせき	[自由席]	자유석
していせき	[指定席]	지정석

ふつうせき	[普通席]	일반석
グリーンせき	[グリーン席]	(일본) JR의 특별 객차의 객석
ちかてつ	[地下鉄]	지하철
かいさつぐち	[改札口]	개찰구
タクシー		택시
くうしゃ	[空車]	(택시의) 빈 차
はつのりりょうきん	[初乗り料金]	기본요금
ひこうき	[飛行機]	비행기
りょかくき・りょかっき	[旅客機]	여객기
エルシーシー	[LCC]	저가 항공
かくやすこうくうけん	[格安航空券]	저가 항공권
ファーストクラス		탈것의 1등석
ビジネスクラス		비즈니스 클래스
エコノミークラス		이코노미 클래스
チェックイン		체크인
しゅっこくてつづき	[出国手続き]	출국 수속
まちあいしつ	[待合室]	대합실
とうじょう	[搭乗]	탑승
にゅうこくてつづき	[入国手続き]	입국 수속
ふね	[船]	배
りょかくせん	[旅客船]	여객선
りょこう	[旅行]	여행
こくないりょこう	[国内旅行]	국내여행
かいがいりょこう	[海外旅行]	해외여행
パスポート		패스포트, 여권
ビザ		비자
りょうがえ	[両替]	환전
レート		환율

명사 D18 건물, 시설과 관련된 단어

ほんや	[本屋]	서점, 책방
こめや	[米屋]	쌀 가게
そばや		메밀국수집
おかしや	[お菓子屋]	과자 가게
くだものや	[果物屋]	과일 가게
はなや	[花屋]	꽃집
じてんしゃや	[自転車屋]	자전거 가게
いんさつや	[印刷屋]	인쇄소
コピーや	[コピー屋]	복사집
とこや	[床屋]	이발소
びよういん	[美容院]	미장원
ぶんぼうぐや	[文房具屋]	문구점
さかなや	[魚屋]	생선 가게
かぐや	[家具屋]	가구점
せとものや	[瀬戸物屋]	도자기 가게
くつや	[靴屋]	구두 가게
えき	[駅]	역
ぎんこう	[銀行]	은행
しんごう	[信号]	신호(등)
ほどうきょう	[歩道橋]	육교
えいがかん	[映画館]	영화관, 극장
がっこう	[学校]	학교
ゆうびんきょく	[郵便局]	우체국
でんわきょく	[電話局]	전화국
びょういん	[病院]	병원
けいさつしょ	[警察署]	경찰서
こうさてん	[交差点]	교차로
つきあたり	[突き当たり]	막다른 곳
こうえん	[公園]	공원
がいとう	[街灯]	가로등

めがねや	[眼鏡屋]	안경점
こっとうひんや	[骨董品屋]	골동품 가게
(お)てら	[(お)寺]	절
じんじゃ	[神社]	신사
バスてい	[バス停]	버스정류장
かなものや	[金物屋]	철물점
やくしょ	[役所]	관청, 관공서
しやくしょ	[市役所]	시청
くやくしょ	[区役所]	구청
ようひんてん	[洋品店]	양복점, 옷가게
ふくや	[服屋]	옷가게
せんとう	[銭湯]	공중목욕탕
だいりてん	[代理店]	대리점
カフェ		카페
おみやげや	[お土産屋]	토산품점
パンや	[パン屋]	빵집
くすりや	[薬屋]	약국
やっきょく	[薬局]	약국
しゃしんや	[写真屋]	사진관
すしや	[鮨屋]	초밥 집
いんしょくてん	[飲食店]	음식점
たべものや	[食べ物屋]	음식점
しょくどう	[食堂]	식당
レストラン		레스토랑
にくや	[肉屋]	정육점
ちゅうしゃじょう	[駐車場]	주차장
スーパー(マーケット)		슈퍼마켓
やおや	[八百屋]	채소 가게

명사 D19 자연과 관련된 단어

おか	[丘]	언덕	うみ	[海]	바다
やま	[山]	산	しま	[島]	섬
おね	[尾根]	산등성이	きし	[岸]	물가, 벼랑
みね	[峰]	봉우리	うみべ	[海辺]	해변
がけ	[崖]	벼랑	いそ	[磯]	바위가 있는 물가
たにま	[谷間]	계곡, 골짜기	すなはま	[砂浜]	모래사장
へいや	[平野]	평야	おき	[沖]	앞바다
ぼんち	[盆地]	분지	なみ	[波]	파도
いただき	[頂き]	꼭대기, 정상	すいへいせん	[水平線]	수평선
へいち	[平地]	평지	みちしお	[満ち潮]	밀물
さか	[坂]	고개	ひきしお	[引き潮]	썰물
さかみち	[坂道]	비탈길	き	[木]	나무
ちへいせん	[地平線]	지평선	くさ	[草]	풀
かわ	[川]	강, 시내	はな	[花]	꽃
みずうみ	[湖]	호수	いわ	[岩]	바위
たき	[滝]	폭포	いし	[石]	돌
もり	[森]	숲	いしころ	[石ころ]	돌멩이
はやし	[林]	수풀, 숲	じゃり	[砂利]	자갈
たんぼ	[田圃]	논	すな	[砂]	모래
はたけ	[畑]	밭	どろ	[泥]	진흙
やぶ	[藪]	덤불	つち	[土]	흙, 땅
のはら	[野原]	들	みず	[水]	물
りく	[陸]	뭍	そら	[空]	하늘
りくち	[陸地]	육지			

명사 D 20 동물과 관련된 단어

うし	[牛]	소	ハムスター		햄스터
こうし	[子牛]	송아지	りす	[栗鼠]	다람쥐
ひつじ	[羊]	양	うさぎ	[兎]	토끼
やぎ	[山羊]	염소	はりねずみ	[針鼠]	고슴도치
うま	[馬]	말	もぐら	[土竜]	두더지
しまうま	[縞馬]	얼룩말	こうもり	[蝙蝠]	박쥐
きりん		기린	さる	[猿]	원숭이
しか	[鹿]	사슴	ゴリラ		고릴라
らくだ	[駱駝]	낙타	チンパンジー		침팬지
くま	[熊]	곰	ぶた	[豚]	돼지
たぬき	[狸]	너구리	ぞう	[象]	코끼리
パンダ		판다	かば	[河馬]	하마
いぬ	[犬]	개	コアラ		코알라
こいぬ	[子犬]	강아지	かえる	[蛙]	개구리
おおかみ	[狼]	늑대	おたまじゃくし		올챙이
きつね	[狐]	여우	ひきがえる	[蟇蛙]	두꺼비
ねこ	[猫]	고양이	わに	[鰐]	악어
こねこ	[子猫]	새끼 고양이	へび	[蛇]	뱀
とら	[虎]	호랑이	かめ	[亀]	거북
ライオン		사자	かたつむり	[蝸牛]	달팽이
しし	[獅子]	사자	でんでんむし	[蝸牛]	달팽이
ねずみ	[鼠]	쥐	なめくじ		민달팽이

21 바다 생물과 관련된 단어

さかな	[魚]	물고기, 생선
さば	[鯖]	고등어
さけ	[鮭]	연어
たら	[鱈]	대구
まぐろ	[鮪]	다랑어
にしん	[鰊]	청어
さんま	[秋刀魚]	꽁치
たちうお	[太刀魚]	갈치
ふぐ	[河豚]	복어
さめ	[鮫]	상어
ひらめ	[平目]	넙치
かれい	[鰈]	가자미
イクラ		연어알
たらこ	[鱈子]	명란
かずのこ		청어알
いるか	[海豚]	돌고래
くじら	[鯨]	고래
おっとせい		물개
かい	[貝]	조개
あさり	[浅利]	바지락
かき	[牡蛎]	굴
さざえ		소라
いか		오징어
たこ		낙지, 문어
えび	[海老]	새우
かに	[蟹]	게
さんご	[珊瑚]	산호

명사 22 조류와 관련된 단어

とり	[鳥]	새
かり	[雁]	기러기
かも	[鴨]	오리
あひる	[家鴨]	집오리
にわとり	[鶏]	닭
きじ	[雉]	꿩
くじゃく	[孔雀]	공작
たか	[鷹]	매
わし	[鷲]	독수리
ふくろう	[梟]	올빼미
みみずく		부엉이
すずめ	[雀]	참새
ひばり	[雲雀]	종달새
うぐいす	[鶯]	휘파람새
きつつき	[啄木鳥]	딱다구리
かささぎ		까치
はと	[鳩]	비둘기
かっこう	[郭公]	뻐꾸기
インコ		잉꼬
おうむ	[鸚鵡]	앵무새
つばめ	[燕]	제비
からす	[烏]	까마귀
つる	[鶴]	학
はくちょう	[白鳥]	백조
かもめ	[鴎]	갈매기
ペンギン		펭귄
ひよこ		병아리
ひな(どり)	[雛(鳥)]	새끼 새

명사 23 꽃, 나무와 관련된 단어

ばら	[薔薇]	장미	らん	[蘭]	난
ぼたん	[牡丹]	모란	すいせん	[水仙]	수선화
つばき	[椿]	동백꽃	ほうせんか	[鳳仙花]	봉선화
うめ	[梅]	매화	きく	[菊]	국화
さくら	[桜]	벚꽃	たんぽぽ	[蒲公英]	민들레
もくれん	[木蓮]	목련	ひまわり		해바라기
つつじ	[躑躅]	진달래	カーネーション		카네이션
アカシア		아카시아	はす	[蓮]	연
れんぎょう	[連翹]	개나리	クローバ		클로버
まつ	[松]	소나무	れんげ	[蓮華]	자운영
もみ	[樅]	전나무	わた	[綿]	목화
やなぎ	[柳]	버드나무	すみれ	[菫]	제비꽃
かしわ	[柏]	떡갈나무	わすれなぐさ	[忘れな草]	물망초
きり	[桐]	오동나무	あさがお	[朝顔]	나팔꽃
いちじく	[無花果]	무화과	サボテン		선인장
いちょう	[銀杏]	은행나무	アロエ		알로에
プラタナス		플라타너스	たけ	[竹]	대나무
かえで	[楓]	단풍나무	あし (＝よし)	[葦]	갈대
もみじ (＝こうよう)	[紅葉]	단풍, 단풍잎	くき	[茎]	(풀, 잎의) 줄기
			みき	[幹]	(나무의) 줄기
かれき	[枯木]	고목	えだ	[枝]	가지
チューリップ		튤립	は	[葉]	잎
ゆり	[百合]	백합	ね	[根]	뿌리

명사 D 24 야채, 과일과 관련된 단어

はくさい	[白菜]	배추	すいか		[西瓜]	수박
キャベツ		양배추	メロン			멜론
ほうれんそう	[ほうれん草]	시금치	バナナ			바나나
パセリ		파슬리	パイナップル			파인애플
せり	[芹]	미나리	きのこ		[茸]	버섯
(なが)ねぎ	[(長)葱]	파	しいたけ		[椎茸]	표고버섯
にら	[韮]	부추	まつたけ		[松茸]	송이버섯
わらび	[蕨]	고사리	エリンギ			새송이
だいこん	[大根]	무	マッシュルーム			양송이
かぶ	[蕪]	순무	ひらたけ		[平茸]	느타리버섯
にんじん	[人参]	당근	みかん		[蜜柑]	귤
ごぼう	[牛蒡]	우엉	オレンジ			오렌지
さつまいも	[薩摩芋]	고구마	グレープフルーツ			자몽
じゃがいも	[じゃが芋]	감자	マンゴー			망고
さといも	[里芋]	토란	ぶどう		[葡萄]	포도
れんこん	[蓮根]	연근, 연뿌리	キウイフルーツ			참다래
しょうが	[生姜]	생강	りんご			사과
わさび	[山葵]	고추냉이	もも		[桃]	복숭아
たまねぎ	[玉葱]	양파	すもも		[李]	자두
にんにく	[大蒜]	마늘	うめ		[梅]	매실
からし	[芥子]	겨자	あんず		[杏]	살구
きゅうり	[胡瓜]	오이	なし		[梨]	배
かぼちゃ	[南瓜]	호박	かき		[柿]	감
なす	[茄子]	가지	こしょう		[胡椒]	후추
とうがらし	[唐辛子]	고추	なつめ		[棗]	대추
ピーマン		피망	くり		[栗]	밤
パプリカ		파프리카	くるみ		[胡桃]	호두
トマト		토마토	ぎんなん		[銀杏]	은행
いちご	[苺]	딸기	たけのこ		[筍]	죽순

명사

25 가전제품과 관련된 단어

テレビ		텔레비전
ラジオ		라디오
ビデオ		비디오
せんたくき	[洗濯機]	세탁기
れいぞうこ	[冷蔵庫]	냉장고
せんぷうき	[扇風機]	선풍기
そうじき	[掃除機]	청소기
かんそうき	[乾燥機]	건조기
でんきスタンド	[電気スタンド]	전기 스탠드
でんきかみそり	[電気かみそり]	전기 면도기
かんきせん	[換気扇]	환풍기
ファン		팬, 환풍기
オーブン		오븐
グリル		그릴
すいはんき	[炊飯器]	전기밥솥
こめびつ	[米櫃]	쌀통
でんしレンジ	[電子レンジ]	전자레인지
トースター		토스터
ポット		보온병, 포트
ミキサー		믹서기
ジューサー		주서
クーラー		에어컨
エアコン		냉난방기
かしつき	[加湿気]	가습기
るすばんでんわ	[留守番電話]	자동응답전화기

명사 D26 컴퓨터와 관련된 단어

コンピュータ(一)		컴퓨터	バックアップ		백업
パソコン		퍼스널 컴퓨터, PC	スキャナー		스캐너
ノートパソコン		노트북	デジカメ		디지털 카메라
ウィンドーズ		윈도	デジタルカメラ		디지털 카메라
マッキントッシュ		매킨토시	メモリ		메모리
リナックス		리눅스	ハードディスク		하드 디스크
リヌックス		리눅스	ユーエスビー・メモリ	[USBメモリ]	USB 메모리
ソフト		소프트웨어	エスディーカード	[SDカード]	SD카드
ソフトウェア		소프트웨어	シーディーロム	[CD－ROM]	CD-ROM
マルチメディア		멀티미디어	ディーブイディー	[DVD]	DVD
ファイル		파일	インターネット		인터넷
がぞう	[画像]	화상, 이미지	ウェブ		웹
グラフィック		그래픽	サーバー		서버
どうが	[動画]	동영상	モデム		모뎀
テキストファイル		텍스트 파일	ランかいせん	[LAN回線]	LAN 회선
エムピースリー	[MP 3]	엠피스리	ルーター		공유기
データベース		테이터 베이스	ワイファイ	[WiFi]	와이파이
デスクトップ		바탕화면	ハブ		허브
ウィンドー		창	むせん	[無線]	무선
カーソル		커서	ブルートゥース		블루투스
フォルダ		폴더	プロバイダ		프로바이더
ディレクトリ		디렉트리	ホームページ		홈페이지
アイコン		아이콘	ブログ		블로그
フォント		폰트, 서체	チャット		채팅
クリック		클릭	イーメール	[Eメール]	E-mail, 이메일
ダブルクリック		더블 클릭	メールマガジン		메일 매거진
きどう	[起動]	기동, 부팅	サイト		사이트
しゅうりょう	[終了]	종료	アクセス		접속
しょきか	[初期化]	초기화	アップロード		업로드
セーブ		저장	かきこみ	[書き込み]	글 올리기

アイディー	[ID]	아이디, ID	けんさく	[検索]	검색
さくじょ	[削除]	삭제	ダウンロード		다운로드
インストール		인스톨, 설치	スパム		스팸
アップデート		업데이트	スパムほうこく	[スパム報告]	스팸 신고
バグ		버그, (프로그램의) 결함	セキュリティ		보안
ダウン		다운	ファイアウォール		방화벽
ハード(ウェア)		하드웨어	スパイウェア		스파이웨어
コンピュータウィルス		컴퓨터 바이러스	ハッカー		해커
マウス		마우스	プリンタ		프린터
ユーエスビー	[USB]	유에스비	グーグル		구글
ようりょう	[容量]	용량	ユーチューブ	[YouTube]	유튜브
ラム	[RAM]	램	フェイスブック	[Facebook]	페이스북
しょりそくど	[処理速度]	처리 속도	ツイッター	[Twitter]	트위터
パスワード		암호	ライン	[LINE]	라인
メールアドレス		메일 주소			

명사 27 취미와 관련된 단어

おんがく	[音楽]	음악
びじゅつ	[美術]	미술
いけばな	[生け花]	꽃꽂이
どくしょ	[読書]	독서
うた	[歌]	노래
あみもの	[編み物]	뜨개질
とざん	[登山]	등산
やまのぼり	[山登り]	등산
りょこう	[旅行]	여행
かいもの	[買い物]	쇼핑
かんしょう	[鑑賞]	감상
スポーツ		스포츠
しょどう	[書道]	서예
え	[絵]	그림
きって	[切手]	우표
がっき	[楽器]	악기
えいが	[映画]	영화
おしゃれ	[お洒落]	멋을 냄, 멋쟁이
しゅうしゅう	[収集]	수집
コレクション		수집

명사 **28** 직업과 관련된 단어

かいしゃいん	[会社員]	회사원
サラリーマン		샐러리맨
ビジネスマン		비즈니스맨
きょうし	[教師]	교사
かんごし	[看護師]	간호사
せいじか	[政治家]	정치가, 정치인
けいさつかん	[警察官]	경찰관
おまわりさん	[お巡りさん]	순경
しょうぼうし	[消防士]	소방수
ぼくし	[牧師]	목사
しんぷ	[神父]	신부
おぼうさん	[お坊さん]	스님
うんてんしゅ	[運転手]	운전사
ろうどうしゃ	[労働者]	노동자
りょうし	[漁師]	어부
コック		요리사
いしゃ／いし	[医者 / 医師]	의사
こうむいん	[公務員]	공무원
せいがくか	[声楽家]	성악가
ピアニスト		피아니스트
けんじ	[検事]	검사
べんごし	[弁護士]	변호사
びようし	[美容師]	미용사
はいゆう	[俳優]	배우
かしゅ	[歌手]	가수
パイロット		파일럿, 조종사
スチュワーデス		스튜어디스
のうふ	[農夫]	농부

명사 D29 음악과 관련된 단어

おんがく	[音楽]	음악
さっきょく	[作曲]	작곡
さくし	[作詞]	작사
へんきょく	[編曲]	편곡
えんそう	[演奏]	연주
コンサート		콘서트
リサイタル		리사이틀, 음악회
ろくおん	[録音]	녹음
へんしゅう	[編集]	편집
がくふ	[楽譜]	악보
ごせんし	[五線紙]	오선지
おんぷ	[音符]	음표
ひょうし	[拍子]	박자
メロディー		멜로디
うた	[歌]	노래
ボーカル		보컬
かしゅ	[歌手]	가수
ソプラノ		소프라노
アルト		알토
テナー		테너
テノール		테너
バリトン		바리톤
ベース		베이스
バス		베이스

どくしょう	[独唱]	독창
がっしょう	[合唱]	합창
カラオケ	[空オケ]	가라오케, 노래방
おんち	[音痴]	음치
ピアノ		피아노
シンセサイザー		신디사이저
バイオリン		바이올린
ギター		기타
こと	[琴]	거문고
しゃみせん	[三味線]	샤미센 (일본악기)
ふえ	[笛]	피리
たいこ	[太鼓]	북
ドラム		드럼
どくそう	[独奏]	독주
がっそう	[合奏]	합주
アンサンブル		합주
こうきょうきょく	[交響曲]	교향곡
きょうそうきょく	[協奏曲]	협주곡
コンチェルト		협주곡
オーケストラ		오케스트라
しき	[指揮]	지휘
はっぴょう	[発表]	발표
ちょうしゅう	[聴衆]	청중
ファン		팬

30 미술, 무용, 다도와 관련된 단어

びじゅつ	[美術]	미술
え	[絵]	그림
かいが	[絵画]	회화
はんが	[版画]	판화
ちょうこく	[彫刻]	조각
あぶらえ	[油絵]	유화
すいさいが	[水彩画]	수채화
しょどう	[書道]	서예
デザイン		디자인
インテリア		인테리어
とうげい	[陶芸]	도예
ふで	[筆]	붓
えのぐ	[絵の具]	그림물감
パステル		파스텔
クレヨン		크레파스
すみ	[墨]	먹
すずり	[硯]	벼루
ぶよう	[舞踊]	무용
おどり	[踊り]	춤
ダンス		춤, 댄스
バレー		발레
ジャズ		재즈
そうさく	[創作]	창작
さどう	[茶道]	다도
ちゃ	[茶]	차
ゆのみ	[湯飲み]	찻잔
きゅうす	[急須]	찻주전자
ちゃき	[茶器]	다기, 차도구
ちゃしつ	[茶室]	다실

31 명사 행사와 관련된 단어

(お)しょうがつ	[(お)正月]	정월·설
ぞうに	[雑煮]	정월에 먹는 떡국
かきぞめ	[書き初め]	신춘 휘호, 새해 들어 쓰는 붓글씨
カルタ		가루타 (일본식 놀이 카드)
たこ	[凧]	연
たこあげ	[凧揚げ]	연날리기
とそ	[屠蘇]	설날 축하주로 마시는 술(도소주)
かどまつ	[門松]	새해에 문 앞에 세우는 장식 소나무
ねんがじょう	[年賀状]	연하장
おせちりょうり	[お節料理]	명절에 먹는 특별 요리
ししまい	[獅子舞い]	사자춤
はつもうで	[初詣]	정월 첫 참배
おとしだま	[お年玉]	세뱃돈
こいのぼり		단오절에 매달아 올리는 잉어 그림
まめまき	[豆まき]	입춘 전날 밤 액막이로 콩을 뿌리는 것
こどものひ	[子供の日]	어린이날
おいわい	[お祝い]	축하연, 축하 선물
おぼん	[お盆]	백중맞이
まつり	[祭]	축제
おちゅうげん	[お中元]	백중날, 백중 때의 선물
おせいぼ	[お歳暮]	세모, 연말
ぼうねんかい	[忘年会]	송년회
はなみ	[花見]	꽃구경
はなび	[花火]	불꽃놀이
クリスマス		크리스마스, 성탄절
しちごさん	[七五三]	남아는 3~5세, 여아는 3~7세가 되는 해의 11월 15일에 행하는 축하 잔치

32 문구, 도구와 관련된 단어
명사

えんぴつ	[鉛筆]	연필	ふでいれ	[筆入れ]	필통
シャープペンシル		샤프펜슬	ホッチキス		호치키스
ボールペン		볼펜	はさみ		가위
じょうぎ	[定規]	자	セロテープ		스카치 테이프
せんひき	[線引き]	자	マジック		매직
サインペン		사인펜	パレット		팔레트
けしゴム	[消しゴム]	지우개	そろばん		주판
えんぴつけずり	[鉛筆削り]	연필깎기	でんたく	[電卓]	계산기
スケッチブック		스케치북	スコップ		삽
クリップ		클립, 집게	シャベル		삽
したじき		책받침	きり	[錐]	송곳
けいこうペン	[蛍光ペン]	형광펜	おの	[斧]	도끼
がびょう	[画鋲]	압정	くぎ	[釘]	못
かみ	[紙]	종이	スパナ		스패너
ちょうこくとう	[彫刻刀]	조각도	ペンチ		펜치
コンパス		컴퍼스	ニッパー		니퍼
スタンプ		우표, 인지	のみ		끌, 정
ドライバー		드라이버	かなづち		쇠망치
ねじまわし		드라이버	ハンマー		망치
ナイフ		칼	とんかち		망치
カッター		커터칼	やすり		줄, 사포
のこぎり	[鋸]	톱	せんぬき	[栓抜き]	병따개
ノート		노트	かんきり	[缶切り]	깡통따개
のり	[糊]	풀	はしご	[梯子]	사다리

명사 D33 회사와 관련된 단어

かぶしきがいしゃ	[株式会社]	주식회사
かいしゃ	[会社]	회사
かいちょう	[会長]	회장
しゃちょう	[社長]	사장
とりしまりやく	[取締役]	이사, 중역
じょうむ	[常務]	상무
せんむ	[専務]	전무
ぶちょう	[部長]	부장
じちょう	[次長]	차장
かちょう	[課長]	과장
だいり	[代理]	대리
かかりちょう	[係長]	계장
しゅにん	[主任]	주임
ひしょ	[秘書]	비서
したやく	[下役]	하급 직원, 부하 직원
うわやく	[上役]	상관, 상사
ひらしゃいん	[平社員]	평사원
しゅえい	[守衛]	수위
ガードマン		경비원, 경호원
けいびいん	[警備員]	경비원
ほんしゃ	[本社]	본사
ししゃ	[支社]	지사
おやがいしゃ	[親会社]	모회사
こがいしゃ	[子会社]	자회사
おおてきぎょう	[大手企業]	대기업
だいききょう	[大企業]	대기업
ちゅうしょうきぎょう	[中小企業]	중소기업
とりひきさき	[取引先]	거래처

8-34

MP3 듣기

명사 34 병원과 관련된 단어

うけつけ	[受付(け)]	접수(처)	びょうき	[病気]		병
しょしん	[初診]	초진	ウイルス			바이러스
いりょうほけん	[医療保険]	의료보험	ビールス			바이러스
ないか	[内科]	내과	せき	[咳]		기침
げか	[外科]	외과	たん	[痰]		가래
せいしんか	[精神科]	정신과	さむけ	[寒気]		한기
しか	[歯科]	치과	かぜ	[風邪]		감기
しんけいげか	[神経外科]	신경외과	インフルエンザ			독감
じびいんこうか	[耳鼻咽喉科]	이비인후과	とうにょうびょう	[糖尿病]		당뇨병
さんふじんか	[産婦人科]	산부인과	ていけつあつ	[低血圧]		저혈압
けいせいげか	[形成外科]	성형외과	こうけつあつ	[高血圧]		고혈압
せいけいげか	[整形外科]	정형외과	ねんざ	[捻挫]		염좌, 삠
がんか	[眼科]	안과	じ	[痔]		치질
ひふか	[皮膚科]	피부과	げり	[下痢]		설사
ほうしゃせんか	[放射線科]	방사선과	はきけ	[吐き気]		구토, 구역질
ひにょうきか	[泌尿器科]	비뇨기과	みみなり	[耳鳴り]		이명, 귀울음
しょうにか	[小児科]	소아과	でんせんびょう	[伝染病]		전염병
ますいか	[麻酔科]	마취과	はいえん	[肺炎]		폐렴
いしゃ	[医者]	의사	ちゅうじえん	[中耳炎]		중이염
かんごし	[看護師]	간호사	かんえん	[肝炎]		간염
かんじゃ	[患者]	환자	いえん	[胃炎]		위염
びょうとう	[病棟]	병동	はいがん	[肺癌]		폐암
しんさつ	[診察]	진찰	いがん	[胃癌]		위암
たいおん	[体温]	체온	けが	[怪我]		부상, 상처
けつえきがた	[血液型]	혈액형	むしば	[虫歯]		충치
しんちょう	[身長]	신장	めまい	[目眩]		현기증
けつあつ	[血圧]	혈압	うつびょう	[鬱病]		우울증
みゃくはく	[脈拍]	맥박	とうごうしっちょうしょう	[統合失調症]		정신분열증
にょう	[尿]	오줌	パラノイア			편집증
べん	[便]	대변	にんちしょう	[認知症]		인지증, 치매

サイコパス		사이코패스
じへいしょう	[自閉症]	자폐증
ちゅうしゃ	[注射]	주사
ちょうしんき	[聴診器]	청진기
にゅういん	[入院]	입원
たいいん	[退院]	퇴원
しゅじゅつ	[手術]	수술
びょうしつ	[病室]	병실
けんさ	[検査]	검사
レントゲン		X-레이사진
くるまいす	[車椅子]	휠체어
きゅうきゅうしゃ	[救急車]	구급차

カプセル		캅셀
じょうざい	[錠剤]	정제, 알약
がんやく	[丸薬]	정제, 알약
いたみどめ	[痛み止め]	진통제
かんぽうやく	[漢方薬]	한방약, 한약
しょうかざい	[消化剤]	소화제
げねつざい	[解熱剤]	해열제
いぐすり	[胃薬]	위장약
しっぷ	[湿布]	찜질
のみぐすり		물약
ぬりぐすり		바르는 약

명사 **35** 일본 요리와 관련된 단어

さしみ	[刺し身]	생선회
ていしょく	[定食]	정식
そば	[蕎麦]	메밀국수
おにぎり		주먹밥, 삼각김밥
すし	[寿司・鮨]	초밥
やきとり	[焼き鳥]	새꼬치구이
しゃぶしゃぶ		샤브샤브
おこのみやき	[お好み焼き]	오코노미야키
なっとう	[納豆]	낫토, 콩을 발효시킨 음식
カツどん	[カツ丼]	돈가스 덮밥
やきにく	[焼肉]	불고기
ギョーザ	[餃子]	(중국식) 만두
だんご	[団子]	경단
ラーメン		라면
みそしる	[味噌汁]	된장국
うどん		우동
かばやき	[かば焼き]	장어구이
うなぎ	[鰻]	뱀장어
どんぶり	[丼]	덮밥
たこやき	[たこ焼き]	문어구이
そうめん	[素麺]	국수
おでん		오뎅
てんどん	[天丼]	튀김덮밥
やきざかな	[焼き魚]	생선구이
まきずし	[巻き鮨]	초밥말이
すきやき		전골
チャーハン	[炒飯]	볶음밥
てんぷら		튀김

명사 **36** 스포츠와 관련된 단어

たいいく	[体育]	체육
スポーツ		스포츠
サッカー		축구
バレーボール		배구
やきゅう	[野球]	야구
たっきゅう	[卓球]	탁구
ピンポン		탁구
バスケットボール		농구
りくじょう	[陸上]	육상
バドミントン		배드민턴
マラソン		마라톤
はしりたかどび	[走り高跳び]	높이뛰기
はしりはばとび	[走り幅跳び]	넓이뛰기
アイスホッケー		아이스하키
スキー		스키
ボクシング		권투, 복싱
たいそう	[体操]	체조
てつぼう	[鉄棒]	철봉
すもう	[相撲]	스모
けんどう	[剣道]	검도
フェンシング		펜싱
レスリング		레슬링
ラグビー		럭비
ゴルフ		골프
ボーリング		볼링
じゅうどう	[柔道]	유도
かくとうぎ	[格闘技]	격투기
ヨット		요트
すいえい	[水泳]	수영
ヨガ		요가
エアロビクス		에어로빅스

명사 37 인체와 관련된 단어

あたま	[頭]	머리	もも	[股]	넓적다리, 허벅지
かみ	[髪]	머리카락	て	[手]	손
かみのけ	[髪の毛]	머리카락	ゆび	[指]	손가락
かお	[顔]	얼굴	ひざ	[膝]	무릎
みみ	[耳]	귀	すね	[脛]	정강이
め	[目]	눈	あし	[足]	발
めやに	[目脂]	눈꼽	あしのうら	[足の裏]	발바닥
ひとみ	[瞳]	눈동자	あしくび	[足首]	발목
まゆ(げ)	[眉(毛)]	눈썹	あしのこう	[足の甲]	발등
みけん	[眉間]	미간	かかと	[踵]	발뒤꿈치
はな	[鼻]	코	つちふまず	[土踏まず]	발바닥의 장심 (땅에 닿지 않는 부분)
ひたい	[額]	이마			
まつげ	[睫毛]	속눈썹	くるぶし	[踝]	복숭아뼈, 복사뼈
まぶた	[瞼]	눈꺼풀	アキレスけん		아킬레스건
ほお	[頬]	볼	(お)しり	[(お)尻]	엉덩이
くち	[口]	입	つめ		손톱, 발톱
あご	[顎]	턱	ひざがしら	[膝頭]	무릎의 관절부분
くちびる	[唇]	입술	ふくらはぎ		장딴지, 종아리
は	[歯]	이·이빨	えりくび		목덜미
こめかみ		관자놀이	かた	[肩]	어깨
みみたぶ	[耳たぶ]	귓볼	わきのした	[脇の下]	겨드랑이
せなか	[背中]	등	うで	[腕]	팔
また	[股]	가랑이, 샅	みずおち		명치

명사 D 38 자주 쓰이는 カタカナ

バス	버스	ファックス	팩스
タクシー	택시	コーヒー	커피
ラッシュアワー	러시 아워	コピー	복사
デパート	백화점	ビル	빌딩
ホテル	호텔	ビール	맥주
ヨーロッパ	유럽	パン	빵
アメリカ	미국	ラーメン	라면
イギリス	영국	ケーキ	케이크
ボーナス	보너스	アパート	아파트
ガラス	유리	ガス	가스
ポット	보온병, 포트	インタビュー	인터뷰
スーパー	슈퍼마켓	エスカレーター	에스컬레이터
ピアノ	피아노	カーテン	커튼
レポート	보고서	ブラインド	블라인드
レストラン	레스토랑	ビザ	비자
ウエートレス	웨이트리스	ページ	페이지
ウエーター	웨이터	ディズニーランド	디즈니랜드
ダンス	댄스, 춤	カメラ	카메라
ドラマ	드라마	デジタルカメラ	디지털카메라
クリスマス	크리스마스, 성탄절	デジカメ	디지털카메라
ジョギング	조깅	ワイン	와인
テニス	테니스	ジュース	주스
トラベラーズチェック	여행자수표	オレンジ	오렌지
クリーニング	세탁, 드라이클리닝	スイッチ	스위치
ミルク	밀크, 우유	ゲーム	게임
ニュース	뉴스	セーター	스웨터
タイプ	타이프, 형태, 타자기	マフラー	머플러, 목도리
ラジオ	라디오	スカーフ	스카프
パソコン	퍼스널 컴퓨터, PC	シャッター	셔터
ワープロ	워드 프로세서	キロ	킬로미터 (km)

センチ	센티미터 (cm)	ギター	기타
テーブル	테이블	サラダ	샐러드
アルバイト	아르바이트	スーツ	양복
パーティー	파티	コンピュータ(ー)	컴퓨터
プレゼント	선물	ゴルフ	골프
ネクタイ	넥타이	ドライブ	드라이브
ブラウス	블라우스	クラス	클래스, 반
ネックレス	목걸이	カレンダー	달력

명사 39 자주 쓰이는 일본적인 표현

みうち	[身内]	집안, 동료	じゃま	[邪魔]	방해
よそ	[余所]	딴 곳	しごと	[仕事]	업무, 직업
ないしょ	[内緒]	비밀	けんか	[喧嘩]	싸움, 다툼
せけん	[世間]	세상	たくはいびん	[宅配便]	택배
ばあい	[場合]	경우	ようじ	[用事]	용무
つごう	[都合]	사정·형편	ふろ	[風呂]	목욕, 욕실, 목욕통(탕)
ようい	[用意]	준비	なかま	[仲間]	동료, 동업자
したく	[支度]	준비	じまん	[自慢]	자랑
あたりまえ	[当り前]	당연	あいしょう	[相性]	궁합
めいわく	[迷惑]	폐	なまえ	[名前]	이름
ばんぐみ	[番組]	TV 프로그램	けんとう	[見当]	어림, 짐작
きもち	[気持ち]	기분	あいず	[合図]	신호
じぶん	[自分]	자기	さいふ	[財布]	지갑
えんりょ	[遠慮]	사양	きっぷ	[切符]	표, 티켓
へんじ	[返事]	답장, 대답	きって	[切手]	우표
おせじ	[お世辞]	아첨	とけい	[時計]	시계
しょうばい	[商売]	장사	うでどけい	[腕時計]	손목시계
とりしまり	[取り締まり]	단속	はしらどけい	[柱時計]	괘종시계
めうえ	[目上]	손윗사람	めざましどけい	[目覚し時計]	자명종
めした	[目下]	손아랫사람	ひきだし	[引き出し]	서랍
ほんね	[本音]	본심	ほんだな	[本棚]	책장
たてまえ	[建前]	(표면상의) 기본방침, 원칙	とかい	[都会]	대도시
おかげさま	[お陰様]	덕택, 덕분	いなか	[田舎]	시골
ぐあい	[具合]	상태, 컨디션	てぶくろ	[手袋]	장갑
ようす	[様子]	모습, 상황	くつした	[靴下]	양말
せわ	[世話]	보살핌, 신세	やどや	[宿屋]	여관

명사 D40 경제와 관련된 단어

けいざい	[経済]	경제	ビジネス		비즈니스
おかね	[お金]	돈	おろしうり	[卸売り]	도매
つうか	[通貨]	통화	きんゆう	[金融]	금융
かそうつうか	[仮想通貨]	가상 화폐	かわせ	[為替]	외환
おさつ	[お札]	지폐	ぎんこう	[銀行]	은행
こぜに	[小銭]	동전	よきん	[預金]	예금
きゅうりょう	[給料]	봉급, 급료, 임금	ひきだし	[引き出し]	인출
げっきゅう	[月給]	월급	ふりこみ	[振込み]	이체
ボーナス		보너스	そうきん	[送金]	송금
しじょう	[市場]	시장	てすうりょう	[手数料]	수수료
しほん	[資本]	자본	りし	[利子]	이자
よさん	[予算]	예산	りそく	[利息]	이자
ざいせい	[財政]	재정	ローン		대출
しゅうし	[収支]	수지	ゆうし	[融資]	융자
ししゅつ	[支出]	지출	たんぽ	[担保]	담보
しゅうにゅう	[収入]	수입	サラきん	[サラ金]	사채
くろじ	[黒字]	흑자	しゃっきん	[借金]	빚
あかじ	[赤字]	적자	げんきん	[現金]	현금
じゅよう	[需要]	수요	こぎって	[小切手]	수표
きょうきゅう	[供給]	공급	てがた	[手形]	어음
しょうひ	[消費]	소비	クレジット・カード		신용 카드
けいき	[景気]	경기	こうざ	[口座]	계좌
こうけいき	[好景気]	호경기	つうちょう	[通帳]	통장
ふけいき	[不景気]	불경기	あんしょうばんごう	[暗証番号]	비밀 번호
インフレ(ーション)		인플레이션, 통화 팽창	ざんだか	[残高]	잔액
			ぜいきん	[税金]	세금
デフレ(ーション)		디플레이션, 통화 수축	ぜいりつ	[税率]	세율
			めんぜい	[免税]	면세
さんぎょう	[産業]	산업	とうし	[投資]	투자
しょうぎょう	[商業]	상업	かぶしき	[株式]	주식

かぶか	［株価］	주가	とりひき	［取引］	거래
こうり	［小売り］	소매	こうとう	［高騰］	폭등
りえき	［利益］	이익	ぼうらく	［暴落］	폭락
ぼうえき	［貿易］	무역	ふどうさん	［不動産］	부동산
ゆにゅう	［輸入］	수입	こくさい	［国債］	국채
ゆしゅつ	［輸出］	수출	きんゆうしょうひん	［金融商品］	금융 상품

명사 D41 정치와 관련된 단어

せいじ	[政治]	정치	しちょうそん	[市町村]	한국의 시, 읍, 면에 해당하는 행정단위
せいさく	[政策]	정책	ちじ	[知事]	지사
ぎょうせい	[行政]	행정	しちょう	[市長]	시장
けんりょく	[権力]	권력	ほうりつ	[法律]	법, 법률
せいけん	[政権]	정권	ほうあん	[法案]	법안
せいふ	[政府]	정부	しんぎ	[審議]	심의
しゅしょう	[首相]	수상	かけつ	[可決]	가결
そうりだいじん	[総理大臣]	총리대신	ひけつ	[否決]	부결
だいとうりょう	[大統領]	대통령	せいてい	[制定]	제정
ないかく	[内閣]	내각	ほしゅ	[保守]	보수
だいじん	[大臣]	장관, (일본의) 대신	かくしん	[革新]	혁신
ちょうかん	[長官]	(한국의) 장관	しほんしゅぎ	[資本主義]	자본주의
こっかい	[国会]	국회	せんきょ	[選挙]	선거
せいじか	[政治家]	정치인, 정치가	とうひょう	[投票]	투표
ぎいん	[議員]	의원	りっこうほ	[立候補]	입후보
せいとう	[政党]	정당	しゅつば	[出馬]	출마
よとう	[与党]	여당	こうほしゃ	[候補者]	후보자
やとう	[野党]	야당	とうせん	[当選]	당선
ちほうじちたい	[地方自治体]	지방 자치 단체	らくせん	[落選]	낙선
とどうふけん	[都道府県]	한국의 도에 해당하는 행정단위			